# 明日へ翔ぶ

—人文社会学の新視点—

7

公益信託 松尾金藏記念奨学基金 編

風　間　書　房

東大寺三月堂附近　松尾金藏　1938年7月
コンテによるスケッチに水彩

春の花　松尾金藏　1950年代　　画用紙に水彩

# 『明日へ翔ぶ』第7巻の発刊を祝う

信託管理人　下 枝　堯

「公益信託松尾金藏記念奨学基金」が文部科学大臣の許可を得，平成14年12月26日に発足して22年が過ぎました。

当基金は関東・東海地区，および九州沖縄・中国四国地区（平成20年度発足）の大学院生のなかで，品行方正・成績優秀且つ勉学の意欲に富んでいながら，経済的理由により就学困難な者に対して奨学援助を行い，人間性豊かな，将来の日本に役立つ人材を育成することを目的として運営がなされています。これまで既に，196名の大学院生が学業を諦めることなく研究活動に専念できるよう，給付が実施されてきました。

運営に携わっておられる運営委員の先生方，選考委員の先生方，三菱UFJ 信託銀行担当者の労に深く感謝いたします。

故松尾金藏氏は明治45年1月福岡市に生まれ，福岡県中学修猷館，旧制福岡高等学校を経て東京帝国大学法学部に学び，昭和9年に卒業後は当時の商工省に入省，終戦後は通商産業省（現経済産業省）で通産行政に携わり，戦後日本の産業復興，高度経済成長に心血を注ぎ，事務次官を務め昭和38年7月退官。民間企業に転身し引続き日本の経済界に貢献されました。

氏は温厚でユーモアに富んだ人柄，読書家で，美術，音楽鑑賞など幅広い趣味を持つ心豊かな文化人でもあり，日本の復興は自然科学と人文科学の両輪が不可欠とのお考えをお持ちであったようです。

なかんずく，人文科学が文化継承の礎であるとの思いはご遺族に引き継がれ，当基金の設立となり今日まで運営がなされてきました。氏の遺志を実現するべく，日本の将来を支える大学院生に対し奨学支援を行い，幅広い教養と倫理観を持った若者を育て，人間性豊かな研究者を輩出するに至っています。

文部科学省「文部科学統計要覧令和６年版」によると，学士課程における人文社会教育分野に在籍する学生は全体の56％と過半を超えていますが，その分野での修士課程に進学する学生は18％と大きく減少しています。博士課程への進学率は全分野で9.7％，人文科学分野に限った進学率は17.6％となっています。このことから，人文科学分野の研究が地味で時間を要することもあり，博士課程進学率が高くなっていると推測されます。経済的理由で進学を躊躇する学生が支援を得ることにより，志した研究を続ける道が拓ければ，氏の思いが生かされたと言えましょう。

本論集は，奨学生に選考されて学業研究活動に専念できた成果として，史学，言語学，教育学，社会学，美術史など，多岐に亘るジャンルの論文が収録されています。人文社会学の各分野が横断的に共有され，研究発展の相乗効果が得られると期待するものです。

近年，地球環境の変化は大きく自然の脅威は増大しています。温故知新，自然科学の研究には多くの人文科学の研究の成果が生かされてきました。

生活環境が激変する中にあって研究を続けられ，寄稿された執筆者はもとより奨学生の皆様が「明日に翔ぶ」次世代として大成されることを祈念し序文と致します。

# 目　次

# ニコロ・デッラバーテ《クピドとプシュケ》の物語場面
## ――その舞台設定と恋人たちの会話をめぐる考察――

町 野 陽 輝

静穏のなかで，嵐について語りあうことは，なんという喜びだろうか。

――版画集〈オデュッセウスの偉業〉プレート48 番の銘文より（1633年頃）

## はじめに 作品概要と本稿の目的

1954年，第一次フォンテーヌブロー派の画家ニコロ・デッラバーテ（Nicolò dell’Abate, 1509-1571）の帰属作品として，パリで開かれた展覧会に出品された１枚の油彩画は，以来70年にわたって研究者の関心を刺激し，その物語場面の解釈をめぐる長い論争の的となってきた（図１）[1]。本作には20世紀前半より伝統的に「クピド（エロス）とプシュケ」というタイトルが与えられてきたが，寝台で恋人たちが見つめあい，手や腕の身ぶりを介して会話を楽しんでいる様子をクローズアップで捉えたその構図は，16世紀のプシュケ主題絵画としては相当にめずらしい[2]。本稿の目的は，同時代文学やフォンテーヌブロー派芸術と本作との連関を指摘することで，この構図のあらわす物語場面を特定し，その画面構想に新たな解釈を提示することである。

16世紀中葉に活躍した画家ニコロ・デッラバーテは，北イタリアの故郷モデナと教皇都市ボローニャで名声を築いたのち，1552年以降はフランスのヴァロワ朝宮廷に仕え，没年とされる1571年までフォンテーヌブロー宮殿やパリで盛んに制作を行なった[3]。渡仏後は主として，すでに宮廷美術の総合責任者の立場にあったボローニャ出身の美術家フランチェスコ・プリマティッチョ（1503-1570）の下絵素描を用いたフレスコ画の実制作を担当し，数々の装飾事業を完成に導いたことで知られる[4]。しかし，同時代史料の乏しさか

**図 1**　ニコロ・デッラバーテ《クピドとプシュケ》1560年頃，油彩／カンヴァス，99.7×92.7 cm，デトロイト美術研究所

ら，そのフランス時代の活動の全容解明は未だ研究の途上にある。

1969年と2005年にイタリアで開かれた大回顧展を監修し，ニコロ研究を長らく牽引したフランスの美術史家シルヴィ・ベガンは，本作の制作年を画家の最晩年にあたる1560年代に位置付けている[5)]。たしかに，本作の女性像のポーズやプロポーション，優美な顔貌は，シャルル IX 世治下（在位：1561-

**図2**　ニコロ・デッラバーテ《取り持ち女》1565-70年頃，ペン・褐色インク，淡彩，白のハイライト／褐色の紙，20.1×22.1 cm，ミュンヘン，バイエルン州立版画素描館，inv. 2250Z

1574）に描かれたことがほぼ確実な1枚の素描（図2）に見られる若い女性と近似している[6]。ただし，年代推定を行ううえで最も重要な点は，プシュケ主題としてはめずらしい構図にこそあるだろう。というのも，《クピドとプシュケ》の構図は，フォンテーヌブロー宮殿の失われた「オデュッセウスのギャラリー」の壁画連作（1560年頃に完成）から直接的に引用されているからである。

同ギャラリーは，第一次フォンテーヌブロー派最大規模のプロジェクトとして知られ，幅３トワーズ（約６メートル），長さ76トワーズ（約155メートル）にも及んだその長大なギャラリーには，古代ギリシアの詩人ホメロスの叙事詩『オデュッセイア』を視覚化した全58場面のフレスコ連作が南北の壁面を巡るよう配置されていた[7)]。美術家にして伝記作家のジョルジョ・ヴァザーリ（1511-1574）の伝えるところでは，プリマティッチョの下絵を使って，ニコロ・デッラバーテが描いたその〈オデュッセイア〉連作は，全体の統一感が見事で「一通りでない称賛[8)]」に値したという。17世紀前半に同宮の美術に関する著作をものしたピエール・ダン神父（c. 1580-1649）は，このギャラリーが「並べられた絵画の豊かさの点でも，そのほかさまざまな装飾によっても，ヨーロッパにおいて最も類まれな室内装飾」であることを断言している[9)]。しかし，その類まれな規模と豊かさを誇った芸術的遺産は，1739年にギャラリーの建築ごと取り壊され，同宮から完全に姿を消してしまった。それゆえ，20世紀の再発見以来，ニコロの《クピドとプシュケ》は失われた大ギャラリーの派生絵画として注目を集めてきたわけである[10)]。

失われた〈オデュッセイア〉連作の各場面を伝える視覚資料としては，部分的に現存するプリマティッチョの下絵にくわえ，17世紀に連作すべての場面を模写したフランドル人画家アブラハム・ファン・ディーペンベーク（1596-1675）の素描集が参考になる。そのうちの１枚を見れば，ニコロ作品がオリジナル壁画の48番目の場面における左半分の構図を踏襲していることは明白である（図３）[11)]。この素描集は，テオドール・ファン・テュールデン（1606-1669）によってエッチングで版刻され，1633年頃に〈オデュッセウスの偉業〉というタイトルの連作としてパリで出版された。同連作の各場面には短い説明と教訓的な解釈が付されているが，冒頭に引用した当該場面の銘文が示すように，ニコロが構図を引用した壁画の主題はオデュッセウスとその妻の会話である[12)]。

壁画のこの場面からは，やはり寝台の男女をクローズアップで捉えたプリ

**図3**　アブラハム・ファン・ディーペンベーク（プリマティッチョとニコロ・デッラバーテに基づく）《48. ペネロペイアに冒険譚を語るオデュッセウス》（素描集〈オデュッセウスの偉業〉より），17世紀，黒チョーク・サンギーヌ／紙，23.1×32.2 cm，ウィーン，アルベルティーナ版画素描館，inv. 8988

マティッチョ自身による油彩の派生作品も知られているが（図4），背景やオデュッセウスの左手の位置が変更されている同作と比べて，ニコロ作品は背景の古代風の柱や，男女の腕の位置関係，衣襞の形状までより厳密に壁画の構図を踏襲している[13]。とはいえ，構図が忠実に壁画から引用されている一方で，ニコロの油彩画では主題が大胆に変更されている。画面左手の最前景に置かれた箙や，オデュッセウスよりも随分若く描かれた青年の翼は，愛の神クピドの伝統的なアトリビュートだが，クピドが若い女性と親密に語らうその様子は，いかなる神話主題をあらわしているのか。

1965年にデトロイト美術研究所によって取得されて以来，本作についてはウィリアム・マカリスター・ジョンソンによる研究論文[14]や出品展覧会のカ

**図4**　フランチェスコ・プリマティッチョ《オデュッセウスとペネロペイア》1560年頃，油彩／カンヴァス，113.6×123.8 cm，トリード美術館

タログ解説，そしてニコロの作家研究のなかで研究が進められてきたものの，主題解釈をめぐるこの問いについては，今日にいたってなお決着をみていない。そのため本稿では，まず物語場面の比較材料として，同時代のフランスで大いに流行していた銅版画連作〈プシュケの寓話〉を新たに提案し，本作がその最終場面を想起させた可能性を指摘する。そのうえで，構図の直接的な視覚的着想源である〈オデュッセイア〉の当該場面との内容的な関連性について考察を行うことで，この謎めいた会話場面に新たな解釈を導きたい。

## 1．物語場面の特定

### 1-1. プシュケの物語と問題の所在

ギリシア語でエロス（Ἔρως），ラテン語でアモル（Amor）とも呼称されるギリシア・ローマ神話の愛の神クピドと人間の王女プシュケが繰り広げる恋物語は，古代ローマの哲学者・作家のルキウス・アプレイウス（c. 124- c. 170）が著したラテン語小説『変身物語（黄金の驢馬）』に挿入されたおとぎ話で，美術の分野では15世紀末より大いに流行した主題である[15)]。まずは，その筋書きを簡単に確認しておこう。

みずからの矢で指を傷つけてしまった愛の神クピドは，類まれな美貌をもつ人間の娘プシュケに恋をし，彼女を自身の宮殿に運ばせると，暗闇のなかで正体を隠したままプシュケと結ばれた。愛神は恋人に自分の姿を見ることを禁じたが，ある夜，悪意ある姉たちにそそのかされ，好奇心に駆られたプシュケは，とうとう寝静まったクピドの姿をランプに灯した炎で照らし，その正体を知ってしまう。このとき，ランプから落ちた蝋燭の炎で火傷を負ったクピドは，腹を立ててプシュケのもとを去り，宮殿も消えてしまう。残されたプシュケが思いを寄せるクピドを探して諸国を遍歴するうちに，事の次第を知り，激怒したクピドの母ウェヌスは，プシュケを捕まえると，鞭打ちにしてさんざん懲らしめたのち，さまざまな無理難題を課した。プシュケは周囲の助けを借りつつ，その一見不可能な仕事を次々と達成する。最後は，傷の癒えたクピドがオリュンポスの最高神ユピテルに取りなしを頼み，神々の評議を経て恋人たちの結婚が正式に認められる。プシュケは神々の世界へと引き上げられ，クピドとの結婚を盛大に祝われたのち，「ウォルプタース（喜悦）」と呼ばれる娘を授かったという。

この物語が絵画に描かれる場合には，眠るクピドの姿をプシュケがランプで照らし見る場面が特に好まれる傾向にあり，その主題は19世紀に至るまで幾度となく取り上げられている（図５）。しかし，ジョンソンの指摘通り，

**図 5**　ヤコポ・ズッキ《クピドとプシュケ》1589年，油彩／カンヴァス，173×130 cm，ローマ，ボルゲーゼ美術館

「ランプが描き込まれていない」ニコロの油彩画は，そうした代表的な物語場面とは描かれた状況が一致しない[16]。それゆえ，先行研究では，この場面の主題について，さまざまな異論が提案されては否定されてきた。

ベガンは1972年の記念碑的な「フォンテーヌブロー派」展のカタログにおいて，アプレイウスの記述のなかで「プシュケは決してクピドを見ることはない」と指摘しながら，女性をウェヌスとした。以降，主題解釈の方向性はプシュケ説とウェヌス説に二分される[17]。しかし，ベガンが参照を促したラファエロの構想による「プシュケの開廊《ロッジャ》」（ローマ，ヴィッラ・ファルネジーナ）におけるウェヌスとクピドの一場面（図6）と比較すると，雲の上から地上のプシュケを見下ろすその様子は，寝室を描いた本作と舞台設定が明らかに異なり，さらにニコロ作品の青年と若々しい女性の間に母子関係を見出すことには違和感を覚える。ウェヌス説を発展させたブリギッテ・ビルマオアーは，ヘシオドスの『神統記』に典拠を求めたが，同書では愛の神エロスは父母を持たない原初神に数えられるため，この解釈も不適当と言わざるをえない[18]。2004年にドミニク・コルドリエは，やはり「プシュケの開廊」を重要な先行作例として，その天井画のひとつでクピドとプシュケが見つめあっている事実を指摘し（図7），ベガンの提案を退けたが，2006年にはジャンカルロ・フィオレンツァがプリマティッチョの油彩画研究のなかでウェヌス説に立ち戻りながら本作に言及している[19]。

他方で，プシュケ説の問題点は，物語上の位置付けが明確に示されていないことである。ソニア・カヴィッキオーリは，２人が夜に寝台のなかでプシュケの姉たちの訪問について話している場面を想定した。妹に夫の姿を盗み見させようと企む姉たちを警戒するよう，クピドがプシュケに忠告するその場面は，たしかに『黄金の驢馬』の挿話において寝台で恋人たちが語りあう唯一のシーンだが，その場面ではプシュケにはまったくクピドの姿が見えていないはずである[20]。その一方，ラファエロ工房の先行作例と比較しつつ，本作を魂と愛の和合と読むコルドリエの解釈は，その寓意的次元において一定の説得力をもつものの，「プシュケの開廊」の天井画は神々が臨席する婚礼の場面であるため，本作の舞台設定や会話の描写の意味を説明するには至っていない。

デトロイト美術研究所の現在の作品解説ページの文言を借りて研究の現状を要約するなら，今なお「本作のはっきりとした主題については論争の只中にある[21]」のである。はたして本作は16世紀のフランスにあって，いかなる

**図6**　ラファエリーノ・ディ・コッレ，ジュリオ・ロマーノ（ラファエロに基づく）《クピドにプシュケの懲罰を命ずるウェヌス》1518年頃，フレスコ，ローマ，ヴィッラ・ファルネジーナ，「プシュケの開廊」天井画

物語場面として受け止められたのか。この点を明らかにするべく，以下では図像伝統における本作の位置付けを確認し，先行研究では議論されてこなかった典拠テクストの問題について検討を行いたい。

### 1-2. ルネサンス絵画におけるプシュケ図像

ルネサンス期に活字印刷本の出版をつうじて人口に膾炙したプシュケの寓話は，ニコロ作品の描かれた16世紀中葉にはすでに，西ヨーロッパにおける馴染みの絵画主題のひとつとなっていた[22]。

ニコロ作品の図像について考えるとき，特に注目すべき先行作例は，先述の「プシュケの開廊」の天井画（図7）と，ラファエロ工房出身のジュリオ・ロマーノ（1499-1546）がのちに構想した「プシュケの間」（マントヴァ，パラッツォ・デル・テ）における壁画《クピドとプシュケの婚宴》（図8）だろう[23]。ニコロ作品は，子供としてあらわされることの多いクピドが青年の姿

**図7**　ラファエロとその工房《クピドとプシュケの婚宴》部分図，1518年頃，フレスコ，ローマ，ヴィッラ・ファルネジーナ，「プシュケの開廊」天井画

である点や，恋人たちの仲睦まじい様子が，それらの場面に描きこまれた新郎新婦の図像と類似している。ジュリオは婚宴の席におけるクピドとプシュケを，寝台に横たわる夫婦の描写へと発展させているが，ここでは寝台というモティーフまでもがニコロ作品と共通する。ジュリオが夫婦のあいだに赤子を描き入れていることからも明らかなとおり，これら《婚宴》の場面は，一連のエピソードのフィナーレに位置付けられていた。アプレイウスの挿話テクストの最終段落と照らし合わせてみよう。

**図 8**　ジュリオ・ロマーノとその工房《クピドとプシュケの婚宴》部分図「寝台に横たわるクピドとプシュケ」，1526-28年頃，フレスコ，マントヴァ，パラッツォ・デル・テ，「プシュケの間」南壁

> と見るうちに，御婚礼の御馳走が所も狭しといっぱいに並べ立てられました。一番の上席には花婿がプシュケを傍らにひきつけて座を占めます。同様にユピテルもお妃のユノともども腰をかけ，また順ぐりにすべての神様方も席におつきになります。〔…〕ウルカヌスがお料理の世話をいたしますと，季節の神女たちは薔薇やいろいろな花びらでそこらじゅうを紅に照りかがやかせますし，三美神はにおいのよい薫香をあたりに撒き散らし，技芸の神女たちはまた朗々と歌を唱いあげる，アポロンが七弦琴を奏でますと，ウェヌスも妙な音楽になり美しく舞いつれて踊りました〔…〕。こういうふうにしてプシュケは正式にクピドのところへお嫁入りをしました。そして，やがて二人の間には月満ちて一人の娘が生まれます。これが「ウォルプタース（喜悦《よろこび》）」と人の呼ぶ女神でございます。[24]

このように，アプレイウスは婚礼の宴で正式に結婚を認められたプシュケとクピドが「喜悦」という娘を授かった，と書いてプシュケの物語を締め括っている。この記述は，当時イタリアで広く読まれたマッテオ・マリア・ボイアルド（1441-1494）による『俗語版アプレイウス』や，16世紀に流布したフランス語訳版でも変わりはない[25]。複数の絵画からなる物語連作の最後の場面として，神々の婚宴が描かれ，そこに寄り添う新郎新婦がいることは，アプレイウスの記述に忠実な描写であったと考えられそうである。

こうした標準の物語テクストとイタリアにおける先行作例の図像との比較から明らかなことは，ニコロ作品は図像としては婚宴場面の新郎新婦と同一の系譜上にある一方で，その舞台設定が大きく異なるということである。古代風建築の室内で会話をする夫婦だけを描いた本作の場面は，天上，あるいは楽園的な風景のなかで行われる婚宴場面とは一致しない（図１）。ニコロ・デッラバーテの工房はフランス移住前の1540年代にラファエロに基づく天井画の構図をほぼそのまま流用していたし[26]，ジュリオの弟子であるプリマティッチョが主導したフォンテーヌブロー派の工房では「プシュケの間」の各場面も素描などを通じてよく知られていた[27]。とすれば，ラファエロやジュリオの作例を確実に知っていた画家が，寝台で語らうオデュッセウスとその妻という別主題絵画の構図を意図的にプシュケ主題に仕立てている以上，た

**図 9**　サイコロ印の版画家（ミヒール・コクシーに基づく）《31. クピドとプシュケの婚宴》（連作〈プシュケの寓話〉より）1532年頃，エングレーヴィング

とえ図像的に近いとしても，ニコロ作品はアプレイウスの物語記述とは相容れない新たな場面描写を志向した，と考える必要があるだろう。では，その場面は，いかなる文学的典拠に関連づけられるのか。

### 1-3. 銅版画連作〈プシュケの寓話〉における最終場面

本作の文学的典拠にはこれまで，もっぱらアプレイウスの原文が想定されてきたが，16世紀には『黄金の驢馬』のラテン語版や俗語訳版のみならず，「プシュケの寓話」だけを変奏した新たな文学作品も複数出版されていた[28]。

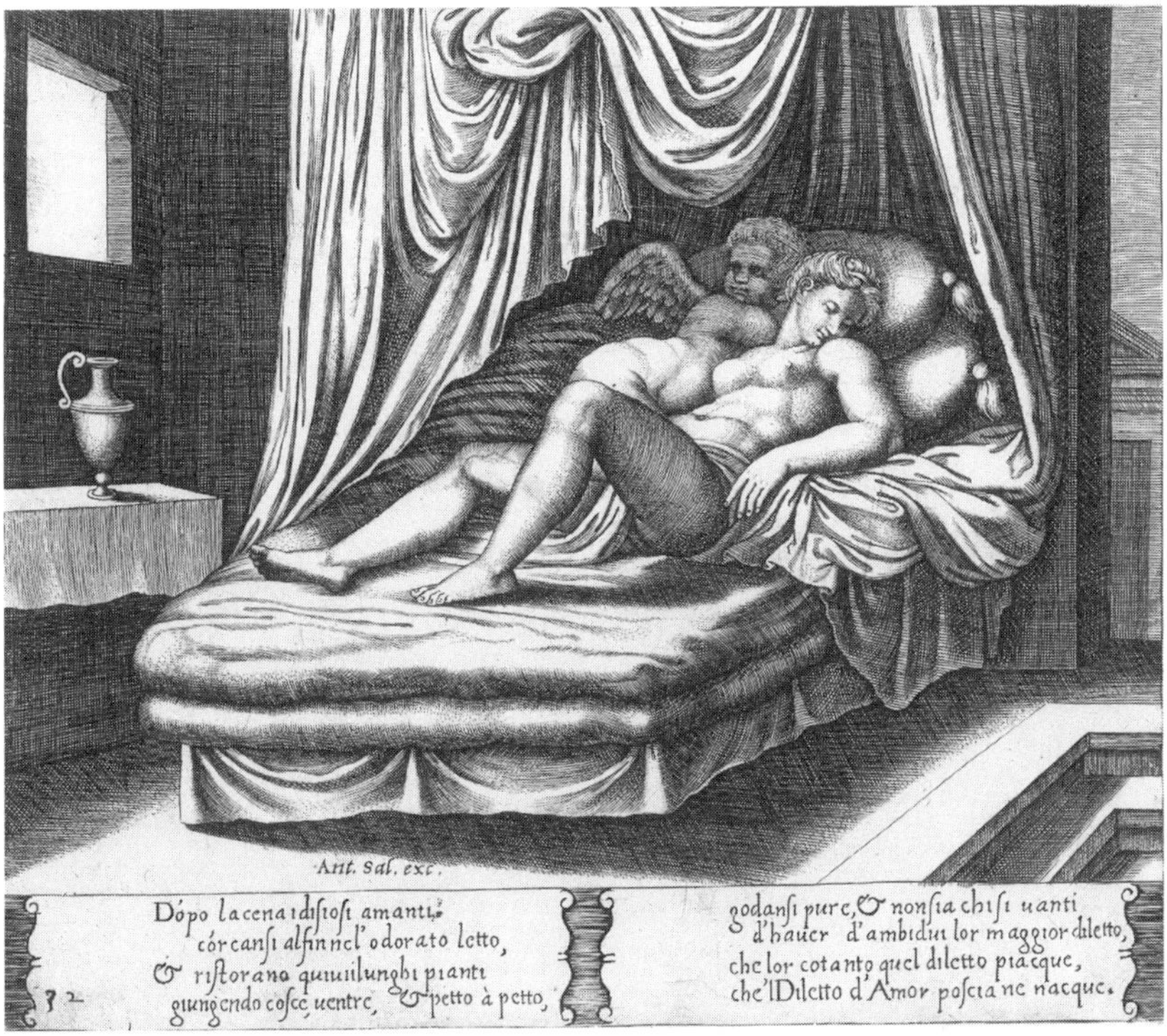


**図10**　サイコロ印の版画家（ミヒール・コクシーに基づく）《32. 寝台のクピドとプシュケ》（連作〈プシュケの寓話〉より）1532年頃，エングレーヴィング

数あるパラフレーズのなかでも，ニコロ作品の主題と関連しうるものとして私たちが注目したいのは，1530年代前半より流通した俗語詩を伴う銅版画連作〈プシュケの寓話〉である。全32枚で構成される同連作は，フランドル出身の画家ミヒール・コクシー（1499-1592）の原画に基づき，「サイコロ印の版画家」と呼ばれる逸名の版刻者（fl. 1525-1560）とアゴスティーノ・ヴェネツィアーノ（c. 1490-1540）によって版刻されたものである[29]。各構図の下の欄外部分には左右に２枚のカルテリーノが横並びに描き込まれており，当該場面を説明するイタリア語の八行詩が付されている。おそらく版画連作のた

めに書き下ろされたと考えられるそれら作者不詳の一連の俗語詩文は，アプレイウスの原文に必ずしも忠実ではなく，細部の記述に自由な変奏が加えられている点が特徴的である[30)]。

ここでなにより興味深いのは，『黄金の驢馬』では最後の場面として扱われていた婚礼の宴（図９）の次に，もう１枚場面が追加されていることである（図10)。簡素な室内に置かれた寝台に横たわるクピドとプシュケの様子を俯瞰的に捉えたその最終場面は，ニコロ作品とは全体の構図や細部描写は異なるものの，舞台設定や恋人たちの状況は近似している[31)]。さらに，この場面に付された八行詩の記述は，ニコロ作品における場面の状況を説明しうるだろう。

Dopo la cena i disiosi amanti
corcansi al fin nel odorato letto
& ristorano quivi lunghi pianti
giungendo cosce, ventre, et petto à petto,
godansi pure, et non sia chi si vanti
d'haver d'ambidui lor maggior diletto
che lor cotanto quel deletto piacque,
che 'l Diletto d'Amor poscia ne nacque.

晩餐のあと 求めあう恋人たちは
かぐわしき寝台に ついに横たわり
長きにわたる悲嘆の数々から気を晴らす
腿や腹 むねとむねを寄り合わせ，
どうぞ楽しむがよい 誰として かれらふたりを
凌ぐ喜悦をもつなどと 誇る者がいないように
その喜悦は かれらに かくも好ましく，
そののち そこに愛の喜悦が生まれたのだから[32)]。

このイタリア語の詩文では「喜悦」が生まれるより前に，晩餐会のあとで求めあうふたりの恋人たち，つまりプシュケとクピドが寝台に横たわり，これまでの悲しい出来事から気を晴らした，と詠じられている。アプレイウスの記述とは異なり，ここでは婚礼の宴と「喜悦」の誕生のあいだに夫婦が寝台に入る情景が新たに挿入されているわけである。視覚イメージとテクストの双方によってなされたこの改変は，ルネサンスにおける他のパラフレーズには登場しない点で注目に値する。そして，この連作の一場面をニコロ作品の物語場面を特定する手がかりとすることには一定の妥当性があるだろう。その根拠は，16世紀のフランス宮廷における同連作の人気の高さである。

### 1-4. 〈プシュケの寓話〉のフランスにおける受容

1530年代初頭にローマの版元アントニオ・サラマンカ（1478-1562）によって出版された〈プシュケの寓話〉連作は，瞬く間にヨーロッパ各国に波及し，フランスでは1540年代よりジャック・アンドルーエ・デュ・セルソー（c. 1520-1586）による海賊版も流通していた[33]。同連作のフランスでの人気は特に高く，タピスリー，ガラス工芸品，挿絵本，フレスコ画など，16世紀のあ

**図11**　ヴィジエ（ジャン・クール）《メアリー・ステュアートの飾り皿》1556年，エマイユ／銅，グリザイユ，直径13.5 cm，フランス国立図書館

いだに多方面でさまざまな場面の構図がイメージのみ，あるいはイタリア語の詩文とともに繰り返し取り上げられている（図11）。こうした派生作品の制作は1530年代からすでに始まっており，16世紀中に制作された品々は実際，現存作品だけでも枚挙にいとまがない。ニコロによる《クピドとプシュケ》が描かれた時期のフランスでは，コクシーに基づく連作がプシュケ寓話を描く際の，いわばスタンダードとして認識されていた，といっても過言ではないのである[34)]。

なかでも，もっとも有名かつ重要な作例は，コンデ美術館（シャンティイ）に所蔵されるグリザイユのステンドグラス連作だろう（図12）。当時，アンヌ・ド・モンモランシー大元帥（1493-1567）のエクアンの居城を飾ったそれら全44枚のステンドグラスは，サラマンカ出版の版画連作を着想源に，フォンテーヌブロー派の工房によって1542年から1544年頃に制作された[35)]。ニコロはフランス到着後まもなくモンモランシーのために室内装飾の仕事を請け負っているため，画家自身が注文主の所有する同連作を知っていた可能性はきわめて高い[36)]。少なくとも，フランス宮廷に近しい画家のパトロン層が同連作をよく見知っていたことは確実だろう。

フランス宮廷における〈プシュケの寓話〉の受容を知るうえで，このステンドグラス連作に付されているフランス語版の八行詩は，ことに重要である。各場面の下部に付された詩文は，モンモランシーの所有していた写本から抜粋されている。それらの八行詩は，もともと国王フランソワⅠ世（在位：1515-1547）の求めに応じて，３人の宮廷詩人，すなわちクロード・シャピュイ（c. 1500-1575），アントワーヌ・エロエ（?-1568），メラン・ド・サン＝ジュレ（1490-1558）が，イタリア語の八行詩を新たにフランス語に翻案したものだった[37)]。それらの詩文は当初，王室と宮廷の一部の人々によって楽しまれていたが，やがて1546年に出版された挿絵本『クピドとプシュケの恋物語』によって，より広範な読者層を獲得する[38)]。この小冊子を見ると，左のページは豪華な欄外装飾で飾られ，上部にコクシーの構図を模写した木版画，その下にオリジナルのイタリア語八行詩，そして右側のページにフランス語の翻訳が印刷されている（図13）。フランスにおける最初期のバイリンガル書籍のひとつとして，また初期のエンブレム形式の書物として人気を博したこの小冊子は[39]，1557年にパリで再版されているため，ニコロによる油彩画が描かれた1560年頃にも依然として流通を保っていたと考えてよいだろう[40]。

**図12**　フォンテーヌブロー派のガラス師〈プシュケの寓話〉1542-44年頃，ステンドグラス，シャンティイ，コンデ美術館，右下に《寝台のクピドとプシュケ》

このように，俗語韻文を伴う〈プシュケの寓話〉連作は，しばしば複製や改変を伴いながら，16世紀中葉以降のフランス，特に宮廷美術のなかで高い人気を得ていた。同時代史料を欠くニコロ作品の注文主は詳らかでないものの，ヴァロワ朝宮廷に仕えたおよそ20年間，ニコロの顧客が常にフランス宮廷で高い地位を有する人々であったことを考慮すれば，デトロイトの油彩画を受容した同時代人も宮廷サークルの何者かであった可能性が高い[41)]。モンモランシー大元帥など，実際にニコロの顧客であった大貴族の財産目録に〈プシュケの寓話〉連作のタイトルが記載されていることからも，本作を注文した人物は流行の俗語詩・版画のプシュケ寓話を見知っていたと考えられる[42)]。この文化的背景を考慮すれば，ニコロ作品が同連作最後の場面を想起させた可能性は，かなりの程度の蓋然性をもって示すことができるのである。そして，ニコロ作品に寓話の最終場面，すなわち新郎新婦の幸せや喜びの情

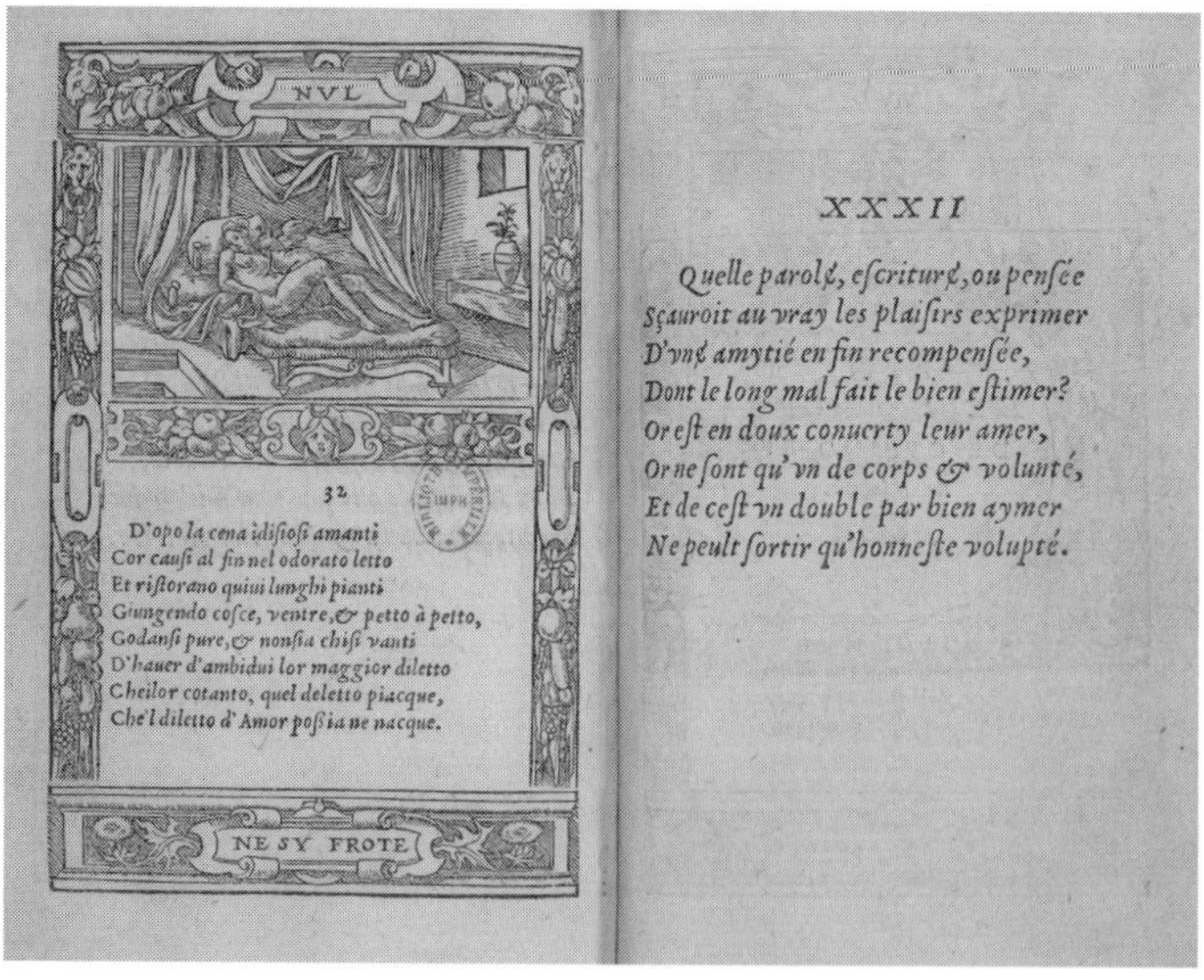


**図13**　『クピドとプシュケの恋物語』（パリ，1546年）より「32. 寝台のクピドとプシュケ」の見開きページ

景を読み取ることは，〈オデュッセイア〉連作における構図本来の場面内容とも高い親和性をもっているように思われる。以下，この観点から考察をさらに深めよう。

## 2．失われた〈オデュッセイア〉壁画連作における再会した夫婦の会話

### 2-1．英雄オデュッセウスと王妃ペネロペイアの再会

さて，失われた連作の典拠である『オデュッセイア』は，トロイア戦争で活躍した英雄オデュッセウスが数々の試練を乗り越え，故郷イタケ島に帰還するまでの冒険をうたった一大叙事詩である。ニコロが油彩画に構図を引用した場面は，帰還した国王オデュッセウスとその妻ペネロペイアの再会を描く5枚の連続場面の中心の絵画だった。そこでオデュッセウスは，ようやく妻と再会を果たし（46番），彼女を寝台へ導くと（47番），夫婦はこれまでの苦難について語らう（48番）。やがて英雄は妻のそばで眠りに落ち（49番），朝をむかえる（50番）。プリマティッチョとニコロの派生絵画の存在は，夫婦の会話の場面が連作中でも特に人気を得ていたことの証左であるが，実際，ルネサンス美術において視覚化の先例がなかった一連の夫婦の再会のエピソードは，おそらくギャラリー全体の図像プログラムのなかでも，16世紀フランスにおける物語全体の解釈においても重要な位置付けにあった。そして，そのいずれにおいても，連作中でこの5枚にのみ登場する王妃ペネロペイアの存在は解釈の鍵となる。

ペネロペイアは，夫が国を離れていた20年間，彼女の美しさと空席の王位，そして国家の財産を狙う無数の求婚者たちに言い寄られていた。しかし，オデュッセウスを恋い慕う彼女は，ある「企みを紡ぎ出す[43]」。王妃は，義父の死装束を織らねばならないと繰り返し求婚者たちを待たせ，昼に織り上げた分を夜な夜な密かに解くことで決着を先延ばしにしたのである。このエピソードから，ペネロペイアは古代より「貞節」と「賢明」の美徳を象徴する女性として知られていた[44]。

ギャラリーの構想当時，フランス語の完全訳がまだなかった『オデュッセイア』は，主にギリシア・ローマ文学を知悉した詩人たちを通じて宮廷文化に浸透していた。この頃のフランスにおけるホメロス受容に決定的な影響を与えたのが，詩人ジャン・ドラ（1508-1588）による寓意的な解釈である[45]。ドラにとって『オデュッセイア』は魂の遍歴を表わす物語であり，オデュッセウスは，ペネロペイアと祖国イタケ島に象徴される「真の叡智」と「幸福」を求める人間の魂に喩えられる[46]。こうした同時代の解釈に照らして夫婦の再会場面を見るなら，数々の試練を受けたオデュッセウスがようやく祖国に帰りつき，ペネロペイアと再会する場面は，「魂」が最終的に叡智と幸福を手にしたことを示す場面にほかならない。そしてそれらの再会場面は，ちょうどギャラリーの反対側の壁面に描かれた「暴力」と「無知」を象徴する巨人ポリュフェモスの物語と対比をなすことで，ペネロペイアの美徳が強調されるようプログラムされていた[47]。48番目の壁画を中心とする夫婦の再会場面は，試練を乗り越えた魂の至福を寓意的にあらわしえたのである。

ニコロのタブローが，先述のとおり，婚礼を祝福されたのちに寝台に入る若き夫婦という〈プシュケの寓話〉の最後の場面を想起させた可能性が高いとすれば，そこに展開する描写は，構図の引用元の場面がもつ筋書きと寓意性にぴたりと一致するように思われないだろうか[48]。いうまでもなく「プシュケ（Ψυχή）」とは，ギリシア語で「魂」を意味する言葉で，その名を冠した人間の娘が苦難を経て神々と同じく不死となる過程を綴ったアプレイウスの挿話は，霊魂が上昇し，より高次の次元へと到達するという新プラトン主義的な霊感の解釈と呼応し，ルネサンス期までに同じく魂の遍歴を示す物語としてさまざまに解釈されていたからである。たとえば，この頃のフランス宮廷でも広く読まれ，ドラの教訓的な神話解釈にも影響を与えたジョヴァンニ・ボッカッチョ（1313-1375）のラテン語著作『異教の神々の系譜』（1491年仏訳，1531年再版[49]）では，プシュケ寓話は「魂と神の結合」を表わすものとして読まれ，物語の最終的な帰結である「喜悦」の誕生は，魂の永遠の至福と解釈されている[50]。

このように,『オデュッセイア』とプシュケの物語は，16世紀文学の枠組みではいずれも，試練の末に「愛」や「叡智」と再会を果たし，永遠の幸福を手にする「魂」の寓意として見られていた。プシュケ寓話の最終場面を描くにあたって，画家がオデュッセウスのギャラリーから直接構図を引用したのは，こうした2つの神話の内容的なアナロジーを表現するためだったのではなかろうか。

### 2-2. 苦難を経験した恋人たちの会話

〈オデュッセイア〉壁画48番目の絵画とニコロ作品がいずれも，魂がまさに幸福を手にした瞬間として構想されたならば，恋人たちの会話という場面描写は，その幸せを視覚的に表現する恰好の主題であったと考えられる。さいごに，両場面の構図の核をなす会話の表現に焦点を当て，その内容を考察することで，この描写がプシュケ寓話の最終場面にいかなる効果を与えたのか考えてみたい。

ドラの薫陶を受けた詩人のひとりであるジョアシャン・デュ・ベレー（c. 1522-1560）は，親戚にあたる枢機卿の帰国を称えたオードのなかで，ペネロペイアにフランス王国そのものを重ねながら,「二十もの冬を，幸せなそのときをこいねがって待ちわびた」彼女の心が，オデュッセウスの帰国によって喜びで満たされた，と書いている[51]。〈オデュッセイア〉の48番目の場面の主要なテーマは，冒頭に引いた版画集の銘文が示すように，まさに長い冬を越え，過ぎ去った「嵐」，すなわちそれまでの苦難について「語りあうこと」の喜びであった。典拠となったホメロスの記述を見てみよう。

> 二人は長いあいだ望んでいた愛の喜びに浸ると，たがいに語りあう言葉を楽しんだ。ペネロペイアは，求婚者たちに苦しめられたことの数々を，またそれがどれほどの苦難であったかを語った。彼らは多くの牛たち，また肥えた羊たちを屠り，葡萄酒をたくさん汲み出した。オデュッセウスの方は，部下たちに課すことにな

った苦難の数々，そして彼自身がどれほど多くの苦しみを味わったかを残らず語った。妃は聞くのが誠に心より楽しく，〔夫が〕すべて語り終えるまで，眠りが瞼を閉ざすことはなかった[52)]。

この会話場面において，王妃は国王不在のなかで耐え忍んだ苦難の数々を伝え，オデュッセウスもまた帰国を果たすまでの長い彷徨における苦難の連続を妻に語る。ホメロスの文章ではこの後，オデュッセウスの冒険譚が長々と回想され，その話を語り終えたとき，ようやく英雄の「心の憂悶」はほどかれる[53)]。見つめあう夫婦の情景を捉えた48番目の物語場面では，考えや感情を共有する両者の会話によって，試練を乗り越え，より強固になった夫婦の愛が表現されているのである。

さて，先行研究において，プリマティッチョの構図におけるペネロペイアの両手のしぐさは，欺いた求婚者や経験した苦難の数を数え上げる動作として解釈されてきた[54)]。一方で，ニコロ作品のプシュケの手指については，コルドリエが性行為をほのめかす身ぶりとして解釈している[55)]。しかし，ニコロ作品がプシュケ寓話の最後の場面であるなら，右手の指を左手にさし示しているプシュケはペネロペイアと同じく，やはり天上で再会した夫にこれまでの苦難の数々を話し聞かせているのだろう（図14）。やや時代は下るものの，17世紀英国で出版されたジェスチャー集成『キロロギア』によれば，右手の薬指と小指を引き込み，親指から中指の３本で左手の掌を軽く叩くジェスチャーは，数や論拠，論題を分けて整理する動作を示す（図15）[56)]。つまりここでは，プシュケもペネロペイアも，これまでの複数の試練を，ひとつひとつ理路整然と夫に伝えているのである。クピドの姿を盗み見たのち，恋人を探し尋ねてケレスやユノーの神殿に赴いたこと。ウェヌスに鞭打ちにされ，次々と課せられた無理難題の数々。オデュッセウスの身ぶりを引き継ぎ，左手をプシュケの方に差し向けるクピドは，彼女の言葉に応答しているのだろう。

先にみたイタリア語八行詩が示すように，〈プシュケの寓話〉の最終場面

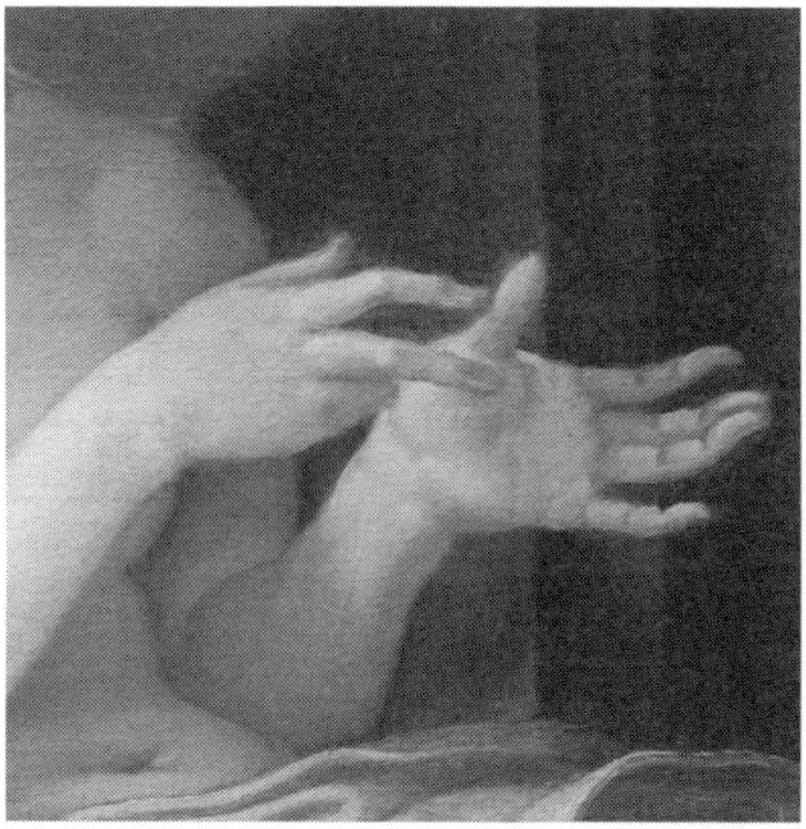

**図14**　プシュケの両手，ニコロ・デッラバーテ《クピドとプシュケ》部分図

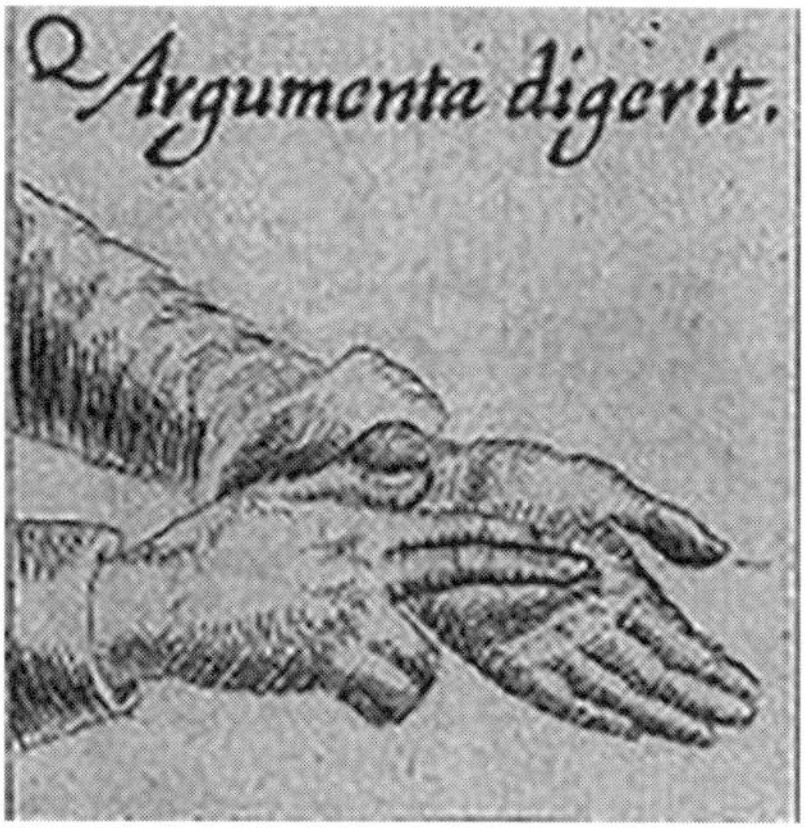


**図15**　ジョン・ブルワー『キロロギア』（ロンドン，1644年）より「論拠を分類する（Argumenta digerit）」の図解

もまた，『オデュッセイア』の夫婦の会話場面と同じく，長い苦難がようやく報われた喜びを表わしている。その意味で，この恋人たちの会話の描写は，コクシーの銅版画に記された寓話の筋書きと呼応しえたはずだ。「求めあう恋人たち」が「長きにわたる悲嘆の数々から気を晴らし」，その最上の喜びから「愛の喜悦」が誕生する，というイタリア語詩文の内容は，フランス語の八行詩にも受け継がれている。最初の四行において，宮廷詩人のメラン・ド・サン＝ジュレは，ようやく報われた愛の喜びを言葉になどできるだろうか，と問いかける。

Quelle parole, escriture, ou pensée
Sçauroit au vray les plaisirs exprimer
D'une amytié en fin recompensee,
Dont le long mal fait le bien estimer ?
Or est en doux converty leur amer,
Or ne sont qu'un de corps & volunté,
Et de cest un double par bien aymer

Ne peult sortir qu'honneste volupté.

いかなる語りが，書き言葉が，考えが
これらの喜悦を 誠にあらわせるというものか
ようやく報われた友愛の喜悦，
長きにわたる苦難ゆえに尊い この愛の悦びを？
いまや ふたりの苦みは甘く変わり，
いまや からだと願いは ただひとつ，
深く愛しあうがゆえに ひとつとなりし
そこからは 誠実なる喜悦のみが生まれ立つ。[57)]

ここでは画面のディスクリプション的要素は省かれているが，やはり長きにわたる苦難を耐えた愛からこそ「誠実なる喜悦」は生まれ出る[58)]。人間の「堕落」や「救済」，あるいは「愛の苦しみ」など，ルネサンス期までに生み出された数あるプシュケ寓話のパラフレーズが，それぞれに異なるメッセージ性を有していたことを考慮するなら，まったく新しい最終場面をもつ〈プシュケの寓話〉の八行詩とそのフランス語訳には「ようやく報われた愛の喜び」という新たなメッセージを読み取ることができるだろう[59)]。

このように，版画連作や挿絵本をつうじて，これらの俗語詩に親しんでいたフランス宮廷の人々にとって，プシュケ寓話の最終的な物語の帰結として認識されていたのは，アプレイウスが書き記した単なる「喜悦」の誕生ではなく，長い苦難や試練の後にようやく結ばれた恋人たちの「再会の喜び」であったと思われる[60)]。そしてニコロの油彩画では，〈オデュッセイア〉連作でみずからがフレスコに描いた，互いの苦難を理解しあい，愛を深める「再会した夫婦の会話」という表現描写が，試練を経て最終的に寝台に入ったプシュケとクピドの再会の喜びを視覚的に強調していたように思われるのである。

**図16**　レオナール・ゴーティエ『クピドとプシュケの恋物語』（パリ，1586年）より「寝台のクピドとプシュケ」の挿絵，エングレーヴィング

## 結語

本作が描かれてから，およそ四半世紀が過ぎた1586年，版画家レオナール・ゴーティエ（1561-1641）は，〈プシュケの寓話〉のエングレーヴィングによる復刻版を，先に見たフランス語の八行詩とともに出版した[61]。ゴーティエはおおむねサラマンカ版と『クピドとプシュケの恋物語』の木版画の構図を忠実に踏襲しているが，細部にはときおり変更点が見出される。そして興味深いことに，その最終場面は，八行詩の内容に適うような夫婦の親密な情景へと大きく改変されているのである（図16）。オリジナルのコクシーの構図では，寝台に横たわるプシュケがすでに眠っており，その傍にいるクピドが虚空を見つめている一方で，ゴーティエの描いたクピドとプシュケは，ニコロ作品と同じく見つめあい，室の地面には箙や弓が放り出されている。

本稿での議論を踏まえれば，ニコロ作品は，こうした〈プシュケの寓話〉の最終場面を描き換える試みの先駆としてみなすことができるだろう。〈オデュッセイア〉の一場面の構図を転用した《クピドとプシュケ》を，壁画の当該場面との内容的なアナロジーから読み解くなら，本作の恋人たちは「静穏のなかで，嵐について語りあう」ことで心の憂悶をほどき，「長きにわたる悲嘆の数々から気を晴らし」ている。それは，言葉になどできない最上の喜悦を意味しえたはずである。

こうした本作の場面がもつ象徴的意味から推察するに，あるいはこの作品は，注文主のなんらかの政治的な転機や結婚を祝福する絵画であったのかもしれない。ニコロによる油彩画の受容者がフランス宮廷のサークルに属する人物であった可能性が高いことは先に述べたが，さいごに注文の背景について若干の推論をくわえておこう。注目すべきは，「オデュッセウスのギャラリー」に基づく複製画制作の記録である。1569年８月５日の公文書によれば，長らくプリマティッチョやニコロの助手を務めた画家ルッジェーロ・デ・ルッジェーリ（fl. 1540-c. 1596）は，ヴィルロワ侯ニコラ・ルジャンドルのために同ギャラリーの主題を取り上げた10点の複製画制作によって報酬を受け取っている[62]。その支払記録に見られる「以前と同じように」という文言は，そうしたレプリカ制作が1560年代にすでにある程度行われていたことを示唆している[63]。それであれば，ニコロの油彩画もそうした文脈のなかで，同ギャラリーに由来する絵画をみずからの邸宅にも，と望んだ何者かから私的に注文を受けて制作されたと考えるのが自然である[64]。奇しくも本作のサイズは，壁画場面における当該構図の部分の原寸大にかなり近しい。

注文主を具体的に同定することこそ不可能ではあるが，こうした文化的背景を踏まえれば，この油彩画がフランス宮廷で親しまれていた〈プシュケの寓話〉のイメージと俗語詩文，そして完成してまもない長大な〈オデュッセイア〉連作の鑑賞体験をすべて踏まえて構想された作品だということは想像に難くない。先行研究では，プリマティッチョの構図の引用が意識されるあまり，図像学的考察や典拠テクストの検討にまで議論が及ばず，この作品自体がもつ構想の妙意は看過されてきた節がある。しかし，ニコロがイタリア時代以来，豊かな文学的素養を活かして絵画制作を行っていたことを考慮するなら，画家はおそらく，以上の要素を巧みに掛け合わせることで，ふたつの「魂」の物語を往還させるような絵画を描いたのだろう[65]。

ニコロの油彩画は，苦難の連続を乗り越えた恋人たちの会話という，〈オデュッセイア〉連作に由来する描写によって，プシュケとクピドの最終的な再会の喜びの場面を，いっそう幸せに富む情景へ昇華させた絵画である，と結論づけられよう。

## 注

1） *Chefs-d'œuvre de la curiosité du monde : 2e exposition internationale de la C.I.N.O.A.*, exh. cat., Paris, Musée des arts décoratifs, 1954, no. 1, pl. VIII. 本作は1920年にはケンブリッジのフォッグ美術館に臨時寄託されていたことが知られるが，それ以前の来歴は不明である。展覧会の時点ではアメリカの老舗画廊ノードラ

ー商会が所有していた。作品自体に署名や年記はなく，関連する同時代史料も発見されていないが，ニコロ・デッラバーテへの作者同定は様式論的見地からすべての研究者に受け入れられている。本作の来歴や文献歴などの基本情報についてはデトロイト美術研究所のオンライン・データベースを参照：https://dia.org/collection/eros-and-psyche/24109（最終閲覧：2024年８月26日）。

2) 管見の限り，この構図は16世紀までのイタリア・フランス美術におけるプシュケ主題には類例を見ない。プシュケ図像研究者のソニア・カヴィッキオーリは，本作を16世紀のプシュケ主題美術における「唯一（unicum）」の構図と言及している。Sonia Cavicchioli, *Le metamorfosi di Psiche. L'iconografia della favola di Apuleio*, Venice, Marsilio, 2002, p. 130.

3) フランス時代のニコロ・デッラバーテの画業と様式については，シルヴィ・ベガンによる以下の先駆的な研究論文がまず挙げられる。Sylvie Béguin, "Niccolò dell'Abbate en France", *Art de France*, no. 2, 1962, pp. 112-146; "In lode di Nicolo...", *l'Œil*, no. 177, September-October 1969, pp. 1-11, 45. また近年における最新の研究成果として，画家の様式変遷の理解と活動年譜を更新したジュリア・ブルゾーリとメルヴァン・ムトンによる2022年の共著論文も重要である。Giulia Brusori and Melvin Mouton, "Pour Nicolò dell'Abate dessinateur : évolutions et dialogues", *Nouvelles de l'estampe* [Online], no. 268（online since 15 November 2022, URL: http://journals.openedition.org/estampe/3334 最終閲覧日：2024年８月30日）.

4) 1555年10月28日，プリマティッチョはギーズ家の礼拝堂装飾の天井画について，「この作品をきちんと仕上げられる人物はニコロ殿しか存じておりません（*io non veggio persona che m. Nicolò che la possa far bene*）」と書簡に書いており，共同制作者の「ニコロ殿」に置く信頼が相当に厚いものだったことがうかがわれる。当該の書簡については以下を参照。Charles Samaran, "Le Primatice et les Guises d'après des documents inédits", *Etudes italiennes*, no. 3, 1921, pp. 129-136, 187. フォンテーヌブロー派の活動全般については特に以下を参照。Sylvie Béguin, *L'École de Fontainebleau : Le manierisme à la cour de France*, Paris, Édition d'Art Gonthier-Seghers, 1960; Henri Zerner, *L'art de la Renaissance en France : l'invention du classicisme*, Paris, Flammarion, 1996.

5) Béguin（1962）, *op. cit.*, p. 137. 1969年にボローニャ，2005年に生地モデナでそれぞれ開催された回顧展に本作は出品されていないが，展覧会カタログには若干の言及がある。Sylvie Béguin（ed.）, *Nicolò dell'Abate. Catalogo Critico*, exh. cat., Bologna, Palazzo dell'Archisinasio, 1969, pp. 32, 123; Sylvie Béguin and Francesca

Piccinini (ed.), *Nicolò dell'Abate. Storie dipinte nella pittura del cinquecento tra Modena e Fontainebleau*, exh. cat., Modena, Foro Boario, 2005, p. 22.

6)　この素描は人々の身につける服飾から1565年から1570年頃に位置付けられる。Sylvie Béguin, "La mezzana", in Béguin and Piccinini, *ibid.*, p. 443, no. 233.

7)　Pierre Dan, *Le trésor des merveilles de la maison royale de Fontainebleau*, Paris, chez Sebastien Cramoisy, 1642, pp. 108–116; L'Abbé Guilbert, *Description historique des chasteau, bourg et forest de Fontainebleau*, vol. II, Paris, André Cailleau, 1731, pp. 14–47. 17世紀のダン神父や18世紀初頭に同宮を訪れたギルベール神父の証言によれば，天井には異教の神々の世界があらわされていた。また，当時の『王立建造物会計報告書』の記載からは，それらの天井画と壁画の周囲に，ニコロによってグロテスク装飾が施されたことがうかがわれる。Léon de Laborde, *Les comptes des Bâtiments du Roi (1528–1571), suivis de documents inédits sur les châteaux royaux et les Beaux-Arts au XVI$^{e}$ siècle*, vol. 2, Paris, J. Baur, 1880, p. 3. 天井画はフランソワＩ世治下の1541年から1546年にかけてプリマティッチョの指揮によって作業が行われ，同王の死後，ギャラリーの装飾事業は一時中断された。ニコロのフランス到着後，アンリⅡ世の依頼によって壁画連作の作業が行われたのは1556年頃から1560年にかけてのことと考えられている。ただし，その後も周囲の装飾や修正作業は1570年まで続き，ギャラリー全体の完成までには実に30年ほどの年月が費やされた。その間の度重なる王の交代は図像プログラムをわずかに変更させていったと考えられる。「オデュッセウスのギャラリー」については以下を参照。Louis Dimier, *Le Primatice. Peintre, sculpteur et architecte des rois de France : essai sur la vie et les ouvrages de cet artiste suivi d'un catalogue raisonné de ses dessins et de ses compositions gravées*, Paris, Leroux, 1900, pp. 91–108; Sylvie Béguin, Jean Guillaume and Alain Roy, *La galerie d'Ulysse à Fontainebleau*, Paris, Presses universitaires de France, 1985; Claude Mignot, "Fontainebleau revisité : la galerie d'Ulysse", *Revue de l'art*, no. 82, 1988, pp. 9–18; Christiane Deloince-Louette and Catherine Vermorel, "La première Odyssée française : la galerie d'Ulysse à Fontainebleau", in Christiane Deloince-louette and Agathe Salha (ed.), *Notre Homère : stratégies d'appropriation des poèmes homériques (France, XVI$^{e}$-XXI$^{e}$ siècles)*, Grenoble, UGA Éditions, 2021, pp. 61–88.

8)　Giorgio Vasari, *Le Vite de' più eccellenti architetti, pittori et scultori italiani, da Cimabue insino ai tempi nostri*, secondo e ultimo Volume della Terza Parte, Florence, appresso i Giunti, 1568, p. 799. ［邦訳，ジョルジョ・ヴァザーリ「ボロー

ニャの画家・建築家、サン＝マルタン修道院長フランチェスコ・プリマティッチョの作品の記述」越川倫明訳，ジョルジョ・ヴァザーリ『美術家列伝』森田義之，越川倫明，甲斐教行，宮下規久朗，高橋光正監訳，第六巻，中央公論美術出版，2022年，157頁。]

9) Dan, *op. cit.*, pp. 108-109. "[...] laquelle [la galerie d'Ulysse] est bien sans contredit une des plus rares pieces de l'Europe, tant pour la richesse de ses Peintures, que des autres diverses choses qu'elle contient".

10) 1950年代の言及はすべて「オデュッセウスのギャラリー」と関連している。Paola Barocchi, "Precisazioni sul Primaticcio", *Commentari*, vol. II, July-December 1951, pp. 203-223, LXI-LXV; Charles Sterling, "Odysseus en Penelope", in *De triomf van het maniërisme: De europese stijl van Michelangelo tot el Greco*, exh. cat., Amsterdam, Rijksmuseum, 1955, pp. 40-41, no. 7 [102].

11) 48番目の当該場面については，フォンテーヌブロー派の画家による16世紀の模写素描（ペン・褐色インク／紙，37×50.3 cm，プリンストン大学美術館，obj. no. x1948-1847 [verso]）も知られているが，失われたオリジナルの下絵か壁画を写したと考えられるその素描と比較すると，ディーペンベークがおおむね忠実に壁画の構図を模写していることが確かめられる。当該素描については以下を参照。Barbara T. Ross, "Notes on Selected French Old Master Drawings from the Permanent Collection", *Record of the Art Museum, Princeton University*, vol. 42, no. 1, 1983, pp. 40-41.

12) 銘文の全文は以下（日本語訳は筆者による）。*Les Travaux d'Ulysse, desseignez par le sieur de Sainct Martin, de la façon qu'ils se voyent dans la maison royalle de Fontainebleau. Peints par le Sieur Nicolas, et gravez en cuivre par Theodore van-Tulden. Avec le subject & l'explication Morale de châque Figure*, Paris, Melchior Tavernier, 1633, pl. 48: "Ulysse estant au lict avec Penelope, luy fait un ample recit de ses adventures ; Et son propre exemple luy donne à connoistre, *Qu'il y a du plaisir à s'entretenir de la tempeste quand on se void dans le calme*".「オデュッセウスはペネロペイアとともに寝台におり，彼女に長い冒険譚を語っている。そして，彼自身の範例から次のことを心得るに至った。静穏のなかで，嵐について語りあうことは，なんという喜びだろうか」。銅版画連作〈オデュッセウスの偉業〉については以下を参照。Béguin, Guillaume and Roy, *op. cit.*, pp. 106-115. なお，アルベルティーナ版画素描館所蔵のディーペンベークの素描集は，1995年のジェレミー・ウッドの論文によって帰属が確かめられるまで版画制作者のテュールデンの手

に帰されていた。Jeremy Wood, “Padre Resta’s Flemish Drawings: Van Diepenbeeck, Van Thulden, Rubens, and the School of Fontainebleau”, *Master Drawings*, vol. 28, no. 1, 1990, pp. 3–53.

13）プリマティッチョによる《オデュッセウスとペネロペイア》についても，注文の経緯や本来の設置場所を特定しうる同時代史料は発見されておらず，両作の制作順序は不明である。この作品については以下を参照。Dominique Cordellier (ed.), *Primatice : maître de Fontainebleau*, exh. cat., Paris, Musée du Louvre, 2004, p. 336, no. 172; Giancarlo Fiorenza, “Penelope’s Web: Francesco Primaticcio’s Epic Revision at Fontainebleau”, *Renaissance Quarterly*, vol. 59, no. 3, 2006, pp. 795–827.

14）William McAllister Johnson, “Niccolò Dell’Abbate’s ‘Eros and Psyche’”, *Bulletin of the Detroit Institute of Arts*, vol. 45, no. 2, 1966, pp. 27–34.

15）『黄金の驢馬』の受容史については以下を参照。Sonia Cavicchioli, *Amour et Psyché : l’éternelle félicité de l’amour*, Paris, Flammarion, 2002; Véronique Gély, *L’invention d’un mythe, Psyché : allégorie et fiction, du siècle de Platon au temps de La Fontaine*, Paris, Honoré Champion, 2006; Julia Haig Gaisser, *The Fortunes of Apuleius and The Golden Ass: A Study in Transmission and Reception*, Princeton, Princeton University Press, 2008.

16）ただしジョンソンはプシュケの物語における本作の場面の位置付けには言及していない，Johnson, *op. cit.*, p. 30.

17）Sylvie Béguin, “Vénus et l’Amour”, in Sylvie Béguin (ed.), *L’École de Fontainebleau*, exh. cat., Paris, Galeries nationales du Grand Palais, 1972, p. 7, no. 2.

18）Brigitte Birbaumer, “Venus und Cupido (Eros und Psyche)”, in Werner Hofmann and Wiener Festwochen (ed.), *Zauber der Medusa: europäische Manierismen*, exh, cat., Vienna, Wiener Künstlerhaus, 1987, p. 183, no. 8.

19）Cordellier, *op. cit.*, p. 337, no. 173; Fiorenza, *op. cit.*, pp. 806–807.

20）『黄金の驢馬』では，プシュケがクピドの姿をランプで照らして見てしまう場面までに，クピドがプシュケに対して彼女の姉たちが宮殿を訪れてくること，そして彼女たちの言葉に従って自分の姿を見ようなどという悪だくみを抱かないよう忠告する場面が2度あるが，その会話はいずれも暗闇のなかで交わされている。カヴィッキオーリは，アプレイウスのテクストと本作の描写の齟齬について，画家が同場面を「オデュッセウスのギャラリー」の構図を踏襲して自由に改変したものとしているが，その理由は示されていない。Cavicchioli, *Le metamorfosi di Psiche..., op. cit.*, p. 130.

21） 註１で挙げたURLを参照。“The scene in this painting is very unusual; most depictions of this theme show either Eros visiting Psyche or Psyche shining her lantern upon Eros, so the exact subject here is in dispute”.

22） 『黄金の驢馬』は14世紀にザノービ・ダ・ストラーダ（1312-1361）によって，その手写本が再発見され，ジョヴァンニ・ボッカッチョ（1313-1375）ら人文主義者たちの熱心な研究対象となった。その後，1469年にジョヴァンニ・アンドレア・ブッシ（1417-1475）によってローマで初の印刷本が出版されると，同書は急速に人気を高め，特にプシュケの挿話は文学，演劇，音楽，美術の諸芸術に主題を提供することとなる。『黄金の驢馬』のルネサンスにおける受容と出版文化およびプシュケ寓話と美術については以下を参照，Véronique Gély, “Les Renaissances de Psyché”, dans Magali Bélime-Droguet et al.（ed.）, *Psyché à la Renaissance, Actes du LII*$^{e}$ *Colloque International d’Études Humanistes（29 juin-2 juillet 2009）*, Turnhout, Brepols, 2013, pp. 7-19; Sonia Cavicchioli, *La fortuna iconografica della favola di Psiche nel Cinquecento e il Paradiso di Scandiano*, in Angelo Mazza and Massimo Mussini（ed.）, *Nicolò dell’Abate alla corte dei Boiardo. Il Paradiso ritrovato*, exh. cat., Scandiano, Rocca dei Boiardo, 2009, pp. 97-107; Maria Grazia Bernardini and Marina Mattei（ed.）, *La favola di Amore e Psiche: il mito nell’arte dall’antichità a Canova*, exh. cat., Rome, Castel Sant’Angelo, 2012.

23） ラファエロとジュリオの作例の概要についてはそれぞれ以下を参照。深田麻里亜「テヴェレ河畔の『愛の館』：ヴィッラ・ファルネジーナにおける古代神話画」越川倫明ほか『ラファエロ：作品と時代を読む』河出書房新社，2017年，193-217頁；喜多村明里「欲情のエロティカ〈君主の愛〉と〈神々の愛〉：パラッツォ・デル・テ「クピドとプシュケの間」再考」金山弘昌『イタリア美術叢書 III 憧憬のアルストピア：パラッツォ・デル・テ「クピドとプシュケの間」からボマルツォ「聖なる森へ」』ありな書房，2020年，9-72頁。ラファエロ以後の16世紀プシュケ主題美術については以下も参照。Max Petit-Delchet, “L’illustration décorative du ‘mythe de Psyché’ à l’époque de Raphaël”, *Bulletin de la Société de l’Histoire de l’Art Français*, 1910, pp. 34-43.

24） アープレーイユス『黄金の驢馬』呉茂一，国原吉之助訳，岩波書店，2013年，241頁（一部改訳）。同時代のラテン語版としては16世紀中に幾度も版を重ね，フランスでも広く読まれたフィリッポ・ベロアルド（1453-1505）の註解版を参照した。Filippo Beroaldo, *Commentarii a Philippo Beroaldo conditi in asinum aureum Lucii Apuleii*, Bartolomeo Zani, 1504［1st ed. Bologna, Benedetto d’Ettore Faelli,

1500], pp. 113ff. "Nec mora cum coena nuptialis affluens exhibetur. Accumbebat summum thorum maritus. Psychen gremio suo complexus. Sic et cum sua Iunone Iuppiter. Ac deinde per ordinem toti dei. [...] Vulcanus coenam coquebat, horae rosis et caeteris floribus purpurabant omnia, gratiae spargebant balsama, musae duoque canora personabant, apollo cantavit ad citharam, Venus suavi musicae superingressa formosa saltavit [...]. sic ecce Psyche convenit in manum cupidinis. et nascitur illis maturo partu filia; quam voluptatem nominamus".

25) 『黄金の驢馬』俗語版としては，1479年頃にボイアルドが翻訳した初のイタリア語訳版が，1518年の初版以来，世紀中7回にわたって版を重ね，1550年にアーニョロ・フィレンツォーラ（1493-1543）が新訳を出版するまでもっとも広く読まれていた。フランスでは，1517年にギヨーム・ミシェルがフランス語による初の完全訳を完成させ，翌18年に初版，1522年に同書は別の版元から再版されている。ニコロ作品の描かれた世紀中葉にはさらに，ジャン・ルヴォー訳とジョルジュ・ド・ラ・ブティエール訳のふたつのバージョン（いずれも1553年出版）も知られていた。イタリアおよびフランスにおける『黄金の驢馬』の俗語版については以下を参照，Maria Teresa Puleio, "La favola di Amore e Psiche nel Cinquecento tra Italia e Francia", in *Cinquecento visionario. Studi di letteratura francese*, no. 19, 1992, pp. 157-72. 特にフランスにおける同書の受容と翻訳については以下も参照，Henri Le Maître, *Essai sur le mythe de Psyché dans la littérature française des origines à 1890*, Paris, Boivin, s. d. [1939], pp. 36-56; Koenraad Heyerick, "Les sens d'une métamorphose. Les traductions françaises de L'Âne d'Or au XVIe siècle", *Revue de littérature comparée*, no. 315, 2005, pp. 273-293; Olivier Pédeflous, "La traduction de l'Âne d'or par Guillaume Michel (1517): une contribution à la poétique du roman au XVIe siècle", *Revue d'histoire littéraire de la France*, 107e année, no. 3, July-September 2007, pp. 515-535.

26) ニコロ・デッラバーテとその工房《クピドとプシュケの婚宴（右半分消失）》1541/43年，フレスコ（カンヴァスに移設），393×337 cm，モデナ，エステンセ美術館。Mazza and Mussini, *op. cit.*, pp. 303-305, no. 22.

27) 1540年代にはフォンテーヌブロー派の工房で「プシュケの間」に基づく銅版画も制作されている。なおプリマティッチョはマントヴァのジュリオ・ロマーノの工房で修業を積み，ジュリオの代理としてフランスに派遣されたと考えられている。

28) 特にフェッラーラやマントヴァの宮廷では15世紀末より俗語訳や詩，絵画，劇など数々のパラフレーズが作られた。Gaisser, *op. cit.*, pp. 176-196.

29) 「サイコロ印の版画家」のモノグラムが見られるのはプレート6番と9番のみだが，研究者の間では連作の大半をこの逸名の版刻者に帰属することで見解が一致している。アゴスティーノ・ヴェネツィアーノの手になるのは，そのモノグラムが確認されるプレート4番，7番，13番に限られ，そのほか29枚は「サイコロ印の版画家」による版刻だと考えられる。連作〈プシュケの寓話〉については以下を参照，Adam Bartsch, *Le Peintre graveur*, vol. 15, Vienna, J. V. Degen, 1813, pp. 211-224; Grazia Bernini Pezzini et al., *Raphael Invenit. Stampe Raffaello nelle Collezioni dell'Istituto Nazionale per la Grafica*, Rome, Quasar, 1985, pp. 250-257, nos. IX, 1-32; Sonia Cavicchioli, "Michiel Coxcie e la *Favola di Psiche* incisa dal Maestro del Dado, invenzione 'postuma' di Raffaello", in Elena Rossoni（ed.）, *La fortuna visiva ed.affaello nella grafica del XVI secolo. Da Marcantonio Raimondi a Giulio Bonasone*, exh. cat., Bologna, Pinacoteca Nazionale, 2020, pp. 37-47. アダム・バルチュは原画をラファエロに帰属したが，ヴァザーリはこの連作の原画がコクシーの手になると伝えている。ヴァザーリの記述は以下，ジョルジョ・ヴァザーリ「ボローニャの版画家マルカントニオと他の版画家たち」越川倫明訳，ヴァザーリ前掲書，第4巻，2016年，144頁，註260（162頁）。

30) カヴィッキオーリは，第1ステートの時点で欄外の余白に詩文が書き込まれていなかった点，そしてしばしば画中に見られる要素を言い表した記述が詩のなかに見られる点から，八行詩はおそらく版元に近しい人物が版画連作のために後から書き下ろしたものと見ている，Cavicchioli, *ibid.*, p. 40.

31) プシュケとクピドが共に寝台にいる場面としては，他にもプレート9番のクピドが初めてプシュケの閨に現れる場面と13番のプシュケがクピドを照らし見る場面がある。しかし，前者では初めて出会う2人の官能的な詩文の内容がニコロ作品の仲睦まじい恋人たちの旧知の雰囲気と相容れず，後者では詩の内容にくわえ，異時同図的に描かれた構図やランプなどのモティーフがニコロ作品と異なっている。

32) これ以降の引用テクストの日本語訳はすべて筆者による。

33) *Raphael et l'art français*, exh. cat., Paris, Galeries nationales du Grand Palais, 1983, p. 189, no. 246.

34) たとえば1534年制作のエマイユは，イタリア語の詩文ごと同連作を複製している（レオナール・リモザン《ゼフィロスによってクピドの宮殿へと運ばれるプシュケ》1534年，エマイユ，18.2×23.7 cm，パリ，ルーヴル美術館）。以下の展覧会カタログには〈プシュケの寓話〉に基づく多数の派生作品が掲載されている，Lorraine Mailho-Daboussi et al., *Psyché au miroir d'Azay*, exh. cat., Azay-Le-

Rideau, château d'Azay-Le-Rideau, 2009. また，宗教戦争を経てフランス人が主体となった第二次フォンテーヌブロー派の美術家にも本銅版画連作は視覚的参照源として用いられていた。Mei Takemoto, "Notes on the Visual Sources of Toussaint Dubreuil", *Aspects of Problems in Western Art History*, vol. 14, 2016, pp. 115-119.

35) Françoise Perrot, "Les vitraux du château d'Ecouan. Contribution à l'étude du vitrail civil de la Renaissance", in André Chastel et al., *Actes du Colloque international sur l'art de Fontainebleau, Fontainebleau et Paris, 18, 19, 20 octobre 1972*, Paris, Éditions du Centre national de la recherche scientifique, 1975, pp. 175-184.

36) Sylvie Béguin, "L'Hôtel de Monmorency", in Béguin and Piccinini, *op. cit.*, p. 419. なお，ニコロ・デッラバーテは，北イタリアとフランスにまたがる40年以上のキャリアを通して，プシュケの物語を描く機会を幾度か得ている。研究者の間では，画家がモンモランシーのシャンティイ城のためにプシュケ主題のフレスコ連作を制作したことが通説となっており，アシュモレアン博物館に所蔵される《ゼフュロスによって宮殿へと運ばれるプシュケ》はその関連素描と考えられている。Nicholas Turner, "Zefiro e Psiche", in *ibid*, p. 434, no. 222; Brusori and Mouton, *op. cit.*, p. 16. しかし，シャンティイ城の失われた装飾主題をプシュケ連作と特定する明確な史料はない。多くの研究者が参照先に挙げている以下の文献では制作者にニコロの名前が挙げられているにすぎず，主題への言及はない。Henri Sauval, *Histoire et recherches des antiquités de Paris*, vol. 2, Paris, Charles Moette, Jacque Chardon, (1655-1670) 1724, p. 143.

37) フランス語詩文は1536年から1537年頃にタピスリーの説明書きとして注文された。シャンティイのコンデ美術館にはモンモランシーの所有していた詩文の写本も所蔵されている。〈プシュケの寓話〉のフランス語への翻訳事業とその詩文については以下を参照。Jean Balsamo, "Trois 'Poëtes renommez de ce tems' : Claude Chappuys, Antoine Héroët, Mellin de Saint-Gelais et la Fable de Cupido et Psyché", in Gérard Defaux (ed.), *La génération Marot : poètes français et néo-latins, 1515-1550 : actes du colloque international de Baltimore, 5-7 décembre 1996*, Paris, Honoré Champion, 1997, pp. 241-259. 詩文テクストとステンドグラスとの関係については以下を参照。Olivier Millet, "Le poème 'L'Amour de Cupido et Psyché' : le texte et l'image (vitraux de Chantilly)", in André Gendre and Loris Petris (ed.), *Par élévation d'esprit. Antoine Héroët. Le poète, le prélat et son temps*, Paris, Honoré Champion, 2007, pp. 387-409.

38） *L'amour de Cupido et de Psiché mere de volupté, prinse des cinq et sixiesme livres de la Metamorphose de Lucius Apuleius Philosophe. Nouvellement historiée, et exposée tant en vers Italiens, que François*, Paris, Jeanne de Marnef, 1546.

39） 欄外装飾に描かれたエンブレムから，この小冊子の出版を企図した人物は，俗語による著作を多く世に出した出版人ドゥニ・ジャノ（？-1544）であると考えられるが，ジャノは1544年に亡くなり，本書は未亡人となったジャンヌ・ド・マルネ（1509-？）によって出版された。そのフランス語テクストには，ジャノとマルネに近しかった詩人ジャン・モージャンの編集が加えられている。同書には新たに２篇八行詩が付け加えられているものの，残りの30篇についてはシャピュイら宮廷詩人が翻案したテクストを用いている。本書の基本情報はさらに以下を参照，Jacques-Charles Brunet, *Manuel du libraire et de l'amateur de livres*, vol. 1, Paris, Firmin Didot, 1860, p. 368; Ruth Mortimer, *Harvard College Library Department of Printing and Graphic Arts: Catalogue of Books and Manuscripts: Part 1, French 16th Century Books*, Cambridge, Mass., Belknap Press of Harvard University Press, 1964, pp. 41-44; Trung Tran, "Ce que l'emblématisation fait à la fiction : autour de l'Amour de Cupido et de Psiché（1546）", *Réforme, Humanisme, Renaissance*, no. 77, 2013, pp. 87-111.

40） 1557年の再版は，ジャンヌの２番目の夫であるエティエンヌ・グルーロー（？-1563？）による，*L'amour de Cupido et de Psiché mere de volupté, prins des cinq et sixiesme livres de la Metamorphose de Lucius Apuleius Philosophe. Nouvellement historiée, et exposée tant en vers Italiens, que François*, Paris, Estienne Groulleau, 1557.

41） Johnson, *op. cit.*, p. 30; Cavicchioli, *Le metamorfosi di Psiche...*, *op. cit..*, p. 131.

42） Léon Mirot, "L'hôtel et les collections du connétable de Montmorency", *Bibliothèque de l'École des chartes*, vol. 79, 1918, p. 381.

43） 第23歌，136-137行，ホメロス『オデュッセイア（西洋古典叢書）』中務哲郎訳，京都大学学術出版会，2022年，556頁。

44） Giancarlo Fiorenza, "Homer's Odyssey and the Image of Penelope in Renaissance Art", in Luisa Capodieci and Philip Ford (ed.), *Homère à la Renaissance : mythe et transfigurations*, Paris, Somogy Éditions d'Art, 2011, pp. 223-240.

45） ルネサンス期フランスにおけるホメロス受容については以下も参照，Philip Ford, *De Troie à Ithaque : réception des épopées homériques à la Renaissance*,

Genève, Droz, 2007.

46）Fiorenza, *op. cit.*, pp. 803-805. ドラの解釈と「オデュッセウスのギャラリー」の連関については以下を参照。岩井瑞枝「フォンテーヌブロー派，アルター・エゴの図像」『フォンテーヌブロー派画集』トレヴィル・リブロポート，1995年，97-99頁。

47）Béguin, Guillaume and Roy, *op. cit.*, p. 100.

48）比較文学研究者のシルヴィア・ダミーコは，『オデュッセイア』の夫婦の再会場面に対するルネサンス期の解釈を分析した論文のなかで，トリード美術館のプリマティッチョの油彩画とニコロ作品を取り上げつつ，この二つの物語の筋書きの重なりあいを示唆している。ただし，ダミーコは両作の物語場面自体の関連性については言及していない。Silvia d'Amico, "Les retrouvailles d'Ulysse et Pénélope : lectures d'une scène homérique à la Renaissance", in Capodieci and Ford, *op. cit.*, pp. 175-196.

49）Boccace, *De la génealogie des dieux*, Paris, Antoine Vérard, 1498/9［rééd., Paris, Philippe le Noir, 1531］.

50）Guy Demerson, *La mythologie classique dans l'œuvre lyrique de la Pléiade*, Genève, Droz, 1972, p. 30. ボッカッチョの寓意的な解釈は，6世紀のマルティアヌス・カペッラやフルゲンティウスが書き表した神話註解の解釈を統合した記述だといえる。Francesco Tateo, "Anima e Animus : dalla Psyche di Boccaccio all'etica del Rinascimento", in Bélime-Droguet et al., *op. cit.*, pp. 33-40.

51）Joachim Du Bellay, "L'avantretour en France de Monseigneur Reverendiß. Cardinal du Bellay, Ode VII", in *Recueil de poesie, presente à tres illustre princesse Madame Marguerite, seur unique du Roy, et mis en lumiere par le commandement de madicte dame. Par I. D. B. A.*, Paris, Chez Guillaume Cavellat, 1549, pp. 42-43. "Sa chaste epouze cependant / De poursuyvans sollicitée / Fut bien vingt hyvers attendant / L'heure heureuse tant souhaitée, / Qui après la rendit contente / Par le fruit de sa longue attente. / La France, qui bien aperçoit / Combien vault un esprit si saige, / Apres longs travaulx te reçoit / Avecques un ioyeux visaige [...]".「彼の貞節な妻〔ペネロペイア〕はというと / 求婚者らに言い寄られながらも / 二十もの冬を 幸せなそのときをこいねがって，/ 待ちわびておりました，のちのち 彼女の気持ちを / 喜びで満たしたのは まさしくそのこと / まちわびた時の長さの果実でした。/ フランスは，そうしたかくも賢明な精神に / どれほど価値があるか よく知っておりますゆえ，/ 長きにわたる苦行ののちに，君を迎え入れましょう / 喜びに満ちた かんばせとともに〔後略〕」

52) *Odissea Homeri per Raphaelem Volaterranum in latinum conversa*, Rome, Jacopo Mazzocchi, 1510, Liber Vigesimustertius, [n. pag.]. “At Thelemachus Bubulcusque et Subulcus pedibus saltando disierunt: famulasque item desinere iusserunt ipsi demum in amplis aedibus alius alibi cubuere. At coniuges in amore diu cupito laetati sunt: gavisique item verbis inter se collequendo Penelope quidem narrabat quae nam ac quanta a procis passa fuerit qui eius cā multas boves : ovesque pingues occiderunt / multumque evasibus vini absumpsere. Ulyxes ex altera parte quot incommoda hominibus inflixerit : quot ve ipse passus fuerit omnia narravit. Illa vero audiens gaudebat animo / neque somnus oculis cecidit priusque omnia narrasset”. ドロワンス＝ルエットとヴェルモレルによれば，〈オデュッセイア〉連作はこのラファエレ・マッフェイ（1451-1522）のラテン語版に依拠していた可能性が高い。Deloince-Louette and Catherine Vermorel, *op. cit.* 当該の会話場面については note 43（p. 79）を参照。

53) ホメロス前掲書，第23歌，342-343行，683頁。「オデュッセウスがこの話を最後に語り終えると，足手も萎ゆる甘き眠りが彼を襲い，心の憂悶をほどいた」。

54) Fiorenza, *op. cit.*, pp. 801 and 813; Deloince-Louette and Vermorel, *op. cit.*, pp. 79, 81.

55) コルドリエは直立する左の親指が右手の人差し指と中指のあいだを通過する動作に性行為の暗示を看取し，「愛」と「魂」の結合の象徴と解釈した。しかし，よく見れば女性の親指は決して右手の指の間に通ってはおらず，むしろトリード美術館の油彩画と同じように，それは2人の間の会話を補助する何らかのジェスチャーであるように思われる。Cordellier, *op. cit.*, p. 336, no. 172.

56) John Bulwer, *Chirologia: or the naturall language of the hand. Composed of the speaking motions, and discoursing gestures thereof. Whereunto is added Chironomia: or, the art of manuall rhetoricke. Consisting of the natural expressions, digested by art in the hand, as the chiefest instrument of eloquence*, London, Thomas Harper, 1644, p. 74, Canon VIII. “The two last Fingers drawn to the bottome of Cytherea’s brawny hill, or the pulpe of the Thumb ; the Thumb apprest unto the middle joynt of the two next : if the Dexter Hand so form’d, doe smite with a light percussion on the sinister Palme, it doth conspicuously distribute & digest the numbers, arguments, and members of an Oration”.

57) *L’amour de Cupido et de Psiché mere de volupté... op. cit.*, [n. pag.].

58) 当初王命によって翻訳されたフランス語の八行詩では，イタリア語版に散見された改変や不正確な物語描写がアプレイウスの原文に適合するように修正して訳された。Balsamo, *op. cit.*, pp. 250-253. たとえばこの詩でも，イタリア語では単に喜びを表す「ディレット（diletto）」という男性名詞が用いられていたのに対し，フランス語ではウォルプタース，すなわち「喜悦」の女神に結びつけられる女性名詞「ヴォリュプテ（volupté）」が採用されている。それでもなお，最終場面における「苦難が幸せに変わる」という意味内容はオリジナルのイタリア語八行詩から引き継がれている。

59）たとえば，ボッカッチョが物語のハッピーエンドにプシュケの「救済・贖罪」を見た一方で，6世紀にキリスト教的寓意として同挿話を解釈したフルゲンティウスは，プシュケをアダムに喩えることで，そこに人間の「墜落」の寓意を説いた。ルネサンス文学から一例を挙げるなら，ニッコロ・ダ・コレッジョ（1450-1508）による『クピドとプシュケの寓話』（初版1507年）では，同挿話はクピドを一人称にして綴られ，そこではプシュケとの恋物語は「愛の苦しみ」を詠う内容となっている。Julia Haig Gaisser, "How to tell the Story of Cupid and Psyche: From Fulgentius to Galeotto Del Corretto", in Florence Bistagne, Carole Boidin and Raphaële Mouren（eds.）, *The Afterlife of Apuleius*, London, University of London Press, 2021, pp. 55-64.

60）このフランス語の八行詩は，1553年に出版されたジャン・ルヴォーによる仏訳『黄金の驢馬』にも挿入されている。*Luc. Apulée de Lasne doré : contenant onze livres. trad. en françois par Jean Louveau d'Orléans*, Lyon, J. Temporal, 1553, pp. 135-216.

61）*L'amour de Cupido et de Psiché, mère de Volupté, prise des cinq & sixiesme livres de la Metamorphose de Lucius Apuleius philosophe. Nouvellement historiée et exposée en vers françois*, Paris, Léonard Gaultier, 1586. 本書については以下を参照，Mortimer, *op. cit.*, pp. 44-45, no. 34.

62）Jean Adhémar, "Les concierges du château et l'École de Fontainebleau", *Gazette des Beaux-Arts*, s. 6, vol. 50, 1957, pp. 119-121. 今日フォンテーヌブロー宮殿などに所蔵されるルッジェーロ帰属の４点の油彩画は，おそらくこのときの注文によって制作された派生絵画の現存作品と目されている。Louis Dimier, "Répliques inconnus de l'ancienne galerie d'Ulysse à Fontainebleau", *Les Beaux-Arts*, no. 111, August 1943, p. 3; Oriane Beaufils, "Ruggiero de' Ruggieri（d'après Primatice）, Ulysses affrontant les sirènes et franchissant le détroit de Charybde et Scylla", in Matteo Gianeselli（ed.）, *Antoine Caron. 1521-1599 : Le théâtre de l'histoire*, exh.

cat., Ecouen, Musée de la Renaissance – château d’Ecouen, 2023, p. 52, no. 7.

63） Adhémar, *Ibid.*, p. 120.

64） フェッラーラ公もフォンテーヌブローにあった私邸に「オデュッセウスのギャラリーの天井画と類似した（pareilles à celles de la voûte de la Galerie d’Ulisse）」装飾を描かせている。Guillbert, *op. cit.*, vol. II, p. 140.

65） ニコロ・デッラバーテ作品と同時代文学との関連性については特に以下を参照。Sonia Cavicchioli, “La ‘visibile poesia’ di Nicolò. Fonti letterarie e iconografia dei fregi dipinti a Bologna”, in Béguin and Piccinini, *op. cit.*, pp. 101–115; Erika H. Langmuir, “Nicolò Dell’Abate’s ‘Aristeus and Eurydice’”, *The Burlington Magazine*, vol. 112, no. 803, 1970, pp. 107–108.

**［図版出典］**

図１，図3–5，図9–10：所蔵館のインターネット・アーカイヴよりダウンロード（図９および図10は英国王室コレクション，すべて2024年９月１日最終閲覧）

図２：Sylvie Béguin and Francesca Piccinini (ed.), *Nicolò dell’Abate. Storie dipinte nella pittura del cinquecento tra Modena e Fontainebleau*, exh. cat., Modena, Foro Boario, 2005, p. 443.

図11，図13，図16：フランス国立図書館のインターネット・アーカイヴ（Gallica）よりダウンロード（すべて2024年９月１日最終閲覧）

図12：筆者撮影（2023年２月12日，シャンティイ，コンデ美術館）

図15：Internet Archive, URL: https://archive.org/details/b30324907/page/65/mode/1up（2024年９月１日最終閲覧）

図6–8：Public Domain

［附記］本稿は，2023年度に東京藝術大学大学院に提出した修士論文「ニコロ・デッラバーテの物語絵画：フォンテーヌブロー時代のタブロー画研究」の一部，ならびに2024年７月の美術史学会東支部例会（於成城大学）での口頭発表をもとに，加筆修正をおこなったものです。越川倫明教授をはじめ，同大学院西洋美術史研究室の先生方には懇切丁寧なご指導を賜りました。また，韻文の翻訳にあたっては，東京藝術大学音楽学部の畑瞬一郎教授，國學院大學文学部の小池寿子教授にご助言をいただきました。この場をお借りして，深く御礼申し上げます。

# オペラのなかのエール・ヴァリエ

## —19世紀中葉のオペラ＝コミック座の上演作品にみるその音楽劇的役割—

木内　涼

## はじめに

「エール・ヴァリエ air varié」は，フランス語で「変奏のついた歌」を意味し，主にロマンスや流行歌といった歌の旋律を主題とした変奏曲の一種である。劇場文化が隆盛した19世紀のフランスでは，特に1820年代以降，当時人気を博していたオペラの旋律に基づくこの種の作品が数多く作曲された。例えば，タールベルグ Sigismond Thalberg（1812-1871）やエルツ Henri Herz（1803-1888）といった，パリで活躍したピアニスト兼作曲家たちに多数の作例があるのみならず，ヴァイオリンやその他の楽器のために書かれた作品など，その事例は枚挙にいとまがない。華麗な装飾や高度な技巧を駆使した変奏が次々と繰り広げられてゆくエール・ヴァリエは，優れた演奏技術をもつ器楽奏者たちにとって，彼らのテクニックを披露することのできる理想的な楽曲形式のひとつであった[1)]。

一方，19世紀フランスの重要な辞書編纂者のひとりであるラルース Pierre Larousse（1817-1875）は『19世紀世界大事典 Grand dictionnaire universel du XIX$^{e}$ siècle』の「変奏曲 variation」の項目において，その一般的な定義を述べたのち，「何人かの劇音楽の大作曲家たちは，ときに人気のある旋律をオペラのなかに挿入し，そこに声による変奏を加えることで新鮮さを与え，聴衆を驚かせることもあった」（Larousse 1876: 785）と説明し，いくつかの事例を挙げている[2)]。ここで着目したいのは，これらのエール・ヴァリエがオペラの旋律に基づいて作曲されたものではなく，オペラ作品そのものにエール・ヴァリエが取り入れられている点，そして，ラルースが列挙した事例はすべて，19世紀のパリのオペラ＝コミック座で上演されていた音楽劇，すなわち，オペラ＝コミックであったという点である。

18世紀初頭のパリの定期市における音楽付きの芝居に起源をもち，風刺的な性格を特徴としていたオペラ＝コミックは，徐々に音楽劇としての地位を確立し，19世紀後半までに，よりシリアスなジャンルへと変容を遂げたことが知られている。こうした，ドラマとしての大きな変化を遂げつつあった時代に，エール・ヴァリエのような歌手の技巧を披露することに特化した音楽形式がオペラに取り入れられたことは，やや特異な実践のように思われる。そこで本稿では，19世紀中葉のオペラ＝コミック座の上演作品に取り入れられていたエール・ヴァリエの実態について調査するとともに，その音楽劇的役割について，オペラ＝コミックのジャンルの歴史的側面に照らし合わせながら明らかにする。

## 1．オペラ＝コミック座のレパートリーにみられるエール・ヴァリエ

本研究では，1840年から1870年までの間に，パリのオペラ＝コミック座で上演された作品を対象とする。この期間は，新設された二代目サル・ファヴァール[3)]にオペラ＝コミック座が移転してから，普仏戦争が勃発するまでの約30年間を包含する。上述したような，オペラ＝コミックのジャンルの根本的な変化を経験した時代とも重なるこの時期は，その発展の過程を理解するためにも重要な期間に位置付けられよう。

### 1.1. オペラ＝コミックのなかのエール・ヴァリエ

表１は，当該期間中にオペラ＝コミック座で上演された作品に取り入れられたエール・ヴァリエの一覧である。表の作成にあたり，当時パリで出版されていた定期刊行物に掲載された上演批評や歴史的事典（Clement & Larousse 1881）を広く参照しつつ，フランス国立図書館音楽部門での現地調

査及び同館が運営するオンライン・アーカイブ Gallica を用いて史料収集を行なった。多くの場合，印刷楽譜の目次には，各ナンバーの種類（エール，二重唱，合唱など）が明示されており，そこから調査対象を抽出することが可能であった。しかし，アダン Adolphe Adam（1803-1856）の《闘牛士 Le Toréador》のように，目次には「Trio（三重唱）」という記載しか確認できない事例も見受けられたことから，可能な限り楽譜に目を通すことで，この表を作成した。

ここには，管弦楽のためのものを含め，10の事例が挙げられている。当時のオペラ＝コミック座のレパートリーの数は膨大で，上演演目のカタログに拠れば，対象期間に当該劇団によって初演された作品は200作を優に超える（Wild & Charlton 2005）。ゆえに，量的な観点からは，挙げられたエール・ヴァリエの数は決して多いとは言えない。しかしながら，アダンの《闘牛士》のように，定期的に再演の機会に恵まれ，比較的長い間劇団のレパートリーとして上演され続けた作品の存在を無視することはできないだろう（Soubies 1894）。

### 1.2.　エール・ヴァリエとその主題

続いて，それぞれのエール・ヴァリエの主題について考えてみたい。オベール Daniel-François-Esprit Auber（1782-1871）の《王冠のダイヤモンド Les Diamants de la couronne》や，イズアール Nicolas Isouard（1775-1818）の《サンドリヨン Cendrillon》[4]のように，創作主題に基づくエール・ヴァリエが確認された一方で，そのほとんどは，既存の歌に基づくエール・ヴァリエであった[5]。例えば，アダンの《闘牛士》で歌われる〈ああ！ママ，聞いてちょうだい Ah ! vous dirais-je, maman〉やボワエルデュー François-Adrien Boieldieu（1775-1834）の《横転した馬車 Les Voitures versées》に引用された〈月の光に Au clair de la lune〉といった旋律は，いずれも，こんにちまで広く親しまれているフランス民謡である。また，オベールの《ジ

表1　オペラ＝コミック座のレパートリー

| 作品名 | 作曲／編曲 | 台本 | 変奏主題 |
|---|---|---|---|
| *Le Toréador ou l'Accord parfait* | Adolphe Adam | Thomas Sauvage | *Ah ! vous dirais-je, maman* |
| *Jenny Bell* | Daniel-François-Esprit Auber | Eugène Scribe | *Rule, Britannia!* |
| *Le Joaillier de Saint-James* | Albert Grisar | Henri Vernoy de Saint-Georges ; Adolphe de Leuven | *Nel cor più non mi sento*（パイジエッロのオペラ *La Molinara* より） |
| *Le Carnaval de Venise* | Ambroise Thomas | Thomas Sauvage | *Le Carnaval de Venise* |
| *Le Café du Roi* | Louis Deffès | Henri Meilhac | *Quel désespoir* |
| *Le Corricolo* | Ferdinand Poise | Eugène Labiche ; Alfred Delacour | *Il pleut, il pleut, bergère* |
| *La Fête des arts, chants de l'avenir* | Adolphe Adam | Méry | *Partant pour la Syrie* |
| *Les Voitures versées* | François-Adrien Boieldieu | Emmanuel Dupaty | *Au clair de la lune* |
| *Les Diamants de la couronne* | Daniel-François-Esprit Auber | Eugène Scribe | ［創作主題］ |
| *Cendrillon* | Nicolas Isouard / Adolphe Adam | Charles-Guillaume Étienne | ［創作主題］ |

ェニー・ベル Jenny Bell》の第３幕終盤では，イギリスの愛国的な歌として知られる〈ルール・ブリタニア Rule, Britannia!〉が変奏を伴って歌われる。同様に，アダンのカンタータ《芸術の祭典，未来の歌 La Fête des arts, chants de l'avenir》には，当時，フランス第二帝政期の非公式な国歌であった〈シリアに旅立ちながら Partant pour la Syrie〉の主題に基づくエール・

にみられるエール・ヴァリエ（1840-1870）

| 番号 | 形式 | 変奏数 | 主要歌手（声種） | 初演（再演） | 備考 |
|---|---|---|---|---|---|
| 第1幕第5曲 | 三重唱 | 4 | Coraline（soprano） | 1849 | - |
| 第3幕第17曲 | 独唱（二重唱） | 3 | Jenny Bell（soprano）Le Duc（baryton） | 1855 | - |
| 第2幕第12曲 | 独唱＋合唱 | 3 | La Marquise（1re chanteuse légère） | 1862 | 1838年ルネッサンス座初演の《レディ・メルヴィル》改訂稿 |
| 序曲 | 管弦楽 | 6 | - | 1857 | - |
| 第6曲 | 独唱（二重唱） | 7 | Gilberte（chanteuse légère） | 1868 | 1861年エムス初演。同年テアトル＝リリックで再演 |
| 第3幕第18曲 | 四重唱（五重唱） | 2 | Caroline（soprano） | 1868 | - |
| - | 独唱（四重唱） | 1 | La Musique（soprano） | 1852 | - |
| 第2幕第10曲 | 二重唱 | 5（4） | Élise（soprano），Dormeuil（basse） | 1808（1852） | - |
| 第2幕第6曲 | 独唱＋合唱 | 3 | Catarina（soprano） | 1841 | - |
| 第2幕第12曲 | 独唱 | 2 | Clorinde（soprano） | 1810（1845） | - |

ヴァリエが確認できる。前者はイギリスのロンドンを舞台にした作品，後者は初演当時，フランスの政権を担っていたナポレオン三世 Napoléon III, Charles Louis-Napoléon Bonaparte（1808-1873）のために開催された特別公演で演奏された作品であることから，こうした国民的な歌が取り入れられたのであろう。

### 1.3. エール・ヴァリエの歌詞

既存の歌を引用する場合，旋律だけでなくその歌詞も重要な着眼点となる。表1のうち，既存の歌に基づくエール・ヴァリエでは，基本的に元の歌詞がそのまま使用された[6]。一方，いくつかの事例では，歌詞が差し替えられることもあった。例えば，《芸術の祭典，未来の歌》で引用された〈シリアに旅立ちながら〉の歌詞は，〈シリアへ出発する／若くて素敵なデュノアは〉という戦争により他国に旅立つ若者を鼓舞する内容から，〈愛する母親のことを／彼はいつでも思い出す〉という母親を想う愛情に満ちたものへと書き換えられている。また，グリザール Albert Grisar（1808-1869）の《サン＝ジェームスの宝石商 Le Joaillier de Saint-James》では，イタリアの作曲家パイジエッロ Giovanni Paisiello（1740-1816）のオペラ《水車小屋の娘 La Molinara》の〈もはや私の心には感じない Nel cor più non mi sento〉の旋律に基づくエール・ヴァリエが挿入される。ここでは，〈もはや私の心には／あの青春の輝きが感じられない／私の苦しみの源／愛よ，お前のせいだ〉[7]という苦悩を告白するような歌詞から，〈イタリアに生まれ／故郷を離れたあなた／祖国の歌が／あなたの悩みを消し去りますように！〉という郷愁を誘う内容に改められている[8]。前者の場合，引用された旋律は，ナポレオン三世の実母であるオルタンス后妃 Hortense de Beauharnais（1783-1837）が口ずさんでいたと伝えられるものであることから，この旋律の引用は，作品が先に述べたような特別な機会に向けて作曲されたものであることと関係していると考えられる。また，後者で歌われるパイジエッロのオペラの旋律は，このエール・ヴァリエが歌われる場面に登場する人物の故郷であるイタリアを想起させる歌として引用される（第2節参照）。これらの例は，原曲の歌詞こそ残されていないものの，その歴史的・文化的背景との関連から，引用された旋律が作品の演劇的内容と深く結び付いていることを示している。

### 1.4. エール・ヴァリエの音楽的特徴

音楽的な観点からみると，これらのエール・ヴァリエに共通しているのは，ソプラノ歌手またはそれに準ずる声域をもつ女性歌手がその変奏部分を主導的に歌うという点である。しかし，純粋にソプラノ歌手のためのナンバーとして書かれているのは，アダンが再演の際に書き加えた《サンドリヨン》のエール・ヴァリエのみである。言い換えれば，エール・ヴァリエは，多かれ少なかれアンサンブルや合唱を伴う場面において用いられた。例えば，ポワズ Ferdinand Poise（1828-1892）の《コッリコロ Le Corricolo》では五重唱[9]，《横転した馬車》ではソプラノ歌手とバス歌手を対等に扱った二重唱で書かれている。さらに，《王冠のダイヤモンド》や《サン＝ジェームスの宝石商》では合唱が加わり，より多くの登場人物によって歌われる大規模な場面においてエール・ヴァリエが取り入れられている。

また，それぞれのエール・ヴァリエの規模に着目すると，そのほとんどが複数の変奏のセットとして書かれていることが分かる。最も長大なものとしては，デフェ Louis Deffès（1819-1900）の《王の喫茶店 Le Café du Roi》に挿入された〈なんという絶望が Quel désespoir〉に基づく７つの変奏が挙げられる。各変奏は非常に器楽的なものとなっており，楽器のために書かれたエール・ヴァリエをそのまま劇中に挿入したかのような印象を与える[10]。ところで，こうした変奏が延々と続くことで，観客に歌手の技巧を十分に披露することが可能となる一方，作劇法の観点からいえば，演劇的な時間の停止を意味するように思われる。エール・ヴァリエとドラマとの関係については，先に挙げた音楽的特徴とともに重要な点であるので，次節で詳しくみることにしよう。

## ２．エール・ヴァリエの音楽劇的役割

本節では，アダンの《闘牛士》とグリザールの《サン＝ジェームスの宝石商》の事例を取り上げながら，こうしたエール・ヴァリエが劇中でどのよう

な役割を担っているのか考察する。

### 2.1. アダンの《闘牛士》(1849)

《闘牛士》は，1849年にオペラ＝コミック座で初演された2幕のオペラで，台本はソヴァージュ Thomas Sauvage（1794-1877）によるものである。初演前には，《ああ！ママ，聞いてちょうだい》という題名で告知されていたことに示唆されるように，同名のフランス民謡に基づくエール・ヴァリエは本作品中でも重要な位置付けにある。

このエール・ヴァリエ（第1幕第5曲）は，主題と4つの変奏及びコーダからなる三重唱で，各変奏間には推移的な部分をもつ。コラリーヌ（ソプラノ）によって提示される主題（ト長調，4分の4拍子，アレグロ・モデラート）に続き，第1変奏（ト長調，4分の4拍子，アンダンテ・リテヌート）は歌詞を伴った装飾変奏となる。経過的な第2変奏（ト長調，4分の4拍子，アンダンテ）では，彼女の夫であるドン・ベルフロール（バスまたはバリトン）とフルート奏者のトラコラン（テノール）が加わり，3声のカノンとなる。第3変奏（ト長調，4分の2拍子，アレグロ）では，コラリーヌが主題を歌い，そこにフルートの分散和音による変奏が重なる。最も充実した第4変奏（ト長調，4分の2拍子，ピウ・モッソ）は三重唱となり，連続する16分音符によって歌われるソプラノの装飾変奏に，トラコランとドン・ベルフロールが加わる。8分の6拍子に転じたコーダでも主題の断片が登場し，加速しながら華やかに幕を閉じる。

この場面では，若いフルート奏者に恋をしたコラリーヌが，〈ああ！ママ，聞いてちょうだい〉の旋律に合わせて自らの恋の苦しみを告白する。原曲の歌詞がそのまま用いられており，少女が母親に話しかけながら〈愛がなければ生きていけないの？〉と自問するその歌詞は，ここでは「貞操を守るか，愛に生きるか」というコラリーヌの葛藤を描くものとして解釈できる。音楽雑誌『ルヴュ・エ・ガゼット・ミュジカル・ド・パリ』誌の批評家は，《闘牛士》の初演を報告する記事のなかで，この場面におけるエール・ヴァリエの役割を次のように説明している。

> この主題［〈ああ！ママ，聞いてちょうだい〉］は，一見すると非常に純朴だが，この場面ではひどく不誠実なものとなっている。コラリーヌは，とんでもなく大胆なあらゆる種類の変奏を用いて，彼女の恋人に自分の苦しみの原因のあれこれを伝える。夫［ドン・ベルフロール］はこの音楽を気に入り，何の疑いもなく演奏に参加する。そして，ここで3人の登場人物がカノンで歌い，各々が自分のやり方で主題を変奏し，3人とも心から楽しみ，互いに競い合いながら歌う。こちらではフルートを演奏し，あちらでは楽器がないのでコントラバス奏者の真似をする。彼女はこの2人の間で，奇抜で見事なあらゆる技巧を披露する。この三重唱の演奏は本当に素晴らしく，その作曲は舞台芸術のエスプリと音楽的な巧妙さの完成された模範となっている（Bousquet 1849: 165）。

ここで評者は，このエール・ヴァリエを称賛しつつ，当該の場面におけるこの主題とそれに基づく変奏の音楽劇的効果を指摘している。たしかに，〈ああ！ママ，聞いてちょうだい〉の純朴な歌詞は，表面的には，コラリーヌの内面の吐露を描くものである。しかし，アダンはここで，声楽とフルートのデュオによってコラリーヌとトラコランの親密な関係を音楽的に表現し，妻の不貞を知らない夫ドン・ベルフロールの無邪気さを楽器の音を模倣するオノマトペを用いることで滑稽に描写した。このように，場面に合致した歌詞をもつ既存の歌を引用し，変奏という手法を用いてその歌詞を「音楽的に」強調することによって，ドラマのクライマックスが巧妙に演出されたのである。

### 2.2. グリザールの《サン＝ジェームスの宝石商》（1862）

続いて，《サン＝ジェームスの宝石商》を取り上げる。この作品は，1838年にパリのルネサンス座[11]で初演されたグリザールの《レディ・メルヴィル Lady Melvil》を基に，作曲者自身が大幅に改訂を加え，1862年にオペラ＝コミック座によって再演された3幕のオペラ＝コミックである。台本はサン

＝ジョルジュ Henri Vernoy de Saint-Georges（1799-1875）とド・ルーヴァン Adolphe de Leuven（1802-1884）によって書かれた。このオペラに挿入されたエール・ヴァリエは，《レディ・メルヴィル》には含まれておらず，したがって1862年の再演の際に新たに書き加えられたものである[12]。

このエール・ヴァリエ（第2幕第12曲）は，第2幕の侯爵夫人宅のサロンで催される祝宴の場面で歌われる。ここで金細工師ベルナールは，侯爵夫人に歌を歌ってほしいと依頼する。これを受けて，侯爵夫人は彼の故郷の〈イタリアの，愛好されている歌のひとつ〉として，パイジエッロの〈もはや私の心には感じない〉を歌う。この旋律に基づくエール・ヴァリエは，主題と3つの変奏で構成される。原曲とは異なる歌詞（第1節参照）で歌われる主題（ヘ長調，8分の6拍子，モデラート）に続き，第1変奏はヴォカリーズによる独唱ソプラノの装飾変奏となる。第2変奏は歌詞を伴った短調変奏（ヘ短調，8分の6拍子，ピウ・レント・アンダンテ）で始まり，それに応じるように途中から合唱が加わる。テンポを速めた第3変奏（ヘ長調，4分の2拍子，アレグロ・ブリランテ）では，ソプラノのヴォカリーズによる装飾変奏の下で，合唱が主題を歌い，華やかに閉じられる。

この場面で着目したいのは，侯爵夫人のエール・ヴァリエを中心として，ベルナールと侯爵夫人，そして周囲の人々との対話が描かれている点である。侯爵夫人がエール・ヴァリエを歌い始めるとき，ベルナールは〈あなたの歌をお聞かせください／あなたが私たちに約束したあの歌を〉と彼女に懇願する。このことから，エール・ヴァリエという音楽形式が，それを歌う登場人物の感情を描くために用いられているのではなく，物語の展開の一部として歌われるものであることは自明である。さらに，第2変奏の後半の〈なんて感動的な歌なのだ〉や第3変奏の〈ブラーヴァ！ブラーヴァ！なんという才能の持ち主だ！〉のように，合唱を用いることによって，侯爵夫人の歌に対する周囲の人々の反応を描いている。こうした対話の存在は，このエール・ヴァリエが，筋書きと密接に結び付いていることを示している。

譜例１（主題）

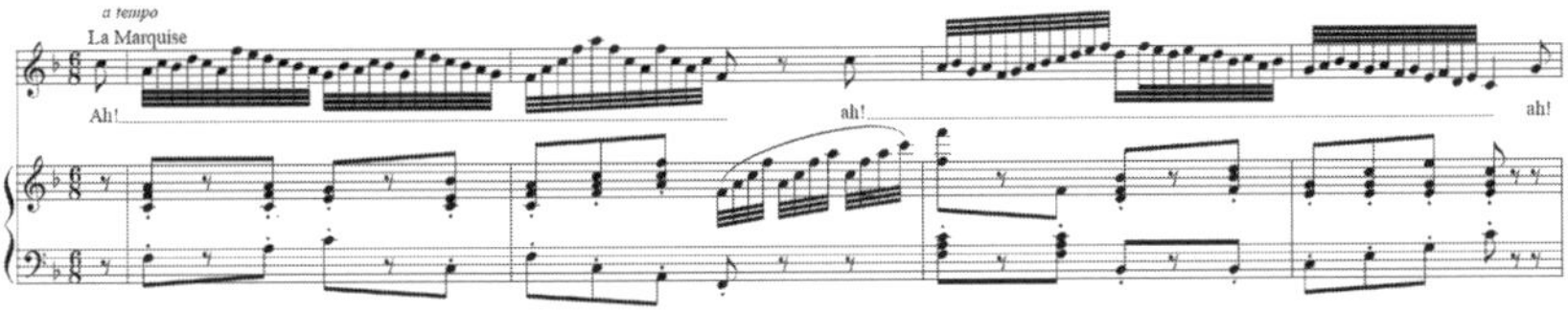


譜例２（第１変奏）

## 2.3. 小括

これら２つの事例に共通しているのは，エール・ヴァリエのなかで行なわれる，登場人物間の音楽的，演劇的なコミュニケーションの存在である。《闘牛士》では，コラリーヌによる一連の変奏を通じて彼女の心情を描きつつ，フルートの変奏や楽器の模倣によって他の登場人物をアンサンブルに参加させることで，彼らの関係を音楽によって描いている。また，《サン＝ジェームスの宝石商》では，侯爵夫人が依頼を受けて歌い出す点，そして，その歌に対して周囲の人物たちが合唱で応える点において，そこには明確な演劇上の対話が生じている。言い換えれば，これらのエール・ヴァリエは，登場人物の内なる葛藤を強調して表現することを目的とした，バロック時代の典型的なオペラ・アリアのダ・カーポ部分における装飾の機能とは似て非なるものであることが分かる。このように，エール・ヴァリエは，単に声の披露のために取り入れられたものではなく，アンサンブルや合唱といった多様な音楽的リソースを用いることによって，物語の展開において不可欠な役割を担っていたのである。

## おわりに

最後に，エール・ヴァリエという音楽形式の特性上，それを歌う歌手に求められた歌唱技術の問題についても簡単に触れておきたい。実際，『クーリエ・デュ・ディマンシュ』紙の批評家は，オペラのなかに挿入されたエール・ヴァリエに求められる一般的な状況について，「[オペラのなかの] 変奏曲は，離れ業のような技巧がなければ聴衆を退屈させてしまう。しかし，こうした驚きを与えるためには，当然のことながらそれを歌う歌手が非常に優れた技術をもっていなければならない」(Pascal 1862: 6) と述べ，その「離れ業のような技巧 (tour de force)」の重要性を強調した。こうした高度な技術が要求されるエール・ヴァリエのような音楽形式が，オペラ＝コミック作品に取り入れられた背景には，当時のオペラ＝コミック座で上演される作品が音楽劇としての水準を高めてゆくなかで，歌手に対する技術的な期待が高まっていたことが挙げられるのではないか。言い換えれば，当時のオペラ＝コミック座に優れた能力をもった歌手が所属していたからこそ，長大かつ華やかなエール・ヴァリエをオペラのなかで歌わせることが可能となったのである。

加えて，オペラ＝コミックのなかで歌われたエール・ヴァリエの多くは既存の歌，特に，大衆的な歌や18世紀のオペラの旋律など，時代を越えて広く親しまれてきた旋律に基づいていた。たしかに，19世紀のオペラ＝コミックには音楽的にも演劇的にも発展的な傾向がみられたけれども，既存の歌を引用することで，当時の人々の懐古的な感情に訴える意図があったに違いない。オペラ＝コミックのジャンルの歴史的文脈から考えれば，《サン＝ジェームスの宝石商》におけるエール・ヴァリエは，「替え歌」の伝統と結び付けて理解することもできる。すなわち，オペラ＝コミックに取り入れられたエール・ヴァリエにおける既存の歌の引用は，歴史的な文脈に根差した表現手法のひとつとして再評価することができる。

このように，エール・ヴァリエは，物語の演劇的展開と密接に結び付きながら，オペラ＝コミックのジャンルが発展するなかで高まっていた歌手の技巧的な歌唱能力と，既存の歌を用いる伝統的な表現方法という２つの側面を，オペラのなかに共存させることを可能にした音楽形式であったのだ。

**注**

1)　オペラの旋律に基づいて作曲された器楽作品としては，エール・ヴァリエ（変奏曲）のほかにも，幻想曲（ファンタジー）やロンドなど，さまざまな形態のものが存在する。これらの作品は，劇場外でオペラの場面を追体験したり，各楽器の技術的な可能性を高めたりすることにも貢献していた。19世紀におけるこうした実践については，Suttoni 1973，Schnapper 2011，上山 2019などを参照。

2)　ラルースはその一例として，トマ Ambroise Thomas（1811-1896）の《エルヴィル物語 Le Roman d'Elvire》（1860年初演）を挙げているが，論者が確認した限り，これは誤りである。

3)　当時，オペラ＝コミック座はさまざまな理由から，いくつかの劇場を転々としていた。1840年５月，現在のパリ２区に建設された二代目サル・ファヴァールに移転したオペラ＝コミック座は，1887年５月に発生した火災により焼失するまで，約半世紀に亘ってこの劇場を活動の中心とした。なお，その跡地に再建された三代目サル・ファヴァール（1898年落成）は，こんにちのオペラ＝コミック座の拠点となっている。

4)　1840年代以降，オペラ＝コミック座では，18世紀後半から19世紀初頭に初演された作品の改訂上演が頻繁に行なわれていた。そうした改訂は，オーケストレーションの拡充にとどまらず，編曲者によって新たなナンバーが追加されることもあった。本論で言及する《サンドリヨン》のエール・ヴァリエは，1845年にオペラ＝コミック座で再演される際にアダンが書き加えたもので，創作主題に基づくものとなっている（Teulon-Lardic 2018）。

5)　他にも，アダンの《イヴェトの王 Le Roi d'Yvetot》（1842年初演）の第２幕第６曲のように，提示された主題が変奏を伴って繰り返される事例も散見された。しかし，本稿では，複数の変奏のセクションが書かれているなど，明確に「エール・ヴァリエ」と判断可能な事例に限定して論を進める。

6)　ただし，オベールの《ジェニー・ベル》に引用された〈ルール・ブリタニア〉では，元の歌詞内容を維持しつつ，英語からフランス語に翻訳されている。

7）歌詞の日本語訳は，次の楽譜から引用（畑中，戸口 2012: 168-169）。

8）出版されたヴォーカル・スコアには原曲のイタリア語の歌詞が印刷されている（ただし，「愛よ，お前のせいだ（amor, sei colpa tu）」にあたる部分の歌詞は，原曲の別の箇所で歌われる歌詞「私の魂，それはお前だ（anima mia sei tu）」となっている）が，台本にはフランス語の異なる歌詞が掲載されている。当該の場面の展開を踏まえれば，実演ではフランス語の歌詞で歌われたものと推測される。この部分の歌詞については，次の史料を参照。Grisar［1862］: 131-132, Saint-Georges 1862: 48。

9）《コッリコロ》の楽譜はこんにちまで出版されておらず，自筆譜も部分的にしか現存しない。一方，このエール・ヴァリエに関しては，フランス国立図書館音楽部門所蔵のパート譜の断片（F-Pn: L-19626）から部分的に再構築することが可能である（Teulon-Lardic 2001: 129-130）。

10）ただし，出版されたヴォーカル・スコアのト書きに，このエール・ヴァリエの変奏部分をカットした上演を認める文言があることから，必ずしも全ての変奏が歌われたわけではないと考えられる（Deffès［1861］）。

11）当時，法令によりパリでオペラを上演できる劇場は非常に限られていたが，ルネサンス座では一時期，新作オペラの上演が行なわれていた。《レディ・メルヴィル》はそのときに初演された作品のひとつである（Everist 2004）。

12）グリザールは兄弟のフェリックスに宛てた書簡のなかで，オペラ＝コミック座のソプラノ歌手であるモンローズ嬢を念頭にこのエール・ヴァリエを作曲したことを報告している（Pougin 1870: 186-188）。

## 主要参考文献

### 一次史料


Bousquet, Georges, « Théâtre de l'Opéra-Comique : *Le Toréador*, opéra en deux actes [...] », *Revue et gazette musicale de Paris*, 16e année, n° 21, 27 mai 1849, p. 163-165.

Clement, Félix et Pierre Larousse, *Dictionnaire des opéras (dictionnaire lyrique)* [...], Paris : Administration du Grand dictionnaire universel, 1881, 955 p.

Larousse, Pierre, « Variation », *Grand dictionnaire universel du XIXe siècle. Français, historique, géographique, mythologique, bibliographique* [...], tome 15, Paris : Administration du Grand dictionnaire universel, 1876, p. 785.

Pascal, Prosper, « Revue musicale : Opéra-Comique : *Le Joaillier de Saint-James*, en trois actes [...] », *Le Courrier du dimanche, journal politique, littéraire et financier*, 5e année, n° 8, 23 février 1862, p. 6.

Pougin, Arthur, *Albert Grisar. Étude artistique*, Paris : Librairie de l'Hachette et Cie, Bruxelles : Schott frères, 1870, 302 p.

Soubies, Albert, *Soixante-neuf ans à l'Opéra-Comique en deux pages. De la première de « La dame blanche » à la millième de « Mignon » 1825-1894*, Paris : Librairie Fischbacher, 1894, 30 p.

## 二次文献

Everist, Mark, « Theatres of Litigation. Stage Music at the Théâtre de la Renaissance, 1838-1840 », *Cambridge Opera Journal*, tome 16-2, Cambridge : Cambridge University Press, 2004, p. 133-161.

Schnapper, Laure, « Opéra-comique et variations pianistiques en France sous la Monarchie de juillet », dans Frassà, Lorenzo (éd.), *The Opéra-comique in the Eighteenth and Nineteenth Centuries*, Turnhout : Brepols Publishers, Coll. « Speculum Musicae 15 », 2011, p. 331-352.

Suttoni, Charles Russell, *Piano and Opera. A Study of the Piano Fantasies Written on Opera Themes in the Romantic Era*, thèse de doctorat, New York University, 1973.

Teulon-Lardic, Sabine, *Ferdinand Poise (1828-1892). Contribution à l'étude de l'opéra-comique*, thèse de doctorat, Université Paris IV, 2001.

――――, « Cendrillon-ci, Cendrillon-là ou Les Imbroglios d'un opéra-féerie », Palazzetto Bru Zane, Centre de musique romantique française, 2018 (en ligne), https://www.bruzanemediabase.com/mediabase/parutions-scientifiques/cendrillon-ci-cendrillon-ou-imbroglios-dun-opera-feerie, consulté le 31 août 2024.

Wild, Nicole et David Charlton, *Théâtre de l'Opéra-Comique Paris. Répertoire 1762-1972*, Sprimont : Pierre Mardaga, 2005, 552 p.

上山典子「グランド・オペラとピアノ編曲――19世紀市民社会におけるオペラの流通」，澤田肇，佐藤朋之，黒木朋興，安川智子，岡田安樹浩共編『《悪魔のロベール》とパリ・オペラ座――19世紀グランド・オペラ研究』，東京：上智大学出版，2019年，118～140頁。

**楽譜・台本**

Adam, Adolphe, *Le Toréador ou l'accord parfait, opéra bouffon en deux actes* [...], Paris : Bernard Latte, [1849], 132 p.

Deffes, Louis, *Le Café du Roi, opéra comique en un acte* [...], Paris : E. Saint Hilaire, [1861], 70 p.

De Saint-Georges, H[enri]. et A[dolphe]. De Leuven, *Le Joaillier de Saint-James, opéra comique en trois actes* [...], Paris : Michel Lévy frères, 1862, 88 p.

Grisar, Albert et Aug[uste]. Bazille (arrangée), *Le Joaillier de St. James, opéra comique en 3 actes* [...], Paris : Meissonnier, E. Gérard et Cie, [1862], 237 p.

Sauvage, T[homas] ., *Le Toréador, ou l'accord parfait, opéra bouffon, en deux actes* [...], [Paris] : Typographie de Dondey-Dupré, [1849], 45 p.

畑中良輔編，戸口幸策訳『イタリア歌曲集 1』，新版，東京：全音楽譜出版社，2012年。

付記　本論文は，2024年7月4日から6日にかけて，フランス・パリのラ・グランジュ・フルレ音楽図書館において開催された国際研究集会 France: Musiques, Cultures, 1789-1918での口頭発表の内容を基に，加筆，修正を加えたものである。また，本研究は，独立行政法人日本学術振興会若手研究者海外挑戦プログラムの助成を受けて行なわれた研究の一部である。

# (Un) countable

## ――カンタン・メイヤスーにおける無底＝基底性――

髙多伊吹

### 0．序：ボルヘスからメイヤスーへ／カントールからメイヤスーへ

ホルヘ・ルイス・ボルヘスの掌編「バベルの図書館」は，その「すべてのありうる本が収められた空間」という想像力において，可能な文字列の全体を数え上げている――「図書館は全体的なもので，その書棚は二十数個の記号のあらゆる可能な組み合わせ［…］あらゆる言語で表現可能なもののいっさいをふくんでいる」[1)]。順列組み合わせの総和は膨大ではあるがたかだか加算である。彼はこの「無限の全体の列挙」というモチーフを，カバラ思想においてほかのすべての文字の根源とされたアレフベートの第一の文字，ℵに擬えた[2)]。ミシェル・フーコーによればボルヘスの描く「図書館」は，言語それ自身を循環的に基礎付ける起源としての言語の性格を表している[3)]。

同じくℵの記号を自身のテクストで用いるカンタン・メイヤスーは，しかしその彼方で，ボルヘスにまったく対立する無限への解釈を提示している。曰く，無限とはあまりに巨大な非―全体であって，あらかじめ数え上げることなどできない。この着想は，彼の師であるアラン・バディウのジル・ドゥルーズ批判にモチベーションを得たものだった。ドゥルーズ『意味の論理学』はその前半部において，意味が空虚であるがゆえに，逆説的にあらゆる有限の意味がそこから分化し展開する意味の空集合＝全体集合としての「無―意味」「パラドックス的審級」のイメージを提示する[4)]。バディウはこうしたドゥルーズの手付きを指差して，潜在的な多性を一つの審級のうちに「折り畳む」，否定神学へと結びつく「存在論的全体主義＝ファシズム」であ

ると糾弾した[5]。バディウがドゥルーズに対するオルタナティブとして提案した集合論的存在論というフレーム，その理論的支柱となるのが，カントールが創始した集合論における$\aleph$，すなわち順序数と基数[6]の概念であり，これがのちにメイヤスーによって援用される道具立てとなる。

集合論において，空集合$\phi$を起点とする「自身よりも小さい順序数全体の集合」の再帰的生成によって階層化される順序数[7]は，その全体集合が存在しない（ブラリ＝フォルティの定理）という性質を持つ。バディウはこの全体集合の不在を，すべてを基礎付ける「一」者の否定として受け取った。

> もろもろの多性を矛盾なしには全体化できないのは，あるいは「一個の統一体として考える」ことができないのは，そうした多性が超［有］限的［…］なものではなく，絶対的に無限なものであるからだ［…］「大きすぎる」という概念は［…］言語に対する超過というよりも，むしろ〈多としての一〉〔一つの集合〕に対する超過なのである[8]

メイヤスーはこの非—全体性の哲学を引き継ぎ，主著『有限性の後で』でUncountability（数え上げ不可能性）に基づく充足理由律の棄却という先鋭的なテーゼを打ち出している。はたしてこの試みは成功しているだろうか。本稿では『有限性の後で』における彼の理論的戦略を概覧したのち，そこで導かれる論理と彼のマラルメ論との対照を通じて，彼の哲学に内在する限界と矛盾を見定めることを目的とする。

## 1．メイヤスー『有限性の後で』を読む

### 1.1. 非—理由：偶然性の必然性に基づく充足理由律の棄却

手始めに，『有限性の後で』という書物を駆動する動機を確認することにしよう。メイヤスーは自らの攻撃対象である否定神学的論理を「強い相関主義［corrélationisme］」，あるいは「信仰主義」と呼ぶ。「強い相関主義」の立場は，世界それ自体を肯定的な仕方で思考できるとする形而上学に懐疑を差し挟むものだ。相関主義者たちは，われわれ（主体）との相関に置かれない

世界そのものについて不可知論を取る。世界それ自体は思考不可能であると強弁する彼らの思考は，ついには世界の矛盾までをも許容してしまう。「相関主義の強いモデルでは，理由律をいっそう強く認めない態度として，無矛盾律の脱絶対化までを行うのであり，あらゆる表象を相関的循環の限界に従属させるのである」[9]。たとえばここでニコラウス・クザーヌスに代表される三位一体論は明らかに論難の対象となる[10]。メイヤスーは無矛盾律への違反そのものである対立の一致の論理を認めない。なぜなら「そのような存在者は，「あらゆる差異を吸い込むブラックホール」であり，「あらゆる他性が取り戻しようもなく失われ」[11]ているからだ。そこではもはや偶然性は存在しなくなってしまう。

メイヤスーはカント以後，ハイデガーに至るまでこの形而上学に代わる（強い）相関主義の論理が哲学史を支配してきたと言う。しかしながらこれは必ずしも形而上学の死を意味しない。相関主義はいかなる形而上学も積極的には支持しないが，まさにその留保ゆえに消極的な「信仰主義」を残存させ続ける。彼はジャック・デリダが「真理の配達人」で指摘したあの超越論的シニフィアン（否定神学）への超越論的シニフィエ（形而上学）の回帰[12]，特権的な最終審級に上書きされた抹消記号が抹消される事態を正確に認識している。

> 今日，進んで「絶対者の終焉」と言われている事態は，正反対に，絶対者に対して驚くべきライセンスを賦与することに他ならないのだ［…］形而上学の終焉は，絶対者への任意の宗教的（あるいは「詩的—宗教的」）信念を理性によって正当化することに存する，なぜなら宗教的信念はそれみずからに立脚するしかないのだから[13]
>
> 何であれ特定の宗教への従属から解放された信仰主義［…］任意の信仰の信仰主義である［…］いまや哲学は，**任意の神学及び無神学のリベラルな碑**であろうとしている。絶対者は，形而上学の領野から離れた結果，無数の破片に砕け散って，知の観点から何でも正当化されるさまざまな信仰になってしまった[14]

メイヤスーは，『意味の論理学』における最終審級からパラドックス的審級への移行に緊密に対応するこの過程をネガティヴに評価している。「リベラルな碑」が，任意の信仰を代入されるための「空虚な対象」[15]，無関係な魂が運び込まれるピラミッドとして機能するのだ。メイヤスーはこの空白の信仰主義から逃れる理路を探る[16]。彼は世界の実在性を肯定するため，無矛盾律を維持しながら充足理由律を捨てるという道[17]を選択する。その目論見は，この相関主義の論理をむしろラディカルに，さらに「強く」押し進めることでいわば内破させ，世界における事実性（非必然性＝充足理由律の欠如）の言明を思考のレベルから実在のレベル（世界は理由なしにまったくの別様になり得る）にまで高めることにある[18]。メイヤスーの描く世界はきわめて不安定なものである。

> あらゆる事物そして世界全体が理由なしであり，かつ，この資格において実際に何の理由もなく他のあり方に変化しうる［…］いかなるものであれ，しかじかに存在し，しかじかに存在し続け，別様にならない理由はない［…］まったく実在的に，すべては崩壊しうる［…］いかなるものであれ，それを滅びないように護ってくれる高次の法則が不在であるから[19]

さらに「強く」，とはどういうことか，簡単に整理する。形而上学では最終審級によって充足理由が与えられるため，世界に「**必然性はある**」と考える。それに対し相関主義者は最終審級を思考不可能なものとして捉える。したがってもはや彼らは「必然性がある」とは言えない。しかし同時に最終審級の不在についても同じことが言えてしまうから，「必然性がない」とも断定できない。「**必然性はあるかもしれないし，ないかもしれない**（必然性の思考不可能性）」という留保の席に居座る彼らは，再度形而上学が帰ってくるための場所 X を残しておかざるをえない。メイヤスーは世界がたまたまの事実でしかないことの絶対性，つまり「**必然性はない**」ということの必然性（必然性の不可能性）を示すことで，この余地を排除しようとする。形式的に言い換えよう。形而上学は最終審級によって基礎づけのセリーを停止させ，世界の必然性についての充足理由を与える。「強い相関主義」はパラドックス的審級によってセリーを還流させることでこの停止を留保しながら，また最終審級の代入される余地（＝X）を確保する（停止の一時的停止，「停止」の停止＝二階の停止）。そしてメイヤスーの「とても強い相関主義」はこの停止を一時停止するパラドックス的審級をも失効させ，停止させる（停止の永久的停止，「「停止」の停止」の停止＝三階の停止）。『有限性の後で』の最大のテーゼは，この偶然性の必然性，事実論性の原理［principe de factualité］[20]である。メイヤスーの語る実在論はきわめて抽象的である。彼の言う意味での「実在」とは，この世界の事実性を成立させるものでしかない。

### 1.2. 非—全体：可能性の非加算化に基づく頻度の帰結の棄却

それでは，メイヤスーは事実論性の原理の作動形式をいかに説明するのだろうか。「ヒュームの問題」と題された第四章の議論は，まさしく自然の斉一性の原理の懐疑から始まっている。自然の斉一性の原理は「自然法則は未来においても今日そうであるようにあり続けるだろう」[21]という恒久性を主張する。ヒュームはビリヤード・ゲームを例にとって，同じ原因（ふたつのボールの衝突）から「百にもおよぶ様々な出来事」が生じ得るのを想定できるだろう[22]，と考えた。メイヤスーはこの想定を，実在的な可能性の議論にまで押し広げる。

メイヤスーの説明では，自然法則の必然性への推論過程は以下のような三段論法の形を取る。

> 1　**もし法則が実際に理由なく［sans raison］変わりうるものであるならば，すなわち，もし法則が必然的なものでないとするならば，法則は理由なく頻繁に変わりうるだろう。** 2　ところが，法則が頻繁に変わることはない。3　したがって，法則が理由なく変わることは起こりえない。言い換えれば，法則は必然的である[23]

メイヤスーはこのうち第二の命題を認め，第一の命題を**頻度の帰結**

[impication fréquentielle][24]と呼び攻撃の対象とする。どういうことか。曰く，頻度の帰結の推論には成立のために不可欠な前提条件がある。彼が喩えに出す《宇宙サイコロ》の話が興味深い。たとえばサイコロを振って，百回連続で一の目が出たとする。偶然こんなことが起こる確率は，ほとんど限りなく0に近い。われわれはサイコロにイカサマが仕組まれていて，一の目が出ることが必然化されているに違いないと考えるだろう。必然論者たちの頻度の帰結という「この推論は，賭博者が宇宙の内部にある出来事［…］に適用している確率論的な論理を，私たちの宇宙それ自体に拡張している」[25]。彼らは「もし法則が偶然的ならば」という仮定において，宇宙をひとつのサイコロのようにみなしている。この《宇宙サイコロ》は「諸々の宇宙から成る大文字の《宇宙》」であり，思考可能な宇宙のヴァリエーションの全てが含まれている。こうした無数の宇宙では，それぞれ異なる自然法則が成り立っているはずだ。メイヤスーの言う通り偶然性のみがあるなら，自然法則は瞬きよりも目まぐるしく流転し，われわれの意識が存在することはもはや不可能になるだろう。だが宇宙の自然法則は現に変化していない。ということは，このサイコロにはイカサマ＝必然性が仕組まれている，と。メイヤスーは，この一見真っ当に見える推論が無自覚に寄りかかっている柱を探り当てた。「すべて」という観念である。

> 頻度の帰結は［…］とりわけ強い存在論的仮定に従ってのみ，真である。なぜならそれは，可能なものの存在と《全体》の存在を結びつけるものであるからだ。というのも，この確率論者の推論は**数的な全体性**［totalité numérique］においてである，という条件においてのみ妥当性をもつからである[26]
>
> 頻度の帰結が機能するためには［…］思考できる**可能的なものの全体**が正しく存在している，ということが条件なのだ。諸々の可能世界の集合［…］《宇宙サイコロ》［…］が，実際に，直観はできないにせよ思考できるものとしてあり，その集合のただなかで，私たちは，確率的推論を，《私たちの宇宙》の内的な対象［…］から，《宇宙それ自体》へと延長して働かせることができる，と想定せねばならない[27]

頻度の帰結は確率計算から導かれる。そしてこの確率という概念は，閉じられた可能性の全体（《宇宙サイコロ》）という画定された領域の上で初めて機能する。「ところが，これからアプリオリであることをもはや保証されないのは，この思考可能なものの全体化なのである。カントールの革命の本質的な要素は，**数の非全体化**にあったのであり，その非全体化の別名が，超限数なのである」[28]。カントールの$\aleph$こそ，非全体性を表現する[29]。

集合論において一般にＭの冪集合$2^M$はつねにＭより大きく，上昇する無限基数からなる系は全体（集合）化しえないセリー（$\aleph_0 \leftarrow \aleph_1 \leftarrow \aleph_2 \leftarrow$……）を形成する。宇宙が，このような非全体的な多者であるとしたら，どうだろうか。だとすれば，目の全体を保証する《宇宙サイコロ》などというものは，端的に存在しえないのではないだろうか。

> 量化可能なもの，ひいてはより一般的なレベルで思考可能なもの―すなわち集合一般―は，何らかの構築の対象となり，整合性の要請にしたがう証明の対象となるものだが，《全体》は形成しないのである［…］思考可能なものの（量化可能な）《全体》とは，思考不可能なものである[30]

思考可能なものの全体は思考不可能である[31]。世界と集合論モデルとの対応という仮説の下では，われわれは宇宙のありようの可能性，すなわち偶然性を，もはや計算することは出来なくなる。よって頻度の帰結に基づく自然の斉一性，世界の安定性は決して導かれない。かくして事実論性の原理のみが実在的なものとして残る。これがメイヤスーの結論である。

メイヤスーは二つの“偶然”――確率的／非―確率的――を分ける。ほぼ同時期に書かれたべつの論文の中で，両者は潜勢力［potentialité］―偶然［hasard］と潜在性［virtualité］―偶然性［contingence］という対で整理されている[32]。この別は，いまや全体的な無限／非―全体的な無限の境界の画定から把握することが出来るだろう。メイヤスーは後者に，賭け（確率）[33]の終わりに賭け金を投じている。

> 偶然性［contingence］という単語は，ラテン語の contingere すなわち到来するという語を語源にもつものだ［…］他の何かが到来し，それは，**すでに数え上げられたあらゆる可能性から逃れて**，ありそうもないことも含めてすべてが予見可能である賭博の，その虚しさに終止符を打つのだ[34]

かくして「全体」を逸脱する，というメイヤスーの理路は，はたしてドゥルーズの閉域を逃れているのだろうか。

### 1.3. 測度論に基づくメイヤスーの「確率」批判の修正

さて，先の問いに答える前に，いささか回り道をする必要がある。メイヤスーの議論には純粋に数学的な観点から修正を施すべき箇所がある。測度論における確率空間の標準的な定義を知っていると，確率概念の棄却のために濃度の概念を導入し，非常に「巨大」なクラスを持ち出すメイヤスーの議論の組み立ては奇妙に映る。そこまで巨大な領域を扱わずとも，たとえば可算無限集合（$\aleph_0$）や連続体無限集合（$2^{\aleph_0}$）を標本空間に取った場合でも（少なくとも標準的な意味で）確率を定義できないケースは考えられるからだ。N から無作為にひとつの自然数を抽出したとき，それがある特定の自然数（たとえば1）である確率は（0だ，という直感的な理解に反して）そもそも定義できない[35]。メイヤスーの議論は誤りとまでは言えない（たしかに「順序数の全体」のような真のクラスについて確率は定義できない）ものの，厳密に言えば測度についての議論は四章中に挟まれるべきであった。この仕事を代行することにしよう。

A.N. コルモゴロフによる確率の定義[36]は，今日では以下の三つの公理から説明される。ただしΩは標本空間，F は事象空間，P は確率測度を表す。

**確率空間の定義：**

1. $f \in F \mid 0 \leq P(f)$
2. $P(\Omega) = 1$
3. 互いに素である $f_n \in F$ $(n \in N)$ について，$P(\cup_{n \in N} f_n) = \Sigma_{n \in N} P(f_n)$

（完全加法性）

このとき，(Ω，F，P) の組を確率空間と呼ぶ。

それぞれの意味を確認する。標本空間Ωは根本事象（標本）$\omega$の全体集合である。根本事象は確率計算の対象となる事象の単位と言うべきもので，コイントスでいう表裏，サイコロでいうそれぞれの目に当たる。例えばサイコロならばΩ＝ $\{1, 2, 3, 4, 5, 6\}$ である。事象空間F[37]はΩの部分集合のうち「確率を計算できる」もの全体の集合である。サイコロの場合であれば全ての部分集合について確率が計算できるため，$F = 2^{\Omega}$である。PはFの元fが与えられたとき，事象fの生じる確率を返す関数である。上記の例では，たとえば$P(\{2, 4, 6\}) = 1/2$であり，もちろんこれは偶数の目が出る確率が1/2であることを表している。

一つ目，二つ目の公理は事象の確率が0から1までの実数値を取りうること，確率の総和が1であることを表す。これは直感的に理解可能だろう。最後の完全加法性の公理は，互いに素であるような事象について，それら事象の和事象の確率が事象の各確率の和と等しいことを主張する。

さて，Fは「確率を計算できる」ものの集まりなのであった。この言い方は「確率を計算できない」部分集合を仄めかしているわけだが，そもそも確率を計算できる，とはどういうことなのだろうか。実はこの部分で順序数が再び関わってくる。

「確率を計算可能な」FはΩのボレル集合族[38]として定められる。ある集合Mのボレル集合族Bは以下のように再帰的に生成される。ただし$\alpha$は加算順序数である。

**ボレル集合族Bの生成（ボレル階層のセリー）：**

1. Mの開集合系$B^0$
2. $\alpha$が後続順序数のとき，$B^{\alpha} := \{\cup_{n \in N} b_n | b_n \in B^{\alpha-1} \text{ or } M \backslash b_n \in B^{\alpha-1}\}$
3. $\alpha$が極限順序数のとき，$B^{\alpha} := \cup_{\beta < \alpha} B^{\beta}$

このとき，最小の非加算順序数 $\omega_1$ としてボレル集合族Ｂ＝ $B^{\omega 1}$ である。つまり，ボレル集合族ＢはＭの開集合系の和集合と補集合を取る**加算回の操作**に対して閉じている最小の集合である。

噛み砕いて説明する。メイヤスーは確率について論ずる際，両端から等しい力で引っ張られる一様な紐がどこの箇所で切れるのか，という例を挙げている[39)]。この例を引き継いで考えてみよう。たとえばこの紐が半分より左側[40)]で切れる確率はどれくらいだろうか。1/2だろう，とわれわれは考える。その部分の長さがちょうど半分だからだ。測度論の基本の考え方は，確率を「長さ」として捉えることにある。この「長さ」は足したり引いたりできる。1/4で切れる別の二つの範囲があったときそのどちらかから切れる確率は1/4＋1/4＝1/2だろうし，ある範囲から切れる確率が1/2ならそうではない方で切れる確率は1-1/2＝1/2であるはずだ。ここで和集合を取る操作は各確率の加算に，補集合を取る操作は確率の（１からの）減算に対応付けられる。確率測度はこの「長さ」の和と差の計算可能性に依拠している。だとすれば逆に，このような加算回の操作を組み合わせることでは到達できない，その手順を数え上げることができないような奇異な部分集合（非―ボレル集合）があるとすれば，そのような集合についての確率はそもそも計算できないことになる。そしてこのような集合は実際に無数に存在する[41)]。このとき $2^{\Omega}$（可能なものの（非）全体）はＦ（計算可能なものの全体）より真に大きい。この修正によって，順序数の際限なき系列の展開が確率を無効化するというアイデアは維持しつつ，可能性の不可算性という主題をより前景化させることが出来る。

この議論をボルヘスの図書館の比喩に接続するとこうなる。標本空間の冪集合 $2^{\Omega}$ を図書館と考えよう。図書館には様々な書物（標本空間Ωの部分集合）が収められている。図書館の目録（事象空間Ｆ）には各書物の収められた場所までの経路ｆ（集合への操作）が示されている。しかしある種の本（非―ボレル集合）にはそもそも到達するための経路（加算回の手順）が存在しない。

したがって目録に列挙された本より，目録に記すことができない本がはるかに多く無数に存在する。図書館に収められたすべての本の目録を作ることはできない。本の全体は列挙不可能であり，目録に従う司書たちの歩みが原理的に到達できる地平よりはるか先まで図書館は続いている（そしてメイヤスーが主張する「偶然性」は，このような到達不可能な本棚に収められた書物が，あるとき不意に頭上に降ってくるかもしれない，ということだ）。この図書館の広大さは，ボルヘスによる想像力をさらに超え出ている。

## 2．メイヤスーへの形式的反駁：無底と基底

だが、これまでの議論にもかかわらず，われわれは依然としてメイヤスーはある種の閉域に留まっていると考える。なぜか。この論証には二通り，いわば上向きのやり方と下向きのやり方がある。順を追って論ずることにする。

### 2.1. 上向きの反駁：無―底性

上向きの向き。第一にメイヤスーの議論の無―底性について考えよう。バディウからメイヤスーに引き継がれた系譜は充足理由律におけるメタレベルのセリーが組み尽くしえないこと（大文字のメタレベルの不在）を集合論モデル（「……$\leftarrow\aleph_0\leftarrow\aleph_1\leftarrow\aleph_2\leftarrow$……」）の下に説明し，すべてをオブジェクトレベルに引き戻す実在論を考えた。ところで，いままさにそうしたように，ある基礎付けの関係をA→Bと書く表記，基礎付けの系列を樹状構造（有向グラフモデル）として捉えるこの表記法はR.ノージックによって提案されたものである[42]。この図式を用いて充足理由律における古典的な困難であるミュンヒハウゼンのトリレンマを形式化すると以下のように表せる。

**ミュンヒハウゼンのトリレンマ：**

任意の有向グラフにおいて，以下のうち少なくとも一つの事態が起こる。

1. 入向エッジを持たないノード（ソース）が少なくとも一つ存在する

(P → q → r →……)

2. ループないしサイクルが少なくとも一つ存在する（P →……→ P）

3. あるノードを終点とする無限長のパスが存在する（……→ r → q → p）

このノード全体の集合 Nord と二項関係→は狭義の半順序である[43]ため，循環のないグラフモデルは集合の包含関係によるモデルと互いに置換可能である。両者のモデルは本質的に等価であり，バディウ，メイヤスーの存在論の集合論モデルは，一見して大掛かりな数学的装置を導入しているようで，その実素朴に無限後退的な議論を行っている。循環的な否定神学と後退的な超―否定神学はともに整礎性の破綻[44]を齎す点で一致している。したがって集合論モデルもまたトリレンマ構造の範疇にある。

この批判に対して，メイヤスーならばただちに反論を思いつくだろう。メイヤスーはそもそも充足理由律を棄却している。したがって彼はこのトリレンマなどもはや問題ではないと主張するはずである。確かにライプニッツの意味での充足理由律の棄却は成された。「なぜ A であって B ではないのか」という問いはもはや用済みである[45]。「〈なぜそれがそうであって別様ではないのか〉と問いかける形而上学的問題に対しては，「いかなる答えもない」という答えこそが真の答えなのだ」[46]。世界が集合論によって組み立てられた無限とパラレルな構造を持っていると仮定するならば，世界の底は抜けている。理由律は落下し続け，決して着地に至ることがない――理由なし《ノーリーズン》。この論理はとても強力なものに思える。じっさい，われわれはこのメイヤスーの結論には同意する。では何がまだ満たされないのか。

われわれはここで唐突に，デリダの最初期の仕事，エトムント・フッサール『幾何学の起源』への序説で設けられた二つの必然性の区別を思い出すことにする。Quod［Why］の必然性と Quomodo［How］の必然性，つまり何らかの起源を持つことの必然性と，ある特定の起源を持つことの必然性である[47]。フッサールはこのテクストで幾何学の権利的な理念性（Quod の必然性）を歴史的な事実＝起源（Quomodo の必然性）によって根拠付ける，いわば必然性の必然性の議論を展開する[48]。デリダはこの結託を分離するため，両者を分けて論じる必要を示唆する。メイヤスーは後者の問いを無効にした。この世界がいまある特定の世界であることの必然性などないのだから，それを基礎づける特定の理由もまた存在しない。では前者の問いはどうか。つまり，どんな世界であるにせよ，世界が世界として仮説的に成立しているからには，それを基礎付ける何らかの必然性があるはずである。偶然性の必然性のこの必然性はどう基礎付けられるのか？確かにメイヤスーはこの問題に答えようとしていた。集合論（数学）は，明らかにこの Quod の必然性に基礎を与える道具，絶対的な存在者として導入されている[49]。しかし集合論がどのように世界をそれたらしめる条件になるのかという疑問にメイヤスーは答えていない。それは「示唆」に留まっている[50]。

したがってこの Quod の次元にあって，広義の充足理由律におけるトリレンマがアポリアとして残っている。このことはメイヤスーの存在論の構図を意味論に移したときに重大な課題となる。誤りであろうと変化しようと，現に意味というものがある，少なくともあるかのように見える。それはなぜか？ 狭義の「真理」についての基礎付けではなく，広義の「意味」についての基礎付けを，われわれはいまだ考えなければならない。世界は事実的である／こうでないこともあり得る。なるほど，ではその事実性の上に立つ仮説のうちで意味はいかに発生する（したかのように見える）か。トリレンマのハード・プロブレムは依然として残されており――これが後ほど見るメイヤスーの詩の読解においてクリティカルな問題となって回帰する。

### 2.2. 下向きの反駁：基―底性

次に下向きの向き。無底性に次いで，基底性である。メイヤスーは自身の言う潜在性についてこう述べている――「潜在的なものは，未規定なものではなく，完全に規定されているものである」[51]。どういうことか。まずメイヤスーがバディウから受け取った武器である順序数のシステム。これは包含関係によって厳密に統御された，空集合というひとつの要素から始まるノイマンの構成によって一意に定められる。あるいはメイヤスーがまたべつのテクストで描いた，充足理由律なき世界において起こり得る出来事のサンプル：「○日から△日にかけて，『**実験室**』の自然は相対性理論的ではなくなり，ニュートン力学に後退した」「□日から×日にかけては反対に量子物理学の真の『刷新』があったが，とりわけ南半球の**実験室**においてのことであった」[52]。千葉雅也はこの記述での「実験室」という単位が，「事物の関係づけの或る閉じた全体」を縁取る額となっていることを指摘している[53]。こうした集合論的／物理的空間が，出来事の可能性が予見しえないものであってさえ，その予見不可能なものまで含めてすべての出来事がそこで上演される唯一の舞台＝基底として設定されてはいないだろうか。何が起こるかは分からないが，“そこ”で起こることは確かであるひとつの場。メイヤスーは「宇宙サイコロ」の比喩を否定したが，しかしそこでこのひとつの世界とひとつの「サイコロの目」の対応関係そのものはいまだ維持されている。彼にとって世界の可能性は「**数えきれない**」ものではあるが，「**数えられない**」ものではない。いくら世界が生成変化しようと，生成変化を説明する場＝モデルはひとつのままである。空集合という唯一的な要素から展開する多のありようを観察しながら，「存在論の諸構成［…］を織り上げる出発点となる唯一の項とは，否応なく空のことである」[54]と語るバディウの口調には，彼がドゥルーズに見出したものといくらか似た神学の形象[55]がいまだ垣間見えないか。ここには集合論モデルという単一の基底が，議論の形式そのものを外側から画定する言語的枠付けとして機能している[56]。

このフレーミングの何が問題か。ここで少し離れた場所，ある楽曲についての批評からヒントを得ることにする。持続する$\aleph$＝無音についての議論。ジョン・ケージの『4′33″』[57]，題名によって指示された時間長の持続する無音をひとまず枠付けているこの作品は，音と沈黙，という対立要素がその上に乗る基底として，両者の通約を可能にする二階の沈黙を表現するかのように見える[58]。だが中井悠によれば，これは典型的な誤解である。『4′33″』の沈黙はむしろ「あらかじめ想定された媒介＝基底によって，聴かれるものが確定されえないことを意味し，楽譜と聴取のような異なる形式間をとりつなぐ媒介が，単一の基底ではなく，複数の変換プロセスにほかならないこと」[59]，基底＝媒介である耳の複数性，そのあいだの移行可能性を暴露する。

だがこの不確実性の理念をやがてケージ自身が忘却してしまったと中井は考えている。彼は途中から不確実性と偶然性を混同した。この退行を示す作品が10年後に発表された『0′00″』[60]である。この作品の“楽譜”には，「マイクを取り付けた演奏者による「規則正しい行為」の遂行」だけが指示され」ている。この際偶発的に生じるかすかなノイズを，あらかじめ配置された，どんなわずかな音でも拾って聴取可能なレベルにまで増幅する「サウンド・システム」によって音楽に仕立て上げることで作品に偶然性のプロセスを組み込もうという目論見は，しかし行為に先行する可能性の場としての確定された基底空間を与え，媒介を単一化してしまっている。

> 「行為の空間と一体化した「サウンド・システム」こそが，唯一の楽器そして楽譜となる［…］それは［…］あらゆる行為に先行する唯一の基底＝媒介として設定されている［…］媒介形式の切り替えに条件づけられていたはずの沈黙は実体化された外部たる自然に重ねられ，唯一の楽譜であり，楽器であり，耳と化した「サウンド・システム」が，その自然に同一化する［…］眼前に連なるオブジェクトたちの向こう側に実在する自然として想定されるとき，プロセスはまさしくケージが批判したような意味において対象化（オブジェクト化）されている。媒介／変換の時間とそこからこぼれ落ちていく沈黙を，したがって皮肉なことにもプロセス自体を［…］抹消してしまう」[61]

音の絶対零度の想定は媒介［media］の次元を抹消する――この基底―批判はけっしてわれわれと無関係な指摘ではない。ケージが自然の模倣から自然との同一化に傾倒していった[62]ように，この基底性に，再び神学の香りが立ち込めるのだ。

マルクス・ガブリエルはメイヤスーが「必然性を再設定するイデオロギー的振る舞い」に接近しており，「無意味な世界（あるいは，少なくとも，シニフィアンの連鎖の内部の一要素であることに還元されえない何物か）という仮説が，ラディカル・デモクラシーを正当化する機能」を果たしてしまうことを危惧していた[63]。これは的はずれな指摘ではない。メイヤスーの議論には，ある基底（超越論的シニフィエ）の回帰を招く構造がやはり含まれている。しかしなぜそう言えるのか。

## 3．メイヤスーの内在的矛盾：『数とセイレーン』におけるCountability

メイヤスーの議論に内在する決定的なねじれは，これまで読んできた『有限性の後で』を，彼のもう一つの主著『数とセイレーン』（あるいはその梗概である「『賽の一振り』と仮定の唯物論的神格化」）と並べたときに詳らかになる。メイヤスーはこのテクストでステファヌ・マラルメの著名な視覚詩『賽の一振り』についての相当に奇抜な読解を提示する。その読解のプロトコルが，『有限性の後で』における頻度の帰結の棄却というテーゼとの致命的な不和を生じるのだ。

残りの紙面でこの論理を追っていこう。メイヤスーはこの謎めいた，明らかに定型詩からは大きく逸脱した詩を，しかしある特殊な仕方で行われた韻律法への擁護として読解する。しかしそれはもちろん12の音節を数え上げる伝統に基づくものではない。マラルメは別の数，別の数え上げの原理に基づいていた。この仮説のもと，メイヤスーは詩を少なくともふたつの異なる水準（レベル１，レベル２……）において解読する。その解釈構造は端的には以下のように要約される。

**レベル１の解読**[64]：じつはこのマラルメによる詩は「ある特異な数」を鍵とする暗号である。その数は詩中の「形作られてくる全体が数え上げられ

〔compte total en formation〕」という指示に従い，（最後の独立した詩行を除く）**詩に含まれるすべての単語**[65]**の総数を数え上げる**ことで表れる——707。詩のⅥ頁目で左上から右下への対角線上に配置された語，「Comme si ＝七，tourbillion ＝〇，Comme si ＝七」[66]の並びによってあらかじめ暗示＝秘匿されたこの数字は〇という空白を挟んだ七の回帰＝反復される韻を体現している[67]。この十二音綴詩句《アレクサンドラン》に代わる隠された韻律こそ「賽の一振り」の要諦である。

**レベル2の解読**[68]：しかし他方で，この707という数に基づく暗号化（エンコード）と解読（デコード）という詩の過程そのものが危機に脅かされている。じつは**単語数の総和が絶対に707とは言い切れない**からだ。Ⅺ頁目に表れる，この詩におけるハイフン付きの唯一の語であり，それ自体不確定性を意味するPEUT-ÊTRE〔おそらく〕という語が1語か2語か決定できないという事実によって，707は708へ容易に転落する。この決定不可能性が，わたしたちをレベル1の解釈（マラルメは暗号化を施している）とその破綻（マラルメは暗号化を施していない）のあいだで宙吊りにし，そしてまさにそのことが，詩自身によるその主題＝「偶然」（賽の一振りは断じて偶然を廃さないだろう〔UN COUP DE DÉS JAMAIS N'ABOLIRA LE HASARD〕）のパフォーマティヴな実演となる。

メイヤスーのUncountability（数え上げの不可能性）に基づく戦略は，ここでは数え切れない巨大さではなく，数え損ねる曖昧さとして変奏されている。

解釈に対し，真っ先に想定されるであろう反論は次のようなものだ。ハイフンによる語数の決定不可能性が畢竟マラルメによる意図＝目的論に回収されるのなら，つまり**暗号／非—暗号のゆらぎ自体マラルメによって仕組まれた暗号である**のならば，この不確定性そのものの確定性によって「偶然」が損なわれるのではないか[69]。メイヤスーは慎重にもこの懐疑に先んじている：707と708のあいだのずれがマラルメの意図によるものかどうかもまたわれわれには確定できない[70]。それは偶然かもしれない――この懐疑は入れ子状にいくらでも反復可能である。「あるレベル$\alpha$の解読における不確定性がマラルメの意図した暗号であるか」という命題についてのレベル$\alpha+1$の不確定性が発生し，したがってレベル3，レベル4と高階化するすべての水準の解読において暗号／非―暗号の可能性がそれぞれ両立する。707と708をめぐる必然と偶然を束ねる必然，と偶然，この絶えざる宙吊りこそ，メイヤスーのいう「無限」にほかならない[71]。「他のものではありえない唯一の数[l'unique Nombre qui ne peut pas être un autre]」とは無限であった――偶然性の必然性。

メイヤスーによる解読はあらかじめその破綻の可能性を許容する点において，構造上反駁がきわめて難しい。ではこの一見して堅牢な砦のどの箇所に瑕疵があるか。問い直すべきは，このメイヤスーの奇特かつ不確実な仮説の説得性をそれでも担保しているものは何か，という点である。たとえばこういった疑念――この707という数の大きさ，有限とはいえ数え上げるには少々骨の折れる列の長さはマラルメのレトリックと無関係だろうか。もし「賽の一振り」という詩が今よりはるかに短く，たった7語からなる詩だったとしたら，メイヤスーは同じ手法を用いて読者を説得する事ができただろうか。おそらくそうではない。メイヤスーの読解は，言うまでもなくその詩がじっさいに707（+1）語であったという特異な事実に全面的に依存している。たしかにメイヤスーは自身の主張の妥当性が確率的な推論に基づくものではないと否認する[72]。だが彼の論の持つ読者に対するパフォーマティブな効果は，その根幹で，偶然＝確率に帰する仮説と理想化された意図に帰する仮説の比較，そのあいだでの確率的な推論に依存している。

再びボルヘスに立ち帰ろう。彼の描いた想像力に忠実に従うならば，すべての文字列の可能性を蓄えている「バベルの図書館」に収められた本のなかには当然一語一句違わない『賽の一振り』が含まれている。たまたま手に取った本がまさにこの詩である（マラルメはまさにそのようにして「偶然」この詩を書いた），という可能性がわずかながらたしかに存在する。われわれが賢明にもステファヌ・マラルメという人物をタイプライターをランダムに叩く猿と同一視するような見解を採用せず，むしろメイヤスーによる仮説に絆されていくのは，「その詩の語数が現に707ないし708語であり，その数が詩の内容と驚くべき連関を見せている」という事象のあとの事後確率において，その詩がまったくの偶然によって為されたと考えるよりマラルメによる暗号なのだと考えるほうがはるかに尤もらしい仮説であるからだ。メイヤスーに好意的な読者はただしい意味でベイズ的な推論を行っており――これは**頻度の帰結**そのものである。もしそこに必然性がないのなら，詩の語数と詩の内容とのこれほどまでの整合的一致があっただろうか。だからマラルメの詩にはイカサマ＝暗号が仕掛けられている，と。『有限性の後で』で一度捨てたはずの頻度の帰結が，意味論の次元において留保的に舞い戻っている。

解読の破綻の可能性を宣言することで，自分の論の根拠の欠如を，頻度の帰結を含めたあらゆる理由からの自由を謳い上げようとするメイヤスーは，おそらくこの問題を棚上げに出来たと考えている。たしかに彼はその左半身において頻度の帰結を棄却している。だがもう片側はどうだろうか。すでに見たように，解読をどれだけ高階の水準へと登らせたとしても二項対立の一方の側で暗号はつねに成立し，その妥当性の根拠である頻度の帰結はどこまで行っても棄却されない。したがって，その構成は不確定性までも孕んだその全体において頻度の帰結を前提とする。それが暗号ではないとき，メイヤスーの解読に下されるのは「誤っている」という判断であって無意味であるという判断ではない。

メイヤスー自身が認める通り，彼の仮説の確実性を根拠付けるものはどこにもない。にもかかわらず彼の『賽の一振り』論がその一定の留保のうえで価値を持つのは，数え切れなくとも／数え損ねてしまうともそれでも**数え上げるという行為の可能性は相変わらず担保する基底**（集合論モデル，空間的単位としての世界／「実験室」／語，頻度の帰結……）が底なしの底を蓋しているからだ。彼の，全体性の外部（非一全体），暗号の外部（偶然）を求めるという戦略がすでに罠なのだ。デリダがレヴィナスを批判した言を借りれば，彼は「相変わらず〈内〉―〈外〉構造と空間的隠喩を介して思考」[73)]している。〈外〉の希求は，そのうちにひとつの空間的比喩をかならず温存する。空間をひとつ［Un (e)］，ふたつと数え上げはじめた瞬間から，彼のCountabilityの哲学はすでに開始している。

## 注

1） Borges, J. L., *"La biblioteca de Babel"* in *Ficciones*, Emecé Editores, Buenos Aires, 1944（1941）.（J.L. ボルヘス「バベルの図書館」『伝奇集』鼓直訳，岩波文庫，1993年），邦訳 p. 108.

2） Borges, J. L., *"El Aleph"* in *El Aleph*, Losada, Buenos Aires, 1949.（J.L. ボルヘス「アレフ」『アレフ』鼓直訳，岩波文庫，2017年），邦訳 p.214. カバラ思想における א の位置づけについては Scholem, G., *"Zur Kabbala und ihrer Symbolik"*, Rhein Verlag, Bonn, 1960.（G. ショーレム『カバラとその象徴的表現』小岸昭ほか訳，法政大学出版局，1985年），邦訳 pp. 42-43等。

3） Foucault, M., *"Le langage à l'infini"* in *Tel quel*, n° 15, Éditions du Seuil, Paris, 1963, pp. 44-53.（M. フーコー「言語の無限反復」野崎歓訳『フーコー・コレクション2 文学・侵犯』小林康夫ほか編，筑摩書房，2006年），邦訳 pp. 93-113.

4） Deleuze, G., *Logique du sens*, Les Éditions de Minuit, 1969.（G. ドゥルーズ『意味の論理学　上・下』小泉義之訳，河出書房新社，2007年），邦訳上巻 pp. 62-138. 第５セリーから第11セリー，特に第11セリー（pp. 126-138）を参照せよ。

5） Badiou, A., *Deleuze: La clameur de l'Etre*, Hachette, Vanves, 1997.（A. バディウ『ドゥルーズ 存在の喧騒』鈴木創士訳，河出書房新社，1998年），邦訳 pp. 7, 17-18, 40-41, 72.

6） 本稿は集合論についての基礎的な知識を前提とするが，用語の定義だけ簡単に触れておく。集合論では，ある集合 $M_1$ と $M_2$ のあいだに全単射（一対一対応）が存在するとき，$M_1$ と $M_2$ の濃度が等しいという言い方をする。この濃度の概念はとくに無限集合の“大きさ”を捉える上で役に立つ。たとえば自然数全体の集合 N と偶数全体の集合 $\{m = 2n | n \in N\}$ のあいだには全単射が存在するため，両者の濃度は等

しい。このように無限集合においては真なる部分集合がもとの集合と同じ濃度（大きさ）を持つことがある。基数はこの濃度を比較するための指標として導入されるものであり，ある集合 M の基数は M と全単射を持つ最小の順序数として定義される。無限基数は任意の順序数 $\alpha$ を添字にとって$\aleph_\alpha$と表記される。

7）Neumann, J. V., *"On the introduction of transfinite numbers"* in ed. Heijenoort, J. V., *From Frege to Gödel: A Source Book in Mathematical Logic 1879-1931*, Harvard University Press, Cambridge, 1967（1923).

8）Badiou, A., *L'être et l'événement*, Éditions du Seuil, Paris, 1988.（A. バディウ『存在と出来事』藤本一勇訳，藤原書店，2019年），邦訳 pp. 65-66.

9）Meillassoux, Q., *Après la finitude. Essai sur la nécessité de la contingence*, Éditions du Seuil, Paris, 2006a.（Q. メイヤスー『有限性の後で　偶然性の必然性についての試論』千葉雅也ほか訳，人文書院，2016年），邦訳 p. 76.

10）「相関主義の強いモデルの視野で言えば，宗教的信仰は［…］神は全能なので〈神と息子との全き同一性〉と〈神と息子との差異〉の明らかな矛盾を真にできる，といった主張をなすことが可能なのである」Ibid., p. 74.

11）Ibid., pp. 119-120.「規定という観念［…］あれではなくこれである――までもが破壊される」(p. 120.)

12）Derrida, J., *"Le Facteur de la verité"* in *La carte postale: De Socrate à Freud et au-delà*, Flammarion, Paris, 1980.（J. デリダ「真理の配達人」『絵葉書 ソクラテスからフロイトへ，そしてその彼方』I・II 巻，若森栄樹・大西雅一郎訳，水声社，2007年，2022年），邦訳II巻 pp. 213-319. なおこのテクストの解釈については東浩紀『存在論的，郵便的』，新潮社，1998年，第二章の pp. 95-101, pp. 114-119での読解に指針を得ている。

13）Meillassoux（2006a), op. cit., 邦訳， p. 80.

14）Ibid., pp. 82-83.「思考が独断論に対して武装すればするほど，かえって思想は狂信に対して弱腰になるというパラドクス［…］懐疑論―信仰主義は，形而上学的独断論を退却させたけれども，その一方で，宗教的蒙昧主義を再強化してやまない」Ibid., p. 86.

15）Meillassoux（2006a), op. cit., 邦訳 p. 86.

16）メイヤスーの位置づけについては千葉雅也『動きすぎてはいけない　ジル・ドゥルーズと生成変化の哲学』，河出書房新社，2013年，河出文庫，2017年の第二章四節（文庫版 pp. 128-139）も参照のこと。

17）「矛盾した存在者は絶対的に不可能である，なぜなら，存在者が矛盾するものであるならば，それは必然的なものになるだろうからだ。必然的存在者は絶対的に不可能なのである」Meillassoux（2006a）, op. cit., 邦訳 p. 116.

18）「想像の暴走を，実在の暴走に一致するまでに強く相関させる」千葉（2017），op. cit., p. 134.「とても強い相関主義」という言い回しは Harman, G., *Quentin Meillassoux: Philosophy in the making*, Edinburgh University Press, Edinburgh, 2011より。

19） Meillassoux（2006a）, op. cit., 邦訳 p. 94.

20） Ibid., p. 134.

21） Ibid., p. 142.

22） Hume, D., *An Enquiry Concerning Human Understanding*, Liberal Arts Press, New York, 1957（1748）.（D. ヒューム『人間知性研究』斎藤繁雄ほか訳，法政大学出版局，2004年），邦訳 pp. 26-27.

23） Meillassoux（2006a）, op. cit., 邦訳 p. 157.

24） Ibid.

25） Ibid., p. 162.

26） Ibid., p. 169.

27） Ibid., p. 170.

28） Ibid., p. 171.

29）「偶然性と偶然の巡り合わせを厳密に区別させる数学的な道が存在しているのであって，その道こそが超限数なのである」Ibid., p. 173.

30） Ibid., pp. 173-174.

31） この部分について，「全ての集合の集まり」をたんに集合として扱えないということとそれが思考不可能であるということを同一視できるのかという反論はもちろんあり得る。メイヤスーはこの点を厳密に論じていない。おそらくアラン・ソーカルであればここの部分を突くことだろうが，本稿の趣旨から外れるため，この点についての議論は別の機会に譲る。

32） Meillassoux, Q., *“potentialité et de virtualité”* in *Failles*, Printemps, no2）, 2006b, Éditions Nous, Caen, pp. 112-129.（Q. メイヤスー「潜勢力と潜在性」『亡霊のジレンマ 思弁的唯物論の展開』岡嶋隆佑ほか訳，人文書院，2016年），邦訳 p. 62.

33） メイヤスーによれば，「偶然［hasard］」ないし「偶然的・確率的［aléatoire］」という語はともに「サイコロ」や「サイコロ賭博」に由来する。Meillassoux（2006a）, op. cit., p. 180を参照。

34） Ibid., p. 181.

35）　後の定義を見ればわかるように，無作為に，という条件を満たした上で完全加法性が成り立つ確率測度Ｐが存在しないためである。

36）　Kolmogorov, A. N, *Grundbegriffe der Wahrscheinlichkeitsrechnung*, Spinger, Berlin, 1933.（A.N. コルモゴロフ『確率論の基礎概念』坂本實訳，筑摩書房，2010年），邦訳 pp. 37-48. この確率空間を定める第二章にはすぐ後に見るボレル集合の定義も記載される。

37）　ここでＦは$\varnothing \in F, f \in F \to \neg f \in F, n \in N \mid f_n \in F \to \cup_{n \in N} f_n \in F$の条件を満たす。

38）　エミール・ボレルによる原論文は Borel, E., *Leçons sur la théorie des fonctions*, Gauthier-Villars, Paris, 1898を参照のこと。

39）　Meillassoux（2006a）, op. cit., 邦訳 pp. 169-170.

40）　説明の簡略化のため，境界の開閉についてはここでは厳密に考えないとする。

41）　証明は割愛するが，Ｒの冪集合の濃度が$2^{2^{\aleph_0}}$であるのに対し，Ｒのボレル集合族Ｂ（R）の濃度は$2^{\aleph_0}$であることが簡単に示される。

42）　Nozick, R., *Philosophical explanations*, Harvard University Press, Cambridge, 1981.（R. ノージック『考えることを考える　上・下』坂本百大ほか訳，青土社，1997年），邦訳上巻 p. 203.

43）　Ibid., p.174では推移律についての言及がある。

44）　ここで問われている整礎性が上向きであることに留意せよ。

45）　Meillassoux（2006a）, op. cit. の第三章，邦訳 pp. 122-129の箇所でライプニッツの問題「なぜ有であって無でないのか」を扱っている。メイヤスーの論理をまとめれば，「偶然的存在者の必然的存在」（p. 129）が事実論性の原理の必要条件である，したがって偶然的存在者が必然的に存在する，というものである。

46）　Ibid., p. 183.

47）　Derrida, J., *"Introduction（et traduction）à L'origine de la géométrie de Edmund Husserl"* in Husserl, E., *L'origine de la géométrie*, PUF, 1962.（J. デリダ「『幾何学の起源』序説」E. フッサール『幾何学の起源』田島節夫ほか訳，青土社，1976年），邦訳 p. 46.

48）　東によれば，ひとつの歴史的起源＝超越論的シニフィエに基礎を依るがゆえに条件法の位相を排除するフッサールの議論は，この必然的歴史の外＝可能世界の記憶を持たない（東（1998）, op. cit., pp. 28-32）。「もしひとつの歴史があるのだとすれば，歴史性とは，極としてのテロスへ向かうひとつのパロール Parole の推移，本源的ロゴスの純粋な継承でしかありえない。［…］つまりこの歴史性の外に意味を持ち，その無限の地平を逃れる存在はないのだから［…］絶対者は推移である」Derrida（1962），op. cit., 邦訳 p. 245.

49） たとえば Meillassoux（2006a），op, cit., pp. 12, 49-50, 210-214. とくに最後の箇所。

50） 千葉雅也「訳者解説」Meillasoux（2006a），op. cit., 邦訳 p. 231. メイヤスーも自身の議論の仮説性を認めている。Ibid., 邦訳 pp. 184-186.

51） Meillassoux, Q., *"Soustraction et contraction. À propos d'une remarque de Deleuze sur Matière et mémoire"* in *Philosophie*, n°96, Minuit, Paris, 2007, pp. 67-93.（Q. メイヤスー「減算と縮約」岡嶋隆佑訳『亡霊のジレンマ 思弁的唯物論の展開』岡嶋隆佑ほか訳，人文書院，2016年），邦訳 p. 246.

52） Meillassoux, Q., *Métaphysique et fiction des mondes hors-science*, Les Éditions Aux forges de Vulcain, Paris, 2013.（Q. メイヤスー「形而上学と科学外世界のフィクション」神保夏子訳『亡霊のジレンマ 思弁的唯物論の展開』岡嶋隆佑ほか訳，人文書院，2016年），邦訳 p. 127.

53） 千葉（2017），op. cit., p. 136-137.

54） Badiou（1988），op. cit., 邦訳 p. 84.

55）「バディウの「空虚」概念も結局は，（彼の意図するところと裏腹に）空虚を現実にそこにあるものとして描いてしまっている［…］空虚の存在論に頼ることで，宇宙論を再び主張してしまっている」Gabriel, M., Žižek, S., *Mythology, Madness, and Laughter: Subjectivity in German Idealism*, Continuum, New York, London, 2009.（M. ガブリエル・S. ジジェク『神話・狂気・哄笑 ドイツ観念論における主体性』大河内泰樹・斎藤幸平監訳，堀之内出版，2015年），邦訳 p. 41. 注の五。

56） あるいはこうした批判はドゥルーズにすでに書き込まれている，と読むことも出来る。たとえばドゥルーズがまさにカントールのℵに言及した以下の箇所。「超限数［…］はむしろ，或る数によって限界を定義することの極端な帰結なのであって［…］それ〔集合論〕は，その厳格な階層化において［…］準拠平面を構成することなのであり，準拠平面は，或る内部—準拠（無限集合の内因的規定）を含むばかりでなく，すでに或る外部—準拠（外因的規定）を含むものなのである」Deleuze, G., Guattari, F., *Qu'est-ce que la philosophie?*, Les Editions de Minuit, Paris, 1991.（G. ドゥルーズ・F. ガタリ『哲学とは何か』財津理訳，河合書房新社，2012（1997）年），邦訳 pp. 204-205.

57） Cage, J., "4′33″"［music］, 1952.

58）「「沈黙」という言葉は奇妙な二重性を帯びている。一方でそれは音と同じ水準に置かれた「無音」という構成要素でありつつ，他方でそれらの要素が配置されていく空っぽな持続でもある。要するに，音と沈黙を通約可能な持続とは，それじたいにおいて黙しているのだ。楽譜において理念的に設定された基底としての沈黙が，音と聴取の水準にまで浮かび上がるというこの想定において，作曲家によって書かれるものと，聴衆が聞くものは同じ底辺を有し，その交換可能性はあらかじめ保証されている」中井悠「沈黙と媒介　ケージにおける作品の作動形式」『水声通信』no. 16, 2007年3月号，水声社，pp. 68-79.

59) Ibid., p. 69.「「すべての聞こえる音」は，耳という不確定な媒介を通過せざるを得ないという限りにおいて，「すべての音」と一致することはない」(p. 76)

60) Cage, J., " 0′00″ " [music], 1962.

61) 中井 (2007), op. cit., pp. 74-76.

62) Ibid., p. 75.

63) Gabriel, Žižek (2009), op. cit., pp. 174-175.

64) Meillassoux, Q., Le Nombre et la sirène, *Un déchiffrage du Coup de dés de Mallarmé*, Fayard, Paris, 2011, pp. 21-96. また Meillassoux, Q., *"Le Coup de dés, ou la divinisation matérialiste de l'hypothèse"*, at Miguel Abreu Gallery, New York, May 6th, 2012 [not published]. (Q. メイヤスー「『賽の一振り』あるいは仮定の唯物論的神格化」熊谷謙介訳 (『亡霊のジレンマ 思弁的唯物論の展開』岡嶋隆佑ほか訳，人文書院，2016年)，邦訳 pp. 177-191.

65) 数え上げの単位として音節ではなく単語を採用する理由をメイヤスーは以下のように説明する。まず詩において7が特権的な数であることは詩中で唯一具体的な数を含む七星 [Septentrion] という語の存在とXI頁でのその視覚的再現によって明らかである。ところで詩の末尾にある全体から独立した詩行 "Toute pensée émet un coup de dés" は全体のいわば要約となっており，この最終行は鍵を得るための示唆を与えているはずだ。さて，この詩句に対して数え上げの結果が7になるような単位を探してみると，それは単語である。最後の文が意味するのは，こうして得られた数え上げの規則を最終行を除いた全体に対して適用せよ，というものである。Meillassoux (2011), op. cit., pp. 47-54. また Meillassoux (2012), op. cit., 邦訳 pp. 177, 180-182. 規則の妥当性は，「賽の一振り」と同時期 (1893-1894年) に書かれたふたつの関連するソネの語数がそれぞれ70語，77語であることによってさらに補強される。Meillassoux (2011), op. cit., pp. 80-84.

66) Ibid., p. 191. メイヤスーによれば，COMME SI [あたかも] の SI の含意はマラルメが晩年に手掛けた未完の詩「エロディヤードの結婚」との比較によって明かされる。SI [もし] に始まり SI に終わる，「賽の一振り」のVI頁目と同様の対角線的配置を持つこの詩において，SI はまずその描写のなかで斬首される聖ヨハネ［Saint Jean］の頭《イニシャル》［SJ = SI］を表している。そして彼が斬首の瞬間歌い上げること，「ドレミファソラシ」の呼び名そのものが聖ヨハネ讃歌に由来することを鑑みれば，この SI はハ長調における第七音であるシ［SI］の音を仄めかしてもいる。また tourbillon［渦］は「賽の一振り」において船と船長＝韻律［Maître = Mètre］が――海面から頭だけを出しながら――そこに飲み込まれる虚無の象徴であり，したがって〇を表す。じっさいにⅥ頁目で中央の語はその形状において渦のように配置されている。かくして七，〇，七の並びが導かれる。Meillassoux（2011），op. cit., p. 55-68. Meillassoux（2012），op. cit., 邦訳 pp. 184, 188-190.

67）　Meillassoux（2011），op. cit., pp. 73-75. Meillassoux（2012），op. cit., 邦訳 p. 203.

68）　Meillassoux（2011），op. cit., pp. 99-204. Meillassoux（2012），op. cit., 邦訳 pp. 201-207.

69）　Meillassoux（2011），op. cit., p. 140.

70）　Ibid., pp. 140-142, 177-179.

71）　Meillassoux（2011），op. cit., pp. 34-36. Meillassoux（2012），op. cit., 邦訳 pp. 197-199.「偶然とは無限であり，自らの否定と肯定をともに含む」ibid., p. 199. ここで念頭にあるのは無論ヘーゲルの真無限についての議論である。

72）　Meillassoux（2011），op. cit., pp. 84-85.

73）　Derrida, J., *“Violence et métaphysique: Essai sur la pensée d'Emmanuel Levinas”* in *L'écriture et la différence*, Éditions du Seuil, Paris, 1967（1964）.（J. デリダ「暴力と形而上学」『エクリチュールと差異』改訳版，谷口博史訳，法政大学出版局，2022年），邦訳 pp. 235-236.

# 中絶をめぐるジレンマと徳倫理

川 﨑　優

## はじめに

人はときに，２つの選択肢の間で板挟みになることがある。例えば，「x をする」か，「y をする」か，どちらか一方を選ばなければならないが，どちらを選んでも悩ましいような状況である。そのような状況に直面した人は，ジレンマに陥っていると言える。

本稿では，人工妊娠中絶（以下，中絶と表記）をめぐるジレンマを取り上げる。そのようなジレンマとして，「中絶をする」か，「妊娠を継続し子どもを出産する」か，どちらか一方を選ばなければならない状況を想定する。では，このような状況に陥った人は，どうしたらいいのだろうか。その状況において道徳的に正しい行為とは何か。

ある状況においてどうすべきか行為の指針を示し，どのような行為が道徳的に正しいか評価するための手段を提供しようとするのが，規範倫理学と呼ばれる分野の役割の１つである。本稿では，規範倫理学の代表的な立場の１つである徳倫理学に注目し，中絶をめぐるジレンマに対して，徳倫理学が行為指針や行為評価を与えるか否かを明らかにすることを目的とする。そのために，ここでは徳倫理学者ロザリンド・ハーストハウス（Rosalind Hursthouse）の議論を中心に参照していく。

ハーストハウスは，1999年の著書 *On Virtue Ethics* にて，ジレンマ一般に対して，徳倫理学が行為指針や行為評価を与えるかに関する見解を示している。彼女の議論の特徴として，「解決可能なジレンマ」と「解決不可能なジレンマ」を区別し，徳倫理学は前者に対して，行為指針と行為評価の両方を与えることができる一方で，後者には行為指針を与えることはできないが行為評価を与えることはできるという見解を示している点が挙げられるだろう。

では，中絶をめぐるジレンマは，解決可能なジレンマなのか，それとも解決不可能なジレンマなのか。どちらのジレンマに分類されるだろうか。これを明らかにすることが，中絶をめぐるジレンマに対して，徳倫理学が行為指針や行為評価を与えるかを明らかにするための鍵となるだろう。

1999年の著書では，解決可能なジレンマと解決不可能なジレンマの具体例が提示されているものの，中絶をめぐるジレンマはその例に含まれていない。また，ハーストハウスは，1991年の論文“Virtue Theory and Abortion”にて，中絶に関する徳倫理学的な分析を示しているが，この論文では，「解決可能なジレンマ」と「解決不可能なジレンマ」の区別は導入されておらず，中絶をめぐるジレンマが，どちらに分類されるかは示されていない[1)]。

とはいえ，これらの両文献の議論を照らし合わせることで，中絶をめぐるジレンマがどちらのジレンマに分類されるか導き出すことができそうである。そこで，ハーストハウスがどのようにジレンマを分類しているか，中絶に関してどのような分析を行っているか整理することで，中絶をめぐるジレンマがどちらのジレンマに分類されるか明らかにし，このジレンマに対して，徳倫理学が行為指針や行為評価を与えるか否か明らかにしたい。

本稿の流れは以下の通りである。第１節では，ジレンマをめぐるハーストハウスの議論を整理する。第２節では，中絶をめぐるジレンマが「解決可能なジレンマ」と「解決不可能なジレンマ」のどちらに分類されるのか検討する。私の見解としては，少なくとも合意の上での妊娠のケースでの中絶の多くは，「解決可能なジレンマ」に分類されることを示し，そのような中絶をめぐるジレンマに対して，徳倫理学が行為指針と行為評価の両方を与えることを明らかにする。第３節では，合意の上での妊娠のケースでの中絶であっても，胎児の障害や疾患を理由とした中絶，すなわち選択的中絶をめぐるジレンマについては，「解決不可能なジレンマ」に分類される可能性を示す。そして，この分類ゆえに，選択的中絶をめぐるジレンマについて徳倫理学的に考える場合，他のタイプの中絶をめぐるジレンマとは異なる仕方で，行為指針や行為評価のあり方を考えることができることを示す。

## 1．ジレンマをめぐるハーストハウスの議論の整理

### 1.1.　正しい行為に関する徳倫理学の説明

行為指針と行為評価について考えるうえで，まず基本となるのは，徳倫理学が「正しい行為」についてどのように説明するかという点だろう。ハーストハウスによると，徳倫理学は正しい行為について次のように説明する。

> 行為は，もし有徳な行為者がその状況にあるならなすだろう，有徳な行為者らしい行為であるとき，またそのときに限り，正しい。(Hursthouse［1999:28］)

やや専門的な表現が並ぶので，ここではそれぞれの概念について簡単に説明する。まず，「有徳な行為者」とは，「ある性格特性すなわち徳をもち，かつ働かせる人」のことである（Ibid.［29］)。「徳」とは，「人間がエウダイモニアのために，すなわち開花繁栄し，よく生きるために必要な性格特性」[2]である（Ibid.)。

本稿では，「エウダイモニア」とは，「幸福」を指す概念であり，「開花繁栄」とは，端的に「充実した人生を送ること」を指す概念であるという理解で十分である。つまり，徳とは，人間が幸福になるために，すなわち充実した人生を送り，よく生きるために必要な性格や特性のことだと考えられる。徳の具体例としては，親切さや寛容さ，誠実さ，節制，勇気，忠誠心，自尊心，慈悲，友愛などが挙げられる（Ibid.［59］)。

「親切さ」の徳を例に考えてみよう。電車でお年寄りに席を譲るかどうか判断するような状況で，「親切な人ならこの状況で席を譲るだろう」と考えられるならば，この状況で席を譲る行為は，正しい行為だと言えるだろう。

このように,「有徳な行為者ならこの状況でどうするだろうか」という観念に訴える,「行為者」に焦点を合わせた議論を構築する点が，徳倫理学の特徴でもある。

では，正しい行為に関する徳倫理学の説明は，行為指針や行為評価を与えるものなのだろうか。結論から言うと，この説明は,「解決可能なジレンマ」に対しては，行為指針と行為評価の両方を与えることができる一方で,「解決不可能なジレンマ」に対しては，行為指針を与えることはできないが行為評価を与えることはできるというのが，ハーストハウスの見解である。なぜこのような違いが生じるのだろうか。以下では，解決可能なジレンマと解決不可能なジレンマに対するハーストハウスの分析を参照することで，この点について確認していきたい。

### 1.2. 解決可能なジレンマ

ジレンマとして,「x をする」か,「y をする」か，どちらか一方を選ばなければならない状況を想定できるだろう。このとき，x と y の両方を選ぶことも，両方を選ばないこともできない。さらに,「x をする」ことも,「y をする」ことも何らかの悪さを伴うため，どちらを選んでも悩ましいような状況である。

ハーストハウスが「解決可能なジレンマ」として想定しているのは,「x は y より悪い」という形で解決できるようなジレンマである（Ibid. [46]）。なお，これは x も y もどちらも何らかの悪さを伴うものではあるのだが，その悪さの程度が異なるということである。ハーストハウスによると，このようなジレンマにおいて,「x は y より悪い」という道徳的根拠に基づいてなされた「x よりむしろ y をする」という決定は，その状況では「道徳的に正しい決定」である（Ibid.）。

では,「道徳的に正しい決定」とは，すなわち「道徳的に正しい行為」だと言えるだろうか。「道徳的に正しい決定（decision）」と「道徳的に正しい行為（action）」を意識的に区別して使い分けている点は，ハーストハウスの特徴だと言えるだろう。「道徳的に正しい決定」は，行為指針として示されるものであり，これによってジレンマを解決することが可能となる。つまり，ジレンマに陥った人の「私はどうしたらいいか」という問いに答えを与える。一方で，「道徳的に正しい行為」で想定されているのは，「善い行為」である。それは，非難よりも称賛に値する行為であり，行為者がそれを行うことで誇りに思うような行為である（Ibid.）。

ハーストハウスによると，解決可能なジレンマの中には，「正しい決定だが，正しい行為ではない」と言えるような状況がある。そのような例の1つとして，次のような男性の例が挙げられている。その男性は，2人の女性（AさんとBさん）に対して，それぞれに必ず結婚するからと言って，それぞれに子どもを産ませるように仕向けたひどい男性である（Ibid. [50]）。

一夫一妻制の場合，男性は1人の女性としか結婚できないため，どちらか一方と結婚するためには，もう一方の女性を棄てなければならない。Aさんと結婚するためにBさんを棄てることも，Bさんと結婚するためにAさんを棄てることも，どちらも悪いことである。ただし，ここでは，「Aさんを棄てるほうが，Bさんを棄てるよりも，より悪い」という前提がなされる。どちらの選択肢も悪いものだが，その悪さの程度が異なるということである。この前提の下では，このジレンマは，「Aさんを棄てるほうが，Bさんを棄てるよりも，より悪い」という形で解決可能なジレンマであり，「Aさんと結婚し，Bさんを棄てる」ことが，その状況では「正しい決定」だと言える[3)]。このようにして，行為指針が与えられる。

では，この行為をいかに評価することができるだろうか。この男性の行為は，称賛に値する行為とは言えず，むしろ非難に値する行為ではないか。実際に，徳倫理学は，この行為が「正しい行為」であることを否定する。

ハーストハウスによると，有徳な行為者ならば，そもそもこの男性のような状況に陥ることはないため，この男性が「有徳な行為者がその状況にあるならするような」行為をしているとは言えない（Ibid.［50-51］）。確かに，有徳な行為者であれば，２人の女性と関係をもつ，結婚の約束を破る，といった「不誠実な」ことはしないはずだ。このようにして，この行為は道徳的に正しい行為ではない，という行為評価がなされていると言えるだろう。

また，「正しい決定だが，正しい行為ではない」と言えるような別の状況として，行為者が自ら過失を犯したわけでもないのに，どちらも何らかの悪さを伴う２つの選択肢の間で，どちらか一方を選ばなければならないようなジレンマに陥った例が挙げられている（Ibid.［47］）。この行為者が，どちらか少しでも悪くないほうを選ぶ場合，仮定上その人は「正しい決定」をしたと言えるが，それでも「道徳的に正しい行為」や「善い行為」をしたとは言えないというのがハーストハウスの見解である（Ibid.）。さらに，そのような行為は，行為者に何らかの「割り切れなさ（remainder）」を残すものであり，そうあるべきだと彼女は主張する（Ibid.）。

ハーストハウスによると，解決可能なジレンマは，この「割り切れなさという留保つきで」のみ解決可能である（Ibid.［44］）。たとえジレンマが，例えば「x は y より悪い」という形で解決可能であるとしても，徳倫理学は，そのジレンマに直面した人が苦悩や後悔，良心の呵責，疚しさを感じること，場合によっては謝罪や補償，代償の必要性を認識することを期待する（Ibid.［46］）。このような良心の呵責や後悔の念，謝罪の必要性の認識などが，ここで「割り切れなさ」と呼ぶものである。

また，有徳な行為者でも直面するような解決可能なジレンマにおいて，「数々の苦慮，深い後悔の念に苛まれ，補償のためのしかじかの措置が施されたうえでなされた行為 x は，道徳的に正しいと評価される」と主張されている（Ibid.［51］）ことからも，解決可能なジレンマにおいて，有徳な行為者が「割り切れなさ」を抱きつつするような行為は，「道徳的に正しい行為」として評価することができるだろう。

「割り切れなさ」という要素に注目する点は，徳倫理学ゆえの特徴だと言えるだろう。規範倫理学を代表する立場として，徳倫理学の他に，功利主義や義務論と呼ばれる立場がある。功利主義や義務論は，「行為」そのものに着目する傾向にあり，「正しい行為は x と y のどちらか」といった二者択一の問いに焦点を合わせる傾向にある。対して，徳倫理学が焦点を合わせるのは，「有徳な行為者ならこの状況でどうするだろうか」という問いである。このように「行為者」に着目することで，行為そのもの以外の要素である「割り切れなさ」を考慮した議論が可能となるのである。

解決可能なジレンマに関する分析をまとめると以下のようになる。ジレンマが，「x は y より悪い」という形で解決可能であるなら，「x よりむしろ y をする」という決定は，その状況では「道徳的に正しい決定」である。しかし，「y をする」ことはもともと何らかの悪さを伴うものであり，それが正しい決定であっても，「割り切れなさ」を抱くことが要求されるような行為である。したがって，解決可能なジレンマにおいて，有徳な行為者が「割り切れなさ」を抱きつつするような行為は「道徳的に正しい」と評価することができる。

ただし，有徳な行為者ならばそもそも陥らないようなジレンマの場合，そのジレンマは，その状況において「道徳的に正しい決定」によって解決されるものの，そこでなされた行為は「道徳的に正しい行為」と評価されることはないという非対称性が生じるという特徴がある。

このようにして，徳倫理学は解決可能なジレンマに対して，行為指針と行為評価の両方を与えることができる。

### 1.3. 解決不可能なジレンマ

次に，解決不可能なジレンマについて見ていく。論者の中には，すべてのジレンマは解決可能であり，解決不可能なジレンマなど存在しないと考える者もいる。これに対し，ハーストハウスは，ジレンマの中には，解決可能なものもあれば，解決不可能なものもあると考えるスタンスをとっている。

解決不可能なジレンマとは，次のような状況として示される。すなわち，「行為者がｘとｙの間で道徳的選択を迫られ，しかもｙをすることよりも，ｘをすることを優先する道徳的根拠がないような状況」(Ibid.［63］）である。

第1.2項で想定されていた解決可能なジレンマは，「ｘはｙより悪い」という形で解決できるようなジレンマであった。この場合，「ｘをする」ことと「ｙをする」ことの間で，悪さの程度の差を認めることで，一方の選択肢を優先する道徳的根拠が示されていると言える。これに対して，解決不可能なジレンマではそのような道徳的根拠が存在しないのである。

解決不可能なジレンマの例として，ハーストハウスは２つの具体例を挙げている。１つは娘へのプレゼントの例であり，もう１つは延命治療の例である。これらの例に関するハーストハウスの分析を概観することで，解決不可能なジレンマに対して，なぜ徳倫理学が行為指針を与えることはできないが行為評価を与えることはできると考えられているのかを確認する。

### 1.3.1.　娘へのプレゼントの例

これまで一般的なジレンマの定義を念頭において，どちらの選択肢にも何らかの悪さを伴うような状況をジレンマとして想定してきたが，ハーストハウスはここで「解決不可能なジレンマ」の１つとして，「好ましいジレンマ(the pleasant dilemma)」と呼ぶものを示す（Ibid.［66］)。それは，「ｘをする」か，「ｙをする」か，どちらか一方を選ばなければならない状況であるという点では，これまで想定してきたジレンマと共通している。しかし，「好ましいジレンマ」では，「ｘをする」ことも，「ｙをする」ことも何らかの良さを伴うと言える。そして，これは，「ｙをすることよりも，ｘをすることを優先する道徳的根拠がない」ような状況であるため，「解決不可能なジレンマ」である。

ハーストハウスは，そのようなジレンマとして，娘へのプレゼントの例を挙げている。

例えば，私が娘に誕生日プレゼントをあげなければならないとしよう。私たちの関係や，娘の年齢と希望，私の財政状況などを考慮すれば，何もプレゼントをあげないのは，確かにあまりに意地悪なことだろう。しかし，私は，有り余って困るほどの財産（embarras de richesse）に直面している。あらゆる種類のもののうちどれをあげても，同じように価値があり，満足させる。したがって，解決不可能なジレンマが存在する。(Ibid. [66-67])

どんなものでもあげることができ，何をあげても娘を満足させることができるとなると，誕生日プレゼントとして何をあげたらいいか悩んでしまう。ハーストハウスによると，このジレンマが解決不可能であるということは，以下のことを意味する。

ここに２人の有徳な行為者がいる。両者はそれぞれの娘に誕生日プレゼントとして，ａとｂの２つのうち，どちらか１つだけ贈ることができる（非現実的だが，このように想定してみよう)。さらに，どちらか一方が他方よりも優先する道徳的根拠はない。(なぜなら，もしそのような理由があるならば，有徳な行為者はいずれも優先される根拠のある方を選ぶからである)。そして，１人の有徳な行為者はｘをする，すなわち娘にａをプレゼントし，もう１人の有徳な行為者はｙをする，すなわち娘にｂをプレゼントする。(Ibid. [68])

このように，解決不可能なジレンマでは，「２人の真に有徳な行為者が，「ｘをする」か「ｙをする」かどちらか一方を選ばなければならないような，まったく同じ状況の下で，１人は有徳な行為者らしく「ｘをする」ことを選ぶ一方で，もう１人も有徳な行為者らしく「ｙをする」ことを選ぶような状況」が想定されている（Ibid.)。

では，娘へのプレゼントの例に対して，徳倫理学では，行為指針や行為評価についてどのように考えられるだろうか。ハーストハウスの見解をまとめると，このような例では，行為の指針となる「正しい決定」が何なのか示されないが，その一方で，２人の有徳な行為者は，それぞれ異なる選択肢をとっているにもかかわらず，いずれも「正しい行為」をしている，「よく行為した」と評価できる（Ibid. [68-69])。

したがって，解決不可能な好ましいジレンマに対して，徳倫理学は，行為指針を与えることはできないが，行為評価を与えることはできる。

### 1.3.2. 延命治療の例

解決不可能なジレンマのもう１つの例として，ハーストハウスは，「悲惨なジレンマ（the distressing dilemma）」である延命治療の例を示している（Ibid.［69］）。

> 意識のない母親の命を，特別な手段によってあと１年延ばすよう医師に頼むか，治療を今すぐに中止するかどうかは，解決不可能なジレンマとなる場合もあると（例として）仮定しよう。（Ibid.）

ハーストハウスはこの例でも，先ほどの娘へのプレゼントの例と同様に，２人の有徳な行為者が異なる行為をすることを想定している。１人の有徳な行為者は，治療の継続を選び，もう１人の有徳な行為者は，治療の中止を選ぶ（Ibid.）。したがって，この例でも，行為の指針となる「正しい決定」が何なのか示されない。

では，この例についてどのような行為評価を与えることができるだろうか。ハーストハウスは，次のように論じる。

> 結局のところ，２人の有徳な行為者は，そのようなケースで，あまり勇気のない，責任感のない人が標準的にそうすることができないような仕方で，その決定に立ち向かったのである。彼らはいずれも，それについて注意深く，誠実に，賢明に考え，たくさんの苦悩の末に，いずれの決定も正しくはないという結論に至ったのである。これは，その行為者が有徳であると私が言うことによって，その例に組み込み済みであった。したがって，私たちは確実に，彼らはよく行為したと言うべきである。すなわち，勇気をもって，責任をもって，思慮深く，誠実に，正直に，賢明に行為したと言うべきである。そして，彼らが単に許容されたことをしたにすぎないものとして描写するべきではない。そして，〔そのように単に許容されたことをするだけなら〕臆病で，無責任で，考え無しで，無頓着で，嘘つきな愚か者でも，その状況なら同じようなことをすることができるだろう。（Ibid.

[71])

このようにして，ハーストハウスは，この例における２人の有徳な行為者は，いずれも「よく行為した」と評価している（Ibid.）。

以上のように，「解決不可能な好ましいジレンマ」と「解決不可能な悲惨なジレンマ」に対して，徳倫理学は，行為指針を与えることはできないが，行為評価を与えることはできることが確認できた。

## 2．中絶をめぐるジレンマ

中絶をめぐるジレンマでは，「中絶をする」か，「妊娠を継続し子どもを出産する」か，どちらか一方を選ばなければならない。「中絶をする」ことと「妊娠を継続し子どもを出産する」ことは，同時に成立し得ないため，両方の選択肢を選ぶことは原理上不可能である。また，両方を選ばないこともできないものとする[4)]。

さらにここでは，中絶をするにせよ，妊娠を継続し子どもを出産するにせよ，どちらを選んでも悩ましいような状況を想定する。なぜなら，心から望んだ妊娠であるなら，そもそも中絶するかどうか悩むことはなく，「妊娠を継続し子どもを出産する」一択となるだろうからである。

しかし，すべての妊娠がそうであるわけではない。例えば，合意のない妊娠の場合などがそうである。他にも，合意の上での妊娠であっても，若くしての妊娠である場合や，妊娠の継続が母体の命を脅かす場合，胎児が障害などをもつ可能性が高いことが判明した場合など，その他にもさまざまな事情から中絶をするかどうか，どちらを選んでも悩ましいような状況を想定することができるだろう。

では，このような中絶をめぐるジレンマに対して，徳倫理学は行為指針や行為評価を与えるだろうか。まずは，ハーストハウスの1991年の論文“Virtue Theory and Abortion” と，1995年の論文“Applying Virtue

Ethics”における，中絶に関する徳倫理学的な分析を中心にみていく。

### 2.1. 悪徳を示す中絶は不正だ

Hursthouse〔1995〕によると，悪徳を示す中絶は不正である。そのような中絶の例として，ジュディス・ジャーヴィス・トムソン（Judith Jarvis Thomson）の論文で登場する女性が挙げられている。その女性は，妊娠7ヶ月であるにもかかわらず，海外旅行を延期するのが面倒だからというだけの理由で，中絶を望んでいる（Thomson〔1971:66〕）。ハーストハウスによると，徳倫理学者はこのケースについて，次のように言うことができる。

> 例えば，徳倫理学者は，「それは冷淡だから不正だろう」と言うことができるし，「それは驚くほどに軽率だから不正だろう」と言うことができる。あるいは，「それは非常に利己的，あるいは自己中心的，残酷だから（詳細がわかるまでは）不正である可能性が高いだろう」と言うことができる。さらには「それは愚かだから不正であった」と言うこともできる。（Hursthouse〔1995:71〕）

このように「冷淡さ」や「軽率さ」，「残酷さ」などの悪徳を示す中絶は，不正だと言える。

### 2.2. すべての中絶が悪徳を示すわけではない

しかし，ハーストハウスは，すべての中絶が悪徳を示すと考えていたわけではない。例えば，病弱な女性や，子育てで疲れ果てている女性，過酷な肉体労働をせざるを得ない女性が中絶を望んだとしても，彼女たちが「わがまま」だとか，「冷淡」だとか，「無責任」だとか，「軽薄」だと言われることはないはずだとハーストハウスは述べている（Hursthouse〔1991〕（邦訳:239））。このような過酷な状況の中で，妊娠を継続し子どもを出産することは「英雄的（heroic）」だが，英雄になれない人が必ずしも悪徳であるわけではないのだと彼女は述べる（Ibid.〔240〕）。このことから，彼女がすべての行為を「有徳な行為」と「悪徳な行為」に二分するものとして捉えていたわけではなく，それらの行為の間に，「有徳でも悪徳でもない行為」として位置づけられるような行為の存在を認めていたことが窺われる。

また，ハーストハウスによると，若くして妊娠をした少女が，「私はまだ母親になる準備ができていない」という発言をしたとしても，その発言は不適切ではない（Ibid.〔242〕）。その少女は，「無責任さ」や「軽薄さ」などの悪徳を示しているどころか，むしろ「適度な慎ましさ」や「謙虚さ」，臆病さとは別の「用心深さ」を示している可能性すら指摘されている（Ibid.）。

このように，中絶のなかにも，悪徳を示さないものがあると言える。特に，若くして妊娠をした少女のケースは注目に値する。ハーストハウス自身は，「適度な慎ましさ」や「謙虚さ」，「用心深さ」を「有徳さ」として明示しているわけではないが，このケースは悪徳を示さないどころかむしろ「有徳さ」を示すようなケースとして理解することは可能だろう。

### 2.3.「正しい決定」と「正しい行為」

中絶のなかには，悪徳を示すものもあれば，悪徳を示さないものもあることが確認できた。では，悪徳を示す中絶は不正であるなら，悪徳を示さない中絶については，どのように評価されるのだろうか。悪徳を示さないのであれば，その中絶は不正ではないと言えるだろうか。

Hursthouse〔1991〕の分析に従うと，その答えはノーである。中絶がその状況では「正しい決定」であるとしても，それ自体は悪徳を示さないとしても，中絶することが不正でなくなるわけではない（Ibid.）。中絶は，人間の生命を断つという事実を伴う以上，何らかの悪さを引き起こすものであり，そのような状況に陥る原因を自分でつくったという点において，その人は何らかの性格特性を欠いていると言える（Ibid.）。

有徳な行為者は，例えば，次のような性格特性をもつ。すなわち，「精神的強さ，独立心，意思の強さ，決断力，自信，責任感，真面目さ，自己決定力」などである（Ibid.）。妊娠を歓迎できないような状況で，妊娠をしてしまった女性の多くは，これらの性格特性のうちの１つを，あるいはそれ以上を欠いていると考えられる（Ibid.)。つまり，たとえある状況において，中絶をするという決定が，悪徳を示しておらず，その状況では「正しい決定」であると見なすことができるとしても，それは有徳な行為者であればそもそも陥ることのない状況であり，中絶をすることは「正しい行為」であるとは言えない。

Hursthouse［1991］におけるこの分析は，まさに Hursthouse［1999］における「道徳的に正しい決定」と「道徳的に正しい行為」を区別する分析と，重なる部分だと言えるだろう。「中絶をする」という決定が，少なくともその状況では「正しい決定」だと見なされるケースは，「解決可能なジレンマ」に分類することができそうである。さらに，ハーストハウスのいうように，レイプ以外を理由とした中絶は，そのような状況に陥った原因は本人にあるとすれば，「解決可能なジレンマ」の中でも，有徳な行為者ならばそもそも陥らないようなジレンマとして，分類することができるだろう。

ただし「レイプ以外を理由とした中絶」の場合，そのような状況に陥った原因は本人にあると考えるのは，やや不正確であり，少し修正を加える必要があると私は考える。むしろ，「合意の上での妊娠のケースでの中絶」の場合，そのような状況に陥った原因は，本人とそのパートナーの両者にあると考えるほうが適切だろう。いわゆる見知らぬ人によるレイプだけではなく，交際相手などによるデートレイプなども含めて，両者の合意のない行為の結果もたらされた妊娠のケースにおいて，中絶をめぐるジレンマが生じる場合，そのような状況に陥った原因は行為を強制された側にはないものとして考える。この修正により，例えば夫婦であっても，双方の合意のないまま行為に及び妊娠してしまった結果，中絶をするかどうか悩むような状況については，むしろ有徳な行為者であっても陥りうる状況であると考えられるだろう。

確かに，妊娠は授かりものであり，コントロールできるものではないという意見もあるかもしれない。それでも，行為無しに妊娠することはない。妊娠をする以上，その前に原因となる行為がある。妊娠を歓迎できない状況であるにもかかわらず，合意の上で行為に臨んだ結果妊娠をした女性が，中絶をめぐるジレンマに陥っている場合，そのジレンマに陥る原因をつくったのは本人とそのパートナーであり，彼らは何らかの徳を欠いていると言えるだろう。

したがって，少なくとも合意の上での妊娠のケースでの中絶をめぐるジレンマについては，有徳な行為者であれば直面することのないような類の「解決可能なジレンマ」に分類され，そのジレンマは，その状況では「正しい決定」によって解決されうるが，「中絶をする」という行為が「道徳的に正しい行為」として評価されることはないだろう。

以上のように，合意の上での妊娠のケースでの中絶をめぐるジレンマに対して，徳倫理学は，行為指針と行為評価の両方を与えることができる。

## 3．選択的中絶をめぐるジレンマ

私は第2節で，合意の上での妊娠のケースでの中絶をめぐるジレンマは，「解決可能なジレンマ」に分類され，このジレンマに対して，徳倫理学は行為指針と行為評価の両方を与えることができるという結論を出した。しかしながら，合意の上での妊娠のケースでの中絶をめぐるジレンマの中にも，「解決不可能なジレンマ」に分類したほうが適切だと思われるものがあることについて，この第3節では言及したい。そのような例の1つとしてここでは，胎児の障害や疾患を理由とした中絶，すなわち選択的中絶をめぐるジレンマを取り上げて，さらなる検討を行うものとする。

選択的中絶をめぐるジレンマとして，「妊娠を継続し障害のある子どもを出産する」か，「障害のある子どもを中絶する」か，どちらか一方を選ばなければならない状況を想定する[5)]。妊娠を継続し出産する場合，その子どもに障害と共に生きる人生を送らせることになる一方で，中絶をする場合，その子どもの生命を断つこととなり，どちらを選んでも悩ましいような状況である。

ではなぜ選択的中絶をめぐるジレンマは，「解決不可能なジレンマ」に分類したほうが適切だと考えるのか。以下では，そのように考えるに至ったプロセスを示す。

まず，選択的中絶をめぐるジレンマは，他の合意の上での妊娠のケースでの中絶の場合とは違い，有徳な行為者であっても陥りうる状況であることを示す。なぜなら，その人が有徳であるかどうかとは無関係に，どんな人でも障害のある子どもを妊娠する可能性はあるからである。妊娠年齢が高齢になればなるほど，胎児が障害をもつ可能性が上がるが，だからといって，これは若い年齢の人であれば，障害のある子どもを妊娠しないということを意味しない。また仮に問題となる障害の原因が，遺伝的な要素にあるとしても，それは本人にコントロールできるものではないため，そのようなジレンマに陥る原因が本人にあると言えない。

このように，選択的中絶をめぐるジレンマは，有徳な行為者であっても陥りうる状況だと言える。これにより，少なくとも他の合意の上での妊娠のケースでの中絶の場合とは，異なる分類として位置づけたほうがよさそうである。では，このジレンマが，有徳な行為者であっても陥りうる状況だとして，それを「解決可能なジレンマ」ではなく，「解決不可能なジレンマ」に分類するほうが適切だと考えるのはなぜか。

仮に，選択的中絶をめぐるジレンマが「解決可能なジレンマ」である場合，有徳な行為者は，その状況では「正しい決定」によって，そのジレンマを解決することができる。しかし，少なくともハーストハウスの1991年の論文では，選択的中絶についてほぼ扱っておらず，そのような「正しい決定」が存在するのか，存在する場合，それは「妊娠を継続し障害のある子どもを出産する」ことと，「障害のある子どもを中絶する」ことのどちらなのか，決定的な分析はない。ひょっとしたら，ハーストハウスは，選択的中絶をめぐるジレンマの困難さや複雑さをよく理解していたがゆえに，あえてあまり深く言及しないようにしていたのかもしれない。

実際に，ハーストハウスの1987年の著書 *Beginning Lives* では，選択的中絶に関して扱っている箇所もあるものの，ここでもこのジレンマにおいて，何が正しい決定か，何が道徳的に正しい行為として評価されるか，明示していないようである。したがって，少なくともハーストハウスの示す分析だけでは，選択的中絶をめぐるジレンマが，解決可能なジレンマに分類されると結論づけるのは難しそうである。

それよりもここでは，選択的中絶をめぐるジレンマは，「解決不可能なジレンマ」である延命治療の例と類似していることが注目に値するかもしれない。延命治療の例では，意識のない母親の治療を継続するか，治療を停止するかどちらか一方を選ばなければならない状況であった。これはいわば，QOL（Quality of Life）が低い状態の人を生きさせるか，その人を死なせるかの選択だと言えるかもしれない。このように理解する場合，選択的中絶をめぐるジレンマについても，QOL が低い状態の子どもを産むか，中絶してその子どもを死なせるかの選択だと考えることができるのではないか。

選択的中絶をめぐるジレンマを，「解決不可能なジレンマ」だと考える場合，次のような分析が可能になるだろう。このジレンマでも，延命治療の例と同様に，２人の有徳な行為者を想定する。１人の有徳な行為者は，子どもがどんな特徴をもっていても受け入れる態度で，妊娠を継続し障害のある子どもを出産するという選択をする一方で，もう１人の有徳な行為者は，障害が子どもの幸福にもたらしうる影響を考慮して中絶するという選択をするかもしれない。そして，これら２人の有徳な行為者は，それぞれ異なる仕方で行為しているため，ジレンマを解決するような行為指針は与えられないが，その一方で，いずれの行為者も「よく行為している」と評価されるのではないか。

以上のようにして，選択的中絶をめぐるジレンマは，延命治療の例と類似しているため，「解決不可能なジレンマ」に分類されるほうが適切であると考えるに至った。そして，この分類により，選択的中絶をめぐるジレンマに関しては，中絶をめぐる他のジレンマとは異なる仕方で，行為指針や行為評価のあり方を考えることができることを示した。

## おわりに

本稿では，中絶をめぐるジレンマに対して，徳倫理学が行為指針や行為評価を与えるか否かを明らかにすることを試みた。その結果，合意の上での妊娠のケースでの中絶をめぐるジレンマは，「解決可能なジレンマ」に分類され，このジレンマに対して徳倫理学は，行為指針と行為評価の両方を与えることができるという結論を導いた。ただし，このようなジレンマの中にも，「解決不可能なジレンマ」に分類したほうが適切だと思われるジレンマが存在し，そのようなジレンマとして，選択的中絶をめぐるジレンマが挙げられることを指摘した。

### 注

1）なお，1987年の著書 *Beginning Lives* と，1995年の論文 “Applying Virtue Ethics” でも，中絶に関する考察が行われている箇所もあるが，少なくとも私が確認した限りでは，中絶をめぐるジレンマが「解決可能なジレンマ」と「解決不可能なジレンマ」のどちらに分類されるのか明示されていないようである。

2）原文の斜体箇所を傍点にて強調。以下の引用部分の斜体箇所についても，同様に傍点にて強調する。

3）そうはいっても，この男性の行為を「道徳的に正しい決定」だと見なすことを受け入れがたく感じる人もいるかもしれない。どのようにしてこの見解が導かれたのを補足するため，以下に引用を記す。:「ひょっとしたらBさんを棄てるのではなくAさんを棄てることは，冷淡かもしれない。ひょっとしたらBさんを棄てるよりもAさんを棄てることの方が，より無責任かもしれない。ひょっとしたらBさんがすべてに気づいたら，何も知らないAさんとは違い，そんな嫌な男性とは結婚したいという気持ちはなくなるかもしれない。そうしたら，まだ従順で愛情深いAさんよりも，むしろBさんに結婚を強いることは，明らかに愚かで，おまけに傲慢である。したがって，Aさんと結婚することは，道徳的に正しい決定だろう。」(Hursthouse［1999:51］)。

4）第3の選択肢として，「養子縁組をする」選択肢も考えられるかもしれない。しかし，この場合も，「妊娠を継続し子どもを出産する」ことが前提される。したがって，依然として「中絶をする」か「妊娠を継続し子どもを出産する」か，どちらか一方を選ばなければならないという状況は変わらない。

5）仮に，ここで問題となる障害の原因を，治療によって取り除くことができるとすれば，「妊娠を継続し障害のない子どもを出産する」という第3の選択肢を想定できたかもしれない。しかし，現代の医療ではまだ，ここで問題となる障害の多くについては，その原因を完全に取り除く方法は確立していない。したがって，このような第3の選択肢については，ここでのジレンマにおける選択肢には含めないものとする。

**参考文献**

Hursthouse, R. 1987: *Beginning Lives*, Blackwell.

Hursthouse, R. 1991: "Virtue Theory and Abortion," *Philosophy & Public Affairs* 20.3, pp. 233-246.（ハーストハウス，R. 2011:「徳理論と妊娠中絶」，林誓雄〔訳〕．『妊娠中絶の生命倫理：哲学者たちは何を議論したか』，江口聡〔編・監訳〕，勁草書房，pp. 215-247.）

Hursthouse, R. 1995: "Applying Virtue Ethics," Hursthouse, R., Lawrence, G. and Quinn, W.（eds.）, *Virtues and Reasons: Essays in Honour of Philippa Foot*, Oxford University Press, pp. 57-75.

Hursthouse, R. 1999: *On Virtue Ethics*, Oxford University Press.（ハーストハウス，R. 2014:『徳倫理学について』，土橋茂樹〔訳〕，知泉書館.）

# 研究と仕事の継続を通したキャリア発達のオートエスノグラフィー

## ——複線径路等至性モデリング（TEM）による分析——

小山多三代

## 1．研究の背景と目的

### 1.1. キャリアに対する考え方

近年，人々のキャリアのあり方は多様化を遂げており，新卒採用を経て一企業で働き続ける単線的なキャリアはもはや主流とは言えなくなっている。政府の施策にも見られる通り（厚生労働省，2022；文部科学省，2024），社会人が大学等で主体的に学び直し，就労と学習を循環させるリカレント教育が推奨されるなど，複線的なキャリアを構築する重要性が一層認識されるようになった。

「キャリア」という用語が社会科学において積極的に用いられるようになったのは，20世紀半ばのことである（渡辺ら，2018）。これまで，研究者の立場に応じて多様な定義や考え方が示されてきたが，教師や介護士などといった職業的側面に限定せず，個人の生き方も含めた考え方が採用される場合も多い。キャリア研究の先駆的存在として知られるドナルド・スーパーは，キャリアを「生涯の径路を通じて，ある人によって演じられる諸役割（roles）の組み合わせと連続」（Super, 1980, p. 282）と定義し，これには職業的キャリア（例：学生，労働者，年金生活者）とライフ・キャリア（例：市民，余暇人）の両方が含まれると説明している。特に近年では，個人が特定の組織に留まらない働き方が普及している社会状況を踏まえ（境界のないキャリア（boundaryless career）：Arthur, 1994；Arthur & Rousseau, 2001），個人の生き方を重視しながら働き方を考えていくことが求められるだろう。

### 1.2. 日本語非常勤講師のキャリア形成に着目することの意義

日本における在留外国人は2023年末に341万人を超え，過去最高を更新している（出入国在留管理庁，2024）。2019年には日本語教育の推進に関する法律（文化庁，2019）が施行され，日本語教育業界ではさらなるニーズが見込まれるが，日本語教師の担い手は常勤がわずか14.9％であり，ボランティア（49.0％）と非常勤（36.1％）が大多数を占める（文化庁，2022）。このような状況にもかかわらず，日本語非常勤講師に関する研究は非常に限られているうえ（畠山，2019；勝部，2022；久野・藤原，2024等），日本語学校等の教育機関と契約を結んでいない日本語非常勤講師（例：個人として顧客から直接案件を受託している者）に関しては実態がほとんど明らかにされておらず，存在そのものへの認識さえ希薄である。上述の通り，日本語教師の担い手の約85％がボランティアと非常勤であるという現状を踏まえても，個人が組織や職種を越えた「境界のないキャリア」（boundaryless career：Arthur, 1994；Arthur & Rousseau, 2001）を発達させていく様相を明らかにすることは極めて重要であると言えよう。

### 1.3. 研究の目的

以上を踏まえ，本研究では，大学院生として研究に取り組みながらも，個人として企業から直接案件を受託し，日本語教育の仕事を非常勤で継続してきた筆者のオートエスノグラフィーをもとに，研究と仕事の継続を通したキャリア発達の様相を明らかにすることを目的とする。

## 2．研究方法

本研究では，オートエスノグラフィーのアプローチを用い，研究と仕事の継続を通したキャリア発達のプロセスを記述する。オートエスノグラフィーとは，「社会科学において，研究者が自ら有する文化（own culture）を理解することを目的とした記述的研究の総称」（土元，2022）である。オートエスノグラフィーにおいては，自身の思考や感情に注意を向けつつ社会学的内省を行い，自身の経験の理解を試みることが重視されている（エリス・ボクナー，2006/2000）。自己についての記述が自叙伝ではなくオートエスノグラフィーであるためには，主観的な記述であっても他者や社会的文脈との関連付けが必要である（土元，2022）。このことを踏まえると，オートエスノグラフィーにおいては，視点を多様化させる仕組みが重要であると考えることもできる。つまり，単に「現在」を生きる自己の視点から経験を記述するだけでなく，他者（「過去」や「未来」の自己，他者，社会）と対話することに意義がある。

そこで，本研究では，まず，筆者が友人や仕事関係者，研究者らとやりとりしたメールやLINE等の記録を参照しながら，自身が研究と仕事を継続してきた経験を他者や社会的文脈との関係に着目して整理し，ストーリー化した[1)]。次に，上記のストーリーをもとに，文化心理学に依拠する質的研究方法「複線径路等至性モデリング（Trajectory Equifinality Modeling：以下，TEM）」による分析を行った。TEMとは，「時間を捨象せず個人の変容を社会との関係で捉え記述しようとする文化心理学の方法論」（安田・サトウ，2012）であるが，近年，文化心理学に限らず，教育・キャリア・臨床・経営等の幅広い分野で活用が広がっている。本研究においてTEMを採用した理由は，個人のたどったキャリア発達のプロセスを時間の流れに沿って描き，他者や社会との関係に着目して理解するためである。オートエスノグラフィーをTEMで描くことは，Auto-TEMと呼ばれており（土元，2022），本研究では分析を精緻化させる試みとして，以下の手続きをとった。

（1）2024年7月に開催された第40回TEA研究報告会（通称：TEAサロン）において，本研究に関する口頭発表を行った。その後，発表内容に関して，25名程度の参加者とディスカッションを行い，TEMによって描いた図（「TEM 図」；図 1，p. 112）を加筆修正した。なお，同会は，「複線径路等至性アプローチ（Trajectory Equifinality Approach：以下，TEA）を用いた研究発表の場であり，本研究で用いた TEM は，TEA の主要な構成要素として位置づけられている。

（2）文化心理学やキャリア研究を専門とする土元哲平氏（中京大学）との 4 回のディスカッション（合計約 6 時間）を通し，フィードバックを得ながら，ストーリーの記述や TEM 図の内容を精緻化させた。

## 3．結果および考察

### 3.1. 研究と仕事を継続していくプロセス

#### 3.1.1. ストーリーの記述

筆者は，自ら専門知を創出できるプロフェッショナルとして成長することを目標とし，東京外国語大学大学院博士前期課程に進学した。博士前期課程では，日々の講義や課題に加え，何名もの留学生のサポートに多くの時間を割いていた。このような中で，時間的にも体力的にも余裕がなくなっていき，自分の研究が進まない状況に危機感を抱くようになった。大学院進学後も，以前の仕事関係者から度々仕事の打診があったが，在学中は学業・研究を優先しなければならないという思いから，依頼に応えられない時期が続いた。

一方，大学院の講義で課されることばかりで手一杯となり，自分の主体的な研究活動が進められない状況は，進学当初目指した姿と乖離していると感じ，週末は自身の関心のある研究会にも足を運ぶこととした。そのうちのある研究会では，出席者による自己紹介や懇親会の時間が設けられていた。そのうちの 1 人（以下，A 氏）の自己紹介を聞いた際，A 氏の所属機関がバングラデシュ IT 人材の日本語教育に関わっていることを思い出した。筆者は，新卒で勤務していた公益法人においてバングラデシュを担当した経験が非常に思い出深く，バングラデシュの街を 1 人で旅していた際にも多くの助けを得た経験から，同国への親しみを抱いていた。そこで，懇親会の際にA氏に話しかけたところ，A氏からバングラデシュとつながりのある日本国内企業（以下，X社）の紹介を得ることとなった。このような経緯によって，X社の社長や人事部長と面会し，バングラデシュ出身の社員を対象とした日本語研修の案件を個人として受託することができた。

筆者はこれまで，日本語学校等の教育機関の非常勤講師として日本語を教えていた経験もあるが，教育機関では同一の受講者を担当する期間が数か月程度か半年程度であることが一般的であった。一方，X社では，研修期間が定められず，同じ現場で同じ受講者の様子を長期的に見ることができた。X社の社員は，就業時間後の日本語研修に任意で参加し続けており，日本語学習に対して意欲的であった。しかし，個々の様々な事情から，学習意欲を学習行動に移すのは容易でなく，学習意欲の高さが実際の学習行動に結びつくとは限らないという事象に直面した（小山・安田，2024）。筆者はこの事象を修士論文で扱おうと考え，学外の様々な研究者から助言を得ることとした。その過程で，意欲と行動との乖離にアプローチするのに適した「計画的行動理論」（Ajzen, 1991）に出会い，理論と実践が結びつくような経験をした。さらに，研究参加者の長期的な日本語学習プロセスを丁寧に分析するために，質的研究方法「TEA」を学び，修士論文執筆のための調査を行った。

それと並行して，バングラデシュ出身の社員とのコミュニケーションのため，彼らの母語であるベンガル語の学習に取り組んだ。当時の所属大学の学部生に混じり，ベンガル語のクラスも聴講したが，自身の体力や記憶力は学部生の時よりも低下しており，限られたリソースを使って言語を習得する大変さを一層認識するようになった。このような経験を通し，フルタイムで働きながら，自分の意思で日本語研修に長期間参加し続けているX社の社員に対し，以前にも増して尊敬の念を抱くようになった。

その後，修士論文の研究結果を踏まえ，X社の人事関係者らとも相談しつつ，日本語研修の運営をより社員の状況に合わせた形へと変化させてきた。

東京外国語大学大学院博士後期課程進学後は，研究とX社での仕事の継続に加え，これまで学んできた質的研究方法「TEA」に関する研究会「TEA研究報告会」（通称：TEAサロン）を他大学の研究者と協働して設立し，毎月1回運営を継続してきた。通称名を「TEAサロン」としたのは，お茶（TEA）でも飲みながら温かい雰囲気で対話できるような研究コミュニティを目指したという経緯があり，同会は次第に筆者の居場所としての機能を果たすようになった。博士後期課程2年目以降，研究の継続を断念する方向に幾度も向かう時期が続いたが，当時所属していた東京外国語大学大学院を単位取得満期退学したうえで，立命館大学大学院に入学し博士号取得に向けて再挑戦することとした。困難を経験しながらも，現在に至るまで研究と仕事を継続できている背景には，人や社会の様々な支えがある。

これまで，筆者は「TEA研究報告会」（通称：TEAサロン）の運営を担う中で，発表者に対する助言も行ってきた。自身の知識の限界を自覚しつつ，自分よりもはるかに経験豊富な研究者に助言を行うことには恐れ多さを感じていたが，「発表者や参加者にとって有意義な場としたい」という運営者としての責任感が上回った。さらに，自身がこれまで様々な研究者から助言を頂戴し，人間としての温かさや謙虚さに触れる中で，これまでに受けた恩を還元していきたいという思いもあった。同会の運営はボランティアとして継続しているが，筆者にとっては，研究コミュニティのつながりで励まされることが多く，一種のライフワークのような存在になったとも言える。同会の発表者や参加者からは，研究会の御礼のメールや，論文を執筆した報告を個人的に受け取ることが幾度もあり，自分の知識や小さな一言が他者の研究の後押しとなることを教わり，自身の成長を感じる機会を与えてもらえていると感じる。

それと並行して，大学院博士後期課程[2)]に2度も進学し，研究を続けられているのも，院生を対象とする給付型奨学金や研究者養成制度による生活費・研究費の助成など，社会の金銭的支援による安心感が根底にあるだろう。

加えて，X 社からは，社会人としての役割と同時に，理論と実践の往還を実現できる現場を与えられたことで，研究と仕事の両面に関わる居場所を得ることができた。途中でコロナ禍を挟みつつも，X 社での日本語研修を途絶えることなく 5 年以上継続できている背景には，受講者の努力はもちろんのこと，X 社の上層部や人事関係者らの理解が基盤にある。X 社は，筆者が日本語研修を受託した初期から，内容や運営方法に関して大きな裁量を与えてくれたため，受講者の声を反映させながら，その都度研修のあり方を柔軟に調整しやすい状況にあった。さらに，X 社の人事関係者は，日本語を学ぶ受講者に過度な短期成果主義を押しつけることもなく，フルタイムで働きながら日本語を学ぶことの大変さに一定の理解を示していた。例えば，日本語能力検定試験の受験を希望しない受講者に対し，自分のペースで少しずつ会話の練習を行うことも認めており，結果的にこの受講者は長期間学習を継続することができた。日本語学校では多くの場合，講師は学校から定められた方法や内容に従って授業を受け持つこととなるが，X 社では受講者の希望をより尊重しやすい状況にある。そのため，その時の受講者の状況に合わせて学習スタイルを適宜調整でき，受講者の成長に長期間伴走できることに喜びを感じている。

以上のように，研究と仕事の継続を通して，人や社会とのつながりの有難さを感じながら自分自身を内省しており，人として成長するプロセスを歩みつつある。

### 3.1.2. TEM 図の分析結果

本節では，前節で示したストーリーをもとに作成した TEM 図（図 1）を掲載し，その中で使用した概念とその意味を表 1 に示す。

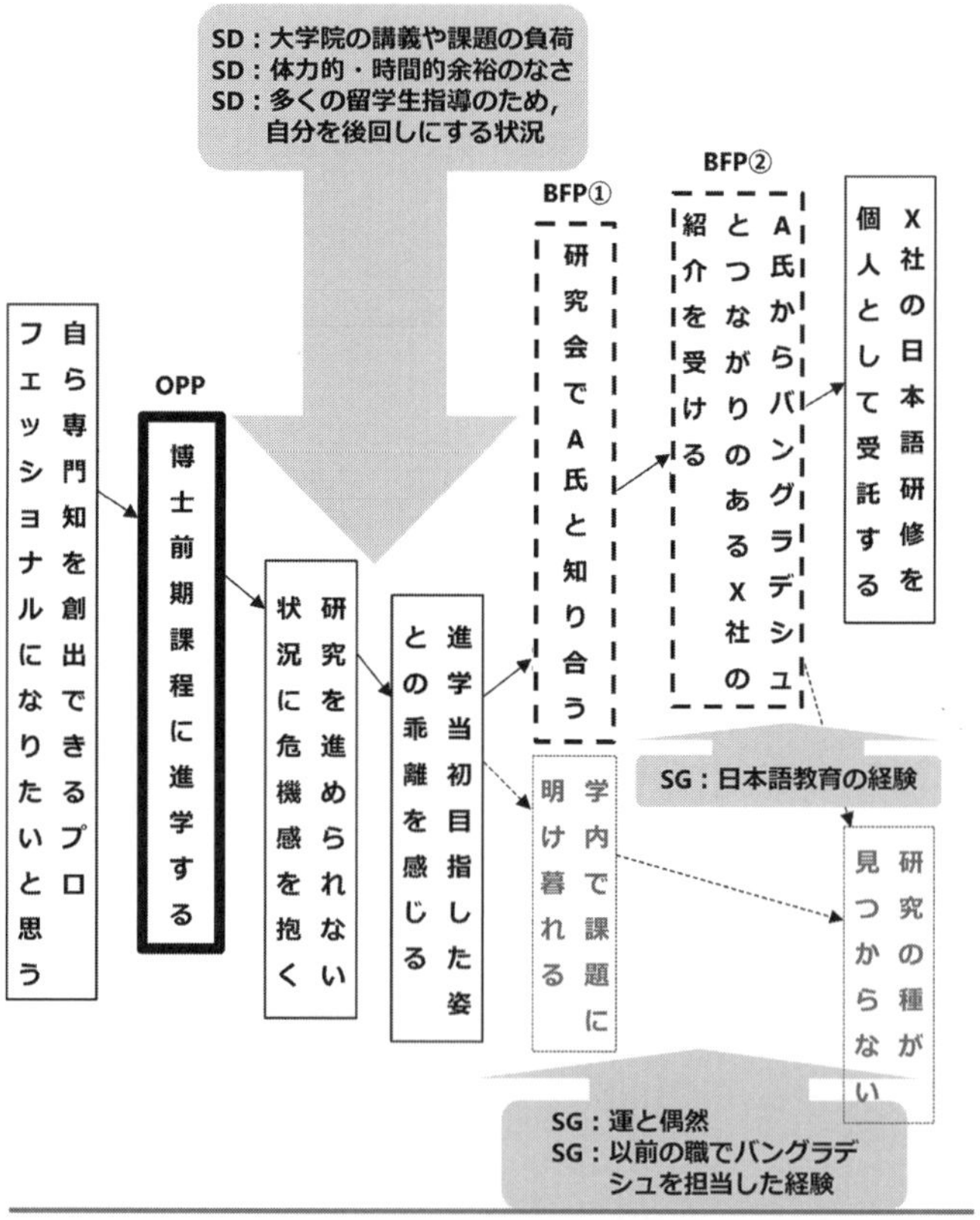
SD：大学院の講義や課題の負荷
SD：体力的・時間的余裕のなさ
SD：多くの留学生指導のため，
自分を後回しにする状況
自ら専門知を創出できるプロ
フェッショナルになりたいと思う
OPP
博士前期課程に進学する
研究を進められない
状況に危機感を抱く
進学当初目指した姿
との乖離を感じる
BFP①
研究会でA氏と知り合う
学内で課題に
明け暮れる
BFP②
A氏からバングラデシュ
とつながりのあるX社の
紹介を受ける
X社の日本語研修を
個人として受託する
SG：日本語教育の経験
研究の種が
見つからない
SG：運と偶然
SG：以前の職でバングラデ
シュを担当した経験

図1　研究と仕事の継続

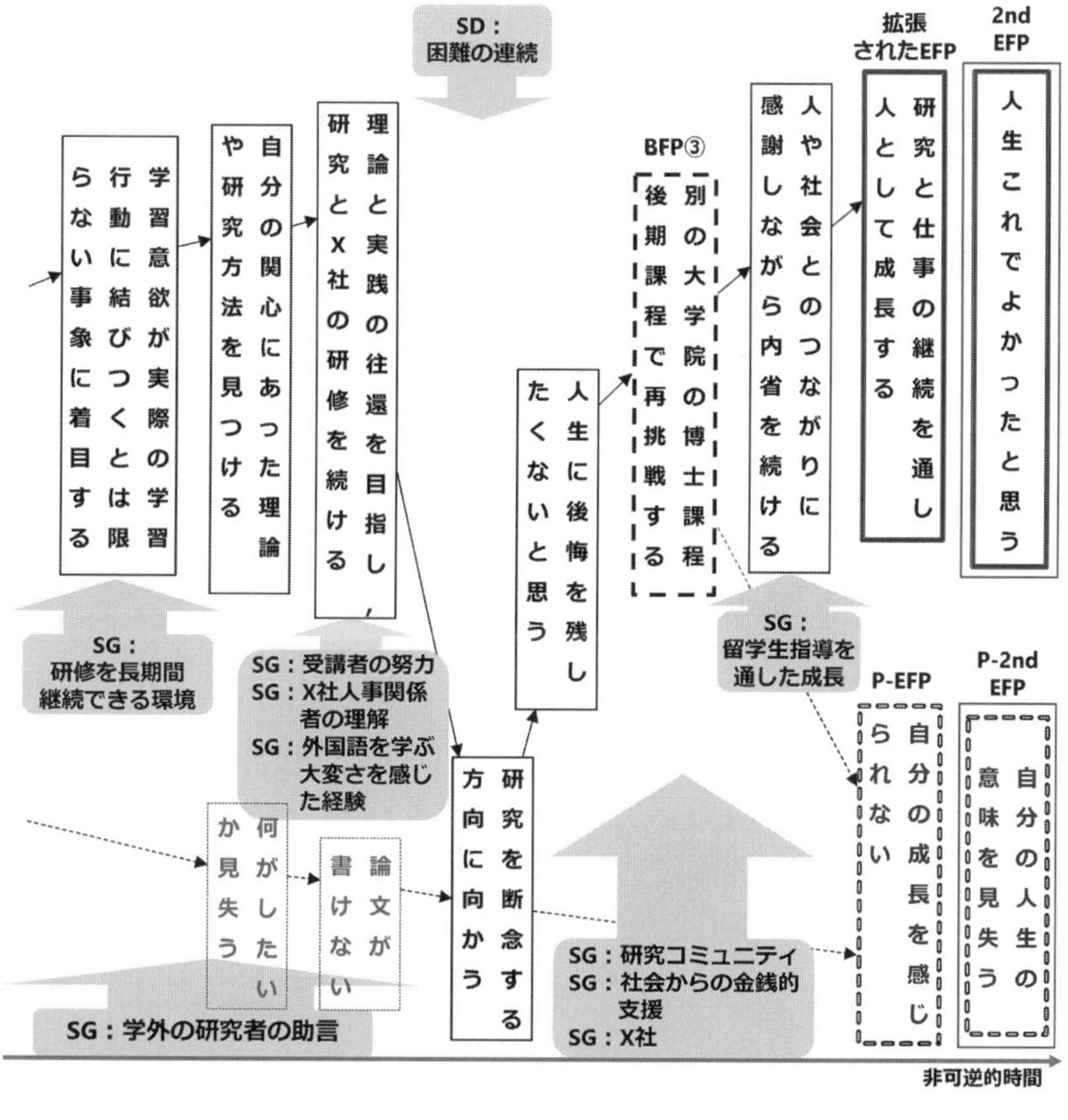


を通したキャリア発達プロセスのTEM図

**表1　TEM図で使用した概念と意味，本研究における適用内容**

| 概念と意味 | 本研究における適用内容 |
| --- | --- |
| 拡張された等至点（Extended Equifinality Point: EFP）<br>研究上関心が持たれる事象であり，経験の主体がそこに向けて歩みつつある等至点的事象[3] | 【研究と仕事の継続を通し人として成長する】 |
| 両極化した等至点（Polarized Equifinality Point: P-EFP）<br>等至点の補集合的な事象 | 【自分の成長を感じられない】 |
| 分岐点（Bifurcation Point: BFP）<br>選択肢が発生した点，もしくは何らかの選択を行った点 | 【研究会でA氏と知り合う】【A氏からバングラデシュとつながりのあるX社の紹介を受ける】【別の大学院の博士課程後期課程で再挑戦する】 |
| 必須通過点（Obligatory Passage Point: OPP）<br>類似の等至点にたどり着いた人々が制度的・慣習的に経験すると論理的に考えられる出来事 | 【博士前期課程に進学する】 |
| 社会的助勢（Social Guidance: SG）<br>等至点に向かうのを後押しする力 | 【運と偶然】【以前の職でバングラデシュを担当した経験】【日本語教育の経験】【研修を長期間継続できる環境】【学外の研究者の助言】【受講者の努力】【X社人事関係者の理解】【外国語を学ぶ大変さを感じた経験】【研究コミュニティ】【社会からの金銭的支援】【X社】【留学生指導を通した成長】 |
| 社会的方向づけ（Social Direction: SD）<br>等至点に向かうのを阻害する力 | 【大学院の講義や課題の負荷】【体力的・時間的余裕のなさ】【多くの留学生指導のため，自分を後回しにする状況】【困難の連続】 |
| 2nd等至点（Second Equifinality Point: 2nd EFP）<br>経験の主体の視点から見た未来展望（等至点とは異なり，研究関心上の事象とは限らない） | 【人生これでよかったと思う】 |
| 両極化した2nd等至点（Polarized Second Equifinality Point: P-2nd EFP）[4]<br>2nd等至点の補集合的な事象 | 【自分の人生の意味を見失う】 |

### 3.1.3. TEM 図の結果記述[5)]

筆者は，【自ら専門知を創出できるプロフェッショナルとして成長したいと思い】，【博士前期課程に進学した（OPP）】。博士前期課程では，【大学院の講義や課題の負荷（SD）】が大きく，【体力的・時間的余裕のなさ（SD）】を感じるようになった。さらに，【多くの留学生指導のため，自分を後回しにする状況（SD）】が続く中で【研究を進められない状況に危機感を抱く】ようになった。このような状況から，【進学当初目指した姿との乖離を感じ】，週末は自身の関心のある研究会に足を運んだ。そのうちのある【研究会でA氏と知り合い（BFP）】，【A氏からバングラデシュとつながりのあるX社の紹介を受け（BFP）】，【X社の日本語研修を個人として受託する】ことができた。このような経緯で仕事を得られたのは，【運と偶然（SG）】の要素が大きいと考えることもできる一方，筆者が【以前の職でバングラデシュを担当した経験（SG）】や【日本語教育の経験（SG）】を有していたからこそ実現したと考えることもできる。

X社は，日本語研修に特定の期間を定めておらず，【研修を長期間継続できる環境（SG）】である。そのため，同じ現場で同じ受講者の様子を長期的に見ることができた。現場では，日本語学習に対する意欲的な姿勢が見られたものの，【学習意欲の高さが実際の学習行動に結びつくとは限らない事象に着目する】ようになった。筆者はこの事象を修士論文で扱おうと考え，【学外の研究者の助言（SG）】を得て，【自分の関心にあった理論や研究方法を見つける】ことができた。このようにして，【理論と実践の往還を目指し，研究とX社の研修を続け】ている背景には，【受講者の努力（SG）】や【X社人事関係者の理解】だけでなく，筆者自身が【外国語を学ぶ大変さを感じた経験（SG）】を通し，日本語学習を長期間続ける受講者への尊敬の念を抱いたという経緯もある。

その後，東京外国語大学大学院博士後期課程に進学してからも研究とX社での仕事を継続してきたが，【困難の連続（SD）】により，【研究を断念する方向に向かう】時期が続いた。しかし，【人生に後悔を残したくないと思い】，当時所属していた大学院を単位取得満期退学したうえで，【別の大学院の博士課程後期課程で再挑戦する】選択をとった。困難を経験しながらも，現在に至るまで研究と仕事を継続できている背景には，人や社会の様々な支えがある。

筆者は，これまで学んできた質的研究方法「TEA」に関する研究会「TEA研究報告会」（通称：TEA サロン）を他大学の研究者と協働して設立し，毎月1回運営を継続してきた。その【研究コミュニティ（SG)】から励まされることも多く，自身の成長の機会を与えてもらえていると感じる。加えて，給付型奨学金や研究者養成制度による生活費・研究費の助成など，【社会の金銭的支援（SG)】も研究活動を後押ししてくれていると感じる。さらに，【X社（SG)】からは，社会人としての役割と同時に，理論と実践の往還を実現できる現場を与えられたことで，研究と仕事の両面に関わる居場所を得ることができた。

以上のように，【人や社会とのつながりに感謝しながら内省を続け】，【研究と仕事の継続を通し人として成長する（拡張された EFP)】プロセスを歩みつつある。

### 3.2. 考察

本節では，前節で示した結果を踏まえ，TEM 図の観点，キャリア発達の観点から考察を行う。

#### 3.2.1. TEM 図の観点から

TEM では，「社会的助勢（SG)」（等至点に向かうのを後押しする力）と「社会的方向づけ（SD)」（等至点に向かうのを阻害する力）を径路の外に描く。本研究では，倫理的配慮の都合上，ストーリー中でも TEM 図中でも言及を控えた内容や詳細を伏せた内容があるが，特に「社会的助勢」に関しては，その多面性が捉えられた。それらは，個人の志向や経験，他者の協力，社会的からの支援に関してなど，ミクロからマクロのレベルまで様々である。このことは，研究と仕事の継続を通した成長が個人の努力だけで実現できないことを傍証している。日本語を常勤ではなく非常勤で教えるという働き方を選択し続けられているのは，研究者養成制度という経済的支援を受けているため，既に自活が可能であるからという見方もある。加えて，この制度で採用されたことにより，研究に専念する義務が生じ，常勤での勤務が認められなくなる状況もまた，非常勤で教える働き方の選択を促進したという見方もあるだろう。

上記の「社会的助勢（SG)」「社会的方向づけ（SD)」は，必ずしも相反するものとは限らない。例えば，ストーリーの第一段落の「何名もの留学生のサポートに多くの時間を割いていた」という経験は，「社会的助勢」とも「社会的方向づけ」とも捉えられる。この経験をしている最中の筆者（換言すれば，過去の筆者）の視点では，当時の状況は【多くの留学生指導のため，自分を後回しにする状況（SD)】として認識されていた。一方で，現在の筆者の視点（さらに言えば，未来に向かう筆者の視点）から見れば，【留学生指導を通した成長（SG)】という意味づけがなされる。換言すれば，この経験は【研究と仕事の継続を通し人として成長していく（拡張されたEFP)】【人生これでよかったと思う（2nd EFP)】に至るのを後押しするものとして認識されているということである。この経験を通し，留学生の様々な悩みに耳を傾け，情緒面に配慮しながら研究計画書や論文の指導にあたったことで，人としても研究者としても成長の機会が得られたと解釈することもできる。このように，同じ経験に対する解釈が時間の経過にしたがって変容することもあり，ある経験が主体の意味づけによって「社会的助勢」にも「社会的方向づけ」にも捉えられる場合もある。このような，「社会的助勢」と「社会的方向づけ」の両方の側面を持つ出来事をTEM図上でいかに描くかに関しては，稿を改めて議論することとしたい。

### 3.2.2. キャリア発達の観点から

ここでは，筆者が大学院以外の「居場所」を見出したことで，多様な役割を果たしながらキャリアを発達させていく様相に着目する。「1.1. キャリアに対する考え方」でも触れた通り，近年のキャリア研究では，職業的な観点に留まらず，個人の生き方を重視する考えが広がっている。Super（1980）はキャリアを「生涯の径路を通じて，ある人によって演じられる諸役割（roles）の組み合わせと連続」（Super 1980, p. 282）と定義し，その役割の一例として「市民」を挙げている。筆者が他の研究者とオンラインで運営している「TEA 研究報告会」は，通称「TEA サロン」として親しまれているが，喫茶店や茶室を連想させるような名づけがリアルな空間としての認識を促し，その空間を構成する「市民」として研究コミュニティに貢献する意識を向上させたと考えられる。さらに，X 社では社会人としての役割を与えられたが，そこを研究のフィールドとすることで，研究者としての役割を自ら付与することとなった。そのため，X 社の仕事を単なる「収入源」ではなく，受講者と自身の成長を促す機会として積極的に意味づけることができたと言えよう。

以上のように，筆者の場合は，研究コミュニティや X 社など，キャリア上のある役割が演じられる「空間」や「境界」を明確に意識することで自身の役割を多面的に構築し，研究と仕事の継続を通したキャリア発達を，人生を豊穣化させるものとして意味づけてきたことも読み取れる。つまり，組織や職種を越えた「境界のないキャリア」（boundaryless career : Arthur, 1994 ; Arthur & Rousseau, 2001）を築きつつも，キャリアの境界を積極的に意識することが自身の成長を後押ししたと考えることもできる。

## 4．本研究の限界と今後の課題

本研究は，筆者自身の経験をオートエスノグラフィーとして描き，研究と日本語教育の仕事の継続を通したキャリア発達のプロセスを明らかにした。日本語学校等の教育機関と契約を結んでいない日本語教師は，存在そのものに対する社会の認識が希薄であるが，本稿によってその実態を伝える資料を提供できたのではないかと考える。なお，本研究においては，「現在」を生きる自己の視点からオートエスノグラフィーを記述するだけでなく，他者（「過去」や「未来」の自己，他者，社会）と対話する試みを行ったが，特に「未来」の視点から経験を再構築することの意義については議論の余地があるため，稿を改めて論じることとしたい。

**注**

1)　オートエスノグラフィーは，このような経験の再構築や表現すること（例：文章化）自体にも重きを置いており，成果物としての記述だけでなく研究のプロセスも含んでいる（Ellis , Adams, & Bochner，2011）。

2)　筆者が所属していた東京外国語大学大学院では「博士後期課程」という表記が正式に用いられているが，その後進学した立命館大学大学院では「博士課程後期課程」という表記が正式に用いられている。

3)　本研究では，小山・土元（2023）の提案する，拡張された等至点概念を用いている。なお，等至点は「異なる径路をたどりながら類似（similar）の結果にたどりつく」という等至性を実現するポイントであり，研究上の焦点化がなされる点である（サトウ，2009，p. 41）

4)　これまでの書籍や論文等では，両極化した2nd 等至点の英語表記として，Polarized Second Equifinality Point（略語：P-2nd EFP）の他に，Second Polarized Equifinality Point（略語：2nd P-EFP）も見られるが，本稿では上川（2023）に従い，前者の表記を用いている。

5)　TEM 図（図１）の概念や径路に言及する際は【　】を付して表記しているが，文脈に応じて表記を一部変更した箇所がある。
（例：TEM 図中の「博士前期課程に進学する」を本文中で【博士前期課程に進学した（OPP)】と表記した）

**引用文献**

Ajzen, I.（1991）The Theory of Planned Behavior, *Organization Behavior and Human Decision Processes, 50,* 179-211.

Arthur，M. B.（1994）The boundaryless career: A new perspective for organization inquiry. *Journal of Organizational Behavior, 15*(4), 295-306.

Arthur, M. B. & Rousseau D.M. (2001) *The boundaryless career: A new employment principle for a new organization era.* Oxford University Press on demand.

文化庁 (2022年11月) 国内の日本語教育の概要. https://www.bunka.go.jp/tokei_hakusho_shuppan/tokeichosa/nihongokyoiku_jittai/r04/pdf/93991501_01.pdf (2024年7月31日情報取得).

文化庁 (2019年) 日本語教育の推進に関する施策を総合的かつ効果的に推進するための基本的な方針【概要】. https://www.bunka.go.jp/seisaku/bunka_gyosei/shokan_horei/other/suishin_houritsu/pdf/92327601_01.pdf (2024年7月31日情報取得).

Ellis, C., Adams, T. E., & Bochner, A. P. (2011) Autoethnography: An Overview. *Historical Social Research/Historische Sozialforschung, 36*(4), 273-290.

エリス, C.・ボクナー, A. (2006) 自己エスノグラフィー・個人的語り・再帰性 ―研究対象としての研究者 (平山満義, 監訳). N. K. デンジン, Y. S. リンカン (編)『質的研究ハンドブック 3巻―質的研究資料の収集と解釈』(pp. 129-164) 北大路書房. (Ellis, C., & Bochner, A. P. (2000). Autoethnography, personal narrative, reflexivity: Researcher as subject. In N. K. Denzin, & Y. S. Lincoln (Eds.). *Handbook of qualitative research* (2nd ed., pp. 129-164). Sage.)

畠山浩子 (2019) 日本語学校非常勤講師の職業継続の要因―キャリア・アンカー (選択により見えてくる職業の価値) に注目して―, 東京外国語大学博士論文.

上川多恵子 (2023) TEAの基本概念一覧. サトウタツヤ・安田裕子 (監修) 上川多恵子・宮下太陽・伊東美智子・小澤伊久美 (編), カタログTEA (複線径路等至性アプローチ) ――図で響きあう (pp. 5-10). 新曜社.

勝部三奈子 (2023) 日本語学校の非常勤講師たちの「労働世界」――公的議論およびインタビューにおける成員カテゴリー化の実践. 大阪大学博士論文.

厚生労働省 (2022年9月) リカレント教育の推進に関する厚生労働省の取組について. https://www.mhlw.go.jp/content/11801000/000983563.pdf (2024年7月31日情報取得).

小山多三代・土元哲平 (2023) 複線径路等至性アプローチにおける「拡張版・歴史的構造化ご招待」の提案――エドワード・ハレット・カーの歴史哲学とヤーン・ヴァルシナーの文化心理学を手掛かりとして. TEAと質的探究, *1*(1), 20-32.

小山多三代・安田裕子 (2024) 日本語学習意欲と学習行動の乖離の広がりの様相 ――

バングラデシュ IT 人材の語りをもとに , TEA と質的探究 , *2*(2), 38-52.

久野弓枝・藤原安佐（2024）日本語非常勤講師の労働の周辺状況に関する一考察．札幌大学研究紀要，No. 6, 237-259.

文部科学省（2024年 1 月）リカレント教育の推進に関する文部科学省の取組について．https://www.mhlw.go.jp/content/11801000/001198657.pdf（2024年 7 月31日 情報取得）.

サトウタツヤ（2009）TEM を構成する基本概念．サトウタツヤ（編著），TEM ではじめる質的研究――時間とプロセスを扱う研究をめざして（pp. 39-54）．誠信書房.

出入国在留管理庁（2024年）令和 5 年末現在における在留外国人数について．https://www.moj.go.jp/isa/publications/press/13_00040.html（2024年 7 月31日 情報取得）.

Super, D. (1980) A life-span, life-space approach to career development. Journal of Vocational Behavior. *16*, 282-296

土元哲平（2022）転機におけるキャリア支援のオートエスノグラフィー．ナカニシヤ出版 .

渡辺三枝子・田中勝男・大庭さよ・河田美智子・道谷里英・中村恵（2018）「キャリアの心理学」を学ぶにあたって．渡辺美枝子（編著），新版キャリアの心理学――キャリア支援への発達的アプローチ［第 2 版］（pp. 1-31）．ナカニシヤ出版.

安田裕子・サトウタツヤ（編著）（2012）TEM でわかる人生の径路――質的研究の新展開．誠信書房.

**謝辞**

本論文の執筆にあたってご丁寧にご助言いただきました，安田裕子先生（立命館大学），土元哲平先生（中京大学）に心より感謝申しあげます。本研究の一部は立命館大学の助成を受けております。

# 「沖縄ヘイト」に関する一考察
## ——その政治・社会・歴史的要因——

元山仁士郎

### はじめに―本論の視座

「沖縄ヘイト」は,「沖縄」への「ヘイト・スピーチ」ならびに「ヘイト・クライム」の略で,2016年以降に登場した比較的新しい造語である。ヘイト・スピーチやヘイト・クライムという言葉を「沖縄の人々」に向けられた誹謗中傷や言説に特化して用いるもので,2013年に多くの人に可視化されるようになった在日コリアンに対するヘイト・スピーチやヘイト・クライムや,2016年5月24日に国会で成立した,特定の人種や民族への差別を煽ることを禁ずる「本邦外出身者に対する不当な差別的言動の解消に向けた取組の推進に関する法律」(以下,「ヘイト・スピーチ対策法」)を機に,「沖縄ヘイト」という言葉が雑誌や新聞を中心に使われるようになったと考えられる。実際,雑誌の記事で初めて「沖縄ヘイト」という言葉を用いたジャーナリストの野中大樹は,「当時(2016年)ヘイト・スピーチという言葉が飛び交っており,…沖縄を貶めるような記事を『沖縄ヘイト』とした」と語っている(元山[2021])。

ヘイト・スピーチに関する先行研究は,無数に存在する。米国における公民権運動後,リチャード・デルガド(Richard Delgado),マリ・マツダ(Mari J. Matsuda),チャールズ・ローレス(Charles R. Lawrence III)などにより「批判的人種理論(Critical Race Theory)」が提唱され,ヘイト・スピーチは被害者の尊厳を傷つけ,表現活動を含めた被害者の自由な行動を抑制する効果を持つとして規制を求める議論がなされていく（小笠原［2016］35頁）。日本における「ヘイト・スピーチ」研究も，1995年の人種差別撤廃条約の批准を機に，法学を中心に行われるようになり（成嶋［2014］751-749頁），最近では主に在日コリアンへの「ヘイト・スピーチ」を対象にした著書や論文が多くみられる（安田［2015］，梁［2016］，田辺［2018］など）。しかしながら「沖縄ヘイト」という言葉やそのような言葉が用いられるようになった背景を分析した先行研究は限られており，2016年以降に起きた出来事を「沖縄ヘイト」として報じる雑誌や新聞記事がほとんどである。本論では，近年，「沖縄ヘイト」という言葉がどのような事象に用いられているかを分析するとともに，そのような言説が湧出し，認識されるようになった背景を論じる。

結論としては，とりわけ2010年代以降に激化した沖縄県と国（日本政府）との基地問題をめぐる対立（政治的要因）を契機として，2000年代から台頭する「排外主義者」らによって（社会的要因），それ以前から存在した沖縄への差別的言動（歴史的要因）が表面化し，沖縄県内の地元紙である『沖縄タイムス』や『琉球新報』（以下，沖縄二紙とする）やジャーナリスト，市民らによる対抗言論の中で認識されてきたとする。無論，沖縄に米軍専用施設（以下，米軍基地）が集中し，米軍関連の多くの事件・事故・騒音被害・環境被害といった基地問題が長年にわたって起きているということが（野添［2020］3頁），「沖縄ヘイト」の前提となっている。

そもそも「ヘイト・スピーチ」とは，「人種，民族，国籍，性などの属性を有するマイノリティの集団もしくは個人に対し，その属性を理由とする差別的表現」であり，その本質的な部分は，マイノリティに対する「差別，敵意又は暴力の煽動」（自由権規約20条）ならびに「差別のあらゆる煽動」（人種差別撤廃条約4条本文）で，表現による暴力，攻撃，迫害である（師岡［2013b］8頁）。国際人権法上，「マイノリティ」の確立した定義はないとされるが，1977年の国連人権小委員会特別報告者のフランシスコ・カポトルティ（Francesco Capotorti）は，①一国においてそのほかの住民より数的に劣勢な集団で，②被支配的な立場にあり，③その構成員は当該国の国民であるが，④国民の残りの人たちと異なった民族的，宗教的または言語的特徴を有し，かつ⑤自己の文化，伝統，宗教または言語を保持することに対して，連帯意識を黙示的であるにせよ示しているものとしている（Capotorti［1977］p.96）。本論では「沖縄の人々」がこのような要件を満たすとともに，2001年以降の国連の社会権規約委員会，自由権規約委員会，人種差別撤廃委員会などにおける報告書や日本政府への勧告，2007年の先住民の権利宣言，「琉球弧の先住民族会」の運動などからも，沖縄の人々は「人種，民族，国籍，性などの属性を有するマイノリティ」に適合するとし，「ヘイト・スピーチ」の対象となる存在として扱う。

一方，前述の「ヘイト・スピーチ対策法」では，「本邦出身者」とは，「専ら本邦の域外にある国若しくは地域の出身である者又はその子孫であって適法に居住するもの」（同法第二条）とされ，日本政府の見解は，「不当な差別的言動」からの保護の対象に，アイヌや琉球／沖縄などの現在の日本国内の人種的・民族的マイノリティは含まれていないとしている。これに対し，2018年の国連の人種差別撤廃委員会の「日本の第10回・第11回定期報告に関する総括所見」では，同法律は「締約国における民族的マイノリティに提供された救済措置が非常に限られていること」と問題点を指摘しており，かつ，日本に琉球／沖縄の人々を「先住民族」として認めるよう勧告している（外務省［2018］3,5頁）。このように，沖縄の人々が「人種，民族，国籍，性などの属性を有するマイノリティ」かどうかをめぐる議論はあるものの，本論では「沖縄ヘイト」という言葉が成り立つものとして分析を進めていく。

## 1．「沖縄ヘイト」とその定義

「沖縄ヘイト」を冠する文献は，ジャーナリストらによる記事が多く，その時々の差別的表現あるいはそれを扇動するような出来事を「沖縄ヘイト」と呼称している。本項では，「沖縄ヘイト」と題された記事や論考が主とし

（表１）近年の「沖縄ヘイト」発言とその出来事（雑誌や新聞記事を基に筆者作成）

| 年月日 | 出来事 | 主な発言内容 |
|---|---|---|
| 2013年１月27日 | オスプレイの配備即時撤回と米軍普天間基地の閉鎖・撤去，県内移設断念を求める「建白書」デモ | 「非国民」，「売国奴」，「反日左翼」，「嫌なら日本から出ていけ」，「沖縄人，死ね！」（「右翼」と思われる沿道の人々から） |
| 2015年６月25日 | 自民党若手議員らによる「文化芸術懇話会」 | 「（普天間基地があるところは）もともと田んぼの中にあり，周りは何もなかった。基地の周りに行けば商売になると，みんな何十年もかかって基地の周りに住みだした」，「沖縄の二つの新聞はつぶさないといけない。あってはいけないことだが，沖縄のどこかの島が中国に取られれば目を覚ますはずだ」（百田尚樹の発言） |
| 2016年４月28日 | 米軍属によるうるま市女性暴行殺害事件 | 「事件を基地問題に絡めるな」，「人権派が喜んでいる」（SNS 上の投稿） |
| 2016年５月19日 | 辺野古ゲート前での抗議市民と沖縄二紙に対する『週刊新潮』の記事 | 「反対派に地元の住民はほとんどおらず，多くは那覇などから送迎でやって来ます」，「地元住民による反対運動を装った過激派の活動を擁護する地元紙」 |
| 2016年10月18日 | 高江ヘリパッド建設現場での大阪府警機動隊員による「土人」発言 | 「どこつかんどんじゃこのボケ，土人が」，「黙れ，こら，シナ人」 |
| 2017年１月２日 | 東京 MX テレビでの『ニュース女子』放送 | 「（抗議している市民は）雇われている」，「テロリスト」（番組内で） |
| 2017年12月７日 | 宜野湾市・緑ヶ丘保育園への米軍ヘリ部品落下事故 | 「事故ではなく捏造事件だろうが！日本に楯突くならお前が日本国籍を放棄して日本から出ていけ！」，「お前らは好き好んで，そこに住んでいるんだろう」（SNS 上の投稿） |

| | | |
|---|---|---|
| 2017年12月13日 | 宜野湾市・普天間第二小学校への米軍ヘリ窓落下事故 | 「学校を後から建てたくせに文句を言うな」(SNS上の投稿)「やらせだ」「それで何人死んだんだ」(国会議員のヤジ) |
| 2018年2月4日 | 名護市長選挙 | 「名護市長選のために外部から引っ越してきた人が数十万人もいる」(SNS上の投稿) |
| 2018年9月30日 | 沖縄県知事選挙 | 「沖縄は中国工作員の侵略や破壊工作にさらされている」,「玉城デニーが県知事に当選すると沖縄は中国に侵略される」(SNS上の投稿) |
| 2019年2月24日 | 「辺野古」県民投票 | 「共産党が後ろで手を引いている」,「全県民のデータが共産党に流れる可能性が高い」(SNS上の投稿) |
| 2020年1月24日 | ハーバード大学・ラムザイヤー教授による論文 | 「一般県民は賛成したのに地元エリートと本土の活動家が私欲のために反対している」,「能力が高い住民は去り，能力が低い住民は県内に残って補助金を受け取る」 |
| 2022年10月7日，9日 | ひろゆき（西村博之）による発言 | 「反対派は中国に有利な状況を作りだそうとしている」(インターネット番組「Abema Prime」にて)<br>「沖縄の人って文法通りしゃべれない」「きれいな日本語にならない人の方が多い」(自身のYouTube動画にて) |

てどのような事象を扱っているのかを取り上げつつ，その定義を試みる。

「沖縄ヘイト」と最初に題された記事は，『週刊金曜日』記者（当時）であった野中大樹による「ストーリーありきの沖縄ヘイトに走る『週刊新潮』」（野中［2016］14-15頁）とみられる。『週刊新潮』の記事が事実や背景を確認せず，名護市辺野古キャンプ・シュワブ前で抗議する市民ならびに沖縄の新聞を「侮辱」したというものだ。『週刊新潮』の記事では，名護市辺野古キャンプ・シュワブ前で抗議する市民について，反対派に地元住民がほとんどいないことと，そのような抗議活動を擁護する地元紙は全国紙が沖縄に印刷拠点を持たないこと，故人の訃報等の情報を掲載する「おくやみ欄」が多いから購読されるのであり，「決して両紙の報道姿勢が支持されて」いるからではないと綴る（倉田［2016］128-131頁）。これに対し野中は，基地建設に反対する辺野古区の住民にインタビューし，辺野古区内で長年続く容認派と反対派の対立から抗議活動に参加するのが難しく，「外から来てくれる方々がいるから反対運動が続いている」と辺野古区外から参加する抗議市民がいることを認めつつ，そのような取り組みを応援する辺野古区の住民もいることを記している。また，2010年以降の知事選や名護市長選挙，国政選挙で辺野古新基地建設反対派が当選していることや，武富和彦・沖縄タイムス編集局長による，沖縄には戦後いくつもの新聞社ができたが，印刷拠点が沖縄にあることと「おくやみ欄」のみで県民の支持が得られるかと疑問を呈するコメントを引用し，基地建設反対運動や地元紙には沖縄県民の支持があることを指摘している（野中［2016］14頁）。

この直後に出た，ジャーナリスト・安田浩一の記事では，「沖縄ヘイト」ともいうべき言説として，2016年にうるま市在住の女性が元海兵隊員の米軍属に殺害された事件に寄せられた，被害者を愚弄し，沖縄を嘲笑するかのような書き込み，2013年1月27日に行われた「建白書」デモに浴びせられた罵声，百田直樹を招いた自民党の若手議員の学習会での発言の3つを挙げている（安田［2016b］56-57頁）。

2013年の「建白書」デモとは，オスプレイ配備撤回と普天間基地の県内移設断念の2つの要求を掲げた「建白書」を基に，当時那覇市長であった翁長雄志をはじめ沖縄県内41市町村の全首長（代理含む）や県議会議員らが東京・銀座でデモ行進を行ったものだ。これに対し，デモ当日，日章旗を手にして沿道に陣取った集団が，沖縄のデモ隊に向けて「オスプレイは必要だ」，「売国奴」との罵声を浴びせた（『日本経済新聞』2013年1月27日）。

また，2015年6月の放送作家の百田尚樹が招かれた自民党若手議員らによる「文化芸術懇話会」では，「（米軍普天間飛行場は）もともと田んぼの中にあった。基地の周りに行けば商売になるということで人が住みだした」，「沖縄の2つの新聞はつぶさないといけない」などと述べた。これに対し，『琉球新報』と『沖縄タイムス』の沖縄二紙は百田直樹の発言が“言論弾圧”の発想であり，出席した自民党議員側が沖縄の地元紙への批判を展開し，同氏の発言を引き出している経緯を指摘し，共同抗議声明で強く抗議している（『琉球新報』2015年 6 月26日）。

2016年10月18日には，東村高江で進められていた米軍ヘリパッド（ヘリコプター着陸帯）建設に抗議する芥川賞作家の目《め》取《どる》真《ま》俊《しゅん》に対し，大阪府警の機動隊員（巡査部長）が「どこつかんどんじゃこのボケ，土人が」と発言した。抗議現場では，他にも巡査長が「黙れ，こら，シナ人」と発言していた（堀江［2016］）。同年 1 月16日の「辺野古テント襲撃事件」でも「在日特権を許さない市民の会（在特会）」の構成員が，辺野古キャンプ・シュワブ前の抗議参加者に対して「クソ土人を排除しろ」という言葉を投げつけている（sencaku38［2017］）。「土人」とは元来，開拓民と区別するため，その土地の原住民を指す語だったが，日本の領土拡張の過程で，外地＝植民地の住民を広く指すに伴い，「土人」が未開や野蛮という差別的な意味を含んでいった言葉だ（中村［2020］277-278頁）。

そのほかにも，2017年 1 月 2 日に，東京メトロポリタンテレビジョン（MXテレビ）で放映された『ニュース女子』（DHC テレビ［2020］）では，米軍基地反対運動を取り上げ，沖縄の基地反対運動に参加する人々を「雇われている」や「テロリスト」と表現し，抗議する人々を貶める内容の番組を放送したことが「沖縄ヘイト」とされた（松元［2017］15頁）。同番組では，人権団体「のりこえねっと」の辛《しん》淑《す》玉《ご》共同代表が抗議行動に参加する人に日当を支払っている「黒幕」として扱われた。これに対し，放送倫理・番組向上機構（BPO）の放送人権委員会は，辛氏に対する人権侵害と放送倫理上の問題があったとする「勧告」を，2018年 3 月 8 日に公表し，同番組は同年 3 月末に放送を終了する（塩田［2018］）。

また，2017年12月 7 日には，沖縄・宜野湾市の保育園に米軍ヘリの落下物が落ちたとされる事件をめぐって，保育園に「事故ではなく捏造事件だろうが！日本に楯突くならお前が日本国籍を放棄して日本から出ていけ！」，「お前らは好き好んで，そこに住んでいるんだろう」などという誹謗中傷が寄せられたことなどが，「沖縄ヘイト」という言葉で表現されている（島袋［2018］43頁）。

さらに，インターネットテレビ番組「ABEMA Prime」では，インターネット掲示板「２チャンネル」創設者で「インフルエンサー」とされるひろゆき（西村博之）が，2022年10月７日放送の番組で，「反対派は中国に有利な状況を作りだそうとしている」という主張を唱えた。また，自身のユーチューブ配信では，「沖縄の人って文法通りにしゃべれない」，「きれいな日本語にならない」などと発言していた。沖縄タイムス記者の阿部岳（2023）は，反対する市民に対する憶測や，明治政府による「琉球併合」の歴史を踏まえない言動は，明白な「ヘイト・スピーチ」だとしている（247-248頁）。

このような「沖縄ヘイト」は，米国にも存在する。2020年１月に米ハーバード大学ロースクール教授のJ・マーク・ラムザイヤー（John Mark Ramseyer）が「底辺層における相互監視の理論―日本における被差別部落出身者，在日コリアン，沖縄の人々を例に（A Monitoring Theory of the Underclass: With Examples from Outcastes, Koreans, and Okinawans in Japan）」という論文を学術誌『Society for Institutional & Organizational Economics』に掲載した。同論文は，「能力が高い（沖縄）住民は大学進学のために出て行くが，能力が低い住民は県内に残って補助金を受け取る」，「一般の沖縄県民は（辺野古移設に）賛成しているが，地元エリートと本土の活動家が私利私欲のために反対している」としている（Ramseyer［2020］pp.10,39）。2019年２月24日の沖縄県民投票の結果や報道機関による世論調査などには触れず，一部のデータから，沖縄の基地問題を矮小化し，貧困問題は沖縄の社会風土や沖縄人の能力や意欲の問題であるかのように論じ，「沖縄ヘイト」とされている（阿部［2021］）。

これまで「沖縄ヘイト」という言葉が充てられた事例を踏まえると，「沖縄ヘイト」は，①米軍基地関連事件・事故の被害者，②米軍基地への抗議者，③これらを報じる沖縄二紙に向けられたものの3つに分類できる。一方で，「沖縄ヘイト」は，基地に抗議する人々を，朝鮮人や韓国人，中国人または「左翼」とみなしていたり，それを報じる沖縄の新聞を非難したりと，必ずしも「沖縄の人々」に対する「ヘイト」だとは言えないとの指摘も予想される。しかし，人種差別撤廃条約第1条1項では，「『人種差別（racial discrimination）』とは，人種，皮膚の色，世系又は民族的若しくは種族的出身に基づくあらゆる区別，排除，制限又は優先であって，政治的，経済的，社会的，文化的その他のあらゆる公的生活の分野における平等の立場での人権及び基本的自由を認識し，享有し又は行使することを妨げ又は害する目的又は効果を有するものをいう」とされる（外務省「あらゆる形態の人種差別の撤廃に関する国際条約」）。注目すべきは「目的又は効果」という箇所である。つまり目的がなくとも，特定の属性を有するグループへの人権及び基本的自由を害する「効果」があれば，それは「人種差別」であり，「ヘイト・スピーチ」と言える。つまり，米軍基地に抗議をする人々やそれらを報じる沖縄二紙への攻撃も，米軍基地が集中する沖縄の人々への「人種差別」を助長する「効果」を有していれば，「沖縄ヘイト」にあたる。

したがって，「沖縄ヘイト」とは，「沖縄の人々」に対し，基地問題をめぐる言論や主張を封じ込める，ないし矮小化する目的又は効果を有する誹謗中傷や嘲笑，それらを助長するフェイク・ニュース（虚偽報道・情報）を蔓延させること，かつ，そのような情報に基づいて引き起こされる行為と定義できる。このような「沖縄ヘイト」はいわゆる一般人のみならず，テレビ番組や国会議員が参加する勉強会，学術論文にもみられ，深刻な状況にあると言えよう。

しかしながら，「ヘイト・スピーチ」に関する法規制をについては，表現規制法令の文言が不明確ということや，過度に広範である場合には，市民が許容されるべき表現行為をも自己規制をしてしまう「萎縮効果（chilling effect)」という議論がある（成嶋［2014］63頁）。これに対し，「萎縮効果」は表現の自由を規制する名誉毀損，侮辱，脅迫等すべての立法について起こり得ることであり，表現の自由であっても，他人の人権を侵害することは許されず，重大な法益侵害がある以上，萎縮効果をできる限りなくすべく，規制する範囲を明確にするなど，立法上の工夫により解決すべきとされる（師岡［2013a］217頁）。「沖縄ヘイト」をめぐっても「萎縮効果」を盾に差別的発言を擁護する記事があるものの（呉［2017］110-111頁），沖縄の人々の「人権」を侵害することは決して許されない。ただ，何が「沖縄ヘイト」にあたるのかについては，今後も慎重に議論を行っていく必要がある。

## 2．沖縄県と国との対立の激化と「沖縄アイデンティティ」の形成

では，「沖縄ヘイト」がなされるようになった背景には何があったのだろうか。端的に言うと，「冷戦」終結以降，沖縄県と国との間にあった対立が，2010年代に入ってより激化したことが挙げられる。

1990年頃に「冷戦」が終わり，沖縄では米軍基地の整理縮小要求が声高に叫ばれるようになる。以前は保革対立を前提とした政治的・運動論的な議論のなかでは，基地の存続か撤去かの両極に収斂しがちであったが，沖縄の地元メディアや学者を中心に，サンフランシスコ講和条約と沖縄との関係，沖縄関係の「密約」，肥大する「思いやり予算」など，安保・米軍基地の歴史過程やそれについて解明された事実を基に議論が交わされるようになり，整理縮小の要求は，1995年の沖縄県民総決起大会や翌年のSACO（Special Action Committee on Okinawa: 沖縄に関する特別行動委員会）合意の流れを受けて大きく高揚していく（櫻澤［2015］271頁）。一方，沖縄県出身の芸能人の活躍や1992年の首里城復元，翌年のNHK 大河ドラマ「琉球の風」など沖縄県の知名度・好感度が高まり，バブル崩壊後に国内需要が伸び悩む中でも，修学旅行を含め観光客数が増加するなど「沖縄ブーム」が生じ，琉球・沖縄の歴史の見直しも行われるようになった（多田［2008］152-157頁）。

1995年の少女暴行事件を受けて行われた翌年9月の県民投票では，89.09％（48万2538票）の人々が日米地位協定見直し・基地縮小に賛成した。しかし，日本政府は1997年のSACO最終合意を経て，普天間飛行場の代替施設として名護市辺野古への基地建設を進めていく。このように沖縄の声が日本（ヤマト）に無視され，その閉塞感によって沖縄対日本という構図が意識される中，独立論が公然と主張されるようになる。特に，1958年から1974年までコザ市長を務め，「復帰運動」の担い手の一人でもあった大山朝常が『沖縄独立宣言　ヤマトは帰るべき「祖国」ではなかった』（1997年）を出版したことは大きな話題を呼び，独立論を取り上げた雑誌特集やシンポジウムも行われた（櫻澤［2015］，272頁）。

1998年11月には，国との対立による不況への不安から，沖縄の経済界が結束して稲嶺恵一県政が誕生する。稲嶺県政は，移設候補先を保留にしつつも普天間飛行場移設を「軍民共用」，「15年使用期限」などの条件付きで受け容れるとし，小渕恵三首相と経済振興を約束する。さらに，2000年7月に行われた「九州・沖縄サミット」では，首脳会合が名護市で実施され，祝祭ムードの中で国と県との対立は後景化していく。しかし2005年頃から，国と県は再び対立し始める。2005年10月29日に行われた日米安全保障協議委員会（2プラス2）で，普天間基地移設が沖合案からキャンプ・シュワブ沿岸案（L字型案）となる。稲嶺知事は，提示していた条件を無視されたとしてこれを拒否し，従来の案でなければ県外移設を求めるとした（『朝日新聞』2005年11月1日）。これに対し，日本政府は北部振興で培ったルートを活かし，沖縄県を通さずに北部5市町村長に「V字型案」で合意を取り付ける。同案は，住民地域の騒音や危険性を軽減するというもので，当時防衛庁長官を務めていた額賀福志郎が修正したものだった。翌2006年5月1日の「2プラス2」では，「再編実施のための日米ロードマップ」が発表され，「普天間飛行場代替施設」を「V字型案」で建設することが明記される（外務省［2006］）。そして，5月30日に「在日米軍の兵力構成見直し等に関する政府の取組について」を閣議決定し，現在の辺野古新基地建設に向けた計画が進んでいくことになる。

2007年３月30日，沖縄戦における「集団自決（強制集団死）」の記述から「日本軍の強制・関与」を削除するとの文部科学省による高校日本史の教科書検定結果を受けて沖縄は再び団結する。この削除の撤回を求めて，沖縄県議会と41市町村議会すべてが意見書を採択する。10月１日に行われた教科書検定意見撤回を求める県民大会は，11万人が参加し，沖縄の歴史上初めて「対米軍」ではなく「対日本政府」に対して抗議を行った（櫻澤［2015］298頁）。

2009年８月の選挙では民主党による政権交代が起きる。首相となった鳩山由紀夫が「最低でも県外」を主張したことで，沖縄の多くの人々が普天間基地の「国外・県外移設」を口にできるようになり，そのような気運が高まっていた。2010年１月の名護市長選挙では普天間飛行場の「辺野古移設」を容認する現職を破り，稲嶺進が当選する。２月には，沖縄県議会で「米普天間飛行場の早期閉鎖・返還と県内移設の断念，国外・県外への移設を求める意見書」が全会一致で可決され，多くの市町村議会でも同様の意見書が可決された。

また，2011年６月に，米国防省が2012年後半に普天間飛行場へMV-22オスプレイを配備する方針を正式発表したことに対し，７月には沖縄県議会が配備計画の撤回を求める意見書と抗議決議を全会一致で可決し，県内市町村議会でも反対決議が重ねられていく。

このような流れを受け，2012年に，普天間基地の県内移設断念とオスプレイ配備撤回を軸に「オール沖縄」が形成され，その一つの象徴として，2013年１月に，東京で前述の「建白書」デモが行われた。このデモは，「オスプレイ配備に反対する沖縄県民大会」実行委員会主催の「NO OSPREY 東京集会」で，沖縄から代理を含む38市町村長，41市町村議会議長，29県議会議員，沖縄選出国会議員全７名など約140人をはじめとする4000人が参加した（『沖縄タイムス』2013年１月28日）。沖縄県内の首長，議長県議らが東京で一堂に会した集会はかつてない出来事であった。

一方で，民主党は鳩山政権以降，普天間基地の移設計画は県内へと回帰していき，2011年9月21日に行われた野田佳彦首相とオバマ米大統領による日米首脳会談では，日米合意に基づく「辺野古移設」推進が確認される（『朝日新聞』2011年9月22日）。2012年12月の選挙で自民党による政権交代が起き，2013年1月の「建白書」要請後の，2月には安倍晋三首相による首脳会談でも「普天間飛行場の早期移設」が合意され，日本政府によるキャンプ・シュワブ沿岸の埋め立てに向けた手続きが進められていく。

2014年11月の沖縄県知事選挙では「イデオロギーよりアイデンティティ」をスローガンに「辺野古新基地建設反対」を掲げた翁長雄志が当選し，沖縄の人々の基地をめぐる被差別意識，「自己決定権」を求める声が高まっていく。実際，米軍基地をめぐる扱いについて「差別的（「どちらかと言えば差別的だと思う」含む）」と答えた人の割合は70％（河野［2017］25頁），「自己決定権を広げるべき（「ある程度広げていくべきだ」を含む）」との回答は87.8％となっている（『琉球新報』2015年6月3日）。同年12月25日に翁長知事は就任後初めて上京するが，安倍首相ならびに菅官房長官は面会を拒否した。

1972年以降，NHK が沖縄で行っている世論調査では，「本土の人は沖縄の人を理解しているか」という質問に対し，1987年の調査を境に「理解していない」が増加し（48％［1987年］→51％［1992年］→57％［2002年］→71％［2012年］→70％［2017年］），「理解している」が低下している（45％［1987年］→37％［1992年］→35％［2002年］→26％［2012年］→30％［2017年］）。「本土の人」という言葉の曖昧さはあるものの，このような傾向が沖縄県と国との対立が深まっていることと無関係とは言えないであろう。また，同局がネットの投稿を分析した際，2012年頃から沖縄に対する誹謗中傷が多くなっているとしている（河野［2017］26頁）。

1990年代から存在した沖縄県と国との意識の齟齬とそれに基づく政策の違いが，2010年代には深刻な政治的対立となり，「沖縄ヘイト」がさまざまな場面で可視化されていくようになっていったのだ。

## 3．「沖縄」に向けられる排外主義

冒頭で述べたように，日本において「ヘイト・スピーチ」という言葉は2013年頃に一挙に広まった。「コリアンタウン」として知られる大阪・鶴橋や東京・新大久保を中心に公然と行われるようになったことによってテレビで報じられ，人々の関心が高まり，同年末には「流行語大賞」に選出された。しかし実際には，1989年のパチンコ疑惑，94年の核保有疑惑，98年のテポドン騒動など，80年代後半から，朝鮮民主主義人民共和国との外交関係に問題が生じる度に，主として朝鮮学校の生徒たちをターゲットとした暴言や暴行，いわゆる「ヘイト・クライム」が，各地で何百件も行われていた。これが，2000年代からのインターネットの普及により，ヘイト・スピーチはますます蔓延《はびこ》るようになる（師岡［2013b］4頁）。

また，歴史学の分野においても1996年の「新しい教科書をつくる会」の発足に象徴される「日本版歴史修正主義」が表面化し，排外主義と結びついた強力な磁場と動員力を持つ言説に発展していく（中野聡［2018］4,9頁）。2005年7月には，ヘイト本なるジャンルができるきっかけになったと指摘される『マンガ嫌韓流』が出版され，日本のネオナチにもなぞらえられるヘイト・グループ「在特会」が正式に発足し，2007年1月にインターネットから街頭へと活動を移していく（中野晃一［2015］128頁）。

このような排外主義的な主張がどのような認識でなされているのかについてネット上の投稿を分析すると，主として韓国や在日コリアンに対する排外的な主張は，①韓国，中国に対する憤り，②「弱者利権」認識に基づくマイノリティへの違和感，③マスメディアに対する批判を行う傾向を有しているという。この内，②を背景に「沖縄」や「生活保護受給者」，「LGBTQ」などに対しても反発や非寛容，嘲笑が向けられるとされる（木村［2018］134-136頁）。（表1）にみた発言内容からも，①～③の傾向は「沖縄ヘイト」にも顕れていることがわかる。実際，「沖縄ヘイト」を行う者たちは，日ごろから在日コリアンや「外国人」排斥運動に参加している人々であり，2012年には，辺野古で行われている基地反対運動の現場にも出向いていたという（安田［2016a］)。辺野古新基地建設に対して抗議活動を行っている人々が設置したテントに踏み込み，「日本から出ていけ」，「ふざけんじゃねえよ」などと拡声器を使って悪罵の限りを叩く「ヘイト・クライム」とも言える出来事が起きていたのだ。また，百田尚樹による「基地の周りに行けば商売になると，みんな何十年もかかって基地の周りに住みだした」はまさに②の沖縄の基地周辺に住む人々が「弱者利権」を有しているという認識に基づく違和感から発せられたものと言えよう。無論，現在普天間基地がある場所は戦前，宜野湾村役場や集落があり，1945年６月の沖縄戦の最中，住民が収容所に入っているうちに，米軍が土地を占領して基地建設を始めたものだ。住民は同年10月以降に順次，帰村が許されたが，多くの地域は元の集落に戻れず，米軍に割り当てられた飛行場周辺の土地で，集落の再編を余儀なくされ，いまに至っている（『沖縄タイムス』2015年６月27日)。

ただ，このような発言の傾向を持つ「ネット右翼」と「オンライン排外主義者」はネットユーザー全体の約５％を占めるとされ（小熊・樋口［2020］165頁)，それほど多いとも言えない。さらに，「国際化と市民の政治参加に関する世論調査」では，「米軍基地反対を主張する市民団体」の評価は好感度のマイナス評価（28.4％）がプラス評価（21.3％）を上回っているものの，過半数は嫌悪感を抱いてはいないとしている。基地反対運動に対する反感はそれほど大きいものではないと言える。ただ，共産党に対するマイナス評価は43.5％，プラス評価は15.1％となっており（小熊・樋口［2020］54頁)，（表１）の発言内容をみると，共産党への嫌悪感も沖縄へと向けられていると見受けられる。

現に「沖縄ヘイト」を行うのは一部の人々とは言え，そのような言説がネット空間のみならず，書籍やテレビなどにも溢れるようになり，近年の著名人や国会議員の発言にも見られている。「復帰45年」のNHKによる世論調査では，「沖縄県民」の57％が「沖縄への誹謗中傷が増えた」と感じており（河野［2017］26頁），一定数の沖縄の人々が「沖縄ヘイト」にあたるような言説に触れていると言える。実際，沖縄出身の専門学生は兵庫で，知人が「基地反対には日当が出ている」と言われ，ショックだったと述べている（『朝日新聞』2018年３月22日）。

小熊英二は，「沖縄ヘイト」を含む排外主義が目立つようになった仮説として，旧来から潜在していたものがインターネットなどの普及により可視化されたという「可視化仮説」，過激な言動をする「ネット右翼」はネット利用者の１％で差別的な言動をする政治家も少数だが，目立つので報道されやすいとする「ノイジー・マイノリティ仮説」，政治レベルでは「右派的」な意見が多いという「過剰代表仮説」，主導権を持っている層の右傾化が全体を規定しているとする「ヘゲモニー仮説」，他の衰退による相対的浮上が「右傾化」となって表れているとする「相対的浮上仮説」，商業雑誌やインターネット・プラットフォーム業者が右派的な著者を集めて読者をつかもとする「戦略的仮説」などさまざまな仮説が考えられるとする（小熊［2020］3-4頁）。本論では一つ一つ検証しないが，これらの仮説が複合的に作用して「沖縄ヘイト」として表れているものと考えられる。いずれにせよ，1990年代半ばの歴史学における「日本版歴史修正主義」の台頭，2000年代からのインターネットの普及と「ヘイト本」の出版から，一部の人々による「ヘイト・スピーチ」ならびに排外的な言説がネット空間のみならず路上に表れ，2010年代には「沖縄ヘイト」とされる言動が行なわれるようになっていった。

「沖縄ヘイト」に対しては，SNS上で市民有志が反論したり，市民団体がそのような言説を検証するシンポジウムを開催したり，沖縄二紙がファクト・チェックを行ったりするといった堅実な取り組みがなされていることが，「沖縄ヘイト」に関する認識を広め，その解決を後押ししている（沖縄タイムス［2017］，琉球新報［2017］）。また，近年の「#MeToo」をはじめとする性被害告発や女性の権利回復運動，Black Lives Matter に代表される黒人差別抗議運動など，歴史的に抑圧されてきた人々が声をあげる動きが世界中に広まる中で，沖縄への抑圧的な言動が，「沖縄ヘイト」という言葉で認識されるようになっているとも指摘できよう。

## 4．通底する「沖縄ヘイト」

これまでみてきたように，「沖縄ヘイト」という言葉やそれで示される事象は，沖縄県と国との対立の表面化と，「日本版歴史修正主義」ならびにインターネットの登場によって拡散・可視化されるようになった。しかしながら，「排外主義者」らによるそのような言説は，これまでにも存在していた沖縄への差別的な扱いや言説の焼き直しとも言える。近年，「沖縄ヘイト」とされる言説は，近代において植民地主義化した日本が，1879年に沖縄を「併合」（波平［2014］3頁）する以前から存在していたと言え（琉球政府［1965］487頁），明治期以降の同化政策や米軍統治期においても用いられてきた（小熊［1998］41-44頁，宮城［1982］28,58頁）。ここでは，1903年の「人類館事件」を紹介し，2.で3つに分類した「沖縄ヘイト」言説が，過去にも存在したことを示す。

歴史上，琉球／沖縄の人々が差別的な扱いをされた有名な例は，1903年の「人類館事件」であろう。大阪・天王寺で開催された第五回内国勧業博覧会で，東京帝国大学・坪井正五郎教授の指導の下に，「人類館」というパビリオンが設置される（『朝日新聞』1903年3月21日）。同年2月3日の『台湾日日新聞』に掲載された人類館開設の趣意書によると，文明各国の博覧会には人類館の設備があるが，同博覧会にはそのような設備がないとし，「内地に最も近い異人種，すなわちアイヌ，台湾の生蕃，琉球，朝鮮，支那，インド，ジャワの七種の土人を集め，その最も固有の生息の階級，程度，人情，風俗などを展示することを目的とした」としている（中村［2020］277頁）。日本人はここに列挙される「人種」とは異なる範疇の「人種」と捉えられ，「文明国」であることを誇示するために「土人」を展示したのだ。博覧会では実際に「琉球夫人」とされた2人の女性が茅葺の小屋に展示された。(表1)にみた「土人」発言は，1世紀前の「人類館事件」にみた言説が，まさに今日にまで連なっていることを示唆している。

2.でみた「沖縄ヘイト」の分類の1つである①米軍関係の事件・事故被害者に対するバッシングは過去にもあった。2008年2月，米海兵隊員が中学生をレイプしたとする「中学生暴行事件」が起きる。この事件に対し，『週刊新潮』は，「『危ない海兵隊員』とわかっているのに暴行された沖縄『女子中学生』」と題した記事を掲載し，被害者とその家族のプライバシーを晒し，被害者にも「落ち度」があったような「セカンド・レイプ」と言える記事を掲載した(『週刊新潮』2008年2月21日)。その後，被害者とその家族は告訴を取り下げる。日本の刑事司法がレイプを親告罪とする制度上の問題も指摘されるが，このような米兵による性被害者に対する誹謗中傷は後を絶たない(秋林［2016］549-552頁)。

また，②基地抗議者への蔑視発言も行われていた。1950年代から伊江島の米軍基地に対する土地闘争を率いた阿波根昌鴻は，米嘉手納基地所属の米空軍第313航空師団による報告書で「伊江島の狸(sly fox)」とされ，阿波根とともに地主として活動していた浦崎直良は「アブ(gadfly)」と表現されている(Peterson［1960］pp.278,257)。伊江島の米軍基地ならびに米軍による訓練に反対する彼らは，同部隊から厄介者とみなされ，動物や虫に喩えられていたのだ。

さらに，③「沖縄ヘイト」とされるメディアへのバッシングの事例もある。沖縄の新聞ではないが，1955年1月13日に，朝日新聞が社会面を大々的に割いて沖縄における人権問題を報じた(『朝日新聞』1月13日)。「米軍の『沖縄民政』を衝く」と題された記事は，1954年3月に当時の国際人権連盟議長のロジャー・N・ボールドウィンからの手紙をきっかけに，法律関係者や弁護士3000人が所属する「自由人権協会」(理事長海野普吉)によって行われた調査を基にしたもので，基地接収後の安価な土地代，人種間での賃金格差，人民党員の不当逮捕の３つの点で米民政府が人権侵害をしているという内容だった（仲本［2014］41-42）。この時期は冷戦下において，第三世界の結集と脱植民地化の動きが盛り上がっている時期であった。報道から３日後の１月16日，米極東軍司令部報道部は，朝日新聞の報道が，共産党機関紙である『アカハタ』がその前年末に報じていた「根拠のない偏見」に似ているなどとして，「人の話，うわさ，間違った情報，偏見などに基づいた沖縄の報道では珍しいことではない」とし，報道を全面否定した（『朝日新聞』1955年１月17日）。米当局は，沖縄の実態報道に共産党の機関紙を重ねることで，その影響を矮小化しようとしたと言えよう。

加えて，1997年４月９日，駐留軍用地特措法の改正を議論する国会「日米安全保障条約の実施に伴う土地使用等に関する特別委員会」では沖縄二紙への非難がなされている。同法の改正は，同年５月15日に，在沖米軍基地内の使用期限が切れた土地であっても暫定使用を認めるということが主な内容となっていた。同委員会には杏林大学社会科学部の田久保忠衛教授が参考人として招かれ，同法改正を批判する琉球新報と沖縄タイムスの社長や編集局長が一坪地主とし，「（一坪地主の声ばかり取り上げる）この二つの新聞は，はっきり言いますと普通の新聞ではない」，「沖縄二紙は偏向しておる」と発言した（衆議院［1997］３頁）。当時沖縄県知事ならびに県議会，基地が所在する市町村長の９割が同法改正に反対していたが（衆議院［1997］15頁），またしてもメディアへのバッシングから沖縄側の実情ないし主張を貶める発言がなされた。

このように，「沖縄の人々」への差別的な言動やメディア・バッシングは歴史的に脈々とあり続けたものと言える。無論，当時と現在の状況は異なるところはあるものの，過去と同様の言説が，今日において「沖縄ヘイト」として認識されるようになったことが指摘できる。

## おわりに―構造的沖縄差別／制度的レイシズムとしての「沖縄ヘイト」

これまで見たように，「沖縄ヘイト」は日本の近代植民地主義から通底する言説（歴史的要因）を基に，1990年代から台頭する「日本版歴史修正主義」と「排外主義者」により（社会的要因），2010年代に表面化した沖縄と国との対立（政治的要因）を契機として噴出した。そして，近年の「沖縄ヘイト」に対抗するメディアや市民らの取り組みから，「沖縄ヘイト」として認識され，解決すべき問題として周知されている。

しかしながら，「沖縄ヘイト」の議論はより広い射程を有しているとも考えられる。新崎盛暉は，「構造的沖縄差別としての日米安保」は，民族差別感情を利用しながら，政策的に積み重ねられ押し付けられてきたとし（[2014] 12頁），今日，沖縄に集中・維持される米軍基地が民族的差別感情と密接不可分の関係にあることを示唆した。この「構造的沖縄差別」は，1967年に公民権運動家のストークリー・カーマイケル（Stokely Carmichael）とチャールズ・ハミルトン（Charles V. Hamilton）が『ブラック・パワー』で提唱した「制度的レイシズム」にも通ずる。「制度的レイシズム」とは，人に気づかれないようなメカニズムを通じてマイノリティを劣った位置につなぎとめるものとされる（ヴィヴィオルカ［2007］37-42頁）。多くの日本（ヤマト）の人々は現在，沖縄に対し明確な差別行為をしているとは認識していないと思われるが，沖縄の人々というマイノリティに米軍基地負担が集中し，選挙制度や住民投票を通して「反対」の意思が示されても，その声は反映されずに基地負担が集中するメカニズムができている。

実際，1972年の沖縄施政権返還と同時期につくられた「関東計画」をはじめとする米軍基地再編計画において，米国の政策決定者は，「本土」の首都圏にあった基地問題を「解決」するため，沖縄を基地の「収納先（repository）」としており，日本政府もこの計画に合意している（川名［2020］10頁）。また，2018年２月の国会で，安倍晋三首相（当時）は沖縄の基地負担軽減について，「移設先となる本土の理解を得られないなどさまざまな事情で，目に見える成果が出なかったのは事実」と発言している（衆議院［2018］38頁）。翻せば，沖縄の理解は得られなくも，沖縄での基地負担は維持できるということだ。このように，必ずしも沖縄に対する明白な差別意識がみられなくとも，米軍基地が政治的・制度的に沖縄に置きやすく，それを維持するためのしくみは今日まで存在していると考えられ，「民族的差別感情」や「沖縄ヘイト」と連続していると考えられる。

カーマイケルらによる「制度的レイシズム」の議論は，主として貧困や教育，医療環境に当てはめられたものだが（南川［2021］56-57頁），基地負担が集中する沖縄の現状ならびに「沖縄ヘイト」を「構造的沖縄差別」ないし「制度的レイシズム」と結びつけて論じていくことも可能だろう。「制度的レイシズム」は，被差別者の政治や制度面での変化を求める声とその改善につながるとされ（ヴィヴィオルカ《Wieviorka》［2007］41頁），沖縄においてもそのような認識の下で，政治や制度面の改革が進められていく後押しとなるだろう。ただ，具体的にどのような制度の下に沖縄への米軍基地負担の集中・維持が可能となっていくのかについては，今後の研究課題としたい。

本論で扱った「沖縄ヘイト」と多少文脈は異なるが，2023年に，沖縄県では「沖縄県差別のない社会づくり条例」が成立した。「沖縄県民」という対象の曖昧さや罰則規定がないといった議論はあるものの，今後，沖縄でのヘイト・スピーチへの対処やさらなる取り組みに期待したい。蔓延する「沖縄ヘイト」を正し，国内社会のみならず国際社会でもその解決を訴えていきながら，議論を進めていく必要がある。「沖縄ヘイト」という言葉ならびにその認識が，日本の植民地主義以後に形成されてきた日米による沖縄への構造的差別・「制度的レイシズム」を照射し，マイノリティである沖縄の人々の権利回復に導くことを願ってやまない。

## 参考文献


阿部岳［2023］「沖縄ヘイトと向き合う」『放送メディア研究』16号，NHK 放送文化研究所，2023年３月

秋林こずえ［2016］，「軍事主義と性暴力」『沖縄県史 各論編8 女性史』沖縄県教育委員会，544-559頁

新崎盛暉［2102］，『新崎盛暉が説く構造的沖縄差別』高文研

小笠原美喜［2016］，「米英独仏におけるヘイトスピーチ規制」『レファレンス』784号，国立国会図書館 調査及び立法考査局，５月20日

沖縄タイムス社編集局編著［2017］，『誤解だらけの沖縄基地 これってホント!?』高文研。

小熊英二・樋口直人編［2020］，『日本は「右傾化」したのか』慶應義塾大学出版会

小熊英二［1998］，『＜日本人＞の境界』新曜社

外務省［2021］，「日米首脳共同声明（仮訳）」４月16日（https://www.mofa.go.jp/mofaj/files/100181507.pdf）

外務省［2018］，「日本の第10回・第11回定期報告に関する総括所見（仮訳）」８月10日（https://www.mofa.go.jp/mofaj/files/000406782.pdf）

外務省［2012］，「日米首脳会談（概要）」２月22日（https://www.mofa.go.jp/mofaj/kaidan/s_abe2/vti_1302/us.html）

外務省［2006］「再編実施のための日米のロードマップ（仮訳）」５月１日（https://www.mofa.go.jp/mofaj/kaidan/g_aso/ubl_06/2plus2_map.html）

外務省「あらゆる形態の人種差別の撤廃に関する国際条約」（https://www.mofa.go.jp/mofaj/gaiko/jinshu/conv_j.html）

川名晋史［2020］『基地の消長 1968-1973――日本本土の米軍基地「撤退」政策』勁草書房

呉智英［2017］，「ヘイトと言われりゃ，ものも言えぬ？」『正論』第546号，５月，110-111頁

木村忠正［2018］，「『ネット世論』で保守に叩かれる理由――実証的調査データから」『中央公論』第132巻第１号，１月，134-141頁

倉田馨［2016］，「こじれた沖縄を牛耳る「琉球新報」「沖縄タイムス」の研究」『週刊新潮』第61巻19号，５月19日，128-131頁

河野啓［2017］，「沖縄米軍基地をめぐる意識 沖縄と全国 ～2017年４月『復帰45年の沖縄』調査～」『NHK 放送文化研究所』第67巻８号，８月１日

櫻澤誠『沖縄現代史』中公新書，2015年

塩田幸司［2018］,「MX『ニュース女子』の人権侵害を認定，BPO 放送人権委員会が『勧告』」『NHK 放送文化研究所』第68巻第５号，５月１日（https://www.nhk.or.jp/bunken/research/focus/f20180501_4.html）
島袋夏子［2018］,「保育園を標的にした沖縄ヘイト」『民放』第48巻５号，９月１日。
週刊新潮［2008］,「『危ない海兵隊員』とわかっているのに暴行された沖縄『女子中学生』」２月21日，32-33頁
衆議院［2018］,「第196回国会 衆議院予算委員会 第４号」２月２日
衆議院［1997］,「140回国会 衆議院日米安全保障条約の実施に伴う土地等の使用等に関する特別委員会」４月９日
「人種地図と人類館」『朝日新聞』1903年３月21日
多田治［2008］,『沖縄イメージを旅する』中公新書ラクレ
田辺俊介［2018］,「『嫌韓』の担い手と要因――2009年と2013年の２時点のデータ分析による解明」『早稲田大学大学院文学研究科紀要』早稲田大学大学院文学研究科，63号，３月，67-82頁
中野晃一［2015］,『右傾化する日本政治』岩波新書
中野聡［2018］,「歴史修正主義とその背景」『第４次　現代歴史学の成果と課題 2001-2015年 第３巻：歴史実践の現在』績文堂出版，2-16頁
中村隆之［2020］,『野蛮の言説――差別と排除の精神史』春陽堂
仲本和彦［2014］,「ロジャー・N・ボールドウィンと島ぐるみ闘争」『沖縄県公文書館研究紀要』沖縄公文書館，第16号，37-54頁
波平恒男［2014］,『近代東アジア史のなかの琉球併合――中華世界秩序から植民地帝国日本へ』岩波書店
成嶋隆［2014］,「ヘイト・スピーチ再訪（２）」『独協法学』獨協大学法学会，93号，４月，762-695頁
西村仁美［2019］,「ファクトチェックは誰かがやらなければならない」『週刊金曜日』第27巻５号，２月８日，14-15頁
野添文彬［2020］,『沖縄米軍基地全史』吉川弘文館
野中大樹［2016］,「沖縄２紙が売れる理由は「おくやみ」欄!? ストーリーありきの沖縄ヘイトに走る『週刊新潮』」『週刊金曜日』第24巻21号，６月３日，14-15頁
古谷経衡［2019］,「沖縄県民投票現地レポ ～辺野古移設賛成派はなぜ壊滅したか『沖縄デマ』の限界～」『Yahoo! ニュース』２月26日（https://news.yahoo.co.jp/byline/furuyatsunehira/20190226-00116147/）
前田朗編［2013］,『いま，なぜヘイトスピーチなのか』三一書房

松元剛〔2017〕，「『沖縄ヘイト』番組の深刻さ」『ひろばユニオン』660号，労働者学習センター，14-16頁，２月

南川文里〔2021〕，『未完の多文化主義――アメリカにおける人種，国家，多様性』東京大学出版会

宮城悦二郎〔1982〕，『占領者の眼――アメリカ人は＜沖縄＞をどう見たか』那覇出版社

元山仁士郎〔2021〕，「野中大樹へのインタビュー」４月30日

師岡康子〔2013a〕，「国際人権基準からみたヘイト・スピーチ規制問題」『世界』岩波書店，848号，10月，210-220頁

師岡康子〔2013b〕，『ヘイト・スピーチとは何か』岩波新書

安田浩一〔2015〕，『ヘイトスピーチ――「愛国者」たちの憎悪と暴力』文藝春秋

安田浩一〔2016a〕，「沖縄ヘイトを考える（上）差別主義者のはけ口に」『沖縄タイムス』８月３日（https://www.okinawatimes.co.jp/articles/-/55260）

安田浩一〔2016b〕，「激しさを増す " 沖縄ヘイト " 右派の攻撃にさらされる沖縄の新聞の現状」『創』第46巻８号，９月，56-61頁

梁英聖〔2016〕，『日本型ヘイトスピーチとは何か――社会を破壊するレイシズムの登場』影書房。

琉球新報社編集局編著〔2017〕，『これだけは知っておきたい 沖縄フェイク（偽）の見破り方』高文研

Capotorti, Francesco〔1979〕, “Study on the rights of persons belonging to ethnic, religious and linguistic minorities,” *United Nations.*

Peterson, Wayne G.〔1961〕, “History of The 313th Air Division Fifth Air Force: January-June 1960 Narrative Volume I,” *313th Air Division.* June 12.（琉球大学島嶼地域科学研究所蔵）

Ramseyer, Mark J.〔2020〕, “A Monitoring Theory of the Underclass/ With Examples from Outcastes, Koreans, and Okinawans in Japan,” *The Society for Institutional & Organizational Economics.* January 24. https://extranet.sioe.org/uploads/sioe2020/ramseyer.pdf

Wieviorka, Michel〔1998〕, “Le Racism, Une Introduction” La Decouverte.（森千香子訳〔2007〕『レイシズムの変貌』明石書店）

## 新聞

阿部岳〔2021〕「学問の装いで差別強化　米名門大学教授，恣意的な引用　県民の尊

厳を攻撃」『沖縄タイムス』2月28日（https://www.okinawatimes.co.jp/articles/-/714006）

「人種地図と人類館」『朝日新聞』1903年3月21日

「『沖縄戦継承を』94％　自己決定権拡大87％　世論調査」『琉球新報』2015年6月3日（https://ryukyushimpo.jp/news/prentry-243762.html）

「沖縄ヘイト 県外の本心では」『朝日新聞』2018年3月22日

「オスプレイ反対，東京でデモ　沖縄の市町村長ら」『日本経済新聞』2013年1月27日（https://www.nikkei.com/article/DGXNASJC27002_X20C13A1000000/）

「オスプレイ反対　東京で4000人抗議」『沖縄タイムス』2013年1月28日（https://www.okinawatimes.co.jp/articles/-/56531）

「県内移転『ノー』加速 県民世論，後押し 米軍再編で辺野古崎案，知事ら拒否」『朝日新聞』2005年11月1日

谷津憲郎［2015］「基地集中は『本土の差別』沖縄で50％　共同世論調査」『朝日新聞』5月9日

「百田氏発言『普天間飛行場，元は田んぼ』『地主年収，何千万円』を検証する」『沖縄タイムス』2015年6月27日（https://www.okinawatimes.co.jp/articles/-/15850）

「百田氏発言をめぐる琉球新報・沖縄タイムス共同抗議声明」『琉球新報』2015年6月26日（https://ryukyushimpo.jp/news/prentry-244851.html）

「百田尚樹氏『沖縄の新聞つぶせ』　自民勉強会で発言」『沖縄タイムス』2015年6月26日（https://www.okinawatimes.co.jp/articles/-/15792）

「調査を全面的に否定 米極東軍発表 沖縄の民政問題」『朝日新聞』1955年1月17日

「米軍の『沖縄民政』を衝く 米国からの手紙で自由人権協会が調査 アジア法律家会議にも報告 農地を強制借上げ 煙草も買えぬ地代」『朝日新聞』1955年1月13日

堀江拓哉［2016］「沖縄「土人」暴言29歳巡査部長と26歳巡査長を戒告」『毎日新聞』10月21日

堀口元，伊藤宏［2011］，「米，『普天間』履行迫る　日米首脳会談」『朝日新聞』9月22日

安田浩一［2016］「沖縄ヘイトを考える（上）差別主義者のはけ口に」『沖縄タイムス』8月3日（https://www.okinawatimes.co.jp/articles/-/55260）


**映像資料**


sencaku38［2017］，「①［日本第一党］辺野古基地前違法テント反対抗議活動 1.16」1月19日（https://www.nicovideo.jp/watch/sm30461491）2024年8月29日閲覧

沖縄タイムス［2016］,「機動隊員が沖縄で『土人』発言　高江ヘリパッド建設現場」10月20日（https://youtu.be/3bo11W0r71w）2024年 8 月29日閲覧

DHC テレビ［2021］,「『ニュース女子』#91」『You Tube』2 月 1 日（https://youtu.be/eWsPpcpvAB0）2021年 4 月30日閲覧

# 沖縄の葬儀輿「龕」を対象とする祭祀の民俗学的研究

## ――その歴史背景と現代的状況に関する一考察――

大 里 勇 貴

## はじめに

本稿が議論する対象は，かつて沖縄の葬儀において棺を入れ墓所まで持ち運ぶ用途で用いられた，葬儀輿《そうぎこし》「龕《がん》」を中心に行われる「龕」祭祀である。

一般的にこの龕なる語は，棺を納める輿のほか，仏像を岩陰に安置したものや仏像を納めた厨子《ずし》，また仏教宗派によっては葬儀用語として用いられると理解されている［山田 1999］。龕は多様な意味合いをもって認識されるものである。

しかし沖縄本島を中心とした島嶼地域周辺では，冒頭で示したとおり葬儀で用いられる輿状の形態をした葬具の一種を指す語としてのみ，今日でも理解されている。

沖縄の葬墓制については，既に多くの研究成果が存在しており，その儀礼内容についても，名嘉真宜勝（1979年）によって各地の事例に沿った体系的なまとめ作業が行われている。そのような沖縄の葬墓制で注目しておきたいのは，火葬を行わずに遺体を墓所のシルヒラシなる箇所に安置―風葬《ふうそう》―していること，そして後に遺骨を洗い清めること―洗骨《せんこつ》―を行っていることである。沖縄本島を中心とした島嶼地域における近代の葬墓制は，風葬と洗骨を伴う二重葬であったと，沖縄学の父とも称される伊波普猷が「南島古代の葬儀」（1927年）を発表して以降，今日理解されてきた。沖縄における龕は，このような葬墓制のしきたりのうえで，墓所まで遺体を運ぶ輿としての用途で使用されてきたのである。しかし，沖縄の葬墓制を取り巻く環境は時代のなかで変容を見せ，その影響は龕を使用する習俗の変容にも繋がっている。

赤嶺政信によれば，沖縄本島の南部に位置する南風原《はえばる》町の字喜屋武《きゃん》では，1948（昭和23）年に龕を作成し用いていたが，1958（昭和33）年に初めての火葬が行われて以降，龕は不要となり，結果として1964（昭和39）年に龕は焼却処分されたという［赤嶺 2002］。このようなエピソードは多くの民俗誌で確認ができ，また処分しなくとも龕，あるいはこれを納める龕屋なる小屋が現在でも放置されたままというのは，今もいくつかの決して少なくない集落で確認することができる。これは沖縄の伝統的葬儀習俗のなかで死者を運ぶ用途で用いられてきた龕が，火葬の普及によって不要となり，今ではその役目が自動車（霊柩車）に移り変わっていったのだと考えられる。

すなわち龕とは，沖縄においては葬具の一種である。そして従来の葬儀習俗の変容により，現在の民俗で龕の使用は見られなくなった。

しかし現在でも，葬儀とは異なった場面でその姿を確認できる。それは，祭祀の対象として拝まれる姿である。『沖縄大百科事典』（1983）では名嘉真宜勝によって「龕の御願《うがん》」と称して解説がなされている［名嘉真 1983］。

その解説をまとめると，龕の祭祀は①死者が出た場合の祈願，②龕の新造／修繕時に行われる盛大な儀式，③龕の払下げ時に行う盛大な供養，といった異なる場面で行われる３つのパターンにおいて理解されるといえる。本稿では便宜上，この龕を対象とした祭祀を総じて「龕祭祀」と称していく。

前述したように，現行の葬儀習俗において龕は姿を見せない。しかし龕祭祀の場面においては，現在でもその姿を現すのである。その内容は，沖縄の祝いの席で今日もよく演じられる「かぎやで風」や「棒術」といった村の奉納芸能が龕屋前で演じられるなど，一見して「ハレ」の祭祀と見て取れるものである。

では，なぜ龕は葬儀で用いなくなった現在でもその姿を祭祀の対象として確認できるのだろうか。詳しくは次節で述べるものとするが，龕／龕祭祀に関する先行研究を振り返ってみると，意外とこのような素朴な疑問を論じた研究は少ない。そこで本稿では，葬儀で用いなくなった現代でも龕祭祀が継続して開催されているという事象には，一体どのような背景や龕に対する認識があるのか，ひるがえれば龕を葬儀習俗で使用した過去と使用しない現在とで何らかの観念の差異が生じているのか，これを明らかにするということを目指し，その一考察を行う。

調査手法としては，民俗学の普遍的手法であるフィールドワークと聞き取りが主なものである。調査地として沖縄本島の中部に位置するうるま市勝連南風原を設定し，近年に開催された龕祭祀の事例を取り上げたい。

しかし，以上の方法ではとりわけ過去と設定した時代の調査を執り行うことは難しい。これは当時を語れる話者がフィールドに少なくなったためである。

そこで歴史史料や先行研究の整理を行い，龕の普及から実態レベルでの龕の保有状況，また龕祭祀の目的などを分析することとしたい。

## 1．龕をめぐる研究史

### 1-1　龕の研究史

研究史の振り返りで理解したいのは２つの要点である。１点目は先述したように，龕祭祀を取り扱った研究は意外に乏しく，「なぜ葬儀で用いない現在でも龕を対象とした祭祀が行われるのか」という素朴な問いを扱った研究は，管見の限り見当たらないという点である。

そして２点目は，１点目のそういった事情とも重なるかもしれないが，龕祭祀を見るうえで葬具としての姿の龕に注視したうえでの論述は見られないという点である。

龕は葬具であるという歴史背景を鑑みると，本来であれば一見して「ハレ」と見える祭祀のモチーフに龕が表象するのは考えにくいはずである。しかしこれまでの先行研究をみれば，そういった思考は欠落しているように思える。以下ではこの２点の要点を意識したうえで，龕をめぐる研究史を振り返ってみたい。

沖縄における龕研究の嚆矢は上江洲均「コウまつり瞥見」（1973年）である[1)]。上江洲の特筆すべき点は，山龕なるものを取り上げたことだろう。山龕とは伝承によって伝えられているもので，昔はこれを臨時に作成したのだという。この山龕は「棺を置けるように丸木を組合わせ，その前後左右には法師像などを描いた布を垂れて運んだ」［上江洲 1982（1973）］そうで，これは現行の龕の成り立ちを考えるうえで重要な報告である。

玉木順彦（1996年）や知名定寛（2021年）は，それぞれ史料を用いて民俗的事象の分析を行い，特に知名は近代における庶民層への仏教の展開を葬儀から論じた。

また赤嶺政信（2012年）は龕の別称「コウ」について，史料における葬具に関する記述や，各地の民俗誌における事例から，龕の普及と共に相互扶助組織「講」を関連づけて論じた。すなわち，もともと士族層における「講」集団で龕を保有していたのが，龕を「コウ」と呼称する要因であり，これに因み後に地方へと普及していくなかで，集落共有である場合にも「コウ」と呼称されたとしている［赤嶺 2012］。

### 1-2　龕祭祀の研究史

沖縄県は2009（平成21）年度から2011（平成23）年度にかけて「沖縄の葬制に関する総合調査事業」を実施し，県内の葬送習俗を対象に悉皆的調査を行った。その報告書において比嘉香織は，龕祭祀の開催事例を市町村字誌による報告から抽出し，一覧にまとめた［比嘉 2012］。また同時にそれらの作業から開催期日や目的についても分析を行い，８月に多く集中して開催されること，そして８月内でも８月15日以降に開催事例が見られないことを明らかにした。沖縄の年中行事において８月に厄払いを目的とする祭祀が集中すること，その厄払いは８月15日をもって終了とされることから，龕祭祀をこれら厄払いの祭祀と関連づけている。

奥原三樹（2019年）は，比嘉の作製した龕祭祀事例一覧表を最新の報告書も加えてバージョンアップしたうえで，GIS を活用した開催地の分布分析を試みた。加えて，八重瀬町当銘《とうめ》・小城《こぐすく》の両村合同で豊年祭としての側面を持ちながら年忌ごとに盛大に開催される龕祭祀「龕合祭」を対象に，村落祭祀と地域組織の関わりから祭祀の変容と持続について取り上げた。その結果，当該地域における龕祭祀では，約 2 ヶ月間行われる奉納芸能の練習によって地域の人々間の交流が生まれ，また祖先から継承してきた芸能に接することで当銘・小城出身であることの意識・誇りの認識／再認識する場・機会になっていると論じた［奥原 2019］[2)]。

### 1-3　葬具としての龕のイメージが表出したテクスト

佐喜眞興英（1893-1925年）は沖縄における民俗学研究史のなかでも初期の人物である。佐喜眞の著書『南島説話』（1922年）は彼の出身地である宜野湾市を中心に採取された伝承が掲載されており，そのなかで「ガン（棺を運ぶ物）牛に化ける話」という論目が掲載されている。原文ママで引用したい。

> ガンは牛に化けるさうだ。その角に見えるのはガンにつけてある小鳥（ガンヌユーユー）である。宜野湾間切新城村に嘉手苅（カデカル）の翁と云ふ人があつた。十数年前になくなつたが，若い時分此の化物に出會したことがあつた。彼は身體も丈夫であり勇気もあつたので，早速此と格闘をはじめ，一晩中闘つて勝敗なしに別れた。然し内に歸つてその手を見ると，流石に青ざめて居たさうである。［佐喜眞 1922：69-70］

すなわち龕が牛に化けるということを紹介した妖怪話のひとつである。龕との格闘の後，「歸つてその手を見ると，流石に青ざめて居た」という文章は読解に苦しむが，龕の朱塗りの漆が手に付着し，それを見て後から怖くなった，とも理解できるだろう。この理解の適否は別として，いずれにしても葬具である龕が牛に化ける，そしてそれが妖怪という見方がされているのは興味深いところである。

また比嘉春潮（1883-1977年）と東恩納寛惇（1882-1963年）という，沖縄学の先駆者といえる両者の座談会における一コマの記録も興味深い[3)]。項目名を「ガンの幽霊はこわい」としたその内容は，東恩納が「一番幽霊でこわいのが龕の幽霊なんです」［比嘉 1971：362-363］と語るものである。比嘉と東恩納は両者ともに1880年代の生まれ，すなわち葬儀において龕を使用していた時代を生きた人物であり，この「龕が一番こわい」というエピソードは，当時の龕に対するイメージが如実に表出した対話だといえる。

以上の沖縄の龕をめぐる研究史を振り返って見ると，主に龕を含む葬具の普及と仏教受容との関わりを歴史史料から論じたものや，総括的な龕祭祀の一覧・分布の整理などに留まっている。龕祭祀について見た研究においては，そもそも葬具としての性格を持つ龕が，葬儀で使用されない現在も祭祀対象となっていることには関心を持って論じられてはいない。

つまり，「龕に対する当時の人々のおそれの感情」のような，葬具として忌み避けられるという龕の歴史的背景を鑑みたうえで，現在も開催される村落祭祀たる龕祭祀を取り上げた研究は，今のところ存在しないといえるだろう。

## 2．龕の普及―史料と先行研究による「龕」テクストの整理―

### 2-1　史料から辿る龕の歴史的変遷

ここでは史料を扱い，そこに見える条文や記述から沖縄における葬儀輿「龕」の成り立ちや地方普及について考えてみたい。

ただし，これまでの龕をめぐる研究史上には，既に史料から民俗学の取り扱う事象をアプローチし，龕や葬具全体の地方普及について述べたものが多分にある。しかしながら，これらの先行研究が取り扱う史料は研究ごとに別々で，またそれらをまとめ通時的に整理する作業を試みた研究は今のところ見当たらない。すなわち個別的な史料の検討に留まっていることが多いと

**表１　龕が明記された史料の年代順一覧表**

| 西暦 | 年 | 士族層 | 地方 | 内容 |
|---|---|---|---|---|
| 17世紀 | 1667年 | 『羽地仕置』「葬礼之定」 | | 按司，親方（士族層）に対する葬礼の規定，龕の使用規定が記載 |
| | 1697年 | | 『法式』「田舎衆中葬礼之事」 | 地方に対する葬礼の規定，龕の使用規定が記載 |
| 18世紀 | 1731年 | | 『久米島具志川間切規模帳』 | 葬儀の度に龕を使い捨てする状況，竹木の費えになるので，今後「模合」で仕立て共同利用するよう通達 |
| | 1736年 | 『四本堂家礼』 | | 父母の葬儀の際には龕を新たに造るべき，しかし貧者の場合は「講之道具」を用いて良いと記載 |
| 19世紀 | 1800年 | | 『使琉球記』 | 「農民」の葬儀として観察記録が記述されているが，棺のみで龕とは記述されていない |
| | 1854年 | | 「恩納間切締向条々」 | 葬儀の度に使い捨てする状況，費用もかさみ孝情の道も立たないので，今後は近隣の2,3ヶ村で共同に龕を仕立てる。但し龕は華美にならないようにとの通達 |

いうことである。

そこで，本節ではそれらの史料を通時的に見ながら，先行研究における諸氏の論述を整理していく。そしてその作業を通じ，葬具としての龕の成り立ちや地方普及の実態により確実なアプローチを試みたい[4)]。

表１のとおり史料上における龕の初出は『羽地仕置』による17世紀（1667年）となり，現在振り返れる龕の使用状況の始まりはこの頃だといえる。

18世紀に入ると，葬儀のたびに龕を新造する状況が，竹木などの材料がもったいないということから「模合」で仕立て共同利用するようにという，王府からの布達が地方へなされることになる。このころには久米村系士族である蔡家の家訓として編まれた『四本堂家礼』においても，貧者は「講之道具」を利用して良いと明言されている。とすれば，これより以前の史料において明記される龕とは先述した，にわか造りの山龕である可能性が浮上してくる。

上江洲均による昔は臨時で山龕を使用したという報告［上江洲前同］をたよりにすると，やはり18世紀において材料がもったいないという理由からくる王府の命，すなわち政策の影響から現行の龕が登場してきたというのが，現状の史料からみえる龕の成り立ちであろう。従来，龕は首里那覇の中央で「講」なる集団で保有するものだった。その後19世紀にかけて，地方においても以上のような理由から龕を「模合」や「講」といった相互扶助の仲間内や数集落の合同で共同利用するようになったことが，地方への龕の普及と考えたい。

### 2-2　近代における龕の普及状況

本章では市町村字誌による記述をもとにして，沖縄本島南部・北部それぞれの市町村を対象に，沖縄戦後あたり（1945年以降）の集落ごとの龕保有率は全域的に同じなのか，それとも地域差が見られるのかを検証する。

なお市町村字誌をもとにするという資料の性格上，沖縄本島の市町村全てで発刊されている訳ではなく，また発刊されていたとしても龕の保有状況やそもそも集落ごとの葬儀の状況が記載されていない場合が多々ある。そこで，管見の限りそのような記録が見られた市町村をピックアップし分析対象とした。ここではそれらの記録を筆者が一覧にまとめることで，集落ごとの龕保有状況を地域別で分析することとしたい。

**表２　龕保有状況の一覧（本島北部）**

| 市町村 | 総集落数 | 龕保有あり(○) | 共同保有（△） | 龕保有なし(×) | データなし |
|---|---|---|---|---|---|
| 名護市 | 53 | 41（42） | 5 | 6 | – |
| 大宜味村 | 17 | 4 | 7 | 1 | 5 |
| 宜野座村 | 6 | 4 | – | – | 2 |

⑴沖縄本島北部の普及状況

ここで取り上げる市町村は①名護市，②大宜味村，③宜野座村，の３市村である[5]。それぞれの市村の総集落数は，順に名護市が53集落，大宜味村が17集落，宜野座村６集落となる。

名護市においては53集落のうち，龕を個別に自分たちで保有する集落が41村と過半数が龕を保有している結果となった。なおその横のカッコ内に42と示しているのは，「港《みなと》」集落が1946（昭和21）年までは「城《ぐすく》」集落の一部であり，葬儀で龕を使用していた時期には１つの集落だったことから，現在の集落の実数が42であることに因んでいる。

大宜味村ではデータの取れない集落が５集落とやや多くあったが，全17集落のうち４集落が龕を個別保有する集落で，７つの集落がそれぞれ３集落と４集落で共同保有しているという結果となった。

宜野座村では，全６集落中，４つの集落が個別保有しているという結果になった。なおデータなしとした２つの集落（福山，城山）は近年の宜野座村の行政分離・独立とともにそれぞれ誕生した行政区であることから，実質的には龕を使用していた当時には全ての集落が龕を保有していたとみてよいだろう。

以上のことからみるに，沖縄本島北部において，全ての集落が龕を個別保有している訳ではないが，その割合は高く，また共同保有の状況を考慮すると，集落として龕を管理・保有する状況は高い割合で進んでいたと見受けられる。

**表3　龕の保有状況の一覧（本島南部）**

| 市町村 | 総集落数 | 龕保有あり（○） | 共同保有／保由（しているか不明（△） | 龕保有なし（×） | データなし |
|---|---|---|---|---|---|
| 豊見城市 | 23 | 5 | 1 | 17 | − |
| 糸満市（※旧喜屋武村／旧摩文仁村をのぞく） | 22 | 7 | 6 | 9 | − |

⑵沖縄本島南部の普及状況

ここで取り上げるのは①豊《と》見《み》城《ぐすく》市，②糸満市の2市である[6]。それぞれの市村の総集落数は，順に豊見城市が53集落，糸満市が17集落となる。

なお糸満市においては，本稿執筆時点で該当資料が未刊行である関係上，旧喜屋武村と旧摩《ま》文《ぶ》仁《に》村をのぞくエリアを対象として整理を行い，分析を行っていることを予め断っておきたい。

豊見城市の全23集落のなかで，龕を個別保有しているのはわずか5集落に留まった。龕を葬儀のたびにほか集落から貸借するという17集落が過半数を占めている。

糸満市でも全22集落中，龕を個別に保有している集落7集落に対し，保有せずに貸借することが明確な集落が9集落と上回る結果となった。一方で共同管理している集落が合わせて6集落と，豊見城市に比べ共同管理する割合が高いことが読み取れる。

以上，沖縄本島の南部と北部のいくつかの市町村に限定して，龕保有状況を整理した。その結果を見ると，本島北部では龕の保有普及率が高く，かつ多くは個別所有している状況が見受けられた。しかしその一方，本島南部では龕を所有せずに葬儀のたびにほかから貸借するという状況が多いことが分かった。ところで赤嶺政信は，『南風原町史』を参考のうえで，南風原町の12集落のうち，戦前段階で龕を保有していたのは2集落（本部《もとぶ》，津《つ》嘉《か》山《ざん》）のみであり，ほかは近隣から貸借していたことを言及している［赤嶺 2012］。

先の北部と南部の龕保有に関する状況の差異に関する結論を補強する記述である。

なお後述で取り上げる調査地の南風原が所在する，沖縄本島中部に位置するうるま市のうち勝連半島（「与勝」と称される）における島嶼地域を省いた集落に限ってみると，自治会の存在する主要な9集落（南風原・内間・平安《へん》名《な》・平敷屋《へしきや》・照間・西原・与那城《よなしろ》・饒辺《のへん》・屋慶名《やけな》）のうち，5集落（南風原・内間・平安名・平敷屋・屋慶名）で龕を保有していたことを筆者は聞き取りやフィールド調査のなかで確認しており，2集落（西原・饒辺）であくまでも私信であるが，龕屋が存在していた，すなわち龕を集落で個別保有していたという。

以上から察するに，整理したエリアの狭さから断言はできないが，沖縄本島においては主に中南部において個別保有的な龕の所有が広まっており，一方で首里那覇の中央に近い本島南部では，龕を個別保有する状況よりもほかから貸借，またはいくつかの集落で共同保有する状況が広まっていたと推測できる。

## 3．近代における龕祭祀の状況

### 3-1　近代の龕祭祀開催状況と龕への観念

ここでは，次章から勝連南風原における龕祭祀の実例を見ていくにあたり，改めて龕祭祀の整理を行ってみたい。名嘉真の解説では，龕祭祀とは①死者が出た場合の祈願，②龕の新造／修繕時に行われる盛大な儀式，③龕の払下げ時に行う盛大な供養，という3つのパターンに大別された。しかし，龕を使用した葬儀習俗は変容を見せ，現在は使用されない。とすれば現行の龕祭祀において①「死者が出た場合の祈願」は成立し得ないし，新造，修繕の必要もないために②「龕の新造／修繕時に行われる盛大な儀式」も現在で執り行われることはないと考えられる。だが現代で開催が確認できる龕祭祀は，死者が出た，もしくは修繕するなどに関係なく，一定期日に祈願を行ったり，

表４　「おそれ」の感情を対象にしたと見られる龕祭祀の目的の一覧

| 市町村名 | 字名 | 開催パターン | 目的 |
|---|---|---|---|
| 金武町 | 並里 | 葬儀 | 恐怖心を隠すため |
| うるま市 | 豊原 | 毎年 | シニマブイの厄を祓う |
| うるま市 | 平敷屋 | 周年 | 供養祈願 |
| 北谷町 | 砂辺 | 葬儀 | 龕の供養 |
| 西原町 | 小波津 | 毎年 | 厄祓い |
| 那覇市 | 安謝 | 毎年 | 悪疫祓い |
| 那覇市 | 大嶺 | 毎年 | 病気除祓い |
| 那覇市 | 宮城 | 毎年 | 病気除祓い |
| 南風原町 | 津嘉山 | 毎年 | 龕への感謝及び悪いものを祓う |
| 豊見城市 | 高安 | 毎年及び周年 | 龕の霊を鎮め悪霊を祓う，無病息災及び豊年祈願 |
| 八重瀬町 | 当銘・小城 | 毎年，周年及び新造周年祝賀会 | 龕の供養，無病息災及び豊年祭 |
| 南城市 | 眞境名 | 毎年 | 悪霊を祓い鎮める |
| 南城市 | 南風原 | 毎年 | 龕の供養 |
| 南城市 | 大城 | 毎年 | 龕のケガレを他所に追いやる |
| 南城市 | 奥武 | 毎年 | 悪霊及びフーチ祓い |
| 糸満市 | 大里 | 毎年 | 龕の供養 |

周年開催で盛大に執り行われる。

このような現行の龕祭祀について，奥原三樹（2019年）は各地の市町村字誌などにおける記述を抽出し，地域や市町村名のほか①開催時期（パターン），②祭祀名，③祭祀内容，④供物，⑤参加者，⑥目的に主に注目し，一覧にまとめた[7)]。その結果，周辺離島を含む沖縄の龕祭祀は，80事例の報告が存在するという。この全80事例を見ると，その目的には豊年や無病息災などの祈願が見られる一方で，龕に対して「おそれ」の感情を持ったうえで祭祀を行っていると思われるような事例が16箇所存在した。

金武《きん》町並里においては目的で「恐怖心を隠すため」と直接的に龕に対するおそれがあるうえで，それを隠すために龕祭祀を行うとしている。その他の地域における「龕の供養」や「厄，悪霊，霊を祓う・鎮める」というのもおそれの感情があると見て取れるだろう。

また南城市大城においては，「龕のケガレ」としたうえで，これを「他所に追いやる」というのが面白い。では「ケガレ」とは何を表すだろうか。

このケガレ（穢れ）に関する議論についてはイギリスの社会人類学者であるメアリ・ダグラスから始まる。日本民俗学において穢れをケガレとしたうえで分析概念として用いるようになったのは1970年以降で，柳田国男の設定した「ハレとケ」の議論から出てきた［新谷 1999］ことは言うまでもなく周知のとおりである。そして柳田のこの議論以降，波平恵美子，宮田登，桜井徳太郎，新谷尚紀など，蒼々たる研究者によって議論が重ねられている。こうした議論のなかで新谷尚紀はこのケガレについて，日本民俗大辞典において「ケガレの概念規定を試みてそれを死であると定義し，生命活動の中で必然的に再生産される不浄なもの，感染力があり放置しておくと死をもたらす危険なものを包括してケガレと概念化することによって，そのケガレが祓えやられたとき，ケガレが人々の手を離れても無化することなく不気味さを増幅させ，やがてケガレの価値の逆転現象がおこりケガレが縁起物へと転じ，そこからついには神々が誕生するというメカニズムを主張する論も提出されている」［新谷 1999：566］という，「ケガレから縁起物への価値の逆転」が起きるメカニズムを解説している。

## 4．龕祭祀の実例―うるま市勝連南風原―

### 4-1　調査地概況と歴史

字南風原は，行政区分的には沖縄本島中部のうるま市勝連（旧勝連町）[8]に，地理的には勝連（与勝）半島の付け根部分の南側に位置する集落である。

その周囲を見ると，集落の西側は旧具志川市の字川田，北側は旧与那城町照間，東側は同字西原，そして南側は中城《なかぐすく》湾に浮かぶ埋立地である工業地帯の洲崎が位置している。よって埋立地である洲崎ができた現在では，周囲を陸地に囲まれた集落といえる。うるま市公式ホームページよると，字南風原は総人口が3657人，そして総世帯数が1666世帯という規模の集落である［うるま市ホームページ］。

集落と離れた南側には，2000年に「琉球王国のグスク及び関連遺産群」の一つとして世界遺産に登録された史跡「勝連城跡」が存在している。伝承では，南風原は近世に集落移動を果たしているのだが，元集落の所在は勝連城南側の傾斜地である小字で「元島原《もとぅじまばる》」なる場所だという［沖縄県中頭郡勝連町字南風原字誌編纂委員会 編 2000］。

この集落移動は1726年，前浜親雲上《ぺーちん》なる人物の指導によって果たされたという。集落内には前浜親雲上の功績をたたえ，祀った「報恩社」なる拝所が

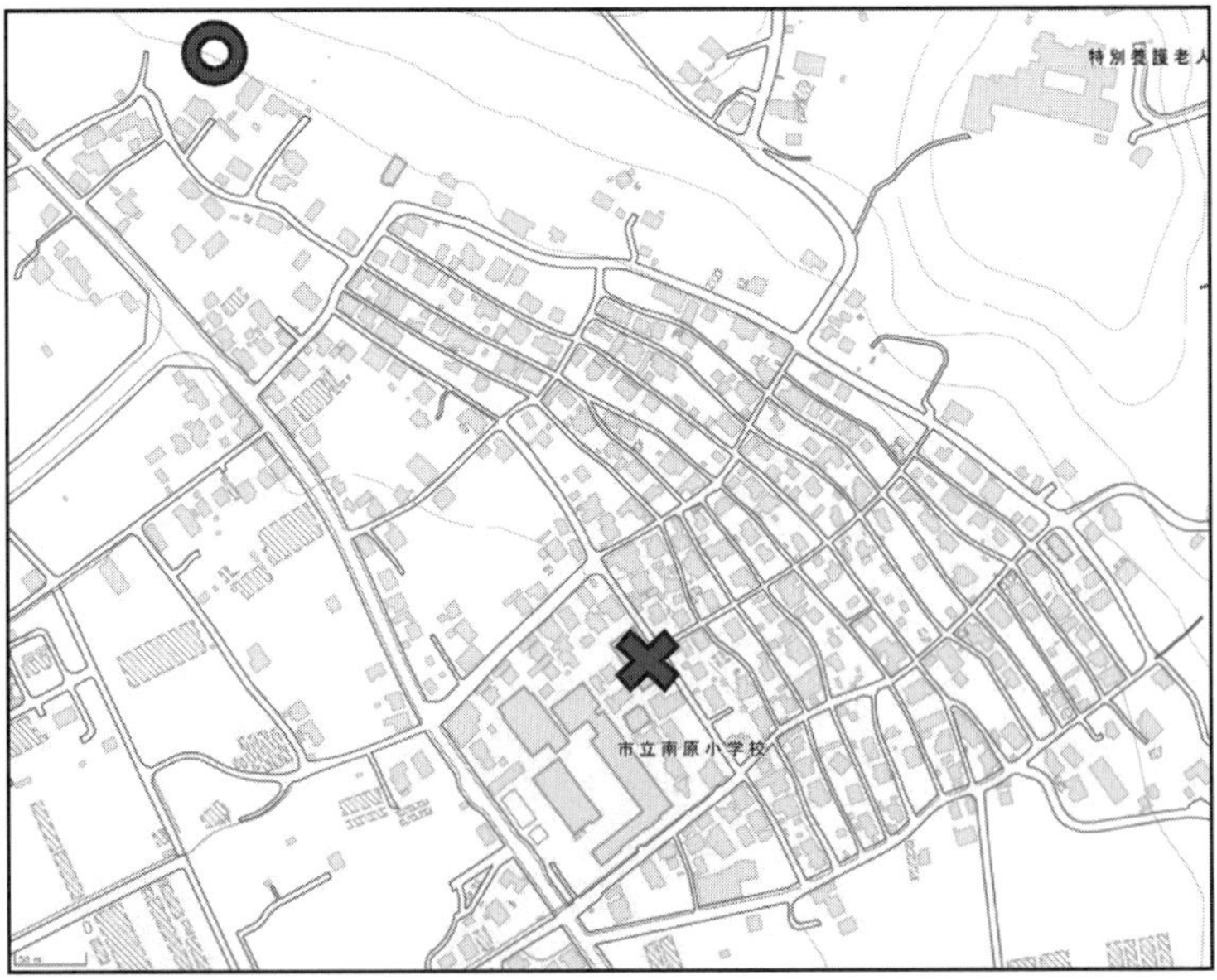


**図１　勝連南風原の集落図（地理院地図より筆者作成）**

存在している。

ところで龕を保管する龕屋は，現集落の外れにある寒土風原《かんとぅーばる》なる小字に位置するが，伝承によれば集落移動からそう遠くない1732年に龕の制作と共に龕屋が建ったという［前同］。

また近年，勝連城跡一帯は観光開発が進められている。観光および歴史教育施設であり，勝連城の城主として著名な「阿麻和利」の名からとったあまわりパークをはじめとして付近には観光案内施設が存在し，賑わいを見せている。

### 4-2　字南風原の龕祭祀「龕屋祭」について

南風原における龕祭祀は12年に１度，子年の旧暦９月９日に開催される。ただし2020年は11月８日（旧暦９月23日）に開催された。目的は無病息災と豊年の祈願である。また2020年に開催された龕祭祀は「龕屋祭」という名称であった。

2020年における南風原の龕祭祀（以下，2020年に開催されたものに限り「龕屋祭」）は，図１上において×印で示した場所に位置する公民館から，集落はずれに位置する○印で示した場所に位置する龕屋まで芸能を演舞しながら練り歩く道ジュネーという行為から始める。

そして龕屋に着くと供物が供えられると共に，龕屋に対して祈願が行われ，その後，龕屋前にて奉納芸能が演舞されるのである。この際，龕屋前に備えられた供物は表５の通りである。

龕屋前で行われる奉納芸能では，2020年の龕屋祭には①テークチリ，②棒術，③ウスデーク，④かぎやで風，⑤汗水節《あしみじ》，⑥揚作田《あぎちくてん》，の６つの芸能が演じられた。これらの芸能に関しては①テークチリ，②棒術については集落の青年会がその役を担い，そのほかの芸能についても小学生をはじめとする学生に当たる世代が，そして③ウスデークに関しては婦人会が担い，龕屋祭で演じられる芸能の演舞者たちの中で唯一，若者以外が担う芸能であった。

**表５　2020年「龕屋祭」における供物（「勝連南風原ガンヤー祭」より抽出））**

| 番号 | 品目 | 数量 |
|---|---|---|
| 1 | 魚（15匹）サンマ頭付き | お膳山盛分 |
| 2 | エビ（７個：ゆがく） | 皿盛数多め |
| 3 | カニ（７個：ゆがく） | 皿盛数多め |
| 4 | 鳥（生，頭・爪付き） | １対 |
| 5 | 豚（チラガー，生） | １対 |
| 6 | 重箱 | ２対 |
| 7 | 餅（きな粉味） | 30個 |
| 8 | 米 | ５kg×３袋 |
| 9 | 三枚肉 | ブロック数個 |
| 10 | 饅頭 | 150個 |
| 11 | サーターアンダギー | 150個 |
| 12 | モモ菓子 | 150個 |
| 13 | 果物 | りんご×６，オレンジ×６，バナナ×２房，青ミカン（１箱） |
| 14 | お茶 | 適宜 |
| 15 | 酒 | １升×２本 |
| 16 | ウチャヌク（３段の餅） | ２セット |
| 17 | 沖縄香（ウクー） | １束 |
| 18 | 御願用白紙 | １箱 |
| 19 | 団子（ダーグ） | ７個×２か所 |
| 20 | 扇子（日の丸） | ２本 |
| 21 | 塩（お供え用） | ５袋 |
| 22 | チャワキ | ２皿 |
| 23 | お土産（子供達）※供え物の残り物のお菓子など | 適宜 |

しかしながら，2008年に開催された際の龕祭祀においては，決して学生世代（若者）が演舞における役の多くを担った訳ではないようである。公民館

写真１　青年会による棒術
（2020年11月８日筆者撮影）

写真２　児童によるかぎやで風
（2020年11月８日筆者撮影）

写真３　婦人会によるウスデーク
（2020年11月８日筆者撮影）

に保管される2008年当時に開催された竈祭祀の映像を見ると，竈屋前での祈願御，棒術などの演舞を担ったのは，筆者（2008年当時は９歳）の親世代に当たる人物であった。

ところで2020年に開催された竈屋祭では，ニュースや新聞で取り上げられ，またテレビ番組で特集が組まれるなど，各種メディアによって結果的に外部に広くアピールされた。メディアを通して放送される中で当然のことながら「この祭祀は何なのか」という概況が説明される。そうした状況において当時の区長を務めたＣさんはインタビューを受けるなかで，「竈屋祭は集落で受け継いできた伝統のもの」というような旨を発言している。また特集が組まれたテレビ番組の中では，竈屋祭の準備にあたり，公民館において夜間，棒術など奉納される芸能を集落の古老から当日その役を担う青年たちへと直接稽古を行い，加えてウスデークにおいても継承される様子など，このような「前の世代から次世代へ芸能を教授する」というシーンが印象的に放映された。12年に１度の祭祀において，次世代へと引き継ぐという動きが，対外的にアピールされた訳である。

### 4-3　「祝い」なのか「祭り」なのか

以上でみたように，2020年に開催された南風原の竈屋祭は，12年に１度，道ジュネーを行い集落を練り歩くという，盛大に行われる祭祀であった。しかしその開催は一筋縄ではなかったようである。現在区長を務めるＢさんによると，2020年の竈屋祭開催をする以前に，南風原の竈祭祀は「祝い」なのか「祭り」なのか，という議論が展開されたという。

すなわち，2020年の竈祭祀を行うにあたり，当時の区長らは南風原の竈祭祀を集落の盛大な儀式であり，芸能の継承の場となる「祭り」という認識のもと，開催しようとした。しかしこの一方で集落の古老たちや評議員は，この南風原の竈祭祀は竈を鎮める，そして集落の先輩たちを乗せてきた竈（コウ）を祝う「祝い」だと主張した。結果として2020年には「竈屋祭」すなわち「祭り」の文字がつけられた盛大な祭祀として執り行われるようになったという。

このことから考えると，南風原では龕屋祭を元々は「祝い」と捉えており，それが認識の違いから2020年には「祭り」になったと認識できる。このように明確に「祝い」を龕祭祀の目的に据えおく集落は，先行研究によって相当数の数が報告されている。ではそれらにおける「祝い」とは何なのだろうか。ところで前区長であるＣさんは，筆者の調査中に龕屋には「馬のはねいろの神」なる存在がいると発言したことがある。

先述した新谷尚紀のケガレに対する論をもう一度振り返りたい。すなわち「ケガレが祓えやられたとき，ケガレが人々の手を離れても無化することなく不気味さを増幅させ，やがてケガレの価値の逆転現象がおこりケガレが縁起物へと転じ，そこからついには神々が誕生する」［新谷 1999］というものであった。

この新谷のケガレ逆転のメカニズムに龕祭祀，殊に南風原の事例を照らし合わせると，本来，葬具である龕は人々にとって「ケガレ」とみなす対象であり，「厄を祓う，鎮める」ために祈願（龕祭祀）を行った。やがてケガレの価値の逆転によって縁起物と見なされ，「祝い」の祭祀として「豊年や無病息災」を祈願する祭祀となった。これが近代になり，龕の葬具という歴史背景よりも集落で代々継承してきたモノという面が勝ると，「祝い」の祭祀は伝統的な「祭り」と見なされ，「馬のはねいろの神」なる神が誕生するに至った，と考えることも可能である。

ただし，このように称する話者は決して多数ではないことに注意したい。現在南風原の区長を務めるＢさんは，この呼称を聞いたことはないばかりか，龕に宿る神観念も見当がつかないという。筆者の調査においてもこのような呼称を使ったのは，前区長のＣさんのみでその他で出会ってはおらず，「馬のはねいろの神」に含まれる意味合いも不明なままである。

ところで2020年の龕屋祭は各種メディアで報道され，テレビ番組では特集が組まれ，祭祀で執り行う各種芸能の次世代への継承というシーンが対外的にアピールされたというのは前述の通りである。しかし，現在行われる南風原の村落祭祀の中で，このように奉納芸能が盛大に演じられる場面は決して12年の１度の龕祭祀のみならず，それぞれ毎年の旧暦７月，８月に開催される慰霊祭や十五夜あしびでも演じられるという。つまりは集落の芸能を継承する場面は決して12年に１度行われる龕祭祀しかないという訳ではないということである。

これらのことを踏まえると，2020年の龕祭祀が「龕屋祭＝祭り」として，また集落の伝統芸能を継承する場として強く意識されたのは，元々は「祝い」とされていた龕祭祀を集落の伝統的な「祭り」と認識した当時の区長Ｃさんの観念に影響された後付けのものである。そしてそのような経緯で変容した現行の南風原の龕祭祀は，新谷の議論する「ケガレの価値の逆転現象がおこりケガレが縁起物へと転じ，そこからついには神々が誕生する」［新谷1999］というメカニズムに当てはまるものの，祭祀のニュアンスが変化したのは決して自然に集落の人びとの認識が転じた訳ではないだろう。

## おわりに

本稿では沖縄本島を中心に分布する葬具の一種である龕を対象に，葬儀習俗の変容により龕を使用しない現在も龕祭祀が開催されるのは，その背景にどのような龕への認識や観念が存在するのか，そして葬儀で使用していた過去と現在とではどのような違いが生じたかを検討した。

第１節では龕や龕祭祀に係る先行研究の整理を行い，特に龕祭祀に焦点を当てた研究については，龕が「こわい」とされた歴史背景に注目したうえで現代の龕を論じたものが少ないことを指摘した。

第２節では史料や民俗誌・先行研究における記述の整理から，龕の普及と近代の保有の実態について分析を行った。結果として，従来庶民層ではにわか造りの山龕を使用していた状況から，18世紀になると王府の政策の影響から首里那覇のように常備した，すなわち現行と同様の龕を「講」や「模合」といった集団で保有するような形態で普及がなされた。ただし，実態としては沖縄本島南部では数集落での共同保有が目立つ一方で，北部では個別での保有が目立つなど，地域ごとの差異が存在した。

第3節では現代の龕祭祀について整理すると共に，目的に「おそれ」の感情がある事例が存在することを取り上げた。

第4節では龕祭祀の実例としてうるま市勝連南風原で2020年に開催された「龕屋祭」を取り上げた。なかでも特に「祭り」か「祝い」かという議論が展開されたことを取り上げ，また当時の区長が言及した「馬のはねいろの神」なる神観念も踏まえながら，勝連南風原においては新谷が論じる「ケガレの価値の逆転現象がおこりケガレが縁起物へと転じ，そこからついには神々が誕生する」［新谷 1999］というメカニズムに当てはまる。しかしこの神観念を言及する人物の少なさから，殊に南風原においての祭祀のニュアンスの変化は，決して自然に集落の人びとの認識が転じた訳ではいことを論じた。

今回はうるま市勝連南風原を主な龕祭祀の事例として取り上げたが，前章でも述べたように，その開催数は決して少なくないばかりか地域ごとで様々な形態を取っており，さらにその成り立ちや普及といった歴史背景は集落ごとで異なるため，龕祭祀の現代的状況や背景には地域ごとの差異が見られよう。またおそれの観念やその差異についても，本研究では不充分だった点がいくつか存在する。

そのため，本稿で述べた考察は，うるま市勝連南風原を中心とした一考察とし，今後この問題の議論を発展させていくためのきっかけとしたい。

**注**

1）　表題の「コウ」とは現地レベルでの「龕」の別称である。

2）　本論は沖縄国際大学大学院にて提出された修士論文である。

3)　本文献については，沖縄国際大学総合文化学部の石垣直先生よりご教授いただいた。

4)　本項の整理に当たっては，次の先行研究を参考にした。
上江洲敏夫「『四本堂家礼』と沖縄民俗―葬礼・喪礼について―」(1984年)
梅木哲人「久米具志川間切規模帳」(1983年)
沖縄県沖縄史料編集所 編『沖縄県史料』(1981年)
沖縄県立図書館史料編集室 編『沖縄県史料』(1989年)
窪徳忠「四本堂家礼」(1983年)
島尻勝太郎「使琉球記」(1983年)
高良倉吉「規模帳」(1983年)
高良倉吉「羽地仕置」(1983年)
高良倉吉「『羽地仕置』に関する若干の断章」(1983年)
豊見山和行「法式」(1983年)
那覇市企画部文化振興課 編『那覇市史資料編』(1989年)
原田禹雄『汪楫 冊封琉球使録三篇』(1997年)

5)　本項の整理に当たっては，次の民俗誌を参考にした。
大宜味村史編纂委員会民俗専門部会 編『大宜味村史』民俗編 (2018年)
宜野座村誌編集委員会 編『宜野座村誌』(1989年)
名護博物館 編『久志地区の墓』(1990年)
名護博物館 編『屋部地区の墓』(1991年)
名護博物館 編『屋我地地区の墓』(1992年)
名護博物館 編『羽地地区の墓』(1993年)
名護博物館 編『名護地区の墓』(1994年)

6)　本項の整理に当たっては，次の民俗誌を参考にした。
糸満市史編集委員会 編『糸満市史』資料編13村落資料―旧兼城村編 (2011年)
糸満市史編集委員会 編『糸満市史』資料編13村落資料―旧高嶺村編― (2013年)
糸満市史編集委員会 編『糸満市史』資料編13村落資料―旧糸満町編― (2016年)
糸満市史編集委員会 編『糸満市史』資料編13村落資料―旧真壁村編― (2023年)
豊見城市市史編集委員会民俗編専門部会 編『豊見城市史』第二巻民俗編 (2008年)

7)　奥原は一覧表を作成するにあたり，市町村誌などにおける記述を参照し作成している。すなわち現状の龕祭祀を網羅している訳でなく，漏れのある可能性を注意したい。

8)　うるま市は市町村合併により新設された市である。南風原の位置する勝連半島を二分していた旧勝連町，旧与那城町，そして旧石川市と現在では同市の行政的中心地である旧具志川市の4市町が合併し，平成17（2005）年4月に誕生した。

## 参考文献


赤嶺政信 2002「奄美・沖縄の葬送文化―その伝統と変容―」国立歴史民俗博物館 編『葬儀と墓の現在―民俗の変容―』吉川弘文館

赤嶺政信 2012「第2章　龕についての覚書―概説に代えて―」沖縄県教育庁文化財課 編『沖縄の葬制に関する総合調査報告書』沖縄県教育委員会

糸満市史編集委員会 編 2011『糸満市史』資料編13村落資料―旧兼城村編―　糸満市役所

糸満市史編集委員会 編 2013『糸満市史』資料編13村落資料―旧高嶺村編―　糸満市役所

糸満市史編集委員会 編 2016『糸満市史』資料編13村落資料―旧糸満町編―　糸満市役所

糸満市史編集委員会 編 2023『糸満市史』資料編13村落資料―旧真壁村編―　糸満市役所

伊波普猷 1974「南島古代の葬制」『伊波普猷全集』第五巻　平凡社　（1927「南島古代の葬儀」2巻5号）

上江洲敏夫 1984「『四本堂家礼』と沖縄民俗―葬礼・喪礼について―」『民俗学研究所紀要』第8集　成城大学民俗学研究所

上江洲均 1982（1973）「コウまつり瞥見」『沖縄の暮らしと民具』慶友社　※原文は「コウまつり瞥見」『沖縄県立博物館報』6号（1973）

梅木哲人 1983「久米具志川間切規模帳」沖縄大百科事典刊行事務局 編『沖縄大百科事典』上巻 沖縄タイムス社

大宜味村史編纂委員会民俗専門部会 編 2018『大宜味村史』民俗編　大宜味村教育委員会

沖縄県沖縄史料編集所 編 1981『沖縄県史料』前近代1 首里王府仕置 沖縄県教育委会

沖縄県中頭郡勝連町字南風原字誌編纂委員会 編 2000『勝連町南風原字誌』南風原公民館

沖縄県立図書館史料編集室 編 1989『沖縄県史料』前近代6 首里王府仕置2 沖縄県教育委員会

奥原三樹 2019「八重瀬町当銘・小城の「龕甲祭」に関する研究―村落祭祀と地域組織の関係を中心に―」沖縄国際大学大学院　※修士論文

宜野座村誌編集委員会 編 1989『宜野座村誌』第三巻資料編3 民俗・自然・考古　宜野座村役場
窪徳忠 1983「四本堂家礼」沖縄大百科事典刊行事務局 編『沖縄大百科事典』中巻 沖縄タイムス社
佐喜眞興英 1922『南島説話』郷土研究社
島尻勝太郎 1983「使琉球記」沖縄大百科事典刊行事務局 編『沖縄大百科事典』中巻 沖縄タイムス社
新谷尚紀 1999「ケガレ」福田アジオほか編『日本民俗大辞典』上　吉川弘文館
高良倉吉 1983a「規模帳」沖縄大百科事典刊行事務局 編『沖縄大百科事典』上巻 沖縄タイムス社
高良倉吉 1983b「羽地仕置」沖縄大百科事典刊行事務局 編『沖縄大百科事典』下巻 沖縄タイムス社
高良倉吉 2007「『羽地仕置』に関する若干の断章」『琉球大学法文学部紀要 日本東洋文化論集』第6号　琉球大学法文学部
玉木順彦 1996『近世先島の生活習俗』ひるぎ社
知名定寛 2021『琉球沖縄仏教史』榕樹書林
豊見城市市史編集委員会民俗編専門部会 編 2008『豊見城市史』第二巻民俗編　豊見城市教育委員会文化課
豊見山和行 1983「法式」沖縄大百科事典刊行事務局 編『沖縄大百科事典』下巻 沖縄タイムス社
名嘉真宜勝 1979「沖縄県の葬送・墓制」名嘉真宜勝／恵原義盛『沖縄・奄美の葬送・墓制』明玄書房
名嘉真宜勝 1983「龕の御願」沖縄大百科事典刊行事務局 編『沖縄大百科事典』上巻 沖縄タイムス社
名護博物館 編 1990『久志地区の墓』名護博物館
名護博物館 編 1991『屋部地区の墓』名護博物館
名護博物館 編 1992『屋我地地区の墓』名護博物館
名護博物館 編 1993『羽地地区の墓』名護博物館
名護博物館 編 1994『名護地区の墓』名護博物館
那覇市企画部文化振興課 編 1989『那覇市史資料編』第1巻10琉球資料（上）　那覇市役所
原田禹雄 1997『汪楫 冊封琉球使録三篇』榕樹書林
比嘉香織 2012「第4章 龕と龕に関する行事について 4龕合祭」沖縄県教育庁文化財

課 編『沖縄の葬制に関する総合調査報告書』沖縄県教育委員会
比嘉春潮 1971（1956）『比嘉春潮全集』三 文化・民俗篇　沖縄タイムス社　※原文は『民間伝承』第20巻第８号（1956）
山田慎也 1999「龕」福田アジオほか編『日本民俗大辞典』上　吉川弘文館

参考資料

勝連南風原公民館（作成日未記述）「勝連南風原ガンヤー祭」勝連南風原区自治会

参考 Web サイト

うるま市公式ホームページ「南風原区自治会」（2024年８月20日最終閲覧）
https://www.city.uruma.lg.jp/1006001000/contents/10549.html

参考映像

RBC 琉球放送「ウチナー紀聞「うるま市勝連南風原ガンヤー祭」」（2020年12月13日初回放送）
https://uchina-kibun.com/list/2022/04/19/ うるま市勝連南風原ガンヤー祭 -2/

# 黒龍会の文明観と韓国
## ――雑誌『黒龍』を中心に――

岡 部 柊 太

## 0．はじめに

アジアとの関係を通じて日本の近代について論じた中国文学者・竹内好は，「日本とアジア」（1961）において，日本の近代化の問題は西洋文明からの逸脱ではなく，アジアからの逸脱，つまり「脱亜」により「文明の否定を通しての文明の再建」を果たせなかった点にあると指摘した[1)]。このような問題意識の上で竹内が注目したのが，明治期の日本で台頭したアジアの民族／国家の「連帯」を指向する思想・運動である「アジア主義」である。

竹内は，「アジア主義の展望」（1963）において，「文明なり，文明観なりを裁くのがアジア主義のはずであった」にもかかわらず，「そのアジア主義がついにその立場を確立することなしに，侵略主義のチャネルに流れ込んで」いったと述べた。竹内によると，原理的に西洋文明を否定すべきであったアジア主義でさえ，日本においては「脱亜」的で「侵略」的な傾向を帯びてしまったと批判的に論じたのである。そして，その代表的事例として取り上げられたのが，「玄洋社＝黒竜会的なチャネル」という表現で示される黒龍会であった[2)]。

1901年に設立された近代日本を代表するアジア主義団体・黒龍会については，竹内のみならず，これまで多くの研究者が注目し，研究を進めてきた。ただし，従来の多くの研究では，黒龍会による政治運動の具体的な展開過程の解明に重点が置かれ，彼らが掲げるアジア主義思想の内実や，運動と思想との間の相互関係については，不分明な部分が残されている[3)]。つまり，これまでの研究では，竹内が問題に据えた，「興亜」と「脱亜」，「連帯」と「侵略」がからまり合うアジア主義の複雑な性格について，十分に捉えきれていない側面があった。今後の研究では，日本の他のアジア諸民族／国家に対する指導性を正当化する「近代」性をアジア主義のなかから浮き彫りにしようとする研究[4]や，アジア主義における「近代」性と「アジア／東洋」性の両立構造に迫る近年の研究[5]を踏まえ，竹内の問題意識に立ち返った思想史的なアプローチが再度必要とされるだろう。

また，内田良平など黒龍会の主要メンバーの政治運動の過程を追った先行研究の分析では，多様な背景をもちながらも黒龍会の主張に賛同し，その運動を末端で担っていた会員を含む黒龍会の全体像に迫ることはできない。近年のアジア主義研究では，アジア諸国との貿易や現地での経済活動に従事する実業家層などがアジア主義運動に関与していたことに注目し，アジア主義の経済的側面に焦点を当てているが[6]，黒龍会に対しても同様に，その経済的アジア主義の側面を明らかにする必要がある。

そこで，本論文で分析対象として取り上げるのが，1900年代に黒龍会の機関誌として刊行されていた『会報』とその後継誌『黒龍』である[7]。これらの史料は，これまで多くの研究で補助的に利用されるにとどまってきたが，政治・外交のみならず，経済，社会，文化など多岐にわたる記事が掲載されており，政治運動に限定されない黒龍会の活動・思想の全体像を把握するために，より積極的な活用が求められる。韓国の研究者である黄美珠の場合，『黒龍』自体を中心的な分析対象としているものの，黒龍会が韓国を「当時の日本が軍事的・経済的な国内問題を解決するための海外経営地」として認識していた，「迅速で正確に提供される情報で日本人の朝鮮進出を後押しした」などの結論が導かれており，黒龍会の「自国中心のアジア主義」とされる思想との関連性は明確に示されていない[8]。本論文では，黄の研究を踏まえつつ，『会報』と『黒龍』に掲載される記事の内容と彼らのアジア主義思想との関連性にも迫っていきたい。

また，本論文が1900年代という初期黒龍会の活動時期を対象とする理由は，当時の黒龍会が韓国問題に大きな関心をもち活動を展開していたという点と，1880年代以来のアジア主義運動の傾向を継承し，後の時代よりも多様な志向を内包していたと考えられる点にある。日本から最も近いアジアの民族／国家といえる朝鮮／韓国[9]との関係は，近代日本のアジア主義において重要な位置づけを占めてきたにもかかわらず，これまで研究が手薄な分野であった。本論文を通して，黒龍会がアジア主義を掲げながらも西洋文明を指標とする「近代」性にいかに向き合ってきたのか，彼らの思想と活動がどのような関連性をもつのかを明らかにするとともに，近代日本のアジア主義における朝鮮／韓国の位置についても浮き彫りにしていきたい。

## 1．『会報』（1901年３月－４月）／第１期『黒龍』（1901年５月－1903年３月）に見る黒龍会の文明観と韓国

### 1-1. 黒龍会の結成と趣旨

黒龍会は，日清戦争時に東学党の支援を掲げて朝鮮で活動した天佑俠のメンバーである内田良平を中心として，天佑俠・玄洋社・東亜同文会・自由党急進派・憲政本党・二六新報社などの系列に属するアジア問題に関心のある人々が結集し，1901年２月３日に東京において結成された団体である[10]。

黒龍会結成の背景には，1900年頃から見られるアジア主義運動の盛り上がりが存在した。1898年に設立された東亜同文会の活動に見られるように，日清戦争以後のアジア主義運動は，東アジアにおけるロシアの影響力を一定程度是認したうえで，経済・社会・文化的な次元での日本と朝鮮・中国との関係強化を主眼に展開されていた。しかし，馬山浦租借要求などロシアの朝鮮進出が本格化し，さらに義和団事件に伴ってロシアが満洲を占領するに至ると，1900年９月，東亜同文会は政府が規定する政治・外交的枠組みへの変更を要求するという意味での政治運動を行う部門として国民同盟会を設立し，「清国保存」「韓国扶掖」を掲げて運動を開始した[11]。

政治的次元でのアジア主義運動の盛り上がりを背景として設立された黒龍会の趣旨は，会結成の翌月に刊行された『会報』第1集の「黒龍会創立趣意」に次のように示される。

> 独，露，英，仏の敏活なる夙に機微の存し勢力の在る所を看破し，海に航し，山に梯し，千里争ひ来り以て我東洋の地を蹂躙するや久し。而かも韓の孱，清の弱，固より之れを支持する能はず［中略］蓋し西比利亜及ひ満州朝鮮の百年われに於て緊密の関係を有するは復た論を俟たざる所，而かも世之れを等閑に付し，禍機すでに逼るの今日に在て猶ほ一人の天下に呼号するなきは抑も亦何の故ぞ。［中略］要は其観察の結果を示して世人の覚醒を促すに在り。政事の得喪は勿論，風俗，人情，殖産，地質の外，万般の事に及び，博く採り，厚く積み，学理より，実地より之れか研究を施し，之れが説明を加へ，然る後ち来と今とに於て当に経営すべき事業を択び，満腔の心力を傾注して勇往猛進せば，其れ或は百年鞏立の策を決し，万里雄飛の地歩を拓くに庶幾からんか12)。

ここでは，西洋の勢力が「我東洋の地を蹂躙」し，韓国・清朝が独立を保てない状況にあるために日本がそれらの国々を支援しなければならないという日本盟主論が前提とされる。そのうえで，シベリア・満洲・朝鮮の「万般の事」に対する研究と知識の普及を図ることで，当地での日本人による事業経営に役立て，結果として日本/東洋が「百年鞏立の策を決し，万里雄飛の地歩を拓く」ことを目標として掲げている。

つまり，黒龍会は日本を盟主として日清韓が提携し，西洋に対抗するための手段として，研究・教育・宣伝・事業経営などの非政治的な活動を挙げているのであるが，これは会員が国内政治の次元で参加していた国民同盟会やその後継の対露同志会の運動と相互に補完し合う関係を想定していたと考えられる。したがって，黒龍会の全体像に迫るためには，従来の研究で注目してきた日露開戦運動など政治運動の側面のみならず，非政治的な活動や思想の論理についても明らかにすることが求められるのである。

### 1-2.『会報』/第1期『黒龍』の文明論と文化論

これまでの研究において，黒龍会の機関誌に関する考察は，黒龍会の政治運動の解明や調査研究の具体的な内容に焦点を当てて進められてきた。しかし，機関誌には，団体の活動の基盤を成す思想を団体内部で共有し，さらに団体外へ発信する機能が備わっている。ここでは，『会報』および第1期『黒龍』に掲載された文明論や文化論についての論説を取り上げ，これまでの研究であまり取り組まれなかった思想史的な観点からの分析を試みることにする。

まず，黒龍会の中心人物である内田良平による論説「太洋的日本」では，日本の歴史を振り返り，以下のように述べられる。

> 支那文明来れば支那文明を呑み，三韓の文物来れば三韓の文物を呑み，之れを消化し，日本化して自家の用に供し，印度の仏教来れは又た之れを拒まずして日本的の仏教を立て，他邦の文物教道，茲に至れば新たに改進して皆な其本国の文物教道を抽くこと数等，輓近泰西の文物宗教を輸入するに及んでも又た先人の寛容に倣ふて来るものは敢て尤めず，静かに思慮して短を去り，長を取り，以て当今天下無双の大進歩，大富強を僅々三十年間に成就し，更に君民和気洋々の間に永世不朽の大憲法を発布し得たり[13]。

この論説では，明治以降の西洋文明の受容がそれ以前の時期の中国・朝鮮・インドの文物受容と同一次元で語られることによって解消され，憲法発布という「近代」的な事件も日本の生来的な特性に合致するものとして説明されている。日本が外来の文物を受容・消化することができたのは，島国であり「太洋的感化」を受けているという地理的特性によるものであり，そのために「調和・中庸・恒常の人道」が発達したとされた。そして，内田はロシアに脅かされる朝鮮・中国などの「四隣の弱邦暗界」に「自家の有する人道の意」を広めることを主張するのである[14]。

一方，内田と同じく天佑俠の一員であった鈴木天眼による論説「開大論」では，当時の日本社会が「生気を失ひ去れる其状は，半死の朝鮮と隣り附合の格」「魂イてふ事，精神力てふ事は伊藤福沢の他に一切無用」といった表現で形容される「現世的」で「精神的自滅」の状況であると認識され，「物質的精神的」に「恥かしからぬ思想気風」を養成しなければ，「東亜革命」「日本大飛雄」を実現することはできないと主張された[15)]。ここでは，伊藤博文や福沢諭吉といった人物に代表される物質的側面における西洋文明の受容だけでなく，同時に日本／東洋に内在的な精神性の発揮が必要だという前提のもと，朝鮮についても精神性を基準として否定的な認識が表明される。

これらの論説からうかがえる黒龍会の文明論は，西洋文明を基準として日本／東洋の文化や伝統を劣位に置く西洋文明至上主義的な見方でなく，西洋文明を相対化したうえで，日本／東洋の文化・伝統に基盤を置いた「調和・中庸・恒常の人道」や精神性に基づく文明を他のアジア地域に広めるべきとするものであったといえる。日本のアジア主義は，文明化の弊害が意識され始めた1880年代以降，地理的・人種的概念を超えて西洋文明至上主義とは両立しえない文明論的要素を含むものへと変化したが，黒龍会のアジア主義もまたその延長線上に位置していたことが見てとれる[16)]。

また，これまでの研究では十分に扱われてこなかったが，黒龍会の思想に接近するうえでは，機関誌に連載される伝記などの文学も注目される。まず，『会報』の創刊時から連載された吉倉汪聖による「豊公征韓朝鮮義軍大将陣中日記」について確認する。この作品は，慶尚北道の桐華寺に保管されていた文禄・慶長の役の際の義兵将である徐楽齊の「陣中日記」に，吉倉が「序」を付したうえで日本語翻訳を行ったものである。吉倉は東学党の支援を掲げて活動した天佑侠の一員であっただけに，「近時琫準の以て国人の気力を代表するあり。往昔に在りては即ち当に徐楽齊を推すべし」と述べながら，徐楽齊を東学党の領袖・全琫準に重ね合わせて評価している[17)]。この文章には，朝鮮人によるナショナリズムの発露に対して，それが「倭人」「倭奴」に向けられたものであったとしても共感する姿勢が表れている。また，鈴木と同じく人物や民族／国家の評価基準を「気力」という精神性に置いている点も注目に値する。

吉倉はまた，自身も参加した天佑俠の活動の経緯について脚色を混ぜながら叙述した，「韓山虎嘯録」「韓山虎嘯録続篇」という伝記物語を連載している[18)]。ここでは，自身らを「大胆にも暗夜，数万の東党の陣門を敲ひて，斡乾転坤の大手腕を海外に振」おうとした「志士軍人」と称し，自らの運動の経緯を喧伝しようとする意図がうかがわれる。ただし，東学党や全琫準に対しては一貫して共感する姿勢を示し，「惜ひ哉，当時吾国，彼を制し得る底の大人物なく，彼をして空く済世興国の雄志を齎して九泉に逝かしめたる事や」と，日本と東学党・全琫準の提携が実現しなかったことへの無念さを表明している[19)]。吉倉はこの作品を通して，東学党・全琫準を支援しようとした自身の記憶を召喚し，韓国に対する「連帯」の心情を会員に共有することを意図していたといえよう。

その他，「閨怨歌」「勧酒歌」「遠戎歌」「楽天歌」「ありやくん節競ひ歌」「漁夫歌」など朝鮮の俗歌の歌詞を翻訳のうえで掲載した人歌人哭楼主人による「朝鮮の俗歌」などの記事も存在し，『黒龍』では朝鮮文化に対する関心も見られた[20)]。ここからは文明化と各民族／国家の文化を「国粋」として保持することの両立を論じた国粋主義の基盤の上に立つアジア主義の議論の特徴を垣間見ることができる[21)]。

### 1-3.『会報』／第１期『黒龍』の経済的アジア主義

これまで『会報』／第１期『黒龍』における文明論・文化論について確認してきたが，「黒龍会創立趣意」に「経営すべき事業」という文言が言及されるように，黒龍会ではアジア地域での経済的な事業経営に関心が高く，機関誌においても経済関係の論説の数が最も大きな比重を占めた。従来の研究では，彼らの経済論について，日本による経済的「侵略」の枠組みで解釈してきたが，ここでは経済論と文明論を含むアジア主義思想にいかなる関連性があったのかという点に留意しながら，彼らの経済的アジア主義の思想を浮き彫りにしようと考える。

まず，『黒龍』改題後の創刊号に掲載された「廿世紀の威力活用法」という論説では，「彼の蕞爾たる朝鮮王国」では「我国民中の英傑」が現地の「平和的施設」に従事し，それを国家が「平和的武装」によって後援すれば「支那と交戦するを竢たずして其独立を全ふ」することができ，日清戦争も不要であったとして，日本人が韓国で事業経営に従事することの重要性を対外政略論の文脈で位置づけた[22)]。

また，1901年12月に設立された黒龍語学校に関する論説「黒龍語学校設立の要旨」では，朝鮮語が堪能であるものの朝鮮に「国民的事業」「植産の根底」を築けなかった「韓人の兄弟らしき彼れ対州人」が批判の対象とされ，「彼等にして真に為すあるに足りしならん乎，朝鮮は何ぞ必ずしも日清戦争を竢つて而る後始めて其独立を保存せられんや」と事業経営と朝鮮「独立」が結びつけられて論じられる。そして，今後は「国利国権拡張」に寄与する「隣邦語」の研究を行い，「植民」により「韓国の独立を安全」にすべきと主張された[23)]。

また，『会報』/第1期『黒龍』において経済論を多く論じた人物としては，葛生修亮と安達乙熊が注目される。1899年に韓国に渡航して以来，水産業の調査視察に従事していた葛生が『会報』創刊以来7回にわたって連載した「韓国沿海事情」では，韓国沿海各地域の地理や特産品などについて詳細な報告がなされる。その初回の記事では，「東亜の振興を策するもの先つ朝鮮の興起を云ひ邦家百年の大計を画するもの又た朝鮮の扶植を云ふ。其我邦に於けるや詢に唇歯輔車の関係ありと云ふべし。今の時に当りて一業を創め一事を樹て彼れの事業を導き人智を開発するは皆当さに我邦に於て計の得たるものなるべく」と述べられ，日本人が韓国の水産業に従事し「朝鮮の扶植」に努めることが日本の利益にもなるということが念頭に置かれていたことがうかがえる[24)]。

安達乙熊の場合，貨幣流通から商業，農業，財政に及ぶ多様な側面から韓国の経済状況について説明したが，そのなかでも注目されるのは「韓国の扶植」を掲げる「農業上より韓国の扶植」「財政上より韓国の扶植」といった論説である。前者の論説では，「韓国も亦日清其他の東洋諸国と同しく，農を以て立国の本となしたる国なるも，社会の堕落政治の腐敗は人民をして進取の気象を失墜せしめ」ているため，「東亜開発の天使たる日本人」が渡韓して韓国農業を改善すべきであると主張される[25]。後者の論説では，「韓国独立扶植の為には，幾分の人命と，幾億の軍費とを，惜まさりし日本帝国たるもの，韓国財政整理の為め僅々一千万円余の金円支出を躊躇するの陋は断して為すを許さゞるなり」と述べ，韓国財政への介入を「韓国独立扶植」という目的と連関させて論じている[26]。

以上の論説から明らかになるのは，黒龍会の経済論において，韓国が日本人の移住と現地での事業展開を通じて，その「独立」を保護・強化すべき対象として位置づけられていたということである。朝鮮／韓国の「独立」は，日清戦争以前には清朝からの「独立」という政治・外交的な文脈で論じられていたが，朝鮮が清朝から「独立」し東アジアにおけるロシアの影響力が強くなった日清戦争以降，アジア主義者たちの間で，韓国に日本人を「扶植」して（植えつけて），韓国の「独立」を「扶植」する（助ける）べきという二重の意味を帯びる韓国「独立扶植」論が論じられるようになっていた[27]。日清戦争以前から朝鮮の「独立」に関心をもっていた黒龍会会員の経済論は，日清戦争を経て「独立」の意味が転換された韓国「独立扶植」論に基盤を置くものだったのである。

そして，黒龍会の経済論はその文明観とも無関係なものではなかった。論説「小成に安んずる海外経営」では，日清戦争時の甲午改革に参与した顧問官・参与官を「眼前の栄華に酔ゐ一時の小利に眩し，而して永遠の画策を忘れたる者」と述べ，「断髪令を発し，王妃を弑し，以て笑を千載に留め，臭を天下に流すをも辞する所なか」った者たちを「無謀なる輩」と述べながら，「彼等欧化者流」による経営のために「日本の国計」「朝鮮の運命」「東洋の前途」が危ぶまれてきたと強く批判している。著者によると，日本人は「自遜自重の態度」で韓国の事業に従事し，「生産的実力的」に「朝鮮の独立を保護」すべきであるという[28]。つまり，政権に直接介入したり現地との調和を無視したりする経営のあり方を「欧化者流」として批判するのであるが，ここにはそれと対照的な日本／東洋的な経営が想定されているといえよう。

以上のように，日露戦争前の『会報』，および第1期『黒龍』の韓国関連記事の内容は，西洋文明至上主義を相対化しうる文明論・文化論に立脚しながらも，全体的には日本人による韓国での経済活動展開を通した韓国「独立扶植」論に重点を置いたものであった。黒龍会は，1903年2月に釜山に海外本部を設置するとともに，『黒龍』の発行所を当地に移したが，これもまた韓国で事業展開に従事する日本人の包摂を狙ったものであったといえるだろう。ただし，『黒龍』は「東洋の危機漸く迫り既に言論の機にあらざるを以て」休刊し，再刊は日露戦争後まで待つことになる[29]。

## 2．第2期『黒龍』（1907年4月－1908年3月）に見る黒龍会の文明観と韓国

### 2-1. 日露戦争後の黒龍会における韓国の位置づけ

日露戦争後の1905年11月に第二次日韓協約が締結され韓国が日本の保護国になると，黒龍会は主幹の内田良平が韓国統監・伊藤博文に幕僚として同行し，東学党の後継である韓国の政治団体・一進会の顧問となり提携を強めることで，活動の主な舞台を韓国に移すことになった。1906年12月に開かれた日露戦争後初の黒龍会の評議会で決議され，1907年4月に再刊された『黒龍』に掲載された「黒龍会振作の要旨」には，韓国について以下のように記述される。

> 韓域は我に附せしも，久しく其統治の実挙らずんば，巴爾幹半島の轍眼前にあり。

徒に白人の前に愧渋慴伏するを事とせば，我国民移植の業何の日か期せん。衆愚の面に阿附して大政を討議せば，我国基何の時にか鞏からん。吾曹一に之を実数実情に質し，各自ら其事を践行し，以て国論の素となさんと欲す。乃ち是を以て本会振作の要旨となす[30]。

つまり，日本の保護国になったとはいえ，韓国は「統治の実」が挙がらなければ列国の対立の焦点となっているバルカン半島と同じ状況になってしまい，「我国民移植の業」も達成できないというのである。「独立」という用語は使用されないものの，日本人の移民により韓国の安定的状況を確保すべきという内容には，日露戦争前からの韓国「独立扶植」論と通底する部分がある。黒龍会が韓国の「独立」に言及しなくなった背景には，1906年10月頃に黒龍会と一進会の間で日韓の「連邦」あるいは「合邦」を目指して運動を展開していくことが確認されたためであると考えられる[31]。

『黒龍』上では，1907年７月のハーグ密使事件と第三次日韓協約締結を受けて掲載された論説「刻下の韓国問題を論ず」において，新協約の締結が「東邦平和」のために日本が「国王推選の大権を保管」して，韓国の「内政外交一切」の委任を受けるという「韓国問題の根本的解決」への第一歩であるとしながら，より実質を伴う韓国の改革と「日韓経済の連絡共通」，「日本民族の移植」を進めることが主張された[32]。

その２か月後の論説「韓国統治の前途」においては，韓国政府と統監府の「統治施設」の重複は，「非経済」的で統治に支障をきたしているため，「彼此の牆壁を撤去して，合邦たらしむるの方法」をとるほかないとして，黒龍会が一進会と目指す日韓の「合邦」という用語が『黒龍』において初めて言及された[33]。第２期『黒龍』における韓国は，政治・外交的側面では「合邦」を進めるべき対象でありながら，経済的には第１期から継続して日本の勢力を「扶植」する（植えつける）べき対象として位置づけられていたと整理できるだろう。

### 2-2. 第2期『黒龍』の文明論と文化論

この時期の『黒龍』における文明観は，おおむね第1期と同じく，明治維新以来の欧化主義の風潮を批判的に捉え，日本/東洋の文化・伝統や精神性を基軸にしながら，西洋文明を相対化しようとするものであったといえる。例えば，尾池義雄「人心の漸化と必至の気運」では，「維新の革命」を経て「国民精神」になろうとしていた「儒教道徳」が「西洋智識」と衝突して「教育の不統一」を助成したために「西洋文物」の取捨選択が必要であると述べられる[34)]。論説「士風の消長」では，「欧米文物の模倣」により「利己的人心」がもたらされ「犠牲的元気」が衰亡したことが批判された[35)]。

ここで黒龍会の文明観と韓国認識の連関を示す論説として注目されるのが，内田良平が執筆し再刊後最初の『黒龍』に掲載された「韓国教育断」である。内田によると，教育の根本には「家庭」「社会」とそれらを調和・統一する「学校」，あるいは「国家」が存在し，江戸時代以前の日本では「武士道」，朝鮮では世宗が「諺文」によって制作・頒布した「龍飛御天歌」が家庭・社会を調和・統一していたという。しかし，日本では明治以後に教育が「支離滅裂」の状態となり「李氏の龍飛御天歌すら未だ作せらるゝに至」っていないという韓国より劣った状況にあるため，この状況下で日本人教師が韓国に渡り「新智識の輸入」「日本主義の鼓吹」を行うのは誤りであり，むしろ家庭・社会が統一されている韓国では，現地の儒生に「教育学」を学ばせて「地方教育」の任に当たらせるべきであるとされた[36)]。内田は以下のように述べる。

> 余が見る所を以てすれば，地理と気候と歴史とは，其人種に局まれる気習を作れり。我邦にても，西南人と東北人とは，各特殊の気習あり。［中略］韓土の民豈独り人に非ずして，その土習風俗を有せざるものならむや。故にその風俗に従ひて之を導き，その土習に依りて之れを化し，その本然の気習を粋成せしめて，我徳に心服せしむるには，許多の教育を要せずと思料するなり[37)]。

つまり，民族/国家や地域ごとに形成されてきた文化・伝統を重視する黒龍会の文明観は，日本による韓国への一方的な西洋文明や日本文化の強制に対する批判的な姿勢につながるものであった。ただ，「我徳に心服せしむる」という表現に見られるように，日本の韓国に対する優位性が前提とされていた点には留意しなければならない。

また，黒龍会の文明観は彼らの政略論との関連も有していた。上記の論説「韓国統治の前途」は，日韓の「合邦」を主張するものであるが，そこでは「合邦」後に朝鮮人に国政参政権を与え，「士官」・「政司法の諸官」として採用し，徴兵令を施行することで，「韓国人民と帝国人民の均一の権利」を保障するという実際に併合後に行われた朝鮮植民地支配とは異なる方式の統治が主張された。そして，「日本が同種同俗同言語の一民俗の家族的団体に組成せられ，其官俗の偏陋なる秘密癖が千古に痼滞せるものは，今日に至り甚だしき国力発作の障碍たるを以て，先つ原人時代の同系たる韓人と混同して此の痼癖を一変するを得ば，亦た自ら一級を進むるの為にあらず乎」と述べる[38)]。この議論の基盤には，日本人と朝鮮人が「同系」であるという人種意識が存在するが，朝鮮人側の影響による日本人側の変化を期待する姿勢は，日本人が「野蛮」な東洋を一方的に文明化すべきという西洋文明至上主義的な文明観からは発生しえないものであるだろう。

第2期『黒龍』においても，第1期と同じく，文学作品が掲載されるとともに，文化論についても論じられた。例えば，涙雨外史という作者による「沫血記」は，崔済愚による東学の創始から東学党の乱を経て一進会の結成・活動に至る経緯について叙述する伝記物語である。その叙述形式は，「我邦人をして，一進会の惨事と発達の過程とを知らしむるは，交際上の一助たらずむばあらず，乃ち雨の如き涙を以て，茲に彼等が沫血の痕を印せむ」という表現に見られるように，東学および一進会に対して非常に同情的なものであり，彼らに弾圧を加えた朝鮮 / 韓国政府に対する反抗心を喚起させるものであった[39)]。

また，なには武士「天佑俠」では，第1期にも連載された天佑俠の活動について浪花節の形式で叙述しており，黒龍会が東学の後継団体である一進会と提携のうえで運動を展開する状況において，東学党や彼らと「連帯」しようとした天佑俠の記憶を繰り返し召喚している[40]。

さらに，この時期の『黒龍』には，天佑俠のメンバーであり仏僧でもある武田範之が，一進会の母体宗教・侍天教について論じた記事が複数掲載されたことも注目される。武田は，侍天教の儒教・仏教・道教の三教を合わせた教義について，「東洋宗教の粋を抜」いたものと高く評価するが[41]，そのような侍天教に基盤を置く一進会の思想は，西洋と対立的な東洋的価値を重視する黒龍会会員の思想的特性と共鳴していたといえるだろう。

そして，第2期には，第1期にまして本格的な朝鮮文化の紹介も試みられた。その代表例と言えるのが，朝鮮の古典小説の翻訳掲載である。星稀堂主人・北魚生共訳「朝鮮小説 洪吉童」では，「ドクトル，オブ，コーレア」という渾名で「朝鮮通」とされる星稀堂主人と，すでに『春香伝』『興夫伝』などの代表的な朝鮮小説を翻訳・新聞に掲載していた北魚生が共訳で，貪官汚吏に対する勧善懲悪を主な内容とする『洪吉童伝』を翻訳・掲載している[42]。ここからは，第1期から継続される黒龍会の朝鮮文化に対する高い関心がうかがえるとともに，作品掲載の背景には，その内容が韓国の既存勢力打倒を掲げる黒龍会や一進会会員の情緒と一致していたことが予想される。

### 2-3. 第2期『黒龍』の経済的アジア主義

『黒龍』の中核をなす調査報告の記事としては，一進会の中央政界および地方での動向や義兵の状況について報告する記事が見られるようになった一方で，第1期と同じく経済関係の論説も多く掲載された。

経済関係の論説の特徴として，葛生修亮の記事をはじめとして，韓国で事業に従事する日本人に対し便宜を図る情報を提供することが想定されていた点は第1期と共通している[43]。ただし，韓国「独立扶植」論から日韓「合邦」論に転換した黒龍会全体の方針を反映してか，第1期に濃厚に見られた韓国「独立扶植」論との連関は見られなくなった。

しかし，第２期の『黒龍』においても，彼らの経済論とアジア主義思想との関連を見出すことはできる。例えば，「韓民の統治に伴ふ鉱山経営」という論説では，鉱山開発により「韓人労働者」の雇用を創出することを主張し，それによって見込まれる成果について以下のように述べる。

> 且つ其七百の鉱山より生する，国庫の収入と，経済上に及ぼす一般の影響は，真に尠少ならざるものにして，之に依り，随て他の誅求を減削し，漸次に韓民の疲痩せる体中に膏肪を復せしむるは，斉民の大義，兄弟の至情，日韓民融和の端緒なり。是れ日本人の稍や経験を重ね来れる事業を以て，韓国人の極めて此種の作業に合格なる体躯に荷し，未発の利源を開掘して，人類進化の正軌に憑り東洋のバルガン半島たる韓半島を，永遠に安固ならしめむと擬する所以なり[44]。

これは日本による保護統治が行われる状況において，日本人と朝鮮人の間に「感情乃至は生活問題の下に発する衝突」が起きている状況を念頭に置いた議論であり，日本人が韓国で鉱山を開発し発生した利益を朝鮮人に回すことによって両者間の融和を図ることを主張するものである。この論説には，自らの事業経営を「斉民の大義，兄弟の至情，日韓民融和」といったイデオロギーや，韓国を「東洋のバルカン半島」と表現する論理で正当化する反面，西洋諸国の韓国の鉱山に対する要求を「白人の利己的要求」と表現するなど，アジア主義的な思想が強く反映されている[45]。

以上のように，第２期『黒龍』の韓国関連記事は，第１期と同様に日本人による韓国での経済活動を前提とした経済関係の論説を掲載しながらも，日本による保護統治や黒龍会・一進会による日韓「合邦」運動の展開を反映し，統治方式や教育についての議論をはじめとして，実践面に関わる論説がより幅広く掲載された点に特徴があった。そして，それぞれの論説において，黒龍会なりの文明観やそれに基づく日韓「合邦」論との有機的な関連性を指摘することができるのである。

## 3．おわりに

これまでのアジア主義研究では，日本の他のアジア諸民族／国家に対する指導性の根拠の一つが西洋文明の受容であったことから，日本のアジア主義に内包される「近代」性に対し批判的に注目してきた。しかし，アジア主義者たちは，アジアの民族／国家の「連帯」を掲げるなかで，西洋文明の受容を無批判に肯定することはできず，思想的な葛藤を繰り返すなかで，日本／東洋の文化・伝統や精神性を基軸として「近代」性と「アジア／東洋」性を両立させる文明観を形成した。

そのために，黒龍会の文明観は，西洋文明を基準とする日本とアジア諸民族／国家との間における上下関係に対し時に逆転をもたらし，彼らの韓国の政治・外交・経済をめぐる主張にも，現地の文化や伝統を対する尊重が反映されることになった。また，黒龍会は韓国のナショナリズムに対しても一定の理解を示しており，これが現地の勢力との「連帯」の記憶を強調しつつ，実際に提携関係を築き政治運動を展開する背景になったと考えられる。

ただし，黒龍会は「アジア／東洋」性に基盤を置いたアジア主義思想に立脚しながらも，日本が韓国を指導すべきという「近代」性に基づく構図自体を否定的に捉えることはなかった。この問題が端的に表れるのが，彼らの経済的アジア主義である。黒龍会の経済論においては，日本人による韓国での事業経営が単なる経済的利益ではなく，アジア主義的理想を実現する手段として語られたものの，韓国の立場では日本からの移民流入と彼らによる産業掌握は「侵略」的側面が強いものであった。本研究は，これまでの黒龍会研究で見落とされてきた経済論を視野に入れつつ，「近代」性と「アジア／東洋」性，「侵略」と「連帯」が交錯する彼らのアジア主義の実像を浮き彫りにしたという点で意義を有するといえる。

竹内好は，西洋の自己拡張的な性質に対し，自己保持の欲求に基づいて抵抗するものが「東洋」である一方[46]，日本のアジア主義は他のアジア民族／

国家の「独立」に対して無感覚になっていったと批判している[47)]。この文脈において，1900年代の韓国「独立扶植」論や日韓「合邦」論をいかに評価すべきであろうか。黒龍会をはじめとする日本のアジア主義が，「西洋」の側に立っていたのか，あるいは「アジア／東洋」の側に立っていたのかという問題について，日本に隣接した「アジア／東洋」の国家である韓国を通して考察することも可能であるだろう。

**注**

1)　竹内好「日本とアジア」(『日本とアジア』ちくま学芸文庫，1993年，1961年初出)，275-285頁。

2)　竹内好「日本のアジア主義」(前掲『日本とアジア』，原題「アジア主義の展望」，1963年初出)，337-344頁。

3)　滝沢誠『評伝内田良平』(大和書房，1976年)，西尾陽太郎『李容九小伝』(葦書房，1977年)，初瀬龍平『伝統的右翼内田良平の研究』(九州大学出版会，1980年)，韓相一（李健・滝沢誠訳）『日韓近代史の空間』(日本経済評論社，1984年，1980年原書刊行)，姜昌一『近代日本の朝鮮侵略と大アジア主義：右翼浪人の行動と思想』(明石書店，2022年，2002年原書刊行)，蔡洙道「「黒龍会」結成についての一考察：初期会員の政治的性格分析を中心として」(『中央大学大学院研究年報』第29号，2000年２月)，同「黒龍会の成立：玄洋社と大陸浪人の活動を中心に」(『法学新報』第109号，2002年４月)，蔡数道「日本の「アジア主義運動」：黒龍会の朝鮮進出を中心に」(『法学新報』第110号，2004年２月)，同「日露開戦運動に関する一考察：黒龍会を中心として」(『法学新報』第111号，2005年１月）など。

4)　米谷匡史『アジア／日本』(岩波書店，2006年）など。

5)　拙稿「鈴木天眼のアジア主義と天佑俠」(『東アジア近代史』第27号,2023年６月)。

6)　松浦正孝『「大東亜戦争」はなぜ起きたのか：汎アジア主義の政治経済史』(名古屋大学出版会，2010年)，中川未来『明治日本の国粋主義思想とアジア』(吉川弘文館，2016年）など。

7)　黒龍会の結成直後に『会報』第１・２集（1901年３月・４月）が刊行され，その後『黒龍』が1901年５月から刊行された。1903年２月には発行所を韓国の釜山に移したが，直後に休刊し（ここまでを本稿では「第１期」とする)，1907年５月に復刊，1908年４月に漢文雑誌『東亜月報』に改題されるまで刊行された（ここまでを

「第２期」とする）。一部15銭，1903年２月号から10銭となり，1000名ほどとされた会員への配布を主とした。紙面構成としては，①論調，②調査報告・通信紀行，③伝記，④文学，⑤その他に区分できる（松沢哲成「『黒竜』解題」，黒龍会本部編『黒龍』第１巻第１号 -8号，龍渓書舎，1980年，櫻井良樹「黒龍会とその機関誌」，内田良平文書研究会編『黒龍会関係資料集１』柏書房，1992年）。

8） 황미주（黄美珠）「『黒龍』의 한국관련 기사를 통해 본 일본의 아시아주의 전개양상（『黒龍』の韓国関連記事を通して見た日本のアジア主義の展開様相）」（『한국민족문화』第30号，2007年10月）。

9）「朝鮮／韓国」の呼称については，本稿で主に分析対象とする時期が，大韓帝国成立（1897年）から韓国併合（1910年）までの時期にあたるため，国家名としては「韓国」を用いることにする。ただし，地域名としては，「朝鮮」を用いることにする。

10） 蔡洙道前掲「「黒龍会」結成についての一考察」，348頁。

11） 酒田正敏『近代日本における対外硬運動の研究』（東京大学出版会，1978年，133-146頁），小林和幸『「国民主義」の時代：明治日本を支えた人々』（角川選書，2017年，210-218頁）。

12）「黒龍会創立趣意」（『会報』第１集，1901年３月），1-4頁。以下，史料の引用に関しては，旧字体を新字体に改めるほか，必要に応じて句読点を補う。なお，引用文中の清濁表記は，原文に準ずるものとする。

13） 内田良平「太洋的日本（近刊露西亜亡国論の一節）」（『黒龍』第１巻第２号，1901年６月），5-6頁。

14） 同前掲「太洋的日本（近刊露西亜亡国論の一節）」，2-7頁。

15） 鈴木天眼「開大論」（『黒龍』第１巻第２号，1901年６月，7-9頁），同「開大論（其二）」（『黒龍』第１巻第３号，1901年７月，8-13頁）。

16） 拙稿「鈴木天眼のアジア主義と天佑侠」，234頁。

17） 王星「豊公征韓朝鮮義軍大将陣中日記」（『会報』第１集，1901年３月），118頁。松本健一は，同作品を引用して「吉倉汪聖というナショナリストは，百年余まえに徐楽齊を発掘することによって，朝鮮民族のナショナリズム，いや民族の気概を正当に評価しようとしていた」と指摘する（松本健一「日本のナショナリズム：天佑侠から韓国併合まで」『일본학보』第84巻，2010年８月，31頁）。

18） 吉州牛「韓山虎嘯録」（『黒龍』第１巻第１号，1901年５月～『黒龍』第11号，1902年４月），「韓山虎嘯録続篇」（『黒龍』第12号，1902年６月～『黒龍』第19号，1902年12月）。

19)　同「韓山虎嘯録」(『黒龍』第1巻第1号, 1901年5月), 65頁。

20)　人歌人哭楼主人「朝鮮の俗歌」(『黒龍』第1巻第7号, 1901年11月), 61頁。

21)　国粋主義の議論については, 中野目徹『政教社の研究』(思文閣出版, 1993年), 同『明治の青年とナショナリズム：政教社・日本新聞社の群像』(吉川弘文館, 2014年), 参照。

22)　「廿世紀の威力活用法 第一」(『黒龍』第1巻第1号, 1901年5月), 4-10頁。

23)　「黒龍語学校設立の要旨」(『黒龍』第1巻第7号, 1901年11月), 1-4頁。

24)　葛生修亮「韓国沿海事情」(『会報』第1集, 1901年3月), 51頁。

25)　安達乙熊「農業上より韓国の扶植」(『黒龍』第12号, 1902年5月), 47-50頁。

26)　同「財政上より韓国の扶植」(『黒龍』第13号, 1902年6月), 58頁。

27)　朝鮮／韓国「独立扶植」論が言及される早い時期の例としては,「我国カ義兵ヲ起シテ朝鮮ノ独立ヲ扶植スルハ, 此天職ヲ全クセンカ為メニアラスヤ」「我ハ独リ朝鮮扶植ノ志ヲ完クスルノミナラス。進テ清国ヲ鼓舞振シテ其一大革新ヲ図ラシムルヲ得ヘシ」(荒尾精『対清意見』, 博文館, 1894年, 84-85頁) など。「扶植」と「扶掖」は同じ意味としても用いられ,「韓国扶掖」は国民同盟会のスローガンとして掲げられた。

28)　「小成に安んずる海外経営」(『黒龍』第11号, 1902年4月), 4-5頁。

29)　「黒龍会事歴」(『黒龍』第7年第1号, 1907年4月), 103頁。

30)　「黒龍会振作の要旨」(『黒龍』第7年第1号, 1907年4月), 106頁。

31)　姜昌一前掲書, 241-247頁。

32)　「刻下の韓国問題を論ず」(『黒龍』第7年第4号, 1907年8月), 1-5頁。

33)　「韓国統治の前途」(『黒龍』第7年第6号, 1907年10月), 3頁。

34)　尾池義雄「人心の漸化と必至の気運（上)」(『黒龍』第7年第2号, 1907年6月, 18-26頁), 尾池義雄「人心の漸化と必至の気運（下)」(『黒龍』第7年第3号, 1907年7月, 35-40頁)。なお, 尾池義雄は, 鈴木天眼『小日本歟大日本歟』(1897) を踏まえた著作である『興日本歟亡日本歟』(1902) を執筆しており, 尾池と鈴木には思想的繋がりが予想される。

35)　「士風の消長」(『黒龍』第7年第3号, 1907年7月), 6-10頁。

36)　硬石「韓国教育断」(『黒龍』第7年第1号), 14-16頁。

37)　同上, 16頁。

38)　「韓国統治の前途」(『黒龍』第7年第6号, 1907年10月), 5頁。

39)　涙雨外史「沫血記」(『黒龍』第7年第1号, 1907年4月), 61頁。

40)　なには武士「天佑俠」(『黒龍』第7年第1号, 1907年4月～『黒龍』第7年第

4号，1907年8月）。

41） 洪疇「侍天教二面の発展」（『黒龍』第7年第7号，1907年11月），52頁。

42） 星稀堂主人・北魚生共訳「朝鮮小説 洪吉童」（『黒龍』第7年第1号，1907年4月，『黒龍』第7年第2号，1907年5月，『黒龍』第7年第6号，1907年10月，『黒龍』第7年第8号，1907年12月，『黒龍』第8年第1号，1908年1月）。

43） 葛生修亮「本邦に対する韓牛大輸出業の見込如何」（『黒龍』第7年第3号，1907年7月），同「韓国明太魚」（『黒龍』第7年第4号，1907年8月）など。

44） 「韓民の統治に伴ふ鉱山経営」（『黒龍』第7年第5号，1907年9月），3頁。

45） 同上，3-5頁。

46） 竹内好「中国の近代と日本の近代：魯迅を手がかりとして」（前掲『日本とアジア』，1948年初出），11-57頁。

47） 同前掲「日本のアジア主義」，300-301頁。

# 室町後期の寄合書き『源氏物語』

## ——書写者を通して視る写本の世界——

瀧山 嵐

## はじめに

現在の日本古典文学の研究では、標準化されたテキストとして『新潮日本古典集成』全八二冊（新潮社、一九七六〜一九八九年）、『新日本古典文学大系』全一〇〇冊＋別巻索引五冊（岩波書店、一九八九〜二〇〇五年）、『新編日本古典文学全集』全八八冊（小学館、一九九四〜二〇〇二年）をはじめとする文学叢書が広く利用されている。これら叢書における『源氏物語』の底本は、おしなべて大島雅太郎《おおしままさたろう》旧蔵の「大島本《おおしまぼん》」（室町後期写。「浮舟」巻を欠く五三冊）と呼ばれる伝本が基幹本文に採用されている[1]。標準テキストの作成のためには、基幹となる本文を定めることが必要となるが、人口に膾炙する伝本が、すなわち最善本である、といった「幻想」には初学者・研究者を問わず、慎重かつ冷静に対峙しなければならない。従来の『源氏物語』の伝本研究では、文献学的手法に則り、本文を校勘することに傾倒するきらいがあったが、はたして本文の共通・相違の箇所を列記することで、比較対象の伝本相互の関係性の有無をどこまで明らかにできるのか、再検討の余地がある。それは、『源氏物語』の本文を「比較する」ことが、いかなる営為かと根本的に問い直すことにも繋がるだろう。

では、いま、『源氏物語』の伝本研究において何をすべきか。それは、従来、等閑視されてきた成立・伝来・書写者に関する再検証であり、いかなる制作環境で、いかにして伝本が生成されたのかを詳らかにすることである。そうした制作の実態を顧みずに本文の校勘のみに偏向しても、結局のところ文字面の一致・不一致による数量的な価値判断に基づく結論しか生まれない。『源氏物語』の本文を比較することが無意味である、と言いたいのではなく、比較対象とする伝本の素性を可能な限り把握したうえで、本文の享受圏と写本の流通圏とをマクロに捉えるべきであると考える。

　大島本が成立した室町後期の『源氏物語』は、しばしば複数の人物が共同で書写をする寄合《よりあい》書《が》きで制作される。室町後期の寄合書きの『源氏物語』の書写者は、天皇・親王・法親王・門跡・公家・武将等、多種多様な身分や出自の人物らにより構成されるが、各人の交流圏は概ね京都に集中しており、比較的、狭隘なエリアで写本制作の事業が展開していた。室町後期の『源氏物語』諸本には、誰が、どの巻を書写したのかを記した資料が、しばしば付属する。その付属資料とは、各巻の書写者を列記した「筆者目録」や、古筆鑑定を家業とした古筆見《こひつみ》が作成した鑑定資料がある。伝本の成立に関する具体的な側面を詳らかにするためにも、特に書写者に関する付属資料の分析が有効である。書写者が明確になることで、各人の事績との対照も可能となり、いつ頃、誰が、どのような人物らと寄合して、どのような本文を書写したのかという共同制作の実態が見えてくる。本稿では、書写者の分析を通して、室町後期の寄合書きの『源氏物語』の具体相につき検討する。

## 一　室町後期の寄合書き『源氏物語』

本節では、『源氏物語』伝本の書写者を把握する手掛かりとして、写本の奥書《おくがき》・識語《しきご》、筆者目録、古筆見の鑑定資料の三種につき検討する（筆者目録は、古筆見が作成したものも含む）。

一つ目は、写本の奥書・識語である。奥書とは、原則、書物の末尾（奥）に付され、それを書写した人が、書写の年月日や名前、書写に関する事情等を記した文章（文）のことである。一方、識語は、その書物の著者・読者以外で所蔵者等の後人が、書写以後にその書物に関する情報を記した文章（文）のことである。二つ目は、筆者目録である。装訂は、巻子本・折紙《おりがみ》（※一紙を中央で横長に半折し、折目を下にして用いる）・冊子本の形態がみられる。筆者目録は、写本制作と同時期に作成されたものも存するが、後世に古筆見が作成したものも存する。三つ目は、古筆見の鑑定資料である。江戸時代の初期、古人の筆蹟資料の鑑定を家職とする古筆家が成立した。その古筆見が鑑定した資料には、極札や折紙と呼ばれる資料がある。極札とは、縦一三〜一四×横二・〇糎程度の短冊状の小紙に、書写者名を書き記した鑑定資料である。極札の表面には、伝称筆者と本文の書き出し数文字とを記し（※古筆本家初代了佐は、本文の書き出しを記さないことが多い）、下部に鑑定印を捺す。裏面には、鑑定した年月（※年は干支で表記）が記され、鑑定をした古筆見の私印・台帳への割印（勘合）が捺される（※裏面は無記載のこともある）。鑑定資料における伝称筆者は、必ずしも正しいとは限らないので、署名や花押を有する短冊や和歌懐紙等の真筆資料の筆蹟と対照することが必須である。また、折紙は、極札よりも由緒正しき形態で水準の高い鑑定書として位置付けられる。

必ずしも全ての伝本に奥書と識語、および付属資料が存在するわけではない。以下、成立事情や書写者に関する情

報が概ね把握できる伝本として、国立歴史民俗博物館蔵高松宮家本・宮内庁書陵部蔵三条西家本・大正大学附属図書館蔵本の三伝本を対象に検討する。

### 一―一　国立歴史民俗博物館蔵高松宮家本（→【表1】）

まず、国立歴史民俗博物館所蔵の高松宮家本（資料番号：H―六〇〇―三〇　く函1）につき検討する。[2] 同本は、五四冊揃いで所謂「耕雲本《こううんぼん》」の系譜に位置付けられる伝本である。「桐壺」巻には、以下の奥書と識語が記される。

【1】

本云寛正二年十一月三日申出
禁裏御本〈清水谷大納言実秋卿自筆注書畊雲幷故飛鳥井中納言入道宋雅自筆等相交奥書和歌等同畊雲自筆也〉自今日酉一点馳
筆翌四日未剋終功訖
　　正三位行権中納言兼陸奥出羽按察使藤原親長
朱点幷注書等同五日六日写之了　　都護判
同十一月七日　禁裏御講尺也〈一条太閤兼良公〉持参此本一字無相違

【2】

本云借請按察中納言親長本書写之校合了
　寛正三年四月十三日
　　右近中将藤原実淳

【表１】国立歴史民俗博物館蔵高松宮家本の伝称筆者

| 通番 | 巻名 | 一条冬良の識語 | 古筆了意の筆者目録 |
|---|---|---|---|
| 1 | 桐壺 | 大相国政家公 | 近衛関白政家公 |
| 2 | 帚木 | 就山知蔵〈後大通院李部王息〉 | 伏見宮邦高親王息就山知蔵 |
| 3 | 空蝉 | 冷泉中納言為広卿 | 冷泉中納言為広卿 |
| 4 | 夕顔 | 沙弥舜誉〈俗名藤原春房朝臣〉 | 万里小路春房朝臣法名舜誉 |
| 5 | 若紫 | 新中納言元長卿 | 甘露寺大納言元長卿 |
| 6 | 末摘花 | 中御門大納言宣胤卿 | 中御門大納言宣胤卿 |
| 7 | 紅葉賀 | 按察使親長卿 | 甘露寺大納言親長卿 |
| 8 | 花宴 | 実相院准后増運 | 実相院増運准后 |
| 9 | 葵 | 妙法院無品法親王覚胤 | 妙法院宮覚胤法親王 |
| 10 | 賢木 | 宗山侍司〈後大通院李部王息〉 | 伏見宮邦高親王息宗山侍吏 |
| 11 | 花散里 | 知恩院権僧正隆旬 | 知恩院隆旬権僧正 |
| 12 | 須磨 | 範意大徳 | 範意大徳 |
| 13 | 明石 | 愚筆（一条冬良） | 一条関白冬良公 |
| 14 | 澪標 | 今出河大納言公興卿 | 今出川大納言公興卿 |
| 15 | 蓬生 | 李部大王邦高親王 | 伏見宮邦高親王 |
| 16 | 関屋 | 隆旬僧正 | 知恩院隆旬権僧正 |
| 17 | 絵合 | 姉小路宰相基綱卿 | 姉小路中納言基綱卿 |
| 18 | 松風 | 侍従中納言実隆卿 | 三条西内大臣実隆公 |
| 19 | 薄雲 | 勧修寺中納言政顕卿 | 勧修寺中納言政顕卿 |
| 20 | 朝顔 | 飛鳥井中納言入道〈雅康卿釈宋世〉 | 飛鳥井中納言雅康卿 |
| 28 | 野分 | 知恩院隆旬権僧正 | 知恩院隆旬権僧正 |
| 29 | 行幸 | 宮内少輔政綱 | 宮内少輔政綱 |
| 30 | 藤袴 | 禿筆（一条冬良） | 一条関白冬良公 |
| 31 | 真木柱 | 知恩院隆旬権僧正 | 知恩院隆旬権僧正 |
| 32 | 梅枝 | 曼殊院良鎮大僧正 | 曼殊院良鎮大僧正 |
| 33 | 藤裏葉 | 伏見宮邦高親王息宗山侍吏 | 伏見宮邦高親王息宗山侍吏 |
| 34 | 若菜上 | 知恩院隆旬権僧正 | 知恩院隆旬権僧正 |
| 35 | 若菜下 | 知恩院隆旬権僧正 | 知恩院隆旬権僧正 |
| 36 | 柏木 | 今出川大納言公興卿 | 今出川大納言公興卿 |
| 37 | 横笛 | 花山院右大臣政長公 | 花山院右大臣政長公 |
| 38 | 鈴虫 | 光房法眼〈端六行〉政綱〈奥〉 | 光房法眼〈端六行〉政綱〈奥〉 |
| 39 | 夕霧 | 中御門大納言宣秀卿 | 中御門大納言宣秀卿 |
| 40 | 御法 | 知恩院隆旬権僧正 | 知恩院隆旬権僧正 |
| 41 | 幻 | 知恩院隆旬権僧正 | 知恩院隆旬権僧正 |
| 42 | 匂宮 | 知恩院隆旬権僧正 | 知恩院隆旬権僧正 |
| 43 | 紅梅 | 知恩院隆旬権僧正 | 知恩院隆旬権僧正 |
| 44 | 竹河 | 唐橋大学頭在数朝臣 | 唐橋大学頭在数朝臣 |
| 45 | 橋姫 | 冷泉中納言政為卿 | 冷泉中納言政為卿 |
| 46 | 椎本 | 東坊城大納言和長卿 | 東坊城大納言和長卿 |
| 47 | 総角 | 刑部卿治光朝臣 | 刑部卿治光朝臣 |
| 48 | 早蕨 | 中御門大納言宣秀卿 | 中御門大納言宣秀卿 |

| | | | |
|---|---|---|---|
| 21 | 少女 | 重走短筆（一条冬良） | 一条関白冬良公 |
| 22 | 玉鬘 | 左中将雅冬朝臣 | 飛鳥井庶流左中将雅冬 |
| 23 | 初音 | 隆旬僧正 | 知恩院隆旬権僧正 |
| 24 | 胡蝶 | 隆旬僧正 | 知恩院隆旬権僧正 |
| 25 | 蛍 | 宮内少輔政綱 | 宮内少輔政綱 |
| 26 | 常夏 | 隆旬僧正 | 知恩院隆旬権僧正 |
| 27 | 篝火 | 隆旬僧正 | 知恩院隆旬権僧正 |
| 49 | 宿木 | 冷泉中納言政為卿 | 冷泉中納言政為卿 |
| 50 | 東屋 | 冷泉中納言政為卿 | 冷泉中納言政為卿 |
| 51 | 浮舟 | 冷泉中納言政為卿 | 冷泉中納言政為卿 |
| 52 | 蜻蛉 | 中院中納言通世卿 | 中院中納言通世卿 |
| 53 | 手習 | 大僧正空済 | 大僧正空済 |
| 54 | 夢浮橋 | 飛鳥井庶流雅孝朝臣 | 飛鳥井庶流雅孝朝臣 |

【3】

本云
申出　禁裏御本〈件本予千先年書写之本徳大寺大納言実淳卿〈于時中将〉以予本被書写了　禁裏御本幷予本〈畊雲奥書正本〉等令焼失畢件徳大寺本被召置　禁裏了〉文明十一年九月十日染筆同十六日終功訖

正二位行陸奥出羽按察使藤原親長

五十六歳

【4】

此巻依修理大夫俊通所望、大相国政家公被染兎毫畢、仍加朱点校合者也

長享二年九月上澣　関白内大臣（一条冬良）（花押）

【1】寛正二年（一四六一）一一月三日、甘露寺親長《かんろじちかなが》（一四二四～一五〇〇）は、飛鳥井雅縁《あすかいまさより》・清水谷実秋《しみずだにさねあき》・花山院長《かざんいんなが》親《ちか》らが書写した、所謂、耕雲本《こううんぼん》『源氏物語』を書写する。同七日、禁裏での一条兼良《いちじょうかねら》（一四〇二～一四八一）の源氏

物語講釈に持参する。【2】寛正三年（一四六二）四月一三日、徳大寺《とくだいじ》実淳《さねあつ》（一四四五～一五三三）は、甘露寺親長筆本をもとに耕雲本『源氏物語』を書写・校合する。【3】文明一一年（一四七九）九月一六日、耕雲本『源氏物語』が焼失したため、改めて禁裏御本として、実淳本を召し、甘露寺親長に書写させた。【4】長享二年（一四八八）九月、富小路《とみのこうじ》俊通《としみち》（一四四三頃～一五一三）の所望により、禁裏御本の耕雲本『源氏物語』を分担書写し、一条《いちじょう》冬良《ふゆら》（一四六四～一五一四）が奥書を加える。【4】の傍線箇所では、高松宮本「桐壺」巻を俊通の求めにより近衛《このえ》政家《まさいえ》が書写を担当したことが記される。富小路俊通と近衛政家と一条冬良とは、共に同時代に活動していた人物であり、奥書も信頼に足る。

また、「夢浮橋」巻には、長享二年九月の一条冬良の奥書と、明応三年（一四九四）の俊通の識語が記される。

【5】長享二年九月　一条冬良の奥書

此《本》巻橋本宰相中将公夏卿書写之加校合朱点畢

抑故禅閤《後成恩寺殿》感動俊通之庶幾而依令許此道、重年執心之餘蒙諸老之筆助令全備之、可為証本、仍毎冊加毫端者也

長享二年季秋上澣関白内大臣御判

【6】明応三年（一四九四）の俊通の識語

此一冊留正本様新写以為全篇、依織田近江守寛定之懇望与奪之、就中全部外題為　親王真筆之間此巻銘為此人更申出而賦之、

且又令管蠡師説、尤可秘々々

明応三年林鐘三日従四位下藤原朝臣（花押）

当該箇所の解釈は、既に複数の解題や先行論等で解釈がなされているが、拙稿[3]で一部、先行論と異なる解釈をしたため、下記に引用する。

【5】…「高松宮家本「夢浮橋」巻は、橋本公夏（一四五四～一五三八）が書写し、冬良（「関白内大臣」）が校合を行ない朱点を加えた。次いで高松宮家本の書写についての内容が続く。冬良の父兼良（「後成恩寺殿」）は、富小路俊通の『源氏物語』の書写の懇願に感心して、これを許可した。年齢を重ねても『源氏物語』への執念は冷めやらず、書写の協力を受けて全巻の書写を遂げた。この『源氏物語』の写本は、証本とすべきである。したがって、全ての冊に冬良が奥書と花押を書き加えた。」

【6】…「この「夢浮橋」巻の一冊は、親本の公夏筆本の様相を忠実に残して新たに書写し、既存の五三冊と合わせて全冊の揃い本とした。尾張国下四郡の守護代である織田寛定（生年不詳～一四九五）の懇望があり、この「夢浮橋」巻の新写本を含む五四冊の揃いを与えた。ただし、外題の全部は、勝仁親王（後の後柏原天皇）の筆蹟であるため、それらを統一して揃えるために、寛定のために勝仁親王に申し出て、改めて「夢浮橋」巻の外題を染筆してもらい、この新写本に貼り付けた。そしてさらに、師説（冬良の朱点や校合のことか）についても、乏しい知識ではあるが書き加えた。秘蔵すべき至宝だ」

さらに高松宮本には、古筆見が作成した筆者目録が備わる。文化九年（一八一二）に古筆本家九代了意《りょうい》（一七五一～一八三四）が作成した当該の筆者目録は、厚手の斐紙を三枚重ねて水引で綴じた折紙であり、「折紙」と打付け書きされた包紙で保存される。内題は、「源氏物語」とあり、巻名の下部に筆者名と冒頭本文が記され、目録の末尾には了意の奥書が記される。

右
寄合書全部芳翰并各一冊と一条関白冬良公奥書判共無疑者也
文化九年　　古筆
初冬上旬　　了意［琴山］（黒正方印）

了意の筆者目録と冬良の識語の書写者とを対照すると概ね一致するものの、計四巻に相違箇所を見出せる。

・「宿木」巻「此巻朱点校合畢／長享二年九月上澣（花押）」
・「東屋」巻「此巻加朱点校合畢／長享二年九月上旬」
・「浮舟」巻「此巻朱点加校合畢／長享二年九月上澣（花押）」

まず、上記三巻には、書写者名が記されない。筆者目録では、三巻ともに「冷泉中納言政為卿」とあり、冷泉《れいぜい》政為《まさため》（一四四五～一五二三）を書写者に据えている。おそらく了意は、政為筆本「橋姫」巻の筆蹟と比して鑑定したのだろう。また、筆者目録における「夢浮橋」巻の書写者は、「飛鳥井庶流雅孝朝臣」とあり、飛鳥井《あすかい》雅孝《まさたか》（一二八一～一三五三）を書写者としているが、他の書写者との活動時期と合わないため不適である。当該箇所に了意は、「明応奥書未考」とも書き記しているので、「夢浮橋」巻の俊通の識語が難儀で解釈できなかったと推察できる。

## 一―二　宮内庁書陵部蔵三条西家本（→【表2】）

次に宮内庁書陵部蔵三条西家本（函架番号：五五三・一〇）につき検討する。[4] 同本は、五四冊揃いで「三条西家本源

【表２】宮内庁書陵部蔵三条西家本の伝称筆者

| 通番 | 巻名 | 『源氏物語名筆跡数』 | 畠山牛庵の極札 |
|---|---|---|---|
| 1 | 桐壺 | 近衛殿 | 近衛相国政家公 |
| 2 | 帚木 | 梶井殿 | 梶井尭胤法親王 |
| 3 | 空蝉 | 滋野井殿 | 滋野井黄門教国卿 |
| 4 | 夕顔 | 勧修寺殿 | 勧修寺亜槐尚顕卿 |
| 5 | 若紫 | 飯尾二郎左衛門 | 十市兵部大輔遠忠 |
| 6 | 末摘花 | 橋本殿 | 橋本黄門公夏卿 |
| 7 | 紅葉賀 | 松木殿 | 松木准大臣宗綱卿 |
| 8 | 花宴 | 姉小路殿 | 姉小路黄門基綱卿 |
| 9 | 葵 | 橋本殿 | 橋本黄門公夏卿 |
| 10 | 賢木 | 宗恕 | 室町常徳院義尚公 |
| 11 | 花散里 | 栄雅 | 飛鳥井栄雅 |
| 12 | 須磨 | 中山殿 | 中山亜槐康親卿 |
| 13 | 明石 | 道堅 | 岩山道堅 |
| 14 | 澪標 | 少阿 | 飛鳥井栄雅 |
| 15 | 蓬生 | 相国坊 | 飛鳥井庶流雅永卿 |
| 16 | 関屋 | 実相院殿 | 実相院増運大僧正 |
| 17 | 絵合 | 金藤 | 義政公童坊相阿弥 |
| 18 | 松風 | 周興 | 法勝寺周興上人 |
| 19 | 薄雲 | 橋本殿 | 橋本黄門公夏卿 |
| 20 | 朝顔 | 宗恕 | 室町常徳院義尚公 |
| 28 | 野分 | 江南院殿 | 正親町三条庶流亜槐公綱卿 |
| 29 | 行幸 | 岸坊 | 実相院増運大僧正 |
| 30 | 藤袴 | 定法寺殿 | 定法寺公助大僧正 |
| 31 | 真木柱 | 西園寺殿 | 西園寺左丞相実遠公 |
| 32 | 梅枝 | 橋本殿 | 橋本黄門公夏卿 |
| 33 | 藤裏葉 | 勧修寺殿 | 勧修寺亜槐尚顕卿 |
| 34 | 若菜上 | 宗空 | 西園寺右丞相公藤公 |
| 35 | 若菜下 | 宗恕 | 飛鳥井庶流二楽院宋世 |
| 36 | 柏木 | 飯尾隼人 | 飯尾左衛門尉常房 |
| 37 | 横笛 | 明智右馬助 | 飛鳥井栄雅息女一位局 |
| 38 | 鈴虫 | 相国殿 | 飛鳥井庶流黄門雅永卿 |
| 39 | 夕霧 | 宗恕 | 室町常徳院義尚公 |
| 40 | 御法 | 光明院 | 光明院実憲僧正 |
| 41 | 幻 | 聖護院殿 | 聖護院道興准后 |
| 42 | 匂宮 | 近衛殿御方 | 近衛相国尚通卿 |
| 43 | 紅梅 | 定法寺殿 | 定法寺公助大僧正 |
| 44 | 竹河 | 明智右馬助 | 飛鳥井栄雅息女一位局 |
| 45 | 橋姫 | 中将殿 | 飛鳥井亜槐雅綱卿 |
| 46 | 椎本 | 竜翔院殿 | 転法輪右丞相公敦公 |
| 47 | 総角 | 宗鑑 | 志那弥三郎入道山崎宗鑑 |
| 48 | 早蕨 | 二楽院 | 飛鳥井二楽院宋世 |

| | | | |
|---|---|---|---|
| 21 | 少女 | 飯尾近江 | 十市兵部大輔遠忠 |
| 22 | 玉鬘 | 近衛殿御方 | 近衛相国尚通公 |
| 23 | 初音 | 佐脇 | 後土御門院勾当内侍 |
| 24 | 胡蝶 | 宗鑑 | 志那弥三郎入道山崎宗鑑 |
| 25 | 蛍 | 佐脇 | 後土御門院勾当内侍 |
| 26 | 常夏 | 明智右馬助 | 飛鳥井栄雅息女一位局 |
| 27 | 篝火 | 逍遥院殿 | 三条西内府実隆公 |
| 49 | 宿木 | 道堅 | 岩山道堅 |
| 50 | 東屋 | 定法寺殿 | 定法寺公助大僧正 |
| 51 | 浮舟 | 大泉坊 | 豊原大源院清起 |
| 52 | 蜻蛉 | 松田九郎 | 今出川亜槐季孝卿 |
| 53 | 手習 | 宗恕 | 室町常徳院義尚公 |
| 54 | 夢浮橋 | 伏見殿 | 伏見宮吏部尚書邦高親王 |

氏物語」の代表的な伝本の一つとして岩波書店刊行の山岸徳平校注『日本古典文学大系』（一九五八～一九六三年）の底本に採用された伝本である。「桐壺」と「夢浮橋」の両巻に三条西実隆《さんじょうにしさねたか》（一四五五～一五三七）の奥書が書かれ、全冊の末尾に実隆の花押が記される。同本の奥書は、下記の通りである。

・「桐壺」巻

此物語五十四帖以青表紙証本令書写校合、銘是当代宸翰也、殊可謂珍奇、可秘蔵々々

権大納言藤実隆（花押）

・「夢浮橋」巻

此物語以青表紙証本終全部之書功者也

亜槐下拾遺小臣（花押）

書陵部蔵本の伝来・成立・制作期間については、拙論[5]で検証したので下記に要点を纏める。

・書陵部蔵本は、戦後に宮内庁書陵部に収蔵された伝本である。

・書陵部蔵本の成立は、後柏原天皇践祚の明応九年一〇月二五日以降から永正三年の凡そ六年間である。
・書陵部蔵本の制作期間は、書写者の実相院増運の没年に鑑みると明応二年以前には本文の書写が行われており、最終的な成立までに少なくとも七年以上の時間を要している。

書陵部蔵本には、二種類の書写者に関する付属資料が備わる。一つ目は、『源氏物語名筆跡数』（内題に拠る。外題「源氏物語筆者之数」。縦一五・三×横一七・七糎）である。前半部は、写本を収納していたと思われる箱別に「一箱之分　巻数十帖」・「二箱之分　巻数十一帖」・「三箱之分　巻数十二帖」・「四箱之分　巻数六帖」・「五箱之分　巻数十帖」・「六箱之分　巻数六帖」と分けられ、各箱にある写本について上段に巻名、下段に伝称筆者をそれぞれ列記する。計五五帖になるが、「幻」巻と「匂宮」巻の間に存する「雲かくれ」は、巻名のみ伝わり内容が伝存しないため、伝称筆者も書かれず、空欄である。続いて、書陵部蔵本の「桐壺」・「夢浮橋」巻の奥書を引用しつつ、同本の概略が記される。最後に、「後花園」・「後土御門」・「後柏原」・「後奈良」の御代における元号とその年数とが「後花園／永享十二年／嘉吉　三年」のように記される。上記の四代の御代は、三条西実隆の生没年と対応しており、「後花園」項には「右之康正元年時逍遥院殿誕生也」（※「逍遥院」は実隆の出家後の号）、「後柏原」項には「右之大永元年時逍遥院殿六十七歳也」と記され、実隆の生きた時代の年譜のような役割を持つ。なお、「後奈良」項に記載の最後の元号には「弘治　三年」と記されるため、本資料の成立年の下限は、弘治年間（一五五五～一五五八）以後である。

次に二つ目は、「〔二代畠山牛庵極札集〕」（表紙中央に「源氏物語五十四帖／筆者名牛菴／外題五十四枚」と打ち付け書き。縦一七・二×横二五・〇糎）である。江戸時代初期の古筆見、二代畠山牛庵《はたけやまぎゅうあん》（一六二五～一六九三）が、巻別に作成した極札を、順に厚手の楮紙に貼り込んで冊に綴じた資料である。

両者の伝称筆者を対照すると、約三〇巻分は一致するが、他の巻ではそれぞれ別の伝称筆者を示している。特に『源氏物語名筆跡数』には、未詳の伝称筆者が目立つ。後に作成された牛庵の極札では、『源氏物語名筆跡数』を踏まえて、改めて筆蹟の鑑定を行ったと思われるが、本人の書写ではない巻々があり、自筆・真筆資料との対照が必要である。

### 一―三　大正大学附属図書館蔵本（↓【表3】）

次に大正大学附属図書館蔵本につき検討する。[6] 同本は、五四冊揃いで一四の巻末に奥書が記されるが、そのうち一〇の巻には書写者名が明記される。[7] 各奥書には、延徳二年（一四九〇）と明応二年（一四九三）とのいずれかの年次が記され、奥書の執筆時期と、凡その成立時期とが把握できる。「夢浮橋」巻には、姉小路基綱《あねがこうじもとつな》（一四四一〜一五〇四）の奥書があり、同本の制作を統括していたことが窺える。

源氏物語五十余帖之書写者蓋是太平中書二三ケ年之経営也、相分右筆於諸家擬秘全部於吾室、感其志推斯人、所謂詞林之良工兼弓馬之道芸苑之庸才致火牛之謀者乎、余書功当最末巻之故抑述其旨趣而已
時明応二載仲冬下旬記之
諫議大夫藤基綱

各冊の表見返しには、古筆見（不詳）の極札が貼り付けられ、裏見返しには、書写者名の記された小紙片が貼り付けられる。極札は、計三八名の伝称筆者を数える。

【表3】大正大学附属図書館蔵本の書写者と伝称筆者

| 通番 | 巻名 | 奥書 | 極札 | 貼紙 |
|---|---|---|---|---|
| 1 | 桐壺 | 金紫光禄大夫藤臣（花押） | 梶井宮応胤法親王 | — |
| 2 | 帚木 | — | 下冷泉大納言政為卿 | 下冷泉大納言政為 |
| 3 | 空蝉 | （近衛政家）（花押） | 近衛准三宮政家公 | 後法興院関白政家公 |
| 4 | 夕顔 | 按察使藤原親長（花押） | 甘露寺大納言親長卿 | 甘露寺大納言親長 |
| 5 | 若紫 | — | 小倉大納言季種卿 | 小倉大納言季種 |
| 6 | 末摘花 | 博陸（花押） | 一条関白冬良公 | 後妙花寺関白冬良 |
| 7 | 紅葉賀 | 大慈院大僧都（花押） | 大慈院大僧都 | 大慈院僧 |
| 8 | 花宴 | — | 庭田大納言雅行卿 | — |
| 9 | 葵 | 左近中将藤原雅冬（花押） | 木幡左近中将雅冬朝臣 | 法性寺〈近代号木幡歟〉中将 |
| 10 | 賢木 | 三善氏女（花押） | 飯尾常房三善氏息女 | 三善氏女 |
| 11 | 花散里 | — | 後花園院勾当内侍 | — |
| 12 | 須磨 | （花押） | 梶井宮堯胤法親王 | 梶井ノ堯胤 |
| 13 | 明石 | — | 飛鳥井大納言雅俊卿 | — |
| 14 | 澪標 | — | 勧修寺宮常信法親王 | 勧修寺宮〈常信法親改覚圓〉 |
| 15 | 蓬生 | — | 和歌所堯孝法印 | — |
| 16 | 関屋 | 左槐臣（花押） | 徳大寺大政大臣実淳公 | 禅光院大相国〈実淳徳大寺〉 |
| 17 | 絵合 | — | 梶井宮堯胤法親王 | 梶井ノ堯胤 |
| 18 | 松風 | — | 堯孝門人堯恵 | 堯恵〈堯孝門弟〉 |

| | | | | |
|---|---|---|---|---|
| 28 | 野分 | — | 実相院増運大僧正 | 実相院〈宋雲〉 |
| 29 | 行幸 | — | 中御門大納言宣胤卿 | 中御門宣胤 |
| 30 | 藤袴 | — | 中御門大納言宣胤卿 | — |
| 31 | 真木柱 | — | 飯尾常房三善氏息女 | 三谷氏女 |
| 32 | 梅枝 | 就山叟（花押） | 相国寺聯輝軒就山 | 〈相国寺〉聯輝軒就山 |
| 33 | 藤裏葉 | — | 今出川左大臣公興公 | — |
| 34 | 若菜上 | — | 轉法輪大政大臣実香公 | テンボウアン実香 |
| 35 | 若菜下 | — | 牡丹花肖柏 | — |
| 36 | 柏木 | — | 連歌師孤竹斎宗牧 | — |
| 37 | 横笛 | — | 阿野参議季綱卿 | — |
| 38 | 鈴虫 | — | 中御門大納言宣胤卿 | 中御門宣胤 |
| 39 | 夕霧 | — | 牡丹花肖柏 | — |
| 40 | 御法 | — | 松月庵徹書記 | — |
| 41 | 幻 | — | 連歌師孤竹斎宗牧 | — |
| 42 | 匂宮 | — | 近衛関白政家卿 | 政家公 |
| 43 | 紅梅 | — | 中御門大納言宣胤卿 | 中御門宣胤 |
| 44 | 竹河 | — | 招月庵徹書記 | — |
| 45 | 橋姫 | — | 堯孝門人堯憲 | — |
| 46 | 椎本 | — | 堯孝門人堯憲 | — |

| | | | | |
|---|---|---|---|---|
| 19 | 薄雲 | — | 尭孝門人尭恵 | 尭恵〈尭孝門弟〉 |
| 20 | 朝顔 | — | 牡丹花門人頼実 | — |
| 21 | 少女 | — | 柴屋軒宗長 | — |
| 22 | 玉鬘 | — | 種玉庵宗祇法師〈奥二枚宗長〉 | — |
| 23 | 初音 | — | 万里小路参議賢房卿 | — |
| 24 | 胡蝶 | — | 堺連歌師宗椿〈源氏物語三十六部書写人名奉〉 | — |
| 25 | 蛍 | — | 綾小路中納言俊量卿 | — |
| 26 | 常夏 | （花押） | 梶井宮尭胤法親王 | 梶井ノ尭胤 |
| 27 | 篝火 | — | 飛鳥井大納言雅親卿 | — |
| 47 | 総角 | — | 飛鳥井二楽軒息頼孝 | — |
| 48 | 早蕨 | 三善氏女（花押） | 飯尾常房三善氏女 | 三善氏女 |
| 49 | 宿木 | — | 伊勢伊勢守国雄 | — |
| 50 | 東屋 | — | 伊勢伊勢守国雄 | — |
| 51 | 浮舟 | — | 伊勢伊勢守国雄 | — |
| 52 | 蜻蛉 | — | 五辻従四位富仲朝臣 | — |
| 53 | 手習 | — | 近衛准三宮政家公 | 政家公 |
| 54 | 夢浮橋 | 諫議大夫藤基綱（花押） | 姉小路中納言基綱卿 | — |

以上、室町後期の寄合書き『源氏物語』の三伝本を取り上げ、特に奥書・識語、及び筆者目録・極札につき概観した。ここで取り上げた三伝本の他にも、寄合書きで製作された伝本は多く存する。本稿で取り上げた三伝本は、奥書・識語から伝本の成立時期が把握でき、かつ全体が取り合わせ（別々に伝来した本を取り集めて一書となすこと）の性格を持たず、同一規格で制作されたものである。書写者毎に各伝本を分析することで、室町後期の『源氏物語』写本の制作環境の実態がより一層詳らかになると考える。

## 二　書写者を通して視る『源氏物語』

本節では、三伝本に書写者として参画した近衛政家を考察の中心に据えて、書写者と本文との関係性の有無を検討

する。近衛政家は、近衛《このえ》房嗣《ふさつぐ》（一四〇二～一四八八）の子で関白・太政大臣等を歴任した公家である。和歌・連歌にも親しみ、三条西実隆や飛鳥井《あすかい》雅親《まさちか》（一四一七～一四九〇）といった公家、幕府の武将、地方武士、宗祇・肖柏をはじめとする連歌師とも親交があった。政家の日記『後《ご》法興《ほうこう》院《いん》記《き》』には、自邸で開催された和歌や漢籍の講義の記事が多くみられる。室町期の『源氏物語』伝本を書写者を軸に通観すると、記録上では見出せない書写活動の事績を追うこともできると考える。寄合書きに参画した書写者同士の交流関係を整理し、いつ頃、どのようなメンバーで『源氏物語』写本の共同制作が実施されていたのかという視点で検討を重ねていくことで、写本の制作環境の規模の解明にも繋がる。

例えば、書陵部蔵本は、摂家である近衛家を出自とする人物が複数関与している。

・近衛政家…「桐壺」巻
・実相院門跡増運《ぞううん》（一四三四～一四九三）…「関屋」・「行幸」巻
・聖護院門跡道興《どうこう》（一四三〇～一五〇一）…「幻」巻
・近衛尚通《ひさみち》（一四七二～一五四四）…「玉鬘」・「匂宮」巻

「桐壺」巻の書写者として名を連ねている政家筆の冊は、先述の『源氏物語名筆跡数』には、「近衛殿」とあり、二代畠山牛庵の極札には、「きりつほ　近衛相国政家公（「牛菴」朱瓢箪印）」とあり、両者一致している。書陵部蔵本は、政家の兄弟の増運・道興、息の尚通が書写者として関与している。拙稿で増運を書写者とする「行幸」巻のみ別筆の可能性を指摘したが、[8]「関屋」巻は真筆と判断できる。とりわけ増運と道興については、『後法興院記』にも度々登場するが、特に『源氏物語』の書写に関する記事はみられない。[9]尚通の書写活動は、自身の日記『後《ご》法性《ほっしょう》寺《じ》関白《かんぱく》記《き》』

に記事が散見されるものの、それに対応する書写本を現状、見出すことはできない。このように、記録類にはみられない『源氏物語』の書写に関する事績を筆蹟自体を通して把握することができるため、書写者を軸にした伝本研究の有効性は認められるだろう。

書陵部蔵本について言えば、近衛家に限らず、例えば伏見宮家の事例でも追認できる。

・邦高親王《くにたかしんのう》（一四五六～一五三二）…「夢浮橋」巻

・覚胤法親王《かくいんほっしんのう》（一四六五～一五四一）…「帚木」巻

伏見宮第四代当主の貞常《さだつね》親王（一四二六～一四七四）の息の邦高親王（一四五六～一五三二）と覚胤法親王（一四六五～一五四一）も書写者として参画しており、先述した書陵部蔵本の成立時期とも齟齬をきたさない。

こうした検証は、寄合書きの一伝本にとどまらず、同時代に成立した伝本同士を同じ成立圏の中に位置付け、関連諸本の全体像の把握にも繋がる。

以下、政家の『源氏物語』の書写本を手掛かりに具体的に検証する。

・書陵部蔵三条西家本「桐壺」巻

・高松宮家本「桐壺」巻

・天理大学附属天理図書館蔵近衛政家一筆『源氏物語』五四冊[10]

・大正大学附属図書館蔵本「空蝉」・「匂宮」・「手習」巻

政家を筆者と伝える『源氏物語』として上記四伝本を見出した。着目すべきは、天理図書館蔵本は、奥書や識語がなく成立年次は不詳ではあるが、政家一筆本として貴重である。また、大正大学附属図書館蔵本は「空蝉」・「匂宮」・

「手習」巻の三巻を政家筆本と伝えている。「空蝉」巻には、「此一帖雖非無斟酌頻所望之間不獲止呵凍硯染禿筆矣延徳第二載臘月中澣（花押）」と、延徳二年の書写奥書が記され、政家の花押も備わる。[11] ただし、「匂宮」・「手習」巻には、奥書がなく、さらに「空蝉」巻と上記二巻の本文の筆蹟は明らかに別筆である。いずれにしても、延徳二年に政家が同本「空蝉」巻を書写したことは、本文の筆蹟と書写奥書からも明白である。先述の通り、書陵部蔵本は、少なくとも後柏原天皇践祚の明応九年（一五〇〇）一〇月二五日以前には書写本が完成している。高松宮家本は、一条冬良が識語を記した長享二年（一四八八）九月以前には書写本が完成している。大正大学附属図書館蔵本は、延徳二年（一四九〇）の書写奥書頃に書写本が完成した。以上の年次に鑑みると、政家の『源氏物語』書写は、長享・延徳頃に確実に行われていたことが、現存写本から裏付けることができる。

近衛家を出自とする人物だけでも、下記の諸本に書写者としての名が確認できる。

◆近衛尚通（一四七二～一五四四）

・書陵部蔵三条西家本「玉鬘」・「匂宮」巻
・吉川史料館蔵大内家伝来本「桐壺」巻
・蓬左文庫蔵三条西家本「末摘花」巻

◆近衛稙家《このえたねいえ》（一五〇二～一五六六）

・吉川史料館蔵大内家伝来本「空蝉」・「藤袴」巻
・大正大学蔵本「澪標」巻
・蓬左文庫蔵三条西家本「澪標」巻

◆大覚寺義俊《ぎしゅん》（一五一三?～一五六七）

・蓬左文庫蔵三条西家本「蓬生」・「梅枝」巻

◆実相院増運（一四三四～一四九三）

・書陵部蔵三条西家本「関屋」・「行幸」巻

・高松宮家本「花宴」巻

・大正大学蔵本「薄雲」巻

◆聖護院道興（一四三〇～一五二七）

・書陵部蔵三条西家本「幻」巻

従来の室町期『源氏物語』の伝本研究では、学界において基幹本文とみなされている大島本や、三条西実隆を中心に据えた三条西家本の分析に偏向するきらいがあったが、各伝本の成立背景を整理するうえで書写者の一人ひとりの事績を対照させた検証が必要となる。書写者の事績と対照させるためにも、各伝本の奥書・識語の精査、加えて付属する筆者目録や鑑定資料を手掛かりとした筆蹟の分析が何よりも重要となる。

## 三　書写者を通して読む『源氏物語』

『源氏物語』の本文研究は、伝統的に池《いけ》田《だ》亀《き》鑑《かん》が提唱した「青表紙本」・「河内本」・「別本」の三分類の基準に則り、各伝本の性格につき検討が重ねられてきた。本文の比較で重要なことは、比較する基準を統一することである。各伝本の書写者が、どのような親本に基づいて書写をしたのかを詳らかにするためには、可能な限り、同じ書写者が書写し

た同じ巻の本文を比較対象として取り上げるのが理想である。当然、そうした好条件に恵まれる事例は僅かではあるものの、寄合書きの伝本を通観すると幾例も見出すことができる。

その一事例として前節で述べた政家筆本の『源氏物語』は、実に三伝本において「桐壺」巻の書写本を見出せるのである。その中で高松宮家本は、奥書から親本の素性がうかがえるが、他の伝本の親本は不詳である。比較する本文の共通箇所と相違箇所につき本文の性格を検討する。ここでは、「桐壺」巻の冒頭部を取り上げる。各伝本は、略称にて［ ］内に記した。

【例1】『源氏物語大成』五頁一行目~七行目

［書三］いつれの御ときにか、女御、更衣あまたさふらひ給けるなかに、（中略）いよ〳〵あかすあはれなるものにおほゝして、人のそしりをもえはゝからせ給はす、世のためしにもなりぬへき御もてなしなり。

［歴高］いつれの御時にか、女御、更衣あまたさふらひ給ふなかに、（中略）いよ〳〵あかすあはれなるものにおもほして、人のそしりをもはゝからせ給はす、世のためしにもなりぬへき御もてなしなり。

［天政］いつれの御時にか、女御、かういあまたさふらひ給ふなかに、（中略）いよ〳〵あかすあはれなる物におもほして、人のそしりをもはゝからせ給はす、よのためしにもなりぬへき御もてなしなり。

大局的には、［書三］は、所謂「青表紙本」、［歴高］・［天政］は、所謂「河内本」に大別することができる。［歴高］と［天政］とは、漢字表記の相違はあるものの同一本文とみてよいだろう。

しかし、［歴高］と［天政］とは、同じ親本に基づいて書写されただろうか。次の例で確認する。

【例2】『源氏物語大成』五頁一二行目～六頁一三行目

［書三］は、君、はしめよりをしなへてのうへみやつかへし給へききはにはあらさりき。（中略）このみこのゐ給ふへきなめり、と一のみこの女御はおほしうたかへり。

［歴高］は、君は、はしめよりをしなへてのうへみやつかひ〈ヘイ〉なとし給へききはにはあらさりき。（中略）このみこゐ給へきなめり、と一の宮の女御はおほしうたかへり。

［天政］は、君、はしめよりをしなへてのうへ宮つかへなとし給へききはにはあらさりき。（中略）このみこのゐ給へきなめり、と一の宮の女御はおほしかたかへり。

多くの「河内本」諸本では、共通して「うへみやつかへなと」という本文である。「なと」の有無により、諸本の本文は大別できる箇所だろう。ただし、高松宮本は、「へ」が他本の本文注記として傍記されているが、「みやつかひ」とする他の伝本は見出せない。

【例3】『源氏物語大成』五頁一二行目～六頁一三行目

［書三］さきの世にも御ちきりやふかゝりけむ、よになくきよらなるたまのおのこみこさへうまれ給ぬ。いつしかと心もとなからせ給て、いそきまいらせて御覧するに、めつらかなるちこの御かたちなり。

［歴高］さきの世にも御ちきりやふかゝりけん、よにたくひなくきよらなるたまのをのこみこさへむまれ給ぬ。いつしかと心もとなかり、いそきまいらせて御覧するに、めつらかなるちこの〈源〉おほむかほかたちなり。

［天政］さきの世にも／御ちきりやふかかりけん、よになくきよらなるたまのをのこみこさへうまれ給ぬ。いつしかと心もとなかり、いそきまいらせて御らんするに、めつらかなるちこのおほんかほかたちなり。

「河内本」諸本では、共通して「よにたくひなく」とあり、「青表紙本」諸本では「よになく」とある。

以上、「桐壺」巻の三箇所につき検討したが、これらの事例だけでも政家筆の三伝本が共通の親本に基づいて書写していないことは明白である。これは裏を返せば、書写の度ごとに異なる親本を使用して書写をしていることの証左でもあり、室町期の伝本がいかに流動的であったのかを表している。便宜的に「青表紙本」・「河内本」の用語を使用して本文の性格を大別することは可能であるが、室町後期の本文の分析をしていると、微細な異同をはじめ、本文の校異集成に採用されている代表的な伝本の本文が相互に混成している（ように見える）現象が度々確認できるのである。そうなれば、室町期の本文を分析するうえで、分類ありきの本文の比較分析や評価にどれほどの意味があるのかを改めて根本から問い直す必要があり、新たなパラダイムで各伝本を地道に再検討しなければならない。

## むすび

室町後期に成立した『源氏物語』伝本の奥書・識語、及び付属資料を手掛かりとして、書写者に基づく伝本研究の方法を提示し検証してきた。寄合書きで共同制作された伝本は、記録類にも見出すことのできない『源氏物語』の書写に関する活動の事績や、伝本の制作環境を把握するための情報を多分に含む。

さらに室町後期の『源氏物語』の本文は、既存の分類基準では捉えることのできないほどに本文が混成化する。それぞれの書写者が、如何なる性格の本文を書写していたのかを把握することで、彼らの間で流通し享受された本文を捉えることができるのではないだろうか。そのためにも、各伝本の成立背景につき再検証することが喫緊の課題である。本稿では、近衛政家筆本の分析を中心に行なったが、今後は各伝本の他の書写者も検証し全体像の把握に繋げた

い。

※本稿に引用した奥書と識語に付した符号・傍線・括弧等は、私に付したものである。

## 注

（1）佐々木孝浩「「大島本源氏物語」に関する書誌学的考察」（初出、『斯道文庫論集』四一、二〇〇七年二月。後に中古文学会関西部会編『大島本源氏物語の再検討』和泉書院、二〇〇九年に補訂版を再録）。他の関連論文は、加藤昌嘉「本文研究と大島本に対する15の疑問」（中古文学会関西部会編『大島本源氏物語の再検討』和泉書院、二〇〇九年。後に『『源氏物語』前後左右』勉誠出版、二〇一四年に再録）、新美哲彦「定家本『源氏物語』研究の現在／今後」（『新時代への源氏学7　複数化する源氏物語』竹林舎、二〇一五年）等。

（2）高松宮家本は、国立歴史民俗博物館「館蔵高松宮家伝来禁裏本データベース」を確認した（二〇二四年九月現在）。

（3）瀧山嵐「宮内庁書陵部蔵三条西家本『源氏物語』の成立背景」（『中古文学』一一四、二〇二四年一一月）

（4）書陵部蔵三条西家本は、宮内庁書陵部「書陵部所蔵資料目録・画像公開システム」を確認した（二〇二四年九月現在）。

（5）注3に同じ。

（6）大正大学蔵本は、大正大学附属図書館「OHDAIデジタルアーカイブス」を確認した（二〇二四年九月現在）。

（7）上野英子「大正大学蔵『源氏物語』について」（『源氏研究　第7号』翰林書房、二〇〇二年）、大場朗・魚尾孝久「大正大学蔵『源氏物語』翻刻（桐壺）」（『大正大學研究紀要　仏教学部・人間学部・文学部・表現学部』九六、二〇一一年三月）、首藤卓哉「大正大学蔵『源氏物語』研究―書写者の背景に見えるもの―」（『大正大学大学院研究論集』三七、二〇一二年三月）、同「大正大学蔵『源氏物語』研究―極札の書写者をめぐって―」（大正大学国文学会編『国文学踏査』二四、二〇一二年三月）、

同「大正大学蔵『源氏物語』研究—書写者の相関図から見えるもの—」（『研究と資料』五九、二〇一二年三月）他を参照。

（8）注3に同じ。

（9）鶴崎裕雄「中世後期古典研究の一側面—近衛尚通の場合—」（中世公家日記研究会編『戦国期公家社会の諸様相』和泉書院、一九九二年）に近衛尚通の活動の事績が纏められている。

（10）①『天理図書館稀書目録和漢書之部　第三』（天理図書館、一九六〇年）

源氏物語　寫　五十四巻　五十四冊　二三二四

紫式部著　綴葉装　金銀泥各種下畫雲紙表紙　一六糎一二糎　十行　題簽中央色替臘箋「（各巻名）」内題なし

（河内本　但し蓬生巻・松風巻等青表紙本　室町時代末期寫　「源氏物語全部五拾四／帖者近衛殿政家公花翰／外題中院殿素然墨痕／昭々焉无席上之珍也／或人請余證其眞是雖／非余之所任而懇情豈／可峻拒乎因記之以應／其需云／萬治四年／夾鐘上旬　畠山牛庵／随世（印）」「源氏五十四帖／近衛政家御筆／表紙繪土佐光信／外題何茂中院殿筆／添状牛庵」とある折紙極札を添ふ　九一三・三六—イ三四九）

②大津有一「諸本解題」（池田亀鑑編著『源氏物語事典　下巻』東京堂、一九六〇年）、「天理図書館蔵伝近衛政家筆源氏物語」〔冊数〕五十四帖。〔体裁〕縦寸三分、横四寸。楮紙胡蝶装。表紙は金泥で山水草花雲霞を描いた鳥の子紙。〔筆者〕不詳。畠山牛庵の折紙によれば、全部近衛政家の筆、外題は中院通勝筆という。室町末期の写。〔内容〕一面十行の細書。歌は改行一字下り、末尾は地の文に続けている。朱点があり、本文はほとんど河内本系統である。ただし蓬生、松風などは青表紙本系統。〔奥書〕ない。〔参考〕『校異源氏物語』『源氏物語大成』に不採用。

（11）政家の筆蹟や花押は、『陽明叢書　記録文書篇　後法興院記』（思文閣出版、一九九一年）の影印を参照した。

〔付記〕貴重な資料の閲覧・調査をご快諾いただいた宮内庁書陵部、国立歴史民俗博物館、大正大学附属図書館、天理大学附属天

理図書館に厚く御礼申し上げる。また、本稿は、日本学術振興会特別研究員研究奨励費（課題番号：科研費23KJ1000）の助成を受けたものである。

# 天平宝字年間における柵戸処分と流刑

重村つき

## はじめに

『類聚国史』は、菅原道真が、編年体で叙述された六国史の記事を、その内容に即していくつかの部に分類した編纂史料である。現状は、神祇・帝王・後宮・人・歳時・音楽・賞宴・奉献・政理・刑法・職官・文・田地・祥瑞・災異・仏道・風俗・殊俗の十八部からなり、各部はさらに複数の項（細目）に分かれている[1]。

本稿では、これらのうち、「刑法」の部「配流」の項に注目してみたい。「配流」の項では、允恭天皇から陽成天皇までの期間の「配流」関係の記事七十七点が取り上げられている。そのうち、流刑事例に関する記事は六十八点、流人の赦免・移動・法規定などに関する記事は六点みえるが、興味深いことに、残りの三点は、律令法が定める流刑に関するものではなく、東北への柵戸移配に関するものである。詳細は後述するが、柵戸とは、古代日本において、辺境開拓を主な目的として他国から移住させられた人々のことを指す。

なぜ、「刑法」の部「配流」の項に、柵戸移配の記事が取り上げられているのだろうか。まず、すぐに明らかにできるのは、「刑法」の部に取り上げられている理由である。実は三点の記事が示す柵戸移配措置は、いずれも一般良

民に対しておこなわれたものではなく、犯罪者に対しておこなわれたものなのである。刑罰として執行されている以上、その事例が「刑法」の部に取り上げられるのは当然だろう。それでは、「配流」の項に取り上げられている理由はどうであろうか。『日本国語大辞典』によると、「配流」とは「流罪・流刑に処すること。流すこと」であり、流刑と同義の語であることは疑いようがない[2]。流刑は、養老律令で主刑とされる五刑、すなわち笞・杖・徒・流・死のうち、死刑に次ぐ重刑に位置付けられていた刑罰である[3]。主たる内容は、罪人を特定の国に強制移住させ、一年あるいは三年の労役に服させる、というものであり、都からの距離によって、近流・中流・遠流の三等級に分かれていた[4]。なお、流人は労役終了後には配所の戸籍に付され、他の公民と変わらない諸課役を負うこととなる[5]。こうした流刑と、刑罰としての柵戸処分とは、罪人を元の居住地から強制移住させるという点で共通しており、柵戸処分を流刑の一種とみることも可能である。しかし、あくまで柵戸と表記されている以上は、その処分は流刑とは別個の刑罰として機能していたはずであり、『類聚国史』において「配流」の項に分類されているとはいえ、両者が完全に同一視されていたとは思えない。

柵戸はこれまで、城柵造営と表裏をなす植民政策として、古代東北史に関わる研究者の注目を集めてきた。柵戸移配政策では、初期には周辺諸国から戸単位で一般良民を配していたものの、次第に成果があがらなくなり、浮浪人や罪人を配するようになった[6]。刑罰としての柵戸処分は、右のような柵戸移配政策の変質の文脈で触れられてきたが[7]、その一方で、刑罰としていかなる特質を有していたのか、という点を明らかにしようとする試みは、ほとんどなされてこなかった。さらにいえば、刑罰としての柵戸処分は、従来の研究において、「流刑の一種」[8]、「流刑または徒刑のよう」[9]と評されており、『類聚国史』の分類と同じく、「配流」という括りで捉えられてきたのである。しかし、繰り

返すようであるが、柵戸はあくまで柵戸なのであり、刑罰としての柵戸処分と流刑とは、似て非なるものであったと考えられる。

そこで、本稿では、まず古代東北における柵戸のあり方について検討を加え、柵戸に期待された役割を明らかにする。そして、柵戸の移配が刑罰化していった背景について述べた上で、刑罰としての柵戸処分の特質を考究し、柵戸処分と流刑との比較を通して、両者の相違点を解明したい。

## 一　柵戸とは何か

### 1　柵戸に期待された役割

刑罰としての柵戸処分について検討する前に、まずはこれまでの貴重な研究成果に学びながら、柵戸の概要を確認しておこう。

先述のように、柵戸とは、古代日本において、辺境開拓のために城柵周辺に配された人々のことである。史料にみえる柵戸のほとんどは、東北の城柵に置かれたものだが、日向・大隅・薩摩の城柵に置かれた柵戸も存在した[10]。ただし、本稿では、東北に置かれた柵戸のみを検討対象とする。したがって、本稿で取り上げる柵戸は、すべて東北のものであるということを、あらかじめ断っておきたい。

さて、「律令国家」による東北への版図拡大政策は、「公民制支配」の確立と、エミシの服属、ひいては公民化をもって推進された。このうちの前者、つまり「公民制支配」の確立に不可欠だったのが、「中国」（辺遠国ではない一般諸国）から配される移民、すなわち柵戸であった。朝廷は、他国から移配した柵戸に、土地の開発を担わせ、彼らを公

民として定住させて建郡を進めることで、「公民制支配」領域の拡大を目指したのである。[11] 柵戸の移配は城柵の設置と同時か建郡の前後になされ、その出身地域は坂東諸国のほか、駿河・甲斐・信濃・越後・出羽や、陸奥南部の白河・磐瀬・会津・磐城などであった。[12] また柵戸は、土地の開発以外に、城柵の造営や修理などを担い、蝦夷の反乱に備えた軍事力としても期待された。[13]

柵戸の移配に際しては、一方的に選出される場合と、[14] 移住希望者が募られる場合とがあり、[15] いずれの場合も一定期間は課役の免除を受けたが、[16] その後は公民としての諸負担を負った。[17] なお、一方的に柵戸として選出される場合は、いわば強制移住ということになるが、嫌がる人々を力尽くで移配したわけではないだろう。これが人々を強引に移住させる政策であるならば、後述するような柵戸の変質は起こり得ないからである。移配する側と移配される側の相互に利益があったからこそ、初期の柵戸移配は円滑に進んだものと考えられる。たとえば、『続日本紀』には、「富民」一〇〇〇戸を陸奥に配した、という記事がみえており、[18] これについて虎尾俊哉氏は、「この移民は、安定した農業経営を行なっている東国地方の農民を家族単位で送り込んだことを意味する。（中略）いかに政府の強制力があったとはいえ、『富民』といわれる人々を送り込み得たその移住先は、移民にとってもその家族生活を平和裡に維持し得る見込みがあり、かつ、その移民にあたっての条件——おそらく税制上の特権——が彼らを納得せしめるに足るものであったとみてよいだろう」と述べている。[19]

## 2　柵戸移配の推移

柵戸を中心とした研究を多数発表されている高橋崇氏は、史料で確認しうる他国から東北への柵戸移配は、六四七

年（大化三年）の渟足《ぬたり》柵への移配をはじまりとし、八〇二年（延暦二十一年）の胆沢《いさわ》城への移配をおわりとする、と指摘した。[20] さらに高橋氏は、柵戸移配の単位の変化に注目し、この一五〇年余りを、前期・中期・後期の三つの時期に区分している。まず、高橋氏が前期とするのは、六四七年（大化三年）から七二四年（神亀元年）までの七十八年間で、この時期の特徴としては、移配の単位がすべて「戸」であることがあげられるという。[21] 続く中期は、七二五年（神亀二年）から七五六年（天平勝宝八年）までの三十二年間で、この時期は、『続日本紀』をみる限り、柵戸移配がおこなわれた形跡を確認することができない。高橋氏は、この期間のみ『続日本紀』が記録漏れをしているとは考えにくい、との判断から、この中期を柵戸移配の「中断期」とする。[22] ここで問題となるのは、なぜ中断されたのか、という点であるが、これについては後ほど取り上げたい。さて、三十二年間の中断期を経て、七五七年（天平宝字元年）に柵戸移配が再開されたのち、八〇二年（延暦二十一年）までの四十六年間を、高橋氏は後期としている。この後期の最大の特徴は、移配の単位が「戸」から「人」に変化している点であるという。[23] また、この時期に柵戸とされた人々は、良民を移配していた前期とは異なって、浮浪人や罪人、没官奴婢などが中心となっていた。[24] なぜこのような変化が生じたのだろうか。次は柵戸の変質の背景を考えてみたい。

## 二　柵戸の変質とその背景

### 1　柵戸移配政策の転換

先述のように、七二五年（神亀二年）から七五六年（天平勝宝八年）までは、柵戸が移配された形跡を史料上に確認することができない、柵戸移配政策の「中断期」であった。それでは、なぜこの時期に、柵戸の移配が中断されたの

だろうか。

古代東北史関係の論考を数多く発表されている熊谷公男氏によると、その原因は、七二〇年（養老四年）に陸奥で発生した蝦夷の反乱にあった[25]。この反乱では、按察使上毛野広人が殺害され、多くの民衆が逃亡するなど、その被害は甚大であり[26]、柵戸移配政策は、この反乱を契機として、転換を余儀なくされたという。その証拠に、「戸」単位での柵戸移配は、この反乱の前年に出羽柵に対しておこなわれたものを最後に[27]、史料上にその実施を確認できない。また、七二二年（養老六年）には、個人単位で選抜した柵戸を軍卒として鎮所に移配して軍事力を強化し[28]、在地の状況の安定を待ってからその家族を呼び寄せて定住させる、という方法がとられている[29]。古代東北軍制史研究の第一人者である鈴木拓也氏によると、右のごとき柵戸移配政策転換の背景には、①それまで連続しておこなわれた戸単位での移配が東国の在地社会に大きな打撃を与えたこと、②七二〇年（養老四年）の蝦夷の反乱が移民の確保を困難にしたこと、③同年の「征夷」と新設された鎮兵制が東国の民衆に過重な兵役の負担を課すことになったこと、などがあった[30]。

その後、三十年以上の空白期を経て、七五七年（天平宝字元年）に柵戸移配が再開されるのであるが、この時期を境に柵戸は変質し、一般良民ではなく浮浪人や罪人が移配されるようになった。熊谷氏いわく、この変質の背景には、柵戸や鎮兵の供給源であった東国社会に、「柵戸を特別視して厭う傾向」が醸成されていたことがあったという[31]。天平宝字年間以降、柵戸が人々の忌避するところとなっていたことは、次に示す『続日本紀』の記事にも明らかである。

**史料1**　『続日本紀』七六九年（神護景雲三年）正月己亥（三十日）条[32]

己亥。陸奥国言。他国鎮兵、今見在レ戍者三千余人。就レ中二千五百人、被二官符一、解却已訖。其所レ遺五百余人。伏乞暫留二鎮所一、以守二諸塞一、又被二天平宝字三年符一、差二浮浪千人一、以配二桃生柵戸一。本是情抱二規避一、萍漂蓬転、将レ至二城下一、復逃亡。如二国司所見一者、募二比国三丁已上戸二百烟一安二置城郭一、永為二辺戍一。其安堵以後、稍省二鎮兵一。官議奏曰、夫懐レ土重レ遷、俗人常情。今徙二無レ罪之民一、配二辺城之戍一、則物情不レ穏、逃亡無レ已。若有二進越之人一、自願下就二一城之沃壌一、求中三農之利益上。伏乞、不レ論二当国他国一、任レ便安置、法外給レ復令三人楽レ遷以為二辺守一。奏可。

簡単に史料の内容を確認してみよう。陸奥国が言上したところによると、天平宝字三年の符[33]に基づいて桃生柵に移配された千人の浮浪人が、城柵に到着する前に逃亡してしまったため、「比国」（隣国）から「三丁已上戸二百烟」、つまり健康な成年男子が三人以上いる戸を二〇〇募りたいということであった[34]。これを受けた太政官は、傍線部にあるように、故郷を思って移住を憚るのは人の「常情」であり、罪のない人々を移住させて辺防に当たらせれば逃亡者が出ることもやむをえない、とした上で、自ら希望して移住する柵戸を陸奥国内外から募り、「法外」に税の免除を給うよう上奏している。この記事について高橋氏は、「本貫を捨てた浮浪人さえも柵戸となることを厭い逃げてしまうこと、また、太政官は柵戸（になること）が嫌われていること、その逃亡についても処罰するとは言わず、止むをえないことと認めざるをえなかったこと、などを伝えてくれる」と述べ、希望して柵戸となった者に「法外」の恩典を与えようとする「律令国家」の姿勢は、柵戸が「嫌われもの」になってしまったことの表れとしている[35]。また、傍線部については、「裏返していえば、罪有りの民を辺境へ送り込むことは妥当だ、となる」とする[36]。「律令国家」は、「もはや富民というがごとき良質、健全な『戸』単位柵戸などは望むべくもなく[37]」、やむを得ず「人」単位での浮浪人や犯罪者の移配に踏み切った、というのである。

ただし、史料1からも分かるように、柵戸移配の基本単位が「戸」から「人」へと変化した後期においても、朝廷は「戸」単位での移配を完全に断念したわけではなかった。熊谷氏の指摘によれば、史料1の時期にあたる神護景雲年間以降の柵戸移配政策は、一般良民からも移住希望者を募り、彼らに対して従来以上の優遇措置をとる、という方式に転換されていった。そして、このときを境に、浮浪人を移配する場合も含めて、「柵戸」という呼称は用いられなくなるのだという。例外として、『日本紀略』にみえる七九五年（延暦十四年）の記事で「柵戸」という呼称が用いられているが、これは諸国の逃亡軍士三五〇人の死罪を宥して「柵戸」とする、という内容であり[38]、熊谷氏は、「辺境への移民一般を『柵戸』と称することを避け、犯罪人など特に城柵につよく緊縛する必要がある場合にかぎって、そのことを示すために『柵戸』という語を意識的に使用するようになることがうかがわれる。すなわち、従来いわれている『柵戸』の変質には、『柵戸』という言葉自体の変化がともなっているのである。この点は、変質の原因を考えるにあたっても見逃せない重要性をもっていると思われる」と述べている[39]。熊谷氏が指摘するように、神護景雲年間を境として、史料上に「柵戸」という呼称がほとんどみえなくなるのは事実である。しかし、浮浪人も広義には犯罪人であるし、前期における柵戸移配の記事であっても、「柵戸」と明記せず、「〇〇ニ配ス」という記載にとどまるものは確認できるため[40]、「柵戸」という呼称がみられないことに、どの程度の意味があるのかは疑問である。

### 2　天平宝字年間の東北政策

七五七年（天平宝字元年）四月四日、藤原仲麻呂が擁する大炊王（のちの淳仁天皇）の立太子にともなって、孝謙天皇の勅が出された。そこでは、大赦をおこなうことや、中男および正丁の年齢区分を改めて民の負担軽減を図ること

などが命じられたのであるが、それらの撫民政策と共に掲げられたのが、東北経営に関わる重大施策であった。内容を確認してみたい。

**史料2**　『続日本紀』七五七年（天平宝字元年）四月辛巳（四日）条

（前略）古者、治レ民安レ国必以孝理、百行之本莫レ先二於茲一。宜下令二天下一、家蔵二孝経一本一、精勤誦習、倍加中教授上。百姓間有二孝行通レ人、郷閭欽仰者一、宜レ令二所由長官、具以レ名薦一。其有二不孝不恭不友不順者一。宜レ配二陸奥国桃生、出羽国小勝一。以清二風俗一。亦捍二辺防一。（後略）

史料2では、儒教の経典である『孝経』を各家に所蔵してこれを学ぶこと、不孝・不恭・不友・不順の者があった場合は陸奥国桃生《ものう》、または出羽国小勝《おがち》（雄勝）の柵戸に配して辺境の防衛にあてること、が命じられている。ここであげられている「不孝」は孝行でないこと、「不恭」は不敬であること、「不友」は兄弟の仲が悪いこと、「不順」は道理に従わないことを指しており、いずれも儒教的道徳規範に反するおこないである。この施策について、高橋崇氏は、「本人達の反省・自覚を求め、同時に辺境防衛の一翼を担わせる、という、いわば一石二鳥を狙ったわけである。辺境に送り込む、これはまさに懲罰の一種でもあろうが、また同時に、そうした不心得者が一掃された地域の風俗が清まることになる、という効果も生ずる」と述べている[41]。なお、仲麻呂の唐風志向と積極的対外主義については、これまでに多くの指摘がなされているので[42]、本稿では紙面の関係上深入りせず、仲麻呂政権下において新しい城柵の造営が始まり、柵戸の移配が再開された、という点にのみ注目しておきたい。

　さて、史料2で、不孝・不恭・不友・不順の者の移配先とされている桃生・雄勝では、ちょうどこの頃から城柵の

造営が開始されたと考えられ、同年七月に橘奈良麻呂の変を経て仲麻呂の四男朝獦が陸奥守に任じられると、両城の造営はさらに推進された。翌年にあたる七五八年（天平宝字二年）十月には、陸奥国の浮浪人を桃生城の造営にあて、[43]同年十二月には坂東の騎兵・鎮兵・役夫・夷俘を徴発して桃生・雄勝城を造らせるなど、[44]多くの人員を動員した結果、両城は七五九年（天平宝字三年）頃に完成した[45]

桃生・雄勝両城は、史料2で命じられている通り、天平宝字年間における刑罰としての柵戸処分に際して、罪人の移配先となっている。ここまで前置きが長くなってしまったが、次はいよいよ刑罰としての柵戸処分と流刑について検討していきたい。

## 三　刑罰としての柵戸処分と流刑

### 1　柵戸処分の特質

刑罰としての柵戸処分が明確なかたちで確認できるのは、七五七年から七六五年まで（天平宝字年間）の事例四件と、七四九年（延暦十四年）の事例一件の計五件のみである[46]。このうち、延暦十四年の事例は、先に触れた通り、諸国の逃亡軍士三五〇人の死罪を宥して永く柵戸とする、というものであり[47]、これを天平宝字年間の事例と比較すると、同じ刑罰としての柵戸処分とはいえ、性格が異なるように思われる。したがって、ここでは天平宝字年間の事例を中心として扱いながら、刑罰としての柵戸処分と流刑との比較をおこなっていきたい。

「はじめに」でも述べた通り、刑罰としての柵戸処分と流刑とは、罪人を元の居住地から強制移住させるという点で共通しており、柵戸処分を流刑の一種とみることも可能である。一方で、「流刑」ではなく「柵戸」と表記されて

いる以上、両者は完全に同一視されているわけではなく、なんらかの基準をもって使い分けがなされていたものと思われる。この点を明らかにするためには、柵戸の移配が刑罰化したのち、それが流刑の代替措置として機能していたのか、それとも流刑とは別個の刑罰として並立していたのか、という問題に取り組まなければならない。その手がかりとなるのが、七五七年（天平宝字元年）に発生した、橘奈良麻呂の変である。この政変では、藤原仲麻呂殺害と天皇廃立を企てたとして、橘奈良麻呂とその一味が厳罰に処された。『続日本紀』の記述から判明するところによると、黄文王・道祖王をはじめとする六名が拷問の末に獄死し、安宿王は佐渡に、従五位下信濃守佐伯大成と従四位上土佐守大伴古慈斐はそれぞれの任国に、従五位下遠江守であった多治比国人は伊豆に、流刑となった(48)。

しかし、このとき処罰されたのは、皇族と官人だけではなかった。孝謙天皇は、奈良麻呂一味による謀反発覚を受けて、「諸司并京畿内百姓村長以上」を集めさせ、事の顛末を述べた上で、次のように命じたのである。

**史料3**　『続日本紀』七五七年（天平宝字元年）七月戊午（十二日）条

久奈多夫礼〈良尓〉所詿誤百姓〈波〉京土履〈牟〉事穢〈弥〉出羽国小勝村〈乃〉柵戸〈尓〉移賜〈久止〉宣天皇大命〈乎〉衆聞食宣。

史料3では、「久奈多夫礼」（黄文王）らに欺かれて奈良麻呂一味に与した「百姓」が、京の土を踏むことは穢らわしいので、「百姓」を出羽国小勝（雄勝）の柵戸とするように、と命じられている。

ここで注目すべきは、奈良麻呂に与した皇族や上級官人らを処罰する方法として流刑がとられているのに対し、

「百姓」を処罰する方法としては柵戸処分がとられている点である。つまり、刑罰としての柵戸処分の対象となり得たのは、「百姓」と表現されるような、社会的身分の低い者のみであったと考えられるのである。このことは、同じく天平宝字年間に死刑相当の罪を犯した葦原王が柵戸処分とされず、子女とともに種子島に配流されていることからも明らかである[49]。葦原王が、柵戸処分とされずに流刑に処されたのは、犯行内容が猟奇的であったからということも考えられるが、やはり彼の身分によるところが大きいとみるべきであろう。すなわち、皇族や上級官人といった社会的身分の高い者は、刑罰としての柵戸処分の対象にならない、という暗黙の了解が存在していた可能性が指摘できるように思う。柵戸の基本的役割は辺境で土地の開墾を担うことなのだから、「百姓」のみが対象とされたのは当然である、と考えることもできるが、刑罰としての柵戸処分の対象者には、僧侶や下級官人も含まれた。次にみていくのは、『類聚国史』「配流」の項でも取り上げられている、柵戸処分事例三件である。

**史料4**　『続日本紀』七五九年（天平宝字三年）七月庚辰（十六日）条
左京人中臣朝臣楫取詐造㆓勅書㆒、詿㆓誤民庶㆒。配㆓出羽国柵戸㆒。

**史料5**　『続日本紀』七六〇年（天平宝字四年）十二月戊寅（二十二日）条
薬師寺僧華達、俗名山村臣伎婆都、与㆓同寺僧範曜㆒博戯争㆑道、遂殺㆓範曜㆒。還俗配㆓陸奥国桃生柵戸㆒。

**史料6**　『続日本紀』七六三年（天平宝字七年）九月庚申（二十一日）条
河内国丹比郡人尋来津公関麻呂坐㆑殺㆑母。配㆓出羽国小勝柵戸㆒。

史料4は、七五九年（天平宝字三年）の記事で、左京の人中臣朝臣楫取が、勅書を偽造して人々を欺き、出羽国の柵戸に移配された、というものである。楫取が犯したのは勅書偽造の罪であるから、律の規定に従えば遠流となるはずだが[50]、柵戸処分とされている。ただし、楫取の身分と、出羽国のどこに配されたのかは明らかではない。

史料5は、七六〇年（天平宝字四年）の記事で、薬師寺の僧侶華達が、同寺の僧侶範曜と博打をしている最中に喧嘩となって範曜を殺害してしまい、還俗の上で陸奥国桃生柵に移配された、というものである。具体的な殺害方法などは不明なものの、「遂に」殺した、とあるので、この殺人は当座の争いによって突発的に発生したものであると考えられる。これを殺意のない闘殴による殺人とみると、律の規定では絞首刑に相当する罪である[51]。なお、僧侶による殺人は最大の破戒行為であり、還俗の上で律令の定める刑が科されることとなっている[52]。

史料6は、七六三年（天平宝字七年）の記事で、河内国の人尋来津公関麻呂が、母親を殺害した罪で、出羽国小勝（雄勝）の柵戸に移配された、というものであるが、律令の規定によると、直系尊属に対する殺人は八虐の悪逆に当たる重罪であり、斬刑に相当する[53]。なお、関麻呂は後年罪を赦されたのか、七九六年（延暦十五年）には従五位下に叙されており、移配当時は下級官人であったと考えられる[54]。

以上、刑罰としての柵戸処分事例三件を取り上げた。これらの事例の共通点は、いずれも藤原仲麻呂政権下でおこなわれているという点と、律令の規定では遠流以上に相当する重罪を犯しているという点である[55]。また、史料4の移配先は不明なものの、史料5の事例では桃生城、史料6の事例では雄勝城と、七五九年（天平宝字三年）に完成した新しい城柵に配されていることも注目に値する。鈴木拓也氏は、史料4・5・6のごとき罪人の移配は個人を対象とするものであるから、天平宝字年間の移民政策の基本は浮浪人を組織的に強制移住させることにあったと述べている[56]。

鈴木氏が指摘するように、犯罪者を単独で柵戸としたところで、移民政策としてほとんど意味をなさないことは明白である。つまり、刑罰としての柵戸処分は、長期的展望をもっておこなわれたというよりは、新たに造営する城柵の人数合わせを目的とした、場当たり的な政策であったといえるのではないだろうか。

さて、刑罰としての柵戸処分の特質が明らかになったところで、次は柵戸処分と流刑との比較をおこないたい。

### 2 柵戸処分と流刑

柵戸処分と流刑との相違点を考えるとき、比較の基準となりうるのは、配所・労役・刑期であると考える。なぜなら、これらは律令法が定める流刑を構成する重要な要素であり、刑の性質を左右しているからである。

まずは、配所について考えてみたい。律令の流刑は、都から配所までの距離に応じて、近流・中流・遠流の三等級に分けられていた[57]。『続日本紀』七二四年（神亀元年）の記事で例示されているところによると、近流は越前国・安芸国、中流は諏方国・伊予国、遠流は伊豆国・安房国・常陸国・佐渡国・隠岐国・土佐国であった[58]。このうち、都からの距離を『延喜式』主計上式の規定に準じて考えてみると、最も遠いのは隠岐国と土佐国で、いずれも十七日の行程である。一方、柵戸処分において配所とされた出羽国と陸奥国の場合、都からの行程は、出羽国が二十四日、陸奥国が二十五日となっており、遠流国よりもさらに多くの行程を要したことがわかる。律令の流刑が、都から配所までの距離で軽重をつけられていたということを踏まえれば、柵戸処分は遠流よりも重い刑罰ということになる。

次に、労役について考えてみよう。律令の規定では、流人は配所において通常一年の労役に服することになっていた[59]。労役の内容は徒刑に準じて定められ[60]、『延喜式』囚獄司式によると、流人は路橋の建設や建物の清掃作業に従事した。

ただし、実際に流人に対して法規定通りに労役が科されていたのか、という点については、疑わしいといわざるをえない[61]。一方、柵戸処分とされた者に科された労役については、たとえば七五七年（天平宝字元年）七月に雄勝の柵戸とされた「百姓」の場合（史料3）、同年四月の孝謙天皇の勅（史料2）に基づいて、雄勝城の造営に従事したと考えられる。また、繰り返しにはなるが、柵戸には、土地の開墾や城柵造営のほかに、辺防を担う役割も期待された。『延喜式』刑部省式には、次のような規定もみえている。

**史料7**　『延喜式』二十九　刑部省式[62]

凡有二柵戸逃亡一、若元差二平民一為二柵戸一者、以二戸口逃亡罪一論、若特宥二死罪一配二柵戸一者、准二兵士逃亡法一。

史料7は、柵戸の逃亡に関する規定である。その内容は、平民から柵戸とされた者の逃亡については「戸口逃亡罪」をもって論じ[63]、死罪を宥して柵戸に配した者の逃亡については「兵士逃亡法」に准ずる[64]、というものである。後半部分について高橋崇氏は、軍から逃亡するという死罪相当の罪を免ぜられて柵戸とされた蝦夷征討軍兵士を指すとするが[65]、死を一等減じて柵戸処分とされた者は逃亡兵士に限らないため（史料5・6）、高橋氏の理解は不適当であるように思われる。なお、死を一等減じて柵戸に配された者が逃亡した場合に、なぜ兵士逃亡法が適用されるのか、という点については、考えうる理由として、平民から柵戸とされた人々と対比して量刑のバランスを取るため、というものや、死を一等減じて柵戸に配された者は兵役に准じたから、というものがあげられる。後者については、熊田亮介氏が、刑罰としての柵戸処分は「流刑の一種である」としつつ、兵役に准じたところに特徴があったと指摘してい

る。熊田氏は、柵戸のそのようなあり方は「秦・漢代に犯罪者が死一等を減じられて北方辺境などの屯戍に充てられた事例を想起させる」とも述べている。[66]なお、史料7の規定がいつ設けられたのかは不明だが、高橋崇氏は天平宝字年間以降のものと推察している。[67]いずれにせよ、柵戸には辺防を担う役割が期待されていたことは間違いない。蝦夷の反乱を警戒しながら城柵の造営や土地の開墾にあたることには、相当の苦痛がともなったと考えられる。

最後に、刑期について考えてみよう。律令の規定では、流人は労役を終えてから配所の戸籍に付され、他の農民と同様に諸課役を負うことになっていた。[68]したがって、赦免がない限りは配所に永住するということになるが、実際には流人が赦免されて帰還している例は相当数確認できる。[69]一方の柵戸処分は、そもそもが植民政策である以上、それが刑罰であろうとなかろうと、基本的には永住を前提としていたはずである。もちろん、先に取り上げた史料6の事例のように、官人の場合には赦免もあり得たであろうが、あくまで原則は永住であったとみてよい。そのように考えると、律令の流刑が期間を定めない「無期」の刑罰であったのに対して、柵戸処分は配所で一生を終えることを前提とした「終身」の刑罰であったということがいえるのではないだろうか。

## おわりに

本稿では、古代東北史分野の優れた研究成果に学びながら、刑罰としての柵戸処分と流刑との相違点を解明することを試みた。その結果、従来同一視されてきた二つの刑罰が、似て非なるものであったということが明らかとなった。すなわち、柵戸処分と流刑とは、処罰の対象となる者の社会的身分によって使い分けられていたこと、配所までの距離や労役の内容、刑期などを勘案すると、柵戸処分のほうが流刑よりも重刑であったこと、などが判明したのである。

さて、「はじめに」で述べた通り、本稿の元々の問題関心は、菅原道真によって編纂された史料『類聚国史』「刑法」の部「配流」の項に、なぜ柵戸移配事例が含まれているのか、という点にあった。当然のことながら、『類聚国史』における記事の分類基準は道真本人にしかわからないことであり、明確な答えを出すことはできない。しかし、道真はおそらく、罪人の強制移住に注目して、刑罰としての柵戸処分事例を「配流」の項に入れたのではないだろうか。義江彰夫氏いわく、平安期に公的な死刑執行が停止されて以降、それに代わる刑罰として機能したのが、流刑であった。義江氏は、流刑には特定の国に罪人を送り込む本来的なもの以外に、地方官への降格のかたちをとった左遷や、京外追放などがあったとしている。ただし、いずれの場合も労役刑の要素は全くみられず、対象者を政治の中心地たる都から引き離すことだけを問題としていたという[70]。左遷や京外追放といった措置を流刑として一括する右の見解には同意しかねる部分もあるが、流刑が貴族によってどのように観念されていたか、という問題を考えたとき、都から引き離されるという点においては、流刑も柵戸も同様だったのであり、道真が刑罰としての柵戸を広義の流刑と捉え、「配流」の項に分類した理由も、その点にあったのかもしれない。

**注**

（1）『国史大辞典』「類聚国史」の項（柳雄太郎氏執筆）。なお、『類聚国史』が成立した時期については、八九二年（寛平四年）頃と比定されているが、疑問視する見方もある。

（2）『日本国語大辞典』、「配流」の項。

（3）名例律4流罪条。

（4）名例律4流罪条、同24犯流応配条、獄令12配三流条。

（5）名例律24犯流応配条。

（6）『国史大辞典』「柵戸」の項（高橋富雄氏執筆）。

（7）柵戸に関する専論としては、板橋源氏「柵戸考」（『岩手大学学芸学部年報』二、一九五一年。以下、本稿では「板橋氏論文a」とする）、板橋氏「陸奥出羽柵戸移配変質考」（『岩手大学学芸学部年報』五、一九五三年。以下、本稿では「板橋氏論文b」とする）、高橋崇氏『古代東北と柵戸』（吉川弘文館、一九九六年）などがある。

（8）熊田亮介氏「蝦夷と蝦狄」（熊田氏『古代国家と東北』〈吉川弘文館、二〇〇三年〉所収、二五頁）。ただし、熊田氏は、流刑と刑罰としての柵戸処分との相違点についても、僅かながら言及している。その点については後ほど取り上げたい。

（9）高橋富雄氏「古代東北史上の柵戸と鎮兵」（『日本歴史』九〇、一九五五年、三九頁）。ここでいう「徒刑」が、古代律令法のものを指すのか、旧刑法のものを指すのかは定かでない。なお、前者は、畿内居住の場合は京、それ以外は当国において、一定期間労役に従事させる刑罰であり、本貫からの移住はともなわない（獄令18犯徒応配居役者条）。

（10）『続日本紀』七六六年（天平神護二年）六月丁亥（三日）条。

（11）今泉隆雄氏「律令国家とエミシ」（今泉氏『古代国家の東北辺境支配』〈吉川弘文館、二〇一五年〉所収、一四頁）。なお、初出は坪井清足氏、須藤隆氏、今泉氏編『新版古代の日本9 東北・北海道編』（角川書店、一九九二年）である。

（12）同右、今泉氏論文二六頁。

（13）前掲注（7）高橋氏著書、二〇頁。ただし、鈴木拓也氏いわく、柵戸に期待された軍事的役割は、基本的には軍団兵士としてのものである。軍団兵士制は、律令制における一般的な地方軍事制度であったが、辺境に配された柵戸には、特にその役割が期待されたという（鈴木拓也氏「古代東北の城柵と移民政策」〈鈴木氏『古代東北の支配構造』《吉川弘文館、一九九八年》所収、二八三頁〉）。

（14）『続日本紀』七一四年（和銅七年）十月丙辰（二日）条、七一五年（霊亀元年）五月庚戌（三十日）条、七一六年（霊亀二

年）九月乙未（二十三日）条、七一七年（養老元年）二月丁酉（二十六日）条、七一九年（養老三年）七月丙申（九日）条、七二二年（養老六年）八月丁卯（二十九日）条の例は、これに当たると考えられる。なお、七一六年の記事と七一七年の記事は内容が重複しており、鈴木拓也氏は「前者が政策の決定、後者がその実施であった可能性もある」と述べている（同右、二七九頁）。

（15）『続日本紀』七六八年（神護景雲二年）十二月丙辰（十六日）条、七六九年（神護景雲三年）二月丙辰（十七日）条。

（16）前掲注（13）鈴木氏論文、二七二～二七四頁。

（17）熊谷公男氏「近夷郡と城柵支配」（『東北学院大学論集』歴史学・地理学二一、一九九〇年、五〇頁。以下、本稿では「熊谷氏論文a」とする）。

（18）『続日本紀』七一五年（霊亀元年）五月庚戌（三十日）条。

（19）虎尾俊哉氏「律令国家と東北」（虎尾氏『古代東北と律令法』〈吉川弘文館、一九九五年〉所収、二五～二六頁）。

（20）前掲注（7）高橋氏著書、一二頁。高橋氏も指摘していることだが、あくまでこれは他国からの柵戸移配が史料に確認できる期間であり、移住してきた柵戸の子孫を含めた「柵戸の歴史」を示す期間ではない。

（21）なお、柵戸移配単位としての戸は郷戸ではなく房戸、すなわち十人弱の小家族を指す（前掲注〈7〉高橋氏著書、二二頁、三五頁。前掲注〈7〉板橋氏論文a、四一頁）。

（22）前掲注（7）高橋氏著書、一七頁。

（23）ただし、「戸」単位での移配という従来の考え方が全く否定されたわけではない（前掲注〈7〉高橋氏著書、一七頁）。

（24）前掲注（7）板橋氏論文b、二頁。

（25）『続日本紀』養老四年九月丁丑（二十八日）条。

（26）熊谷公男氏「国家支配のはじまりと蝦夷の抵抗」（熊谷氏編『蝦夷と城柵の時代』〈吉川弘文館、二〇一五年〉所収、一一

〜一二頁。以下、本稿では、「熊谷氏論文b」とする）。このとき、民衆の帰還を促すために、三年連続で調庸を減免する措置がとられた（『類聚国史』「政理」の部「免租税」の項七二〇年（養老四年）十一月甲戌（二十六日）条、『続日本紀』七二一年（養老五年）六月乙酉（十日）条、七二二年（養老六年）閏四月乙丑（二十五日）条）。

(27) 『続日本紀』七一九年（養老三年）七月丙申（九日）条。

(28) 『続日本紀』七二二年（養老六年）八月丁卯（二十九日）条。

(29) 『続日本紀』七二四年（神亀元年）二月乙卯（二十五日）条。熊谷公男氏「蝦夷支配体制の強化と戦乱の時代への序曲」（熊谷氏編『蝦夷と城柵の時代』〈吉川弘文館、二〇一五年〉所収、二二八頁）。

(30) 前掲注（13）鈴木氏論文、二八〇頁。

(31) 前掲注（17）熊谷氏論文a、四八頁。

(32) 以下、『続日本紀』の記事については、『続日本紀』（『新訂増補　国史大系』）より引用する。

(33) 天平宝字二年の誤りか（前掲注〈13〉鈴木氏論文、二八九頁）。官符の内容は、『続日本紀』七五八年（天平宝字二年）十月甲子（二十五日）条参照。

(34) 「如㆓国司所見㆒者」の文言からして、「募㆓比国三丁已上戸二百烟㆒安㆓置城郭㆒、永為㆓辺戍㆒。其安堵以後、稍省㆓鎮兵㆒」の部分は、陸奥国の上申文書に示された国司の要望を太政官が記したものと考えられる。

(35) 前掲注（7）高橋氏著書、五一頁、五三頁。

(36) 前掲注（7）高橋氏著書、一一八頁。

(37) 前掲注（7）高橋氏著書、一一七頁。

(38) 『日本紀略』七九五年（延暦十四年）十二月己丑（二十六日）条。

(39) 前掲注（17）熊谷氏論文a、四七頁。

（40）『続日本紀』七一五年（霊亀元年）五月庚戌（三十日）条、七一九年（養老三年）七月丙申（九日）条。

（41）前掲注（7）高橋氏著書、一二一頁。

（42）岸俊男氏『藤原仲麻呂』（吉川弘文館、一九六九年）、仁藤敦史氏『藤原仲麻呂』（中央公論新社、二〇二一年）ほか。

（43）『続日本紀』七五八年（天平宝字二年）十月甲子（二十五日）条。

（44）『続日本紀』七五八年（天平宝字二年）十二月丙午（八日）条。

（45）『続日本紀』七六〇年（天平宝字四年）正月丙寅（四日）条。桃生・雄勝両城造営の流れについては、新野直吉氏「開拓の進展と東北の充実」（新野氏『古代東北史の基本的研究』〈吉川弘文館、一九八六年〉所収、一七〇頁）を参考に記述した。また、桃生城は現在の宮城県石巻市飯野から同市太田にかけて所在したとされている（宮城県多賀城跡調査研究所『桃生城跡Ⅲ』〈一九九五年〉、報告書における所在地の表記は旧町名による）。雄勝城の所在地については、現在の秋田県大仙市払田の払田柵跡とする説もあるが（高橋富雄氏「払田柵と雄勝城」〈『日本歴史』三〇二、一九七三年〉）、現在も特定には至っていない。

（46）ただし、「柵戸」とは表記されていないものの、刑罰としての柵戸処分の可能性がある事例は、管見の限り二件あげられる。一件目は七五七年（天平宝字元年）に殺人の罪で陸奥国に配された「伊刀王」の事例（『続日本紀』七八〇年〈宝亀十一年〉二月甲子（二十九日）条）、二件目は七六七年（神護景雲元年）に私鋳銭を製造した罪で出羽国に配された「私鋳銭人王清麻呂等」四十人の事例である（『続日本紀』七六七年〈神護景雲元年〉十一月丙寅（二十日）条）。時期を考えれば、二件とも柵戸処分であった可能性は十分に考えられるが、根拠を欠くため、本稿では除外した。なお、七五七年（天平宝字元年）に陸奥国に配されたとされる「伊刀王」は、同時代における皇族の伊刀王とは別人である（直木孝次郎氏他訳注『続日本紀4』〈平凡社、一九九二年〉、一八六頁）。

（47）前掲注（38）参照。

（48）『続日本紀』七五七年（天平宝字元年）七月庚戌（四日）条。

（49）『続日本紀』七六一年（天平宝字五年）三月己酉（二十四日）条。
（50）詐偽律6詐為詔書条。
（51）闘訟律5闘殴殺人条。
（52）僧尼令1上観玄象条。
（53）名例律6八虐悪逆条。
（54）『類聚国史』巻七十七「音楽」の部「箏」の項、七九六年（延暦十五年）六月丙寅（七日）条。
（55）柵戸に配された犯罪者が重科犯であったという点は、すでに板橋源氏が指摘している（前掲注〈7〉板橋氏論文a、四二頁）。
（56）前掲注（13）鈴木氏論文、二八五頁。
（57）名例律4流罪条、獄令12配三流条。
（58）『続日本紀』七二四年（神亀元年）三月庚申条。
（59）名例律24犯流応配条。なお、流刑のなかでも特に重い加役流の場合、労役期間は三年であった。
（60）獄令18犯徒応配居役者条。
（61）吉田一彦氏「日本律の運用と効力 その4」（『名古屋市立大学人文社会学部研究紀要』、一九九七年、三二三頁）。
（62）『延喜式』（新訂増補　国史大系）より引用。
（63）高橋崇氏いわく、ここでいう「戸口逃亡罪」とは、戸婚律1脱戸条を指す。一家をあげて逃げることを「脱戸」、戸内のものが逃げた場合を「漏戸」といい、脱戸の場合は家長が徒三年、漏戸の場合は一口徒一年、二口ごとに一等加重し、徒三年を最高刑とする（前掲注〈7〉高橋氏著書、五一頁）。
（64）兵士の逃亡については、捕亡律7従軍征討亡条に規定される。従軍中の逃亡は一日につき徒一年、絞を最高刑とする。戦

闘中の逃亡は斬、帰還途次または帰還後の逃亡は在家の逃亡と同じ扱いになり、一日につき笞四十、流を最高刑とする。一方、流徒囚の逃亡については捕亡律9流徒囚役限内亡条に規定され、一日につき笞四十で三日ごとに一等加重、杖百を超えた場合は五日で一等加重となっており、兵士の逃亡は流徒囚の逃亡よりも重罪に扱われた（虎尾俊哉氏編『延喜式 下』〈集英社、二〇一七年〉、九四〇頁）。

(65) 前掲注（7）高橋氏著書、五一頁。

(66) 前掲注（8）熊田氏論文、一一五頁。

(67) 前掲注（7）高橋氏著書、五一頁。

(68) 名例律24犯流応配条。

(69) 山下紘嗣氏「奈良・平安前期の流罪に関する小考」（『年報三田中世史研究』二〇、二〇一三年）。

(70) 義江彰夫氏「日本の中世社会と刑罰」（『創文』二五三、一九八五年、一一頁）。

# 中世九州における社寺参詣——太宰府天満宮を事例として——

藤立紘輝

## はじめに

参詣とは、人が社寺や霊場等の聖地に赴き神仏を拝する行為であり、洋の東西を問わず古代から現代まで連綿と続く信仰的営為である。本稿では、神仏や社寺といった宗教の存在が、人々の心性に深く影響を及ぼした日本中世（十一世紀後半～十六世紀後半）の社寺参詣について考察する。

交通史研究の観点から社寺参詣の研究に取り組んだ新城常三氏は、伊勢参宮や熊野参詣といった遠隔地への参詣に着目し、古代から近世に至る参詣史料の網羅的収集を通して、人々の参詣の動機が純粋な信仰から観光・遊覧目的に変化するという展開過程を明らかにした[1]。新城氏の研究は中世の社寺参詣に関する基礎的研究の位置を占める。しかし、九州の社寺参詣に関する検討については他地域と比べて必ずしも十分とはいえず、そもそも中世九州の社寺参詣を対象とした研究自体少ない[2]。そこで本稿では、九州を代表する神社の一つであり、かつ中世史料が豊富に伝存する太宰府天満宮を分析対象として考察する。近接地からの参詣と遠隔地からの参詣の双方の事例を分析視角とすることで、中世九州における社寺参詣の実態解明に資したい。

さて、没後「天満天神」として神格化された菅原道真（八四五〜九〇三）を奉祀する太宰府天満宮は、九〇五年（延喜五）八月十九日に門弟の味酒安行が建立した墓所（「御殿」）を出発点とする。十世紀末から十一世紀になると、天神信仰の高揚を背景に朝廷・大宰府から多くの荘園・堂塔が寄進され、九州を代表する有力寺社権門へと成長を遂げた[3]。中世、天神が和歌・連歌の神として崇敬されると、和歌・連歌を嗜好する貴族や連歌師たちが参詣してその上達や守護を祈願し、併せて天満宮や周辺の名所旧蹟を訪れて歌を詠んだ[4]。

一方で、武士や民衆の参詣については関係する文献史料がほとんど残っておらず、不明な部分が多いことが指摘されている[5]。ゆえに先行研究では貴族や歌人、連歌師の参詣に関心が集まり、彼らの参詣が主要な分析対象とされてきた。

かかる中世の研究状況に対して、近世社会で全国的に流行した天満宮参詣（「さいふまいり」）については、旅日記や紀行文などの参詣史料が豊富に伝存しており、一定の研究成果が蓄積されている[6]。しかし、そのほとんどは中世との連続面や相違点を意識して検討されているとは言い難く、そもそも「さいふまいり」の歴史的前提となる中世の天満宮参詣自体、通時代的検討を行う必要がある。

以上の問題関心から、本稿では中世の太宰府天満宮参詣の通時代的検討を行う。第一節では平安・鎌倉期の参詣、第二節では南北朝・室町期の参詣、第三節では戦国・織豊期の参詣について検討していく。特に、参詣者側と参詣を受ける天満宮側の双方の動向に着目し、既存の史料についても参詣史料として捉え直すことで、中世の天満宮参詣の展開と実態を明らかにする。その上で、近世に隆盛を迎える「さいふまいり」の歴史的前提を示したい。

## 一　平安・鎌倉期における太宰府天満宮参詣

菅原道真の没後、京都では疫病・天変地異が発生し、道真政敵の相次ぐ急死や清涼殿落雷事件といった凶事が立て続けに起きた。さらに承平・天慶の乱（九三五～九四一）や九四五年（天慶元）七月の志多羅神入京事件といった国家的事件の背後にも怨霊道真の存在が意識された[7]。このような事態に対して、朝廷は北野社（北野天満宮）を厚く崇敬し、さらには道真に左大臣、次いで太政大臣を追贈するなど、怨霊道真の鎮魂・神格化を目的とする様々な政策を実施した[8]。

道真の神格化によって貴族社会で天神信仰が広まると、十世紀末から十一世紀にかけて太宰府天満宮には朝廷・大宰府から多くの荘園・堂塔が寄進された。さらに、大宰府に赴任してきた京都の貴族たちによって年中行事・宗教行事といった貴族文化が移入されたことで、同宮は大宰府における文化の場として機能した[9]。

こうした天満宮と大宰府官人との関係の深化は、この時期の天満宮参詣にも影響を及ぼした。九六四年（康保元）十月、大宰大弐小野好古が天満宮に残菊宴を創始し、その開催のために参詣したことは[10]、大宰府官人による参詣の早い事例である。次いで一〇〇六年（寛弘三）～一〇〇八年の間のいずれかの年の三月三日には、大宰大弐藤原高遠が天満宮に参詣して花宴に参加し、安楽寺別当元真に詠歌を贈った[11]。さらに一〇二九年（長元二）頃には、大宰権帥源道方とその息経信が天満宮に参詣し観梅している[12]。

一方、この頃京都では、慶滋保胤や大江匡衡といった菅家廊下（菅原氏の私塾）に連なる文人貴族たちの間で、道真を「文道の大祖」として仰ぐ新たな信仰が生じていた[13]。京都の天満宮は、中国で孔子を祀る廟を意味する「聖廟」

と呼称され始め、十二世紀初頭には太宰府天満宮も「聖廟」と呼称されている(14)。

「文道の大祖」としての天神信仰を貴族社会に普及させた人物が、一〇九八年（承徳二）九月に大宰権帥として赴任した大江匡房である(15)。匡房は一一〇〇年（康和二）八月に太宰府天満宮に参詣し、天満宮の景観を称えるとともに、道真の生前の功績や霊験譚、北野信仰について言及する「参安楽寺詩」を賦している(16)。

さらに一一〇一年（康和三）には、夢想を得た匡房によって天満宮に天神の神慮の慰撫と、五穀豊穣を祈願する祭礼である神幸祭が創始された。同祭によって九州における道真の「天神」としての神格が可視化されたとの指摘があり(17)、大宰府官人によって創始された年中行事・宗教行事が大宰府の衰退とともに天満宮の祭事から姿を消していくのに対して、神幸祭は天満宮の最も重要な神事・祭礼として存続していく(18)。中世の天満宮には神幸祭の見物を目的に多くの参詣があったと考えられ、実際に戦国期には禅僧の策彦周良が神幸祭を見物している(19)。匡房の諸活動は「文道の大祖」としての天神の性格を定着させたことに加え、人々の参詣を誘致する祭礼を創始した点でも、天満宮参詣の展開に重要な役割を果たしたといえる。

ところで十一～十二世紀には、天満宮参詣の一つの目的として観梅が行われた。現在も神木の飛梅に代表されるように(20)、梅は道真や天神信仰を象徴する植物として知られる。実際に、道真作の漢詩には梅花を題材とするものが多い(21)。また、道真は詠んだ歌として著名な「東風吹かばにほひをこせよ梅花主なしとて春を忘るな」(22)により、道真＝梅花という認識は貴族社会で流布されていたものと考えられる(23)。

太宰府天満宮における梅花関係史料では、前述した大宰権帥源道方とその息経信の観梅が早い事例である。経信は一〇九四年（嘉保元）六月十三日に大宰権帥を兼ね、翌年七月二十二日、八十歳で大宰府に赴任した際も天満宮に参

詣し、梅の木の老いと自らの老いを重ね合わせた歌を詠んでいる。[24]

さらに『新古今和歌集』には、一一九一年（建久二）の春の頃、「筑紫へまかりける者」が、天満宮の梅を折った日の夜に見た夢のなかで詠んだという「なさけなく折る人つらしわが宿のあるじ忘れぬ梅の立枝を」との一首が載せられている。[25] 以上のように、この時期には、境内に咲く梅花が天満宮への参詣を呼び込む名物として機能していた。

十三世紀には、朝廷から豊前国宇佐宮に奉幣するために発遣された宇佐使が、その職務の傍らで天満宮に参詣している。歌人として著名な藤原定家の息光家は、一二一四年（建保二）正月五日に宇佐使として下向した際に参詣し、和歌を詠じている。[26] さらに一二一六年（建保四）には、道真の十一代後裔に当たる菅原長貞が宇佐使として下向した際に参詣し、「泣いて祖廟を十一代の後に拝」している。[27] このように鎌倉期には、宇佐使として京都から下向してきた貴族たちが天満宮に参詣して詩歌を詠じていた。

一方で、民衆の参詣の様子を示す史料はほとんど確認できない。これは中世を通じて共通する問題ではあるが、わずかに大江匡房の「参安楽寺詩」に「豈に唯だ州郡の人、梯航土宜を貢ぎ、稽首して貂蝉を傾く、侱頭して鵕鸃を銜く」とあり、各地の人々が参詣して貢ぎ物を捧げていた様子が記されている。

また、一三一一年（応長元）作の『松崎天神縁起絵巻』巻六（防府天満宮蔵）には、松崎天満宮（防府天満宮）に老若男女さまざまな人が参詣する様子が描かれている。[28] 太宰府天満宮の事例ではないが、天神を信仰する人々による天満宮参詣という点で傍証となろう。平安・鎌倉期の太宰府天満宮には、京都の貴族や大宰府官人、そして各地の民衆が参詣していたのである。

## 二　南北朝・室町期における太宰府天満宮参詣

南北朝・室町期の天満宮参詣では、連歌師たちの参詣が注目される。連歌は鎌倉末期から室町期にかけて発展を遂げたが、その過程で詩文・和歌の神として信仰されていた天神の性格にも影響を与え、鎌倉末期には連歌の神としても崇敬された[29]。

鎌倉末期成立の連歌書『連証抄』（著者不明）の序文には、ある人物が「去るなか月のすゑに、安楽寺にまうてゝ、廟院のかたはらに通夜をし侍り」とあり、そこで聞いた連歌に関する話が本書の内容だと記している[30]。太宰府天満宮への参詣と連歌が関係するものとして認識されていることが分かる。

文和年間（一三五二～一三五六）には、救済が「安楽寺社頭にて連歌し侍り」、「紅を忘れぬ梅のもみぢかな」という一句を詠じている[31]。さらに一三七四年（応安七）末か一三七五年（永和元）には、周阿が参詣して一句を詠じている[32]。このように十四世紀には、著名な連歌師たちが天満宮に参詣し、神前で連歌を詠じて連歌神たる天神への法楽を行っていたのである。

こうした状況は連歌師だけでなく武家においても見られる。室町幕府の九州統治を担う九州探題を務め、優れた歌人でもあった今川了俊は、九州滞在中の一三八二年（永徳二）正月二十二日に天満宮で一座千句連歌を興行している[33]。また、了俊自筆の『和歌秘抄』は、一四〇二年（応永九）八月に了俊が京都で記した書物で、九州滞在時に太宰府天満宮の社頭で紛失した和歌・連歌書が書き留められている[34]。了俊が和歌・連歌の書を携えて天満宮に参詣し、歌道の修練に励んでいた様子がうかがえる。

室町期には、一四一六年（応永二十三）三月に京都北野社社家の松梅院禅能とその一行が天満宮に参詣している。松梅院は南北朝期以降、公文所や将軍家御師といった枢要の社職を務めたが、禅能は将軍足利義持と密接な関係を有して権勢を誇った[35]。禅能一行の参詣の様子は、「惣じて馬上は廿五騎、引馬三引、上下の人数数百人計りこれ在りと云々」と記されており[36]、禅能を筆頭に多くの人々が天満宮に参詣した。

さて室町期においても、歌人の正広や連歌師の忍誓・宗祇・宗碩ら著名な歌人・連歌師たちが天満宮に参詣している[37]。このうち、正広と宗祇の参詣の様子については、彼らが記した紀行文から詳しく知ることができる。

大内教弘の招請で西国に下向した正広は、一四六四年（寛正五）五月二十日に太宰府天満宮に参詣して法楽和歌百首を詠じ、その後は生松原や志賀島の文殊堂を訪れている。そしてまた天満宮に戻って法楽連歌を興行し、同宮の会所の「人丸」[38]で法楽廿首を興行している[39]。こうした正広の巡歴は筑前・豊前守護大内氏の庇護のもと実現したものであり、その天満宮参詣は大内氏のための法楽・代参であったことが指摘されている[40]。

次の宗祇も、一四八〇年（文明十二）六月に大内政弘の招請で西国に下向した。同年九月六日、宗祇は大内氏の本拠地山口を出発して九州に渡海し、十月十二日に山口に帰着するまでの三十六日間、北部九州の名所旧蹟を巡歴した。九月十六日、宗祇は大内氏の筑前守護代陶弘詮の館で饗応を受け、次に大内氏家臣杉弘相の領地である穂波郡長尾に赴き、その後天満宮に参詣した。この時、「是より宰府聖廟へ参る、陶弘詮より侍二人添らるゝ心ざし、言はむ方なし」とあるように[41]、陶弘詮から護衛の侍二人が添え付けられている。中世社会の治安の下では、参詣の道中で山賊や海賊に遭遇することが多々あり、参詣者は常に危険と隣合わせだった[42]。そのため大内氏は宗祇に護衛を付けたのであろう。

この後、「とかく過行程に、御社近く塔婆など見ゆるより、下りて、神前を拝して、宿坊満盛院に至りぬる程、暮はてぬ、今夜は当社の縁起など読ませ奉るほどに、深野筑前守といふ人来る、この郡の郡司なり」とあり、宗祇は天満宮に参拝して社家の満盛院に宿泊し、夜には同所で天満宮の縁起を読んでいる。この時来訪した「深野筑前守」は大内氏家臣で、天満宮の鎮座する御笠郡の郡代を務めた[43]人物である。満盛院と御笠郡代との日常的な交流を想像できる。

翌日は、「つとめて、社僧一人を友なひ神前に参る、表の鳥居さし入より、地広く松杉数添ひて、さらぬ常盤木やゝ繁し、反橋高うして二有、又打橋だつ、その中にあり、池の廻りには千万株の梅の林を成せり、覚えず西湖の境に来るやと覚ゆ、楼門に入ほど神〳〵しくて、左右の回廊いさぎよし、名に負ふ飛梅苔むして、老松の齢にも争へり」とあり、宗祇は社僧一人を伴って再び神前に参拝し、境内を観覧してその景観を称えている。この時、宗祇が「名に負ふ飛梅」と評していることは、飛梅が太宰府天満宮の名物として広く流布・定着していたことを物語る[44]。

その一方で、「経蔵・宝塔・諸堂・末社、皆星霜経りたる中に、安楽寺いたう廃して、瓦落軒破れて忍ぶ草も頼りなきにやと見えて、乱れ添ふあらしにも、俊頼朝臣の「散る紅葉葉」と読るも、いとゞ哀なり」ともあり、宗祇は荒廃した堂塔も目にし、かの源俊頼の古歌を思い返して偲んでいる。宗祇はこの後、「此日宿坊にて会あり」というように、宿坊満盛院で開かれた連歌会に参加している。

このように、正広・宗祇は大内氏の保護のもと道中安全に天満宮参詣ができていた。十五世紀後半以降、大内氏の筑前支配は敵対勢力の排除や支配機構の整備によって進展していくが[45]、それは大内氏が関知する人物の天満宮参詣にも好影響を及ぼしていたのである。

ここで留意すべきは、宗祇の参詣に際して満盛院が宿坊として機能していたことである。同月二十日には「弘《（杉）》相の宿り花台坊」で連歌会が興行されており、宗祇に同行した杉弘相も社家の花台坊に宿泊していた。一四九〇年（延徳二）には、猪苗代兼載が「安楽寺へ参りし時ある僧坊にて」一句を詠じているが、(46)ここでの「ある僧房」も宿坊の可能性が高い。

天満宮における宿坊の機能を考える上で、中世後期の京都鞍馬寺における宿坊の機能が示唆に富む。同寺の宿坊は本堂への参詣の中継地かつ参籠の場でもあり、夜には坊主が寺院縁起の読み聞かせを行うなど、単なる宿泊施設に留まらず宗教施設としても機能していたことが指摘されている。(47)満盛院における宗祇の経験も右の鞍馬寺の宿坊と類似しよう。とりわけ天満宮の場合は、宿坊で連歌会が開催されていた点に特色がある。

鎌倉末期成立の『連証集』には、太宰府天満宮に参詣した者が同宮で聞いた連歌の話を忘れないように「宿坊へ帰て」記したとある。(48)管見の限り、これは太宰府天満宮における宿坊の早い事例である。したがって同宮では、鎌倉末期までに宿坊が成立し、宿泊施設として機能していた可能性が高い。

しかし『連証集』の記述に見える宿坊は宿泊施設の域を出ず、またこれ以降は『筑紫道記』まで宿坊に関する史料は確認できない。したがって室町期以前の宿坊は、未だ宗教施設としての機能を備えていなかったものと見られる。しかるに室町期以降、天神信仰は連歌や芸能の世界と連関することで宗教・文化的発展を遂げ、諸階層に流布されていく。(49)これが人々の天満宮参詣への関心をさらに引き寄せ、参詣の増加をもたらしたであろうことは想像に難くない。かかる時代背景により、天満宮の宿坊には宗教施設としての機能が兼備されていったのである。

## 三　戦国・織豊期における太宰府天満宮参詣

戦国期においても連歌師の参詣は続けて確認できる。一五一七年（永正十四）九月九日、宗碩は九州巡歴の過程で天満宮に参詣し、社家の邸宅で開かれた連歌会に参加している。[50]

一五三八年（天文七）八月二十三日、臨済宗夢窓派僧の策彦周良が天満宮に参詣し、「宰府神事」（神幸祭）を見物したことは前述の通りである。策彦周良は同年十一月二十五日に三英梵生・熊松をともなって再び天満宮に参詣したが、この時、一行は刈萱関、観世音寺といった大宰府の名所旧蹟も訪れている。[51] こうした策彦周良の行動には、各地の名所旧蹟に対する彼自身の好奇心[52]が働いていたものと見られる。加えて室町期以降、禅僧によって流布された渡唐天神説話や、渡唐天神像が航海神として信仰されていたことも、[53]禅僧であり、遣明使節として実際に渡航する策彦周良を参詣に駆り立てた思想的背景であろう。

さて天文年間（一五三二～一五五五）には、大内義隆が天満宮参詣に密接に関与していたことが、以下に検討する事例から明らかとなる。

一五四四年（天文十三）三月十四日～十五日、京都吉田社の神主である吉田兼右が天満宮に参詣した。[54] 三月十四日、兼右は天満宮留守職の小鳥居氏に迎えられて大宰府に入った。小鳥居氏は一五三五年（天文四）以降、大内氏の支持を得て天満宮の社務を統轄する留守職に就任していた。[55] 翌十五日に天満宮に参詣し、「不慮の参詣、歓喜々々、神地の体、殊勝々々」との感想を日記に記している。この後、兼右は大宰府滞在中に小鳥居氏や満盛院といった社家に加え、大内氏家臣で御笠郡代・岩屋城主の千手興国[56]とも贈答を行っている。そもそも兼右は、大内義隆から招請されて

西国に下向したことから、[57]小鳥居氏による迎接や千手興国との贈答の背景には、大内氏の意向が想定される。

さらに、一五四八年（天文十七）二月九日付満盛院・原山衆徒中宛大内氏奉行人連署書状写[58]には、「洛陽清水寺成就院当社見物のため下向候間、沼間宗彝入道を副え遣わされ候、山中の儀、各馳走肝要に候由　仰せ出され候、毎事宗彝入道に申談せらるべきの旨に候、此の由興国《（千手）》に対して仰せ遣され候」とあり、京都清水寺の塔頭寺院で本願職を務める成就院の僧が天満宮見物のため下向することとなり、大内氏は案内者として沼間宗彝入道を添え付けたこと、天満宮の満盛院・原山衆徒中には、成就院の道中安全のために準備することや、何事も沼間宗彝入道と相談するようにとの大内義隆の意が伝えられていた。さらに、このことは千手興国にも申し送られていた。

千手興国はこの時期、御笠郡代・岩屋城督として大内氏と天満宮との交渉・仲介を担っていた。そのため、大内氏が関知する人物による天満宮参詣の情報が興国にも伝えられたのであろう。[59]大内氏は領国内外の参詣・巡礼者の宗教活動を統制[60]する一方で、室町期の正広・宗祇に見られたように、同氏が関知する参詣者には保護を加えていたのである。

この他、肥後国の地域権力が領内の関係者による天満宮参詣を社家に報知している史料もある。一五六〇年（永禄三）九月二十八日付満盛院宛土屋顕定書状[61]には、「態と愚翰を用い候、抑も遠方故連々無音に相過ぎ候、心外の至りに候、仍って油屋政所旧例に任せて　天満宮江参詣を致し候」とあり、肥後国宇土を根拠地とする名和氏の家臣と見られる土屋顕定が、満盛院に「油屋政所」が「旧例」に任せて参詣することを伝えている。この「旧例」が具体的に何を指しているかは判然としないものの、少なくともこれ以前から「油屋政所」は天満宮に参詣していたのである。

以上のように、戦国期においても京都や九州内から天満宮への参詣があったことが確認できる。特に地域権力が関

知する人物の参詣には、地域権力から天満宮にその情報が伝えられ、これを受けて天満宮側は迎接の準備を整えていたのである。

さて、一五五七年（弘治三）に大内氏が滅亡すると、九州は大友氏・龍造寺氏・島津氏の三者鼎立の状態となり、熾烈な抗争が繰り広げられた。島津氏は一五八五年（天正十三）十月には北上の機運を高め、翌年六月末に筑前侵攻を開始する。同年七月中旬、島津軍は天満宮の至近にある大友氏の拠点の宝満・岩屋城を攻撃し、二十七日には落城させた[62]。

落城後、島津氏家臣たちは筑前の有名な社寺に参詣している。勝部兵右衛門という人物は、「扨又此ほとの窮屈休んとて、箱崎八幡宮参詣し、或安楽寺参、天満天神を伏拝し、飛梅老松殿をも再拝して、本地堂ニ参、御池の橋を渡り、相初川をも打詠、昔元暦の比とかや、安徳天皇の古迹宰府の大裏なと一見して、薩摩の人々の形勢誠ニ由々敷そ見へニける」というように[63]、筥崎宮や太宰府天満宮に参詣し、天満宮では飛梅や本殿の背後に鎮座する老松社[64]にも参拝している。また、「本地堂[65]」に参り、「御池」（現在の心字池）に架かる橋を渡って、天満宮に近い「相初川」（藍染川）や、「安徳天皇の古迹」にも訪れており、これらの体験をした薩摩の人々は神妙な様子であったという。同じく島津氏家臣の長谷場宗純も筥崎宮と天満宮に参詣しており、天満宮では「本地堂」に参り、太鼓橋を渡って「相初メ河」（藍染川）を訪れている[66]。このように島津氏家臣たちにとって北上戦は、筑前の名所旧蹟を訪れる機会でもあり、筥崎宮や太宰府天満宮はその主要な目的地であった。岩屋城落城後、彼らは天満宮に参詣し、戦乱下における休息のひと時を興じたのである。

一五八七年（天正十五）、九州平定を目指す豊臣秀吉と島津氏が激突し、同五月八日には島津氏が降伏したことで、

豊臣秀吉による九州平定が達成された。[67] この時、豊臣氏の武将である細川幽斎が九州まで下向した時のことを記した紀行文には、「廿六日《（一五八七年五月）》、宰府は天神の住給ひし所と聞及しまま、見物のためまかりける、彼宮寺は七とせばかりさきに炎上してかたばかりなるかり殿あり（中略）飛梅も古木は焼てきりけるに、若ばえの生出て有を見て（中略）夫より染川を里人にたづねて見に行侍るに、思ひしにはかりたる小河のあさきながれなり」とある。[68] 天満宮本殿はこれより九年前の一五七八年（天正六）末、筑前国人の秋月種実の兵による放火で焼失し、未だ再興されていなかった。[69] そのため幽斎は形ばかりの仮殿、境内各所や飛梅を観覧したのである。その後、幽斎は里人に尋ねて付近の名所である藍染川を見物している。

次いで一五九八年（慶長三）五月末～六月にかけて、石田三成の筑前視察に随行した連歌師是斎重鑑の紀行文によると、[70] 重鑑たちは刈萱の関、四王寺山、大宰府政庁跡、観世音寺などの大宰府の名所旧蹟を見物している。「いつれも菅丞相の名句にありとか」との記述からは、大宰府の名所旧蹟と道真に関する故事が一体として捉えられていることが分かる。すなわち天満宮だけでなく、大宰府全体が道真に所縁のある地として人々に認識されていたのである。

その後、一行は天満宮に参詣しており、「天神の社ハ隆景《（小早川）》と申せし人の再興也、されともあたり〳〵ハみなあれしをまゝなり、三成《（石田）》此次大鳥居の住僧信寛に命して安楽寺・東法華堂・西法華堂・廻廊・僧坊とも、経蔵・鐘楼なとたてらるへき事仰おこなはる、廿一の末社の事はいふにたらす、塔の修理・橋の欄檻しそへらるへき事、池のみくさもかきハらひ、流せきいるへき所々をも、今そ定をき給へる、此おりふし信寛所望、（中略）又わたくしの宿坊長次坊信讃、発句こはれしかハ、（中略）あくる日あひそめ川なとみて」とあるように、三成は留守大鳥居信寛に堂塔等の再建を命じ、重鑑は社家の所望に応えて発句を詠じた。

ここで注目されるのが、社家の長次坊が重鑑の「宿坊」だったことである。宿坊については、一五九八年に比定される十一月二十二日付大鳥居信寛宛山中長俊書状[71]にも関連する文言が見える。この史料によると、長俊は天満宮摂社の福部社[72]を拝観したいと望んでいたが、暇が無く延引していた。ところが、「併しながら五三日中ニ必々参詣せしむべく候、其の刻何方にても、一宿憑み奉るべきの条、貴面を以って心事申述すべく候」というように、近日中に参詣することを伝え、その際はどこかの社坊で「一宿」できるよう大鳥居信寛に頼んでいる。先述の重鑑と同様、長俊の依頼からも宿坊の存在がうかがえ、十六世紀末期においても機能していたことが確認できるのである。

## おわりに

中世の太宰府天満宮には、天神を崇敬する貴族や武士、連歌師、僧侶、神主、民衆など多様な人々が参詣していた。また、十五世紀後半から十六世紀後半の大内氏の筑前支配下では、同氏が関知する参詣者には道中安全などの保護が加えられていた。地域権力による参詣の統制は他地域でも見られるが[73]、天満宮参詣も地域権力との関わりのなかで展開したのである。

人々は年中行事や宗教行事への参加、神前での和歌・連歌の披講、天神への諸事の祈願、そして境内や太宰府の名所旧蹟の観覧を目的として天満宮に参詣した。こうした参詣者の増加に対して、天満宮では鎌倉末期頃に宿泊施設としての宿坊が成立し、室町期以降には宗教施設としての機能が備えられていった。

以上のように、中世の天満宮参詣には、天神への「信仰」と、天神に所縁のある名所旧蹟への「観光」という二つの目的があった。そして、「信仰」と「観光」を目的とする参詣の増加に対応するように、天満宮側では参詣者を受

け入れる宿坊が成立し、参詣者の受け入れ体制を整えていったのである。しかし中世においては、宿坊が民衆層にまで広く開放されていたとは言い難く、そこには一定の階層差があったものと考えられる。[74]

しかるに近世になると、幕藩体制下で治安・交通事情が改善され、社寺参詣や名所旧蹟を訪れる旅への関心が全国的に高まっていく。その一方で、社寺側は経営基盤の核である荘園を検地によって失ったことで、新たな財源の確保を余儀なくされた。

太宰府天満宮も例外ではなく、参詣者や信者の獲得によって新たな財源の確保に努めていく。社家は「御札守」や「梅御守」を携えて全国各地に赴き、積極的に参詣の誘致活動を行った。参詣者側も信仰的な集まりである「講」を組織して月参りや代参などを行ったことで、「さいふまいり」は全国的に流行する。[75]さらに近世後期の天満宮参道には、茶屋や旅館などが軒を連ねており、[76]こうした門前町の発達も「さいふまいり」が一層流行する要因となった。これらは近世以降に確認できる新たな天満宮参詣の様相である。

一方で、中世以来の連続面も多く確認できることは見逃せない。南北朝・室町期以降には多くの連歌師が天満宮に参詣したが、近世でも多くの連歌師が参詣し、連歌の上達や守護を祈願した。[77]

鎌倉末期頃に成立したと考えられる宿坊は、近世でも確認することができる。近世では一社全体規模に拡大し、対象も民衆層にまで及ぶなど、中世とは異なる様相を見せるが、参詣者に対して宝物拝観や天神縁起の観覧、社家による縁起の絵解きが行われており、[78]この淵源は室町期に求めることができる。

一一〇一年（康和三）に大江匡房が創始した神幸祭は、近世には「此国及び隣りの国の貴賤男女、神輿をおがまんとて来りつどふもの夥し」というように、多くの参詣者で賑わった。[79]

このように、近世の人々による「さいふまいり」への関心や動機、また参詣を受ける天満宮側の対応には、中世との連続面が多く認められる。また、飛梅や大宰府の名所旧蹟には、近世の人々も観光目的で訪れているが(80)、これは中世後期から近世にかけて展開する社寺の名所化(81)の一事例となる。「さいふまいり」の隆盛の根底には、中世における天満宮参詣の歴史的前提が踏まえられていたのである。

さて、中世の太宰府天満宮には、伊勢神宮の御師や熊野三山の先達・御師のような参詣を誘致する宗教者の存在や、造営のために勧進を行った形跡が管見の限り確認できない。これには道真の墓所（廟）という特殊性に加え、天神信仰の全国的拡大、中世後期も社領を比較的維持できていたこと(82)、大内氏が様々な面で保護したことなど、神社経営に益する様々な要因が想定できる。今後の課題としたい。

## 注

（1）新城常三『新稿 社寺参詣の社会経済史的研究』（塙書房、一九八二年）。

（2）川添昭二『中世九州の政治・文化史』（海鳥社、二〇〇三年）は、貴族や武士、歌人、連歌師による太宰府天満宮への参詣を通時代的に考察した研究として特筆される。しかし参詣を主目的とした研究ではないため、参詣研究の視点から一考する余地がある。

（3）西高辻信貞『太宰府天満宮』（学生社、一九七〇年）、恵良宏「安楽寺天満宮の草創」（田村圓澄編『大宰府』吉川弘文館、一九八七年）。

（4）島津忠夫「太宰府天満宮連歌史」（川添昭二・棚町知彌・島津忠夫編『太宰府天満宮連歌史 資料と研究Ⅱ』太宰府天満宮文化研究所、一九八一年〈のち、同『島津忠夫著作集第六巻 天満宮連歌史―付、法楽連歌ほか』和泉書院、二〇〇五年に所

収〉）、前掲註（2）川添著書。

（5）佐伯弘次「中世都市としての大宰府」（太宰府市史編集委員会編『太宰府市史 通史編Ⅱ』第一編第五章第七節、太宰府市、二〇〇四年）。

（6）板坂耀子「九州紀行小考」（『語文研究』第六二号、一九八六年）、大賀郁夫「天満宮信仰の展開」（太宰府市史編集委員会編『太宰府市史 通史編Ⅱ』第二編第四章第四節、太宰府市、二〇〇四年）、森弘子「さいふまいり」（『都府楼』第四九号、二〇一七年）。

（7）上島享「中世宗教支配秩序の形成」（同『日本中世社会の形成と王権』名古屋大学出版会、二〇一〇年。初出二〇〇一年）。

（8）山田雄司「怨霊から神へ―菅原道真の神格化―」（同『怨霊・怪異・伊勢神宮』思文閣出版、二〇一四年。初出二〇一〇年）。

（9）川添昭二「大宰府の宮廷文化」（前掲注（2）。初出一九七五年）。

（10）初冬陪菅丞相廟同賦籬菊有残花（『本朝文粋』巻第十一・詩序〈川添昭二・棚町知彌・島津忠夫編『太宰府天満宮連歌史 資料と研究Ⅰ』財団法人太宰府顕彰会、一九八〇年。以下、『連歌史Ⅰ』〉三号）。

（11）『大弐高遠集』（『連歌史Ⅰ』二号）。

（12）『大納言経信集』（『連歌史Ⅰ』七号）。

（13）吉原浩人「「文道の大祖」考―学問神としての天神の淵源―」（河野美貴子・Wiebke DENECKE編『日本における「文」と「ブンガク」』勉誠出版、二〇一三年）。

（14）久保田収「学問の神」（同『神道史の研究 遺芳編』皇學館大学出版部、二〇〇六年。初出一九七五年）。

（15）川口久雄『大江匡房』（吉川弘文館、一九六八年）。

（16）『本朝続文粋』一・雑詩古調詩（『連歌史Ⅰ』八号）。

(17) 伊東裕介「太宰府天満宮神幸式大祭と大江匡房」（『國學院大學伝統文化リサーチセンター研究紀要』第二号、二〇一〇年）。
(18) 味酒安則「太宰府天満宮の祭り―その成立と変遷―」（『儀礼文化』第一二号、一九八九年）。
(19) 「策彦和尚入明記」初渡集上（竹内理三・川添昭二編『大宰府・太宰府天満宮史料 第十四巻』〈以下、『太宰府十四』〉太宰府天満宮、一九九三年。四六四頁）。なお、中世の神幸祭については別稿を準備している。
(20) 太宰府天満宮の神木としての飛梅伝承の形成・展開過程については、竹居明男「天神縁起と「飛梅」伝説」〈太宰府顕彰会編『国宝 天神さま』太宰府顕彰会、二〇〇九年〉、古垣光一「飛梅伝説考」（『社会と人文』第一七号、二〇二〇年）を参照。
(21) 波戸岡旭「詠梅詩考」（『宮廷詩人 菅原道真』笠間書院、二〇〇五年。初出一九九四年）。
(22) 『拾遺和歌集』第十六・雑春（小町谷照彦校注『新日本古典文学大系 拾遺和歌集』岩波書店、一九九〇年）。
(23) 菅原道真が梅を愛したという伝承については、早く長沼賢海氏が指摘しているように、室町期以降に禅僧の間で成立し、社会に流布していく（長沼賢海「天満天神の信仰の変遷」〈村山修一編『天神信仰』雄山閣出版、一九八三年。初出一九一八年〉）。したがって、この時期はまだ貴族社会を中心とした認識に留まる。
(24) 『金葉和歌集』巻第九・雑部上（川村晃生・柏木由夫・工藤重矩校注『新日本古典文学大系 金葉和歌集・詞花和歌集』岩波書店、一九八九年）。
(25) 『新古今和歌集』巻第十九・一八五三番（『連歌史Ⅰ』一二三号）。
(26) 『浄照房集』一四番（川添昭二・吉原弘道編『大宰府・太宰府天満宮史料 補遺』〈以下、『太宰府補遺』〉太宰府天満宮、二〇〇六年。六五～六九頁）。
(27) 『十訓抄』第十（『連歌史Ⅰ』二七号）。なお、『十訓抄』は一二五二年（建長四）成立の教訓説話集であるが、菅原長貞が宇佐使として九州に下向したことは、長貞の活動時期と同時代史料の『仁和寺日次記』（『太宰府七』三三七頁）から確かめられる。

（28）山口県立美術館編『防府天満宮展』（防府天満宮展実行委員会、二〇一一年）。
（29）伊地知鐵男「北野信仰と連歌」（村山修一編『天神信仰』雄山閣出版、一九八三年。初出一九五五年）。
（30）『連歌史Ⅰ』三四号。
（31）『菟玖波集』巻第七・神祇連歌（『連歌史Ⅰ』二五号）。
（32）『落書露顕』・『九州問答』・『初心求詠集』（『太宰府補遺』二一二～二一五頁）。
（33）今川了俊一座千句連歌第五・百韻（太宰府天満宮蔵、竹内理三・川添昭二編『大宰府・太宰府天満宮史料 第十二巻』〈以下、『太宰府十二』〉太宰府天満宮、一九八四年。三九四～四〇二頁）。
（34）徳川美術館蔵（『連歌史Ⅰ』五〇号）。同史料および九州における今川了俊の文芸活動については、川添昭二「九州探題今川了俊の文芸活動」（前掲注（2）。初出一九八二年）を参照。
（35）小泉恵子「松梅院禅能の失脚と北野社御師職」（『遥かなる中世』第八号、一九八七年）。
（36）『北野社旧記』法華堂事并社家故実（『太宰府補遺』二三一～二三二頁）。
（37）前掲註（4）島津論文、前掲註（2）川添著書。
（38）『筑紫道記』（後掲註（41））には、宗祇が太宰府天満宮において「次に人丸の木像おはしますを拝す、この所則ち当社の会所なりと聞きて」とある。また、十六世紀から十七世紀頃の成立と見られる「天満宮境内指図」に「会所人丸」と見えることから（『連歌史Ⅰ』六四号）、歌聖として信仰された柿本人麻呂の木像が安置された施設であったことが分かる。
（39）『松下集』（『連歌史Ⅰ』五五号）。
（40）鶴崎裕雄「大内氏領を往く正広と宗祇（上）――「松下集」と「筑紫道記」を中心として――」（『帝塚山学院短期大学研究年報』第二二号、一九七四年）。
（41）『筑紫道記』（福田秀一・岩佐美代子・川添昭二・大曾根章介・久保田淳・鶴崎裕雄校注『新日本古典文学大系 中世日記紀

行集』岩波書店、一九九〇年）。以下、『筑紫道記』の引用は本書に拠る。

（42）前掲註（1）新城著書（第四章「中世参詣の意義と参詣の障碍」）。

（43）佐伯弘次「大内氏の筑前国郡代」（木村忠夫編『九州大名の研究』吉川弘文館、一九八三年。初出一九八〇年）。なお、前掲註（41）校注本は「深野筑前守」について、同時代史料である『正任記』の記事から「深野筑後守長貞」の可能性を指摘する。

（44）室町中末期頃には、御伽草子の『天神本地』などによって、太宰府天満宮の神木として飛梅の存在は広く認知されていたという（前掲註（20）竹居論文）。

（45）佐伯弘次「大内氏の筑前国支配―義弘期から政弘期まで―」（川添昭二編『九州中世史研究』第一輯、一九七八年）。

（46）「兼載句艸」（山口県立図書館蔵、『太宰府十四』二一七頁）。

（47）野地秀俊「中世後期における鞍馬寺参詣の諸相―都市における寺社参詣の一形態―」（『京都市歴史資料館紀要』第一八号、二〇〇一年）。

（48）前掲註（30）に同じ。

（49）村山修一「室町時代天神信仰の多様化と庶民的展開」（同『天神御霊信仰』塙書房、一九九六年）。

（50）『月村抜句』（『太宰府十四』二二七〜二二九頁）。

（51）「策彦和尚入明記」初渡集上（『太宰府十四』四七六頁）。

（52）伊藤幸司「入明記の世界―策彦周良の見た中国―」（元木泰雄・松薗斉編『日記で読む日本中世史』ミネルヴァ書房、二〇一一年）は、策彦周良が入明後、様々な中国の名所旧蹟を訪れていたことを指摘する。

（53）今泉淑夫「天神信仰と渡唐天神伝説の成立」（今泉淑夫・島尾新編『禅と天神』吉川弘文館、二〇〇〇年）。

（54）『兼右卿記』天文十三年三月十五日条（岸本眞実・澤井廣次「『兼右卿記』（七）天文十一年四月至十月、同十二年八月至十

一月、同十三年正月至三月・七月至十月」〈『ビブリア』第一五六号、二〇二一年〉）。以下、『兼右卿記』の引用は本論文に拠る。

(55) 木村忠夫「中世末期の天満宮—大名領国との関連から—」（太宰府天満宮文化研究所編『菅原道真と太宰府天満宮』下巻、吉川弘文館、一九七五年）。

(56) 三村講介「大内氏の筑前国御笠郡代・岩屋城督—千手興国を中心に—」（『年報太宰府学』第六号、二〇一二年）。

(57) 宮地直一「大内義隆の神道観」（同『神道論攷』古今書院、一九四二年。初出一九二三年）。

(58) 「福岡市博物館所蔵青柳資料」太宰府満盛院古証文写・下（『太宰府補遺』三〇〇頁）。

(59) 本史料については、前掲註（56）三村論文も千手興国の御笠郡代としての活動であることを指摘する。

(60) 川岡勉「日本中世の巡礼・寺社参詣と地域権力」（『四国遍路と世界の巡礼』第二号、二〇一七年）。

(61) 「満盛院文書」（竹内理三・川添昭二編『大宰府・太宰府天満宮史料　第十六巻』〈以下、『太宰府十六』〉太宰府天満宮、二〇〇〇年。一一九～一二〇頁）。

(62) 新名一仁『島津四兄弟の九州統一戦』（星海社、二〇一七年）。

(63) 「勝部兵右衛門聞書」（『薩藩旧記雑録後編』巻十七〈『太宰府十六』三三一～三三二頁〉）。

(64) 「天満宮境内指図」に「老松宮大明神／本地不動明王」とある。

(65) 「本地堂」については、（天文十九年）卯月十五日付小鳥居信元宛大内氏奉行人連署書状（「小鳥居文書」『太宰府十四』七〇六頁）に「当社御本地堂中嶋塔婆再興之事」とあり、「本地堂中島塔婆」という堂塔であったことが分かる。「天満宮境内指図」には「御池」（心字池）・「橋」（現在の三橋）の右隣に「中嶋観音／十一面」とあり、十九世紀初期作の天満宮絵図には同地に十一面観音を安置する多宝塔が確認できる（九州歴史資料館編『太宰府天満宮の境内絵図—さいふまいりの江戸・明治—』九州歴史資料館、二〇二〇年）。なお、かつて「本地堂」に本尊として安置されていた十一面観音菩薩坐像については、「作品解説」（九州国立博物館編『国宝　天神さま—菅原道真の時代と天満宮の至宝—』西日本新聞社・西日本鉄道株式会社、二〇〇

八年。二一〇～二一一頁）に詳しい。

(66)「長谷場越前自記」（『薩藩旧記雑録後編』巻十七〈『太宰府十六』四五七～四五八頁〉）。『長谷場越前自記』の史料的性格および記主の長谷場宗純の人物像については、畑山周平「島津氏関係史料研究の課題―近世初期成立の覚書について―」（黒嶋敏・屋良健一郎編『琉球史料学の船出』勉誠出版、二〇一七年）を参照。

(67)中野等『関白秀吉の九州一統』（吉川弘文館、二〇一四年）。

(68)『九州道の記』（竹内理三・川添昭二編『大宰府・太宰府天満宮史料　第十七巻』〈以下、『太宰府十七』〉太宰府天満宮、二〇〇三年。六六～六九頁）。

(69)天正六年十二月四日付満盛院宛秋月種実書状（「満盛院文書」〈竹内理三・川添昭二編『大宰府・太宰府天満宮史料　第十五巻』太宰府天満宮、一九九七年〉四一六頁）。

(70)「是斎重鑑覚書」（『太宰府十七』四七二～四七七頁）。

(71)「太宰府天満宮文書」（『太宰府十七』四九七～四九八頁）。

(72)「天満宮境内指図」には、本殿背後に「福部大明神／本地毘沙門」とある。山中長俊は一五九八年（慶長三）九月朔日、福部社に百韻連歌を奉納しているが（山中長俊奉納百韻連歌〈太宰府天満宮所蔵、『連歌史Ⅰ』一一八号〉）、これは長俊の福部社参詣に関連するものと考えられる。

(73)例えば、東四柳史明「中世の白山参詣」（石川県立歴史博物館編『石川の歴史遺産セミナー講演録「白山」第五回～第八回』石川県立歴史博物館、二〇一〇年）を参照。

(74)伊藤慎吾「勧進と開帳―室町期公家社会との関わりをめぐって―」（徳田和夫編『中世の寺社縁起と参詣』竹林舎、二〇一三年）によれば、中世の参詣の場では、貴（公家など）と賤（民衆）で社寺側の対応に差があったという。

(75)前掲註（6）森論文。

(76) 中島伊佐子・坂本亀雄「門前町の成立と変遷」（太宰府市史編集委員会編『太宰府市史 民俗資料編』第一編第一章第三節、太宰府市、一九九三年）。

(77) 前掲註（4）島津論文。

(78) 味酒安則「太宰府天満宮に於ける天神縁起の発生と変遷」（九州国立博物館編『天神縁起の世界』九州国立博物館、二〇二一年）。

(79)『筑前国続風土記』八巻・御笠郡・中（『福岡県史資料』続第四輯・地誌編一）。

(80) 例えば、『太宰府紀行』（神道大系編纂会編・新城常三校注『神道大系 参詣記』神道大系編纂会、一九八四年）。

(81) 青柳周一「寺社参詣と「寺社の名所化」—中世後期から近世へ—」（島薗進・高埜利彦・林淳・若尾政希編『勧進・参詣・祝祭』春秋社、二〇一五年）。

(82) 貴田潔「環有明海地域における荘園制と地域社会のネットワーク」（『公益財団法人鍋島報效会研究助成研究報告書』第八号、二〇一八年）。

【付記】成稿にあたり、貴重な史料・文献の閲覧で多大なるご高配を賜った太宰府天満宮宮司西高辻信宏氏、同宮文化研究所の味酒安則氏・アンダーソン依里氏・清水蓉子氏、ご指導いただいた九州大学の荒木和憲先生、種々ご教示いただいた石水博物館の桐田貴史氏に厚く御礼申し上げます。

# 荒木田麗女『怪世談』の人間描写

石谷佳穂

## はじめに

江戸時代中期の伊勢の文学者、荒木田麗女（一七三二年〔享保十七年〕～一八〇六年〔文化三年〕）は、多分野にわたる膨大な著作を残した。その中でも『怪世談《あやしのよがたり》』は、一七七八年（安永七年）に成立した短編集であり、麗女が執筆した最後の物語作品である。天理大学附属天理図書館所蔵『怪世談』自序には次のようにある。[1]

何の大納言とかやの世の物語とて、人〳〵の聞へ（え）さするにしたがひて、かきあつめ給ひしいにしへに、おほけなくならふとにもあらず、まことそらごとたどりもあへず、ほのかに老人どものかたりしを聞置けるまゝに、見ぬもろこしの事はさらにもいはず、この国にも、はるかに遠き世に、たしかに有りけるよしいへる事をも、すべてまほならず、耳とくもあらねば、きゝたがへがちなるひが事のかぎりなるに

「何の大納言とかやの世の物語」[2]に言及していることから、『怪世談』執筆には説話を意識していることがうかがえる。自序で、中国、日本の古い時代の話を踏まえていることが示唆されているように、麗女作の物語に多い王朝物語

を典拠とする話はもちろんのこと、中国古典や狂言を典拠とする話もあることが指摘されており[3]、麗女の他の著作とは趣を異にする[4]。また、『怪世談』は、射和文庫、茨城大学図書館菅文庫に現存するものは十二話、国立国会図書館、天理大学附属天理図書館に現存するものは三十話から構成されており[5]、諸本によって収載されている話の数や順序が異なっている。これに関して、森安雅子氏[6]は、「『怪世談』の成立過程は、安永三年秋頃に執筆された十二話の短編から成る十二話本に、安永七年頃に十八話を増補して、最終的に三十話から構成される三十話本が編纂されたと推測される」、天理図書館本が「最終稿本と目される」と述べている。吉野由衣子氏[7]は、諸本の特徴を指摘するとともに、「麗女は非常に速筆であったことで知られ、現に明和八年から安永六年までの僅か六年程で二百巻余りの物語を書き上げているが」、「この『怪世談』に限って、十八話書き加えることに四年ほどかかっている所に麗女の苦心工夫の跡をみてとることが可能だろう」と述べており、内容については「これまでの麗女には見られなかった典拠をもち、なおかつ原典の筋をも逆転させ滑稽味を出すなどの工夫がなされている（中略）『怪世談』三十話本は麗女物語の到達点であると同時に、小説作者としての新たな一面をみせた作品であるといってよいのではなかろうか」と論じている。

　すなわち、麗女が最後に書いた物語である『怪世談』は、構成、内容、執筆期間など様々な点において、麗女の著作の中でも異彩を放っている。『怪世談』を解明することは麗女の文業を明らかにするために不可欠であるが、『怪世談』を通して麗女が何を表現しようとしたのかを、趣向の異なる三十話の短編から見出すことは容易ではない。そこで本稿では、『怪世談』を解明する第一歩として、諸本の書誌や異同を確認していきながら、『怪世談』の人間描写に着目して考察し、執筆目的に迫っていきたい。

## 一　『怪世談』諸本の書誌と特徴

諸本の書誌を示し、その特徴を確認しながら『怪世談』の読者について考えたい。(8)

**射和文庫本**（十二話本）

射和文庫所蔵『怪世談』（外題による）。請求記号：Ⅻ一四一。（江戸後期写）。大本二冊。外題「怪世談　上（～下）」（左肩打付書）。内題なし。原装柿色亀甲繋（空押）表紙。二六・八糎×一八・六糎。一一七丁（うち墨付一一四丁）。印記「六有斎」（朱方印）。

射和文庫本には、「六有斎」の蔵書印がある。松坂の豪商で蔵書家の長谷川元貞（一七九六年〈寛政八年〉～一八五八年〈安政五年〉）の号が「六有斎」であるため、長谷川元貞の旧蔵書とみられる。十二話本であり、上巻は、「安永甲午夜長月勢陽散人井蛙斎」と書かれた序、上巻の目録、「藍田」「近江」「醜女」「何某院」「写し絵」「紀の路」で構成され、下巻は、下巻の目録、「戻橋」「葛城」「飛頭蛮」「伏見」「小豆」「沢の蛍」、「己午《ママ》のとし秋　荒木田氏女」と書かれた跋、「紫山荒木田氏弄翰目録」から成る。誤字脱字や脱文を指摘する朱の書入などがあり、下巻の「伏見」には「此トコロ文ヨリ歌ヘノツヾキイカ也脱行有ルナルベシ」と朱書した短冊が挟まれている。短冊のあった箇所を諸本と比べても歌の前に「脱行」はないこと、誤字を訂正するだけでなく「誤カ」などの書入もあることから、推量による指摘もあると考えられる。

**菅文庫本**（十二話本）

茨城大学図書館菅文庫所蔵『怪世談』（一巻外題による）。請求記号：五—一—一〇四（〜一〇五）。〔江戸後期写〕。

半紙本二冊。外題「怪世談　一」「あやしのよがたり　二」（題簽左肩双辺）。内題なし。原装浅葱色卍繋（空押）表紙。二三・四糎×一六・〇糎。一四六丁（うち墨付一四一丁）。印記「孳々斎文庫記」（朱方印）。

菅文庫本には「孳々斎文庫記」の蔵書印がある。これは津の豪商川喜田家の十四代当主、川喜田石水（一八二二年〔文政五年〕〜一八七九年〔明治十二年〕）から使われている川喜田家の蔵書印であるため、[9]菅文庫本はもともと伊勢周辺で作成された写本であろう。菅文庫本も十二話本であり、射和文庫本と同様に、「安永甲午夜長月勢陽散人井蛙斎」の序と、「己午《ママ》のとし秋　荒木田氏女」の跋、「紫山荒木田氏弄翰目録」がある。射和文庫本と同じ順だが、巻ごとの目録はなく、二話ずつのまとまりで書写されている。

**国会図書館本**（三十話本）

国立国会図書館所蔵『怪世談』（外題による）。請求記号二一一—二二三。〔江戸後期写〕。半紙本九冊[10]。外題「怪世談　首巻（〜八尾）」（題簽左肩双辺）。内題「怪世談」（序題・目録題）。原装浅葱色布目（空押）表紙。二三・八糎×一六・七糎。全三五二丁半（うち墨付三四八丁半）。

国会図書館本には、首巻に「安永七戊戌年春二月藤岡散人」と書かれた叙がある。その次に全巻の目録と、「そも

此物がたりの中に、とり出たる古歌をはじめ、くさ〴〵の引事すくなからず。そは頭書などにものしつべく侍れど、あまりにくだ〴〵しくて、見ん人のわづらはしければ、そこをはぶきて、今ここに一くだりづゝの引歌等をわかち、まとめ出して見安からしめんとす。談中を併せ見給へかし」と書かれた附言があり、各話別の引歌一覧が続く。また、一巻には「安永七戊戌年ふゆ霜月」の自序がある。書写者、旧蔵者は不明であるが、引歌は頭書では煩わしいためまとめて書いた、という内容の附言があることから、書写される過程で引歌を一覧にまとめる形に変えられたことがわかる。[11]

**天理図書館本**（三十話本）

天理大学附属天理図書館所蔵『怪世談』（外題による）。請求記号：九一三・六―イ一五。〔天保七年以前写〕。小津桂窓筆。半紙本八冊。外題「怪世談　一（～八終）」（左肩打付書）。内題「怪世談」（序題・目録題）。原装瓶覗色布目表紙。二三・二糎×一六・六糎。三二九丁（うち墨付三二七丁）。印記「西荘文庫」（朱長方印）。一巻表紙右肩に蔵書票「花三十　全八（朱長方印「西荘文庫」）」。八巻二五丁裏に別紙添付。

天理図書館本は、「花三十　全八（朱長方印「西荘文庫」）」という蔵書票が付されており、紛れもなく西荘文庫の旧蔵本である。[12] 一巻に、国会図書館本と同じ「安永七戊戌年ふゆ霜月」の自序と目録がある。八巻末には別紙が付されており、「安永甲午夜長月勢陽散人井蛙斎」とある序、「己午（ママ）のとし秋　荒木田氏女」と書かれる跋、「紫山荒木田氏弄翰目録」、「雑学庵主人」すなわち西荘文庫の主である松坂の豪商小津桂窓（一八〇四年〔文化元年〕～一八五八年〔安政五

年〕）による、一八四一年（天保十二年）の書入がある[13]。

山田の檜垣麗女は本居翁と同じ時代の人なりしかど、同じ翁の教にしたがはざりしにて、その気性をしるべく、はたその文のよにすぐれたるにてもさこそとおもはるゝなり。されどその文のよにすぐれたるをしる人のまれなりしに、すぎしとし江戸の清水浜臣が山田に来りし時その遺稿を見出、ことのほかめでくつがへりて、その中に『藤の岩』をゑりまきにすべきよし、われにもかたりてその書をもちかへるを見せたりしが、ほどなくその人は古人となりてそのことはたゞりしはをしきことなり。われこの人のの（ママ）文ふかくかんずるがあまり遺稿を心にかけてあなぐりもとむれども、おほかたその名ばかりにてその書を見ず。蔵書となせるはその中の十か一にもたらざる中に、『怪世談』はすぎしとし山田の杉村光基が蔵本をかりてうつしたり。しかるにその後同じ人の著述目録を見るに、この書三十段の目録をしるしたるに、そのうつしたる本ははつかに十二段にて、藍田、近江、醜（ママ）女〈この段こたびもとめたる本には天の河と名をかへたり〉、何某院、写絵、紀の路、戻橋、葛城、飛頭蛮、伏見、小豆、伏見とつひでたるをあかぬやうにおもひしが、こたび三十段の全本をはからずも得て、その著述目録にあはせみるに、その段のつひでもよくあへるがいとうれしくて、もとの本ともあはせみるに、本文はことなることなけれど序文たがひて、又跋と著述目録あり。さればその三くさをこゝにしるして異同をみるたよりとせり。つら〳〵案ずるに、この書はじめは十二段なりしをさらに十八段をつゞりそへて、そのをり序文をかへ、跋はぶきたるなるべし。多年をへてかく全書を得たるはいとよろこばしきまゝに、そのよしいさゝかかきつけて西荘文庫にをさむるものなり。

天保十二年七月　雑学庵主人

傍線で示したように、桂窓は山田の杉村光基が所蔵する『怪世談』を借りて写本を作成していた。桂窓の一八三六年（天保七年）以前の四月十日付川喜田遠里（十三代当主、一七九六年（寛政八年）〜一八五一年（嘉永四年））宛書簡に『怪

世談』を「所蔵仕居候」と記していることから、[14]写本の作成は天保七年以前のことである。その『怪世談』は十二話から成り、桂窓が新たに手に入れた『怪世談』は三十話から成ることを記し、『怪世談』は初め十二話であったが、後に十八話が増補されたという考察をしている。「もとの本」である十二話本は「序文たがひて、又跋と著述目録あり」というのは、射和文庫本、菅文庫本にみられる「安永甲午夜長月勢陽散人井蛙斎」とある序と「己午《ママ》のとし秋荒木田氏女」と書かれる跋、「紫山荒木田氏弄翰目録」をさしており、三十話本ではそれらがないため、「序文をかへ、跋ははぶきたるなるべし」と推察している。天理図書館本では、八巻末の別紙に十二話本の序、跋、「紫山荒木田氏弄翰目録」があるため、桂窓は三十話本を写した後に十二話本の序、跋、目録も補ったとみえる。本文中には、杉村光基から借りて作成した十二話本と新たに手に入れた三十話本を比べ、両書に共通する話に朱点を施している。名が変わった「天の河」には「醜女イ」と記しており、そのことを別紙では「この段こたびもとめたる本には天の河と名をかへたり」と書いている。

十二話本を持っていたという杉村光基は、『伊勢人物誌』（天保五年版）に山田吹上町の人物として記載されている。[15]神宮文庫に現存する麗女夫妻の旧蔵書『井谷宮伝并信濃宮伝』の表紙に墨書で「秦光基所蔵」とあるのは、杉村光基のことであろう。表紙右肩に「美」の蔵書票も貼付されており、他に、麗女夫妻旧蔵の『布衣記』『西三条家装束抄』には「礼」、『御秘鈔　建武年中行事』には「神」、『大中臣系図』には「朝」、『弁官鈔』『慈照院殿記』には「玉」の蔵書票がある。これらはすべて杉村光基が所蔵していたものとみえる。西荘文庫旧蔵の麗女の著作や麗女夫妻の旧蔵書は多数確認できるが、杉村光基も、麗女の著作『怪世談』をはじめ麗女夫妻の旧蔵書まで、麗女の関係資料を所持していた。

また、麗女は、本居宣長（一七三〇年〔享保十五年〕〜一八〇一年〔享和元年〕）と論争をしたことでも知られ、波線で示したように、「本居翁と同じ時代の人なりしかど、同じ翁の教にしたがはざりし」と綴られている。清水浜臣（一七七六年〔安永五年〕〜一八二四年〔文政七年〕）は「その遺稿を見出、ことのほかめでくつがへりて、その中に『藤の崫』をゑりまきにすべきよし、われにもかたりて」とあり、麗女の著作を称賛し、版本にする計画をしていたこともうかがえる。

麗女の物語作品は生前に刊行されなかったが(16)、江戸時代後期には、伊勢周辺の文化人によって写本が作成され、貸借されながら読まれていたこと、出版が計画されていたことが『怪世談』の諸本からも明らかになった。

## 二　末尾の異同

三十話本にのみ収載される十八話の中には、国会図書館本と天理図書館本とで、末尾の一文が大きく異なるものがある。天理図書館本には、国会図書館本にはない一文が見られたり、一文がより長く詳細な記述になっていたりする。一七話「八橋」、二〇話「立田山」、二六話「笠取」、二九話「波枕」の天理図書館本の本文を示し、天理図書館本にのみある本文は[天]、国会図書館本にのみある本文は[国]と表して詳しく見ていきたい(17)。

一七話「八橋」は、出羽守になった人が出立するため、右馬允ら守の友人三人が守の家に行き、盃を交わすが、酒に酔って髻を切ってしまう話である。殿はこれを聞いてあきれ、次の和歌を詠む。

　殿、右馬允が参れるに、

黒髪の乱れて物を思ひしやいかなる袖の別れなりけん

とのたまはするに、允かしこまりて、

あやなくぞ心乱れぬ黒かみのむすぼゝるべき別れならねど

**天とてやがて三人とも飲酒の戒をたもちけるとぞ。**

髻にちなんで「黒髪の乱れ」を詠みこんだ殿の和歌に、右馬允が、心の「乱れ」を詠み、「黒かみ」は「むすぼゝるべき」と返して話は締めくくられる。国会図書館本はそれで終わるが、天理図書館本は続けて「とてやがて三人とも飲酒の戒をたもちけるとぞ」とある。三人は咎められることはなかったが、恥をかく。それを飲酒の際の教訓として語るように「やがて三人とも飲酒の戒をたもちけるとぞ」という一文がある。これにより、飲酒の教訓がより強調されている。

二〇話「立田山」は、「いさゝかなる事のたがひめ」から長門権介として流されてしまった少将を救うため、「乳母の男」である伊賀の何某が、盗賊の首領になる。伊賀の何某の計画通り、少将は盗賊を追討して手柄を立てる。

少将は此折の賞に中将になりて、三位し給へば、有しよりげに栄へ（え）まさり給ふるを、伊賀のぬし目もあやに見きこえて、いみじうよろこびあひけるが、やがておのれは山寺に行とて、京をなん出んとするを、少将は本意なく、なごりもあかずおぼえて、

おもはずよともにみやこの秋の月ひとりみやまにいらむものとは

影だにとまるものならませばとのたまふに、ぬし、

かねてより都にすまぬ影とてぞ野山に月のあくがれにける

**〔天〕と、うれし涙をとゞめかねつるも、いとことは（わ）りせめて、忠と信との世に有がたきためしなりかし。**

伊賀の何某は少将を救い、自身は法師として山寺に行くこととなる。「影だにとまるものならませば」と、『源氏物語』須磨巻で、源氏との別れを嘆く紫の上の和歌「わかれてもかげだにとまるものならば鏡《かがみ》をみてもなぐさめてまし[18]」を踏まえた表現も用いられ、少将と伊賀の何某の二人の和歌で締めくくられる。伊賀の何某は少将の乳母の子であり、少将と乳母子との強いつながりを描こうとしたのであろう。天理図書館本では「忠と信との世に有がたきためし」とまとめ、「忠」と「信」を描く話であることを明示し、乳母子との関係をより印象深くしている。

二六話「笠取」の場合は、天理図書館本で末尾がより長い一文となっている。神祇の副は「しれ者」といわれる好色な男であり、女のもとを訪ねるが、殿の君達や女房達にだまされる。

ぬし、「まめやかには、さもあくがれにしかばなん、かぐや姫ばかりの人を見しがうれしう、次の夜とものせしかば、いそぎ行てしに、にが〳〵しき丸がしらのけうとかりしだにあるを、はてには殿さへおはしまし、からき目の限り見つる事の浅ましう、むべしも狐にはかられぬとこそ思へ」と、まめやかにうち歎きて、

おもはずよ浅しと聞しかりの色にいとかく心まどふべしとは

げに殿の気はひには、おぼろげなら

**〔国〕ぬ心まどひなりきかし。**

**〔天〕ず心まどひにし、今さらおもひ出ても所せう、せんかたなく哀れは余所に、うき雲のはれぬ思ひに、かきくらし**

**たる長月なりかし。**

神祇の副は雨の日にも空に月を思って歩く「しれ者」であったため、「かぐや姫ばかりの人を見しがうれしう」など、月にまつわる和歌や発言が盛り込まれている。女を訪ねると、そこにいたのは殿であったため、「おぼろげならず心まどひ」とあるが、天理図書館本では、「うき雲のはれぬ思ひに、かきくらしたる長月なりかし」と、さらに月や空模様に関係する表現が続き、男の哀れな結末が強調されている。

二九話「波枕」では、越後守の子である帯刀が女と契るために一芝居打つが、女が「さのみなやむとしもなくて」子供を産んだことから、本当のことが明かされる。

太刀の事も猶空言と知りはてゝは、むべしもこがねをけつぞかしとて、守、

いつはりのことの葉ぞげにおそろしきつるぎは霜の跡もなくして

と帯刀にいひかくれば、さすがにからしと思ひけり。そのいらへに、

ことのはにかゝるにつけて消やらぬ秋の霜にぞ身はひえにける

[天]**その後は北の方も守も、いとゞむまごのうつくしきにめでゝ、何事をかへだてきこゆべき、生ひ出し時のあやしみは、今はものかはにて、一しほいつくしみけるとなん。**

帯刀がなくした太刀を女の実家で預かってくれていたということも含め「空言」であったと知った越後守の和歌に、帯刀が返歌をする。越後守も北の方も、帯刀にだまされていたのであるが、天理図書館本にある最後の一文で後日談

が加わり、かわいい孫を前に今となってはもう問題ではないと語られる。この一文があることで、人間の感情の単純さを表す結末に変わっている。

これらの異同は和歌の後の一文に関わるものであること、その一文は話の一貫性や趣旨をより明確にする内容であることから、改稿されて生じたものであろう。国会図書館本が作成される際に誤って脱文が生じたのではなく、小津桂窓が書写した『怪世談』が改訂後のものだったとみえる。登場人物の失敗、人間関係、感情を印象深く描くために末尾を改訂したと考えられる。麗女は、『怪世談』の各話において、人間の性格や人間の失敗を題材として扱い、その人間の心理や行動を描くことに主眼を置いていたのではないだろうか。

## 三　登場人物の描き方

『怪世談』の登場人物の性格や行動は、「癖」「本性」という表現で特徴付けられている。

例えば、一一話「炉火」に登場する史と前司は、「世の人も伯牙がためしになん聞へ（え）けり」と語られており、史は琴の弾き手、前司はそのよい聞き手であった。しかし二人の性格は、史が「急なる本上（本性）の、いさゝかのどめたる方なく」、前司が「あまりにのどめて、ぬるき心もちひのたとしへなく」と表されており、対照的である。対照的な二人の仲のよさについては「とり〲なる身のくせは、おなじ心などいふべくもあらぬに、などてかく中（仲）よきならんと、かつはあやしがる人あるも、げにことは（わ）りぞかし」とあり、語り手の視線を交えたような表現で、性格の違う二人が仲がよいのを不思議がるのももっともだと綴られる。性格はこの後の言動にも的確に表されている。

（史は）又待程のいられ心はいふもさら也。たちて見、居て見、しづ心もなくて、「けふはえおはすまじきにやあらん、さはりあらばせうそこ（消息）をしもせられめ。いと覚束なしや、日もはや暮ぬべし」といふは、まだ午の時ばかりなり。前司は又例のいられがましき主の、おそしと使あらんがわりなきに、あの心おどろかすべくとしたり顔にて、「朝まだき、まだき来にけり」と、打こは（わ）づくるは、午くだる程也。

これは史の家で酒を酌み交わす約束の日の二人の言動である。前司を待つ史の様子と、史の性格を認識したうえで、『源氏物語』宿木巻に見られる表現を用いて、「朝まだき、まだき来にけり」と「打こは（わ）づくる」前司の様子が滑稽に描かれている。「炉火」では、性格の違いから生じる、言動の違いや二人のやりとりの面白さが語られている。

また、二三話「糸薄」の冒頭部分には次のようにある。

若狭の掾とて、文章生なる者は、ざえすぐれて、試みなどにも人よりさきにえらばれ、世のおぼえめでたかりける。すこしあはてたる心ぐせ有て、人にも笑はるゝ時々あるを、若き君達などは、しれものとてきらひ給ふ。されどまことしき玉しゐ（魂）有てものすれば、おとなしき上達部、心ある人々は、捨がたくし給ふ。

若狭の掾は「すこしあはてたる心ぐせ」があるのだと語られるが、この後にも三度「あはてたる」という癖が繰り返される。除目で「官の史」になれず、愁訴する際に「例のあはてけるまゝに、さうぞく（装束）などいとあやしき」とあり、「あはて」る癖を繰り返すだけでなく、「例の」とすることで「あはて」るのがいつものことであると強調されている。人々に笑われるため、見てみると、装束は「夏のうへのきぬに冬のかさねを着て、はかまはかたしに

足ふたつを入れ、いゐがひ（飯匙）を笏に持たり。手をあげてかしらをさぐれば、かうぶり（冠）もしりざまにきたる」さまであった。ここでまた、「心のまどひけるまゝに、あまりもあはてにけるよと、思ひ知るも、我ながらいふかひなき心やと、人目恥かしう」とあり、乱れた装束に、自身で「あまりもあはてにけるよ」と思っている。さらにその後、間違えて隣の家に入ってしまい、「こは又あはてけり」と驚く。「こは又」といわれることで、「あはて」ることで失敗を繰り返していることが印象強くなり、滑稽さも加わっている。若狭の掾の場合は先行作品を踏まえた人物造型[19]であるが、麗女はこの人物を「すこしあはてたる心ぐせ」と特徴付け、その癖が招いた失敗談として滑稽に描いている。

麗女は登場人物の性格を規定し、その性格を象徴するような行動を描いたり、その都度「癖」や「本性」を繰り返し語ったりすることで性格を浮き彫りにしている。

## 四　怪異な展開と登場人物の心理

麗女は意図的に人物の性格を強調して描いている。続いて、規定される性格のみならず、人間の心の動きにも注目し、怪異な展開と『怪世談』で描かれる人間の心理との関係について見ていきたい。

一八話「ぬれ衣」では、入道が没した後、山寺の大徳がその遺産を受けて山から麓へ下りて暮らしていた。そこに恐ろしい山伏が入道だと名乗って現れるが、それは面をつけた、入道の甥である掾であった。

此掾は年頃、入道殊にめやすきものにして、むつまじうもてなしてしかば、うせぬる後は、何も〳〵その人の領なるものは、

> 我うべきなりと思ひつるに、守がおもむけぬる事とて、此大徳の得つるを、ねたう心やましう見けるに（中略）あながちにしうね（執念）うあらがはん事にもあらねば、只おどして宝物すこし取てんと思ひなりつゝ、我なりと知られば、守のかんどう（勘当）もぞあると思ひて、ことやうなる心がまへをし出て、たばかりけるが、大徳、露気しきも知らで、まめやかにおぢまどひし有さまのいとお（を）かしう、しえつと思ふに心ゆるびて、酒のあるまゝに、打のみつゝ、いたく酔ては、身をも忘るゝ例のくせにて、寝入にける程、残りなう見顕はされける也。暁ちかき山風のいとひやゝかに打吹けるなん、いたう身に入てしかばふとさめつ。宵の事皆忘れて、おのが家と思へるさまにて、起あがりたるに、常に見る人々ひとりゐず。大徳まくら上にありて、「いとしれ〴〵しう、よづかぬしかな」とまめだちていふもいぶかしうておもひめぐらせば、しか〴〵たばからんとて来つるよとおもひなるに、いふかひなく見あらはされける事のはしたなく、俄に所せうて、いひやらん方なけれど、さばかりのしれ者は、ゆめおくれたる気色なく

掾の言動は『狂言記』「伯母ヶ酒」と同様の展開をたどる。(20) 掾は山伏に扮して大徳の前に現れるが、酒を飲んで寝てしまい、「いたく酔ては、身をも忘るゝ例のくせ」のため、そのことを忘れてしまう。話の展開に深く関わるように「癖」が強調されている。また、掾の行動のきっかけは、自分が得られると思っていた入道の遺産を大徳が得たため、「ねたう心やましう」思ったことである。怪異のように描かれる、山伏が現れるという現象は、実は「しれ者」の不満と欲によって起こったことであった。

また、三話「小豆」は、『捜神記』「郭璞」に拠る話である。(21) 伊予守と同じ時に任国に下った男が、伊予守の北の方に仕える中将という女房に思いを寄せるようになる。

> けさう（懸想）人はいとゝく気しき見てければ、我につれなきも、かゝればぞかしと思ふにいとつらく、守をさへ恨めしう思

ひなりて、いかさまにせんとしうね（執念）う思ひゐけり。此ぬし、日頃も占方などかしこく、人の夢をも合せなどしつるに、仙《やまびと》だちたる術なんものするといへど、さやうの事は深く隠して人にも知らせず、俄に守が方に行て、「所替給へ、此程に神のた丶りなどおそろしき事侍りぬべし」といふに、守いと信じがたく、いぶかしう、又国の事もいそがはしうて、聞過しつ丶、打忘れてあるを、彼ぬしいと心やましう思ひけるが、其日も爰に居暮してまかづるとて、人見ぬほどに、小豆を守が家のめぐりにちらして帰りぬ。つとめてずさ（従者）共、起いでたるに、外の方にあかき衣着たる人のあやしげなるが、いくらともなく立並たり。

伊予守も中将に思いを寄せていたため、男は「守をさへ恨めしう思ひ」、守に「所替」するように促す。しかし守が「所替」しなかったため「心やまし」く思い、小豆を散らすと「あかき衣着たる人」が現れた。人々はこれを恐れるが、男は、「「此さぶらふ中将のおもと、いさ丶か神などの見入つるやうに侍れば、かうよづかぬ事も出まうできけるなり。よし今は所替給はでも、此人をすみやかにまかでさせて市に出してうり給へ、さらばわざはひなくなり侍りなん」と、まめだちて」言う[22]。中将のせいで「あかき衣着たる人」が現れるため、中将を売ればよいのだといい、男は売られた中将を手に入れる。「ぬれ衣」と同様、「心やまし」く思った人間が自分の欲望のために人をだましている。「ぬれ衣」では「しれ者」と語られていたが、「小豆」では「こ丶らの人をまどはして、おこ（痴）なる事し給へるこそめづらかなり[23]」とあり、「痴」な事といわれている。

『怪世談』においては、「あやし」といわれるような怪異なことや意外なことが起こるが、そのほとんどは愚かな人物の愚かなことが原因で引き起こされている。前掲二六話「笠取」の神祇の副、二三話「糸薄」の若狭の掾も「しれ者」と語られていたように、「しれ者」が多く描かれ、「しれ者」が「心やまし[24]」く思って異常なまでの行動を起こし

たり、人をだましたりする。この物語は様々な先行作品を表現、状況設定、物語展開に用いており、多くはそれを利用して、特に人間の欲や執着心を描いている。

## おわりに

麗女は『怪世談』において、登場人物を、その性格や行動などを強調して描いていた。『怪世談』は、表層では怪異・滑稽な物語であるが、その背景や要因には、人間の性格、誰もが抱いてしまう欲望、興奮のあまり起こしてしまった失敗などが関わっている。先行する作品をもとにした展開や人物造型も用いながら人間の性格や心理に焦点を当て、「本性」や「癖」を用いて表したり、「心やまし」などの心理描写を詳細にしたりしている。つまり、麗女の解釈のもとで、人間描写が誇張されている。自身の欲を満たすために、異常なまでの行動に出たり、人をだましたりすることもあるが、悪人として描いているというよりも、人間の行動や心理の面白さとして描いているのであろう。ここまでで挙げた、人をだましたり酒に酔ったりする題材は、麗女が好んだのか、他にも多数見られる。

人をだましたり、「空言」「虚言」を作ったりする展開は、七話「八十の街」、九話「写絵」、一四話「葛城」、二八話「秋の霜」、二九話「波枕」にある。特に「波枕」では、「世の人の口はいとうしろめたく、さしもあらぬ空言せしも、つき〴〵しう聞へ（え）なすぞかしとしんじがたくはすれど」と、人の言うことと空言について、その頼りなさに言及している。酒に酔ったありさまが描かれたり、酔ったことが原因となって展開したりする話も多いが、「波枕」には、「まめ人にはつきなきうちつけのあだけも、酔心地さへそひて忍びがたきにや」、「酔のまぎれこそあやなかりけり」などともあり、「まめ人」でも酔うと正常でなくなることが表現されている。一五話「伏見」、一七話「八

橋」、二一話「空蝉」など、酒で失態を犯した人物を描くことが中心となっている話さえある。麗女は、酒によって人間が正常でなくなることにも面白さを見出し、教訓性、滑稽性を入れながら描いたのではないだろうか。

　このように、描かれる人物にも傾向があることから、これらは麗女が意識的に取り入れた題材であろう。そしてこれらの、酒に酔って失敗した人、「空言」をする人、「心やまし」く思う気持ちを満たそうとする人は、『徒然草』一一七段で「友とするにわろき者」とされる「酒を好む人」「虚言する人」「欲ふかき人」とも関わるような人物像なのではないだろうか。[25] 二九話「波枕」の「世の人の口はいとうしろめたく、さしもあらぬ空言せしも、つき〴〵しう聞へ（え）なすぞかしとしんじがたくはすれど」という「空言」への言及は、七三段で語られる「世にかたりつたふる事、まことはあいなきにや、おほくは皆虚言《ソラゴト》なり（中略）たゞ常にあるめづらしからぬ事のまゝに心得たらん、よろづたがふべからず。下ざまの人の物語は、耳おどろくことのみあり。よき人はあやしきことをかたらず」に通ずるものがある。酒での失敗については、一七五段の「うるはしき人も、忽に狂人となりて、をこがましく」、「生をへだてたるやうにして、昨日の事覚えず、おほやけわたくしの大事をかきて、わづらひとなる」、「思ひ入たるさまに心にくしと見し人も、おもふところなくわらひのゝしり、詞おほくえぼうしゆがみ、ひもはづし、はぎたかくかゝげて、ようゐなきけしき、日来の人とも覚えず」という酒を飲んだ際のありさまとも似通う。また、七三段では「よき人はあやしきことをかたらず」といい、一七五段では「ひとの国にかゝるならひあなりと、これらになき人事にて伝聞たらんは、あやしく不思議におぼえぬべし」とあり、「あやし」という概念にも関係してくる。

『怪世談』の人間描写と、天理図書館本にのみみえる末尾の一文とを考えると、『怪世談』は人間の心理や行動を描くことに重点が置かれている。語りの視線が感じられる説話のような文体や、登場人物の考え、世の常、物事の本質

が語られる随筆のような文体もうかがえる。王朝物語に限らず、幅広い古典を参照しながら、人間の心理に焦点を当てた短編を書くという、これまでとは違う試みの著作にすることが、『怪世談』執筆の目的の一つだったのであろう。

**注**

（1）本稿では引用に際して、適宜濁点、句読点、引用符等を付し、漢字は通行の字体に統一し、「〻」は「々」に改め、割書は〈 〉で示した。必要に応じて、表記を改めたものや注を（ ）で記した。また、傍線等を施した。

（2）「何の大納言とかやの世の物語」は、宇治大納言すなわち源隆国の物語をさすと考えられる。これを『今昔物語集』とみなす考えもあるが、ここでの表現と、麗女夫妻の蔵書目録と思われる神宮文庫所蔵『書目』（三門八八九五）に「宇治拾遺　源隆国　十五」とあることから、『宇治拾遺物語』であると解釈する。

（3）吉野由衣子「荒木田麗女『怪世談』典拠再考―「秋の霜」と「朝雲」と」（『成城国文学』二六、二〇一〇年三月）の「【表1】『怪世談』各話典拠研究」に、これまで指摘されてきた典拠がまとめられている。

（4）石村雍子解説『怪世談』（朝霧叢書二二、しののめ書房、一九九二年）において、三十話が三つの種類に特徴付けられている。「沢の蛍」「羅浮梅」「戻橋」「飛頭蛮」「浮草」を怪奇談、「炉火」「八橋」「空蝉」「糸薄」を滑稽談でも「単純な笑い話の要素が強い」もの、「何某院」「葛城」「伏見」「立田山」「橋柱」「秋の霜」「波枕」を滑稽談でも「事の意外さに笑いたくなる」ものと示しているが、「はっきり特徴の出ていないものも二、三ある」と述べられている。門玲子「三十篇の不思議なお話『怪世談』」（『〈新版〉江戸女流文学の発見―光ある身こそくるしき思ひなれ』〔藤原書店、二〇〇六年〕所収。初出は「江戸女流文学を読む（五）荒木田麗女の文学的世界―日本の古典と中国の小説と（続）」〔『江戸期おんな考』六、一九九五年九月〕）では、登場人物は「『今昔物語』や『宇治拾遺物語』など中世の説話や狂言に見られるたくましい人々や、庶民の笑いの対象となる高位の人達を彷彿とさせる」と論じられている。

（5）以下、それぞれ、射和文庫本、菅文庫本、国会図書館本、天理図書館本と称することとする。

（6）森安雅子「『怪世談』についての一考察—第十二話「何某院」と第三十話「天の河」の構造をめぐって—」（『岡山大学大学院文化科学研究科紀要』一二、二〇〇一年十一月）の注において指摘されている。

（7）前掲「荒木田麗女『怪世談』典拠再考—「秋の霜」と「朝雲」と」による。

（8）小津桂窓、川喜田遠里を中心に、麗女の著作の写本が作成されていたこと、清水浜臣によって出版が計画されていたことは、神谷勝広「荒木田麗女擬古物語への評価をめぐって—清水浜臣による幻の出版計画—」（『近世文芸とその周縁 上方編』〔和泉書院、二〇二四年〕所収。初出は「荒木田麗女擬古物語への同時代評—清水浜臣による幻の出版計画—」〔青山英正編『研究成果報告書 伊勢商人の文化的ネットワークの研究—石水博物館所蔵書簡資料をもとに—』二〇二〇年三月〕）において、彼らの書簡から明らかにされている。本稿では『怪世談』諸本からも読者について検討したい。

（9）中野三敏・後藤憲二編『近代蔵書印譜』五編（青裳堂書店、二〇〇七年）を参照した。

（10）三冊ごとに帝国図書館の表紙で綴じて保存されている。

（11）麗女の著作の多くは、伊勢御師である麗女の夫、慶徳家雅による写本が現存しており、引歌が示されているものもある。神宮文庫に所蔵される家雅筆の麗女の著作『桐葉』『楢柴』『篠竹』『常盤』などは別冊で一覧が付されており、神宮文庫所蔵『桃の園生』、白百合女子大学図書館所蔵『後午の日記』は家雅の筆跡で頭注として示されているため、国会図書館本とは異なる示し方である。

（12）白百合女子大学図書館所蔵『みなとの浪』など、他にも小津桂窓筆、西荘文庫旧蔵の麗女の著作が現存している。

（13）伊豆野タツ『荒木田麗女物語集成』（桜楓社、一九八二年）、前掲「荒木田麗女『怪世談』典拠再考—「秋の霜」と「朝雲」と」において言及されている。

（14）書簡は、菱岡憲司ほか編『石水博物館所蔵 小津桂窓書簡集』（和泉書院、二〇二一年）による。書簡の整理番号はⅡB—

四―七一。

(15) 東京都立中央図書館加賀文庫蔵本（森銑三・中島理壽編『近世人名録集成』第二巻（勉誠社、一九七六年）所収）による。なお、森繁夫編、中野荘次補訂『名家伝記資料集成』（思文閣出版、一九八四年）には「杉原光基」とあり、「イ杉村」と書かれている。また、川端義夫校訂『校訂伊勢度会人物誌』（伊勢印刷工業、一九七五年）でも「杉原光基」とあり、「杉原」と「杉村」が混在しているが、「天明六生 嘉永六没」とあることから小津桂窓とも時代が合う。「久保倉右近の家来にて本居春庭の門に遊び、和歌に長じて居つた」という。

(16) 『慶徳麗女遺稿』といわれる自伝（大川茂雄・南茂樹編『国学者伝記集成』（上）復刻版（東出版、一九九七年）所収）に「書林などにつかはしけれど（中略）反古になしき」と記されているように、物語作品は生前に刊行されていない。それについては、伊豆野タツ「荒木田麗女の学問と素養―物語作品の素材を通じてみた―」（『実践女子大学文学部紀要』一一、一九六八年九月）などによって指摘されている。

(17) 引用する本文中には他にも細かな異同が見られるが、ここでは末尾の一文の異同のみを示す。また、引用する話以外にも、一八話「ぬれ衣」の末尾は、天理図書館本のみ、和歌の後に「とぞいらへてやみぬ」とあったり、二七話「朝雲」の末尾は、国会図書館本では「世の人わらひあへりとぞ」、天理図書館本では「世の人あやしみあへりとぞ」となっていたりする異同がある。なお、本稿での『怪世談』の引用には、注記のない限り天理図書館本を用いる。三十話本では、「藍田」を一とし、三十まで、各話に数字が付されており、本稿では「一話」のように記す。

(18) 『源氏物語』本文は、前掲注（2）で言及した神宮文庫所蔵『書目』に記載される『源氏物語湖月抄』による。有川武彦校訂『源氏物語湖月抄』（上）増注（講談社、一九八二年）を参照し、本文左傍の漢字は省略した。

(19) 以下、典拠については、前掲注（3）「【表1】『怪世談』各話典拠研究」参照。「糸薄」については、前掲、石村雍子解説『怪世談』において、『狂言記』「相合袴」か『宇津保物語』「あて宮」が典拠であると指摘されている。

(20)「【表1】『怪世談』各話典拠研究」によると、「ぬれ衣」の典拠は、倉本昭氏の平成六年度日本近世文学会秋季大会発表資料で指摘されている。
(21)「小豆」の典拠も注(20)に同じ。
(22)六話「後世山」でも、同じ女に思いを寄せる二人の男が登場し、そのうちの一人が、この宮の内の女房に心を寄せると「きびしき御制」があると、「まめ〳〵しげにきこえな」している。「まめだちて」や「まめ〳〵しげ」という表現が各所で見られるが、悪事をたくらんでいる人間の発言にも用いることで、かえって、人をだますための作為的な発言であることが誇張され、滑稽さが増しているのであろう。
(23)『怪世談』において「めづらかなり」は、悪い意味で普通と違う様子を表している例が多く、これもその一例である。
(24)「心やまし」は不満、不愉快の意味で用いられている。『源氏物語』にも用例が多く、それも意識されていると考えられる。
(25)『徒然草』本文は、神宮文庫所蔵『書目』に記載される『徒然草文段抄』(鈴木弘恭訂正増補『訂正増補徒然草文段抄』〈青山堂書房、一九一一年〉参照)による。麗女が『徒然草』を深く理解していることは拙稿「荒木田麗女の自己認識―〈ひが〉が付く表現に着目して―」(『東海近世』三〇、二〇二二年五月)で述べている。

〔付記〕
貴重な資料の閲覧、翻刻のご許可を賜った各所蔵機関に、記して感謝申し上げる。なお、本稿は、名古屋大学に提出した修士論文(二〇二一年三月)と博士論文(二〇二四年三月)の一部をもとに、大幅に加筆、修正したものである。

# 幕末期における延岡藩京都留守居の研究——人選と職務内容に着目して——

古林直基

## はじめに

近世における京都は、官位叙任書類や呉服および調度品などの入手先の拠点であった。この点に関しては、例えば、信州飯田藩（堀家二万石）といった規模の小さい藩においても、京都屋敷を構え、呉服所を設置し、呉服等の調達や金融を京都で行い、公家らと関係を取り結んだことが明らかにされている[1]。また、新発田藩溝口家の京都留守居は町人を士分に取り立てて任命していた[2]こと、仙台藩伊達家は勘定奉行が兼役する財政役人が京都留守居になっていた[3]こと等が明らかにされている。こうした事例は、京都留守居の本務の一つが物品調達であったことを示唆している。

その京都が幕末期、政治の中心地として激変する[4]。江戸留守居および大坂留守居研究と比較し、研究蓄積が少ないとされている京都留守居研究も、幕末期に限定すると、その蓄積も多くなる。鳥取藩池田家は、京都に家老常駐体制を作りつつも、新たに設置された役職である周旋方・探索方を既存の京都留守居が差配するようになる[5]。仙台藩伊達家は、慶応三年（一八六七）段階で京都留守居の「外交官」化を志向し、その増員を計画したが、戊辰戦争の切迫化とともに、奥羽列藩同盟の渦中に引き込まれ、実現しなかった[6]。

こうした成果が示しているように、京都留守居は、幕末政局における職務変化と国事周旋への対応という視点で検討されている。近年においても、近世史と幕末史との接続が意識され、京都留守居の業務内容について、物品調達から幕末の国事周旋活動への変化のなかで論じられている(7)。

本稿では、延岡藩内藤家(8)（日向国七万石）を素材として、こうした研究動向に即しながら京都留守居について検討していくことで、延岡藩京都留守居研究の試論としたい。

近年、幕末期における延岡藩の政治史研究については、大賀郁夫氏により、精力的に成果が積み重ねられているが(9)、京都留守居については、これまで研究の対象とされることはなかった。本論にて言及するが、延岡藩が京都留守居の設置を検討するのは、慶応三年（一八六七）になってからである。慶応三年の京都・大坂を中心とした上方における延岡藩の動向については、大賀郁夫氏が詳細な動向を明らかにしている(10)ほか、拙稿(11)においても検討したが、同所における権力構造といった、上方藩政機構については踏み込んで検討することができなかった。

加えて、延岡藩は慶応四年（一八六八）正月十日、小濱・大垣・鳥羽・宮津藩とともに、入京差止処分を受け(12)、この事態に当時在坂中であった中老原小太郎や京都詰御用人池内善蔵を中心に対応することになるのだが、その動向について検討する際、上方藩政機構がいかに機能していたのかが重要となる。京都留守居の職務内容の解明といった基礎的研究は、延岡藩の入京差止処分への対応と上方藩政機構を考える際の前提の作業となる。こうした問題意識を踏まえ、延岡藩京都留守居について、その設置過程から、職務内容について論じていく。なお、特に断らない限り、使用する史料は明治大学博物館所蔵の内藤家文書（整理番号と共に文書名を記す）である。

## 一　原小太郎による京都屋敷購入の模索

文久二年（一八六二）以降、十四代将軍徳川家茂は内政・外交上の問題に対応するため、滞京することが求められ、その延長線上に十五代将軍慶喜が存在したと理解されている[13]。慶応二年（一八六六）十二月五日に将軍宣下を受け入れた徳川慶喜は直ちに二条城に入らず、将軍後見職の時から滞在していた「御旅館」、通称「若州屋敷」に滞在し続けていた[14]。この「若州屋敷」には越前や熊本の諸藩士が登営し、老中・若年寄・幕府大目付らと国事について会談するため接触する等、同所には「周旋方役所」が設けられており、政権の拠点としての性格を有していた[15]。

幕末期に至るまで、延岡藩は京都に屋敷を所持しておらず、京都留守居も設置されていなかった。幕末期、延岡藩が京都において活動の拠点としていいのは、二条北町木屋町の善導寺であった。同所は、もともと尾張藩が旅宿として借り受けていたが、延岡藩は分宿させてもらっており、旅宿としていた[16]。一方で、大坂蔵屋敷には、常時御用人が詰めており、大坂定役（大坂留守居）二名が常駐する体制であった[17]（【図1参照】）。

慶応二年九月、京都において、老中板倉勝静より留守居の呼び出しがあった際には、「諸藩之士ニ交当形勢事情問合御用可相勤候」[18]様命じられていた（以下、このように命じられていた者を「事情問合御用」と呼称する）鈴木才蔵を出頭させている[19]。このように、京都留守居が設置されるまでは、在京老中からの呼び出しには、「事情問合御用」を出頭させることで対応をしていた。

慶応二年（一八六六年）十一月九日、延岡にて中老原小太郎が上京を命じられ[20]、同月二十九日、入京している[21]。延岡藩における京都屋敷購入に関する史料は、管見の限り、原小太郎が慶応三年正月二十四日付で国許の家老へ宛てた

### 延岡

藩主　内藤政挙

#### 御用部屋

| | |
|---|---|
| 家老 | 内藤治部左衛門 |
| 家老次席 | 穂鷹亭々 |
| 家老次席 | 内藤玄美 |
| 中老 | 大嶋味膳 |
| 中老 | 内藤四郎兵衛 |
| 年寄 | 今西弥学 |
| 御用人上座 | 原縫殿助 |
| 御用人 | 渡邉平兵衛 |
| 御用人 | 清水五郎右衛門 |
| 御用人 | 曽根富弥 |
| 御用人 | 松田銀右衛門 |
| 御用人 | 安井蕃 |

### 大坂

| | |
|---|---|
| 御用人 | 長谷川許之進 |
| 大坂定役（留守居） | 小林祐蔵 |
| 大坂定役（留守居） | 山名十右衛門 |

### 京都

| | |
|---|---|
| 中老 | 原小太郎 |
| 「事情問合御用」 | 鈴木才蔵（のち猪狩富三郎） |
| 「事情問合御用」 | 井上貞太郎 |

※慶応３年４月晦日、京都留守居役として千葉新左衛門が入京

### 江戸

前藩主　内藤政義

#### 御用部屋

| | |
|---|---|
| 家老 | 穂鷹内蔵進 |
| 年寄 | 長沢平左衛門 |
| 御用人 | 塚本傳右衛門 |
| 御用人 | 赤星七郎左衛門 |
| 御用人 | 澤野幸兵衛 |
| 留守居〔御用人格〕 | 成瀬老之進 |

**【図１】慶応３年初頭の延岡藩執行部**

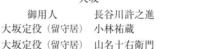

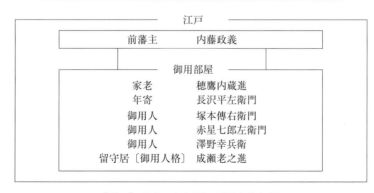

御用状[22]が初出である。原はその御用状中にて「必定屋敷買入も多かるへく候、幸運送便利之地懸合中ニ付尚又為懸合候得共、先方御葬式懸合ニ付暫猶予致くれ候様申聞候趣御座候て決兼申候」と京都にて諸藩の屋敷購入が増加することを見込み、購入地を先方に掛け合い中であることを国許へ報告している。つまり、これ以前より京都屋敷の候補地を探していたことを示しており、原小太郎が着京した慶応二年十一月二十九日以降、延岡藩において京都屋敷購入をめぐる動きが本格化していたと推察される。京都屋敷購入の責任者は原小太郎であった。

　原小太郎は京都屋敷としての購入地を決めかねていると報告していたが、実際に購入地の選定は難渋していた。慶応三年二月八日付で大坂定役（大坂留守居）の山名十右衛門が京都の原へ書状[23]を発しており、その書中で、「御買入地之義も未御取極相成不申由、此節御家老様（穂鷹内蔵進―筆者注、以下同）御始御上京御取極被遊候御事と奉察上候、何分御弁利之土地御専一と愚案仕候」と意見を述べている。大坂定役山名は、屋敷購入の地は未だ決まっておらず、家老穂鷹内蔵進が上京した際に購入地を決定するであろうと推測していた。また、重要視していたのは交通の便がよい土地であることであった。

　京都屋敷地の購入に関して、大坂定役山名が意見上申を行っているが、原小太郎は屋敷購入の件について、大坂定役の上京を求めることもあった[24]。なお、屋敷購入地が決まった後のことになるが、大坂定役が江戸の御用人へ宛てた書状にて、「当地御屋鋪場所利害広狭御中老（原小太郎）江及御相談、所々手を尽候末、別紙図面之地所対談相整候」と報告している[25]。大坂定役が屋敷の広さや利害について原小太郎に相談し、手を尽くした末に先方との対談が整ったと述べている。京都屋敷購入の責任者は原小太郎であったが、そのもとで実務を担っていたのは、大坂定役の二人であった。なお、この段階においては、京都留守居設置に関しては想定されていない。

## 二　京都留守居設置の検討

京都留守居設置の必要性が議論され始めるのは、京都にて原小太郎と家老穂鷹内蔵進の対談を経てからになる。慶応三年（一八六七）二月九日、家老穂鷹内蔵進・御用人塚本傳右衛門が入京する[26]。二人が京都を出立するのが、二月十三日であるため[27]、原と穂鷹の対談が行われたのは、非常に短い間であった。この対談の結果は、慶応三年二月二十七日付で、原小太郎が内藤治部左衛門・内藤玄美・穂鷹亭々へ宛てた御用状[28]に綴られている。

（前略）其節段々御相談も致候は、①（傍線・番号、引用者、以下同）京地之事漸々ニ御手重不被成候ては御不都合ニ可相成、問合方之上ニ御留守居被差置候方可然、其人当ニも差支、傳右衛門（御用人・塚本傳右衛門）殿・許之進（御用人・長谷川許之進）殿諸共反復御相談致候処、②千葉新左衛門儀御留守居被　仰付、（中略）尤屋敷も未無之ニ、御留守居被差置候事早過候哉ニも御座候得共、年頃と役とニて、亦世上之突合宜敷事も御座候間、新左衛門可然と存付候事ニ御座候、③大藩抔ニてハ今日之御留守居は択ニ択、実ハ管晏之材も欲しき事候得共、御家抔ニてハ先口之不軽して頭之はけ候ニか信せられ候てよろしかるへくと奉存候

一御屋敷之事、伏見之模様も不相見、先帝崩御ニ付ては、尚更此都ニ御住居ニ可有之と申振合ニて、諸家御屋敷ニ添買致候様之事次第ニ多く相聞申候、内蔵進（家老・穂鷹内蔵進）殿初と御相談致候て取極候地ハ先方不都合ニ相成、其後許之進殿上京中遣相談致取極候処、又々不都合出来、④今又新ニ懸合中ニ御座候、凡御買入地ニ心入候後も見込之場所四五転致候得共、今以懸合相調不申候、甚敷手後とハ存不申処、ケ様ニ六ケ敷候得は、夏秋ニ相成思付候事ニ候ハ、其不都合思やられ申候、大金急速御操出被下候ニ付大ニ心丈夫ニ懸合出来候（中略）何分ニも広き地ニは及間申間敷、亦甚狭過候てハ是以諺ニ申候小利大損之類ニて、中をとり候方可然、尤土地こそ一時も早く御買入可然、御普請等之事ハ勢之今一層定候て、形を成候上ニて可然と存候事ニ御座候

一新左衛門儀は未御屋敷も無之事ニ付、京都御留守居と被　仰付候も如何ニ付、江戸御留守居格ニて御用筋上京被　仰付候方
可然哉奉存候（後略）

原小太郎と穂鷹内蔵進の対談の結果、京都の体制を整えることが急務であると確認され、「事情問合御用」の上役に京都留守居を設置するべきであるとの見解が示された（傍線①）。京都留守居の人選に関しては、当時国許で書翰役を勤めていた千葉新左衛門が適任であるとのことである（傍線②）。京都留守居に関して、大藩においては選択に選択を重ね、有能な人材を欲していたが、延岡藩においては、余計なことを口にしない、頭の禿げたような人物に信頼がおけ、適任であるとのことである（傍線③）。

原は、京都における体制を整備するに際して、京都留守居設置の必要性を認めながらも、その人選をめぐっては、余計なことを口にしないような人物が適任であると考えており、その観点から書翰役の千葉新左衛門が抜擢された。屋敷地については、交渉中であった地が先方の不都合により破談したため、新たな土地を掛け合い中とのことであり（傍線④）、未だに購入地は定まっていなかった。

この御用状に対し、国許は四月七日付の付紙にて返答している[29]。国許からは、京都留守居の件は、原の意見の通り千葉新左衛門が適任ではあるが、いまだ屋敷が手に入っていないため、「御内用筋」にて千葉を上京させ、同所にて「御留守居之場相勤候様」命じるのが妥当であると決定された。

原小太郎は、京都留守居の人選に関して、余計なことを口にしない、頭の禿げたような人物に信頼がおけると考えていた。換言すれば、京都留守居には、才子ある人物を派遣してはならないと考えていたのである。こうした人物を

京都留守居に望んでいた背景には、当時の京都詰の人員に対する原小太郎の認識があった。

原小太郎が国許へ御用状を発した同日、大坂詰御用人長谷川許之進も国許の御用人に宛てた御用状[30]を発していた。

此表御屋敷一条便利不便利広狭之都合ニて延引、当時三ケ所程対談中何レニか相決候様委曲御中老（原小太郎）ゟ可申参候、然処御沙汰筋ハ却て於当地相違相成、往々　御公務等之運ニ推移候ハヽ、猶更当方留守居無御座ては御不都合ニ付、御家老（穂鷹内蔵進）御上京中御相談、此度御掛合相成候事ニ御座候、当時大藩ニ至候ては御留守居相立居、寄合等致候向も有之候由、其余小藩ニ至候ては屋敷或は旅宿上京致居候藩々多相聞申候、依て①此度御中老ゟ申参候当方詰其実は御留守居之場引受相勤候事ニ付、書役壱人・若党壱人・鑓持兼壱人仰て可然候、尤②書役壱人品才あるよりハ篤実を御撰、右之外御勘定人并足軽之類大坂詰之内ゟ繰合上京為致候様、既ニ御勘定人ハ当時壱人ツ、、交代上京罷在候、大坂表も打合相付候迄ハ一入繁雑人数不足致候得共、是ハ下坂之上従同所御掛合可申候、御含置被下度候（後略）

原小太郎が長谷川に下した指示は、京都詰の人員について、実態は留守居としての職務を引き受けており、今回は書翰役一人・若党一人・鑓持一人の上京を命じればよいとのことであった（傍線①）。京都留守居として上京を命じる書翰役について、原は家柄や教養があるよりは篤実の人物を選ぶべきとの考えがあった（傍線②）。

原は、京都の体制について、その実態は、現在京都に詰めている人員が京都留守居相当の働きをしているとの認識を抱いていた。つまり、京都の体制は、現在の京都詰の人員のみで事足りると考えており、そのため、追加の派遣人員については、書翰役・若党一人、鑓持一人のみの上京で十分であった。留守居の人選についても、頭の禿げたような口の堅い篤実な人物がふさわしいと考えており、その観点から、書翰役を勤めていた千葉新左衛門が選ばれたので

**【図２】延岡藩京都屋敷位置図**

1-9-243-2「慶応年間御用部屋書類留」より作成

ある。原は、京都における体制整備のため、形式的な京都留守居の設置を企図しており、千葉に京都留守居として上京を求めたのであった。他藩が勤めていたような京都留守居としての職務[31]は現在の京都詰の人員が担っていたため（この点については後述する）、京都留守居として求められたのは、余計なことをしないような誠実な人物なのであった。

　なお、屋敷の購入地が定まった日付は判然としないが、原小太郎が慶応三年三月五日付で穂鷹内蔵進へ宛てた御用状[32]に、買入地が決定した旨が認められている。この御用状中には、高瀬の近所の土地を買い入れることが決まり、その土地柄は「第一運送便利之宜地ニ付御不用ニ相成候ても御払受候者可有之地」と見込んでいた。

当初の計画では、五百～六百坪の土地の購入を目標とし、候補地を探していたようである[33]。しかし、なかなか運送便利の地が見つからず、このまま日数を重ねれば、購入可能な土地も減り、価格も上昇することから、当所の目標よりは少し手狭ではあったが、延岡藩が購入した地は、河原町二条下る二丁目丸屋町の家屋敷五か所に決定し、坪数は三百八拾五坪三分七厘七毛であった[34]。

三月二十一日には、京都屋敷名代に諏訪登代次郎を任命し、三人扶持を下賜する旨の書面が大坂詰御用人長谷川許之進より大坂定役山名十右衛門へ渡され[35]、翌二十二日、山名より諏訪の手代宮本次助へ言い渡している[36]。

## 三　京都留守居の職内容

慶応三年三月二十五日、延岡において、書翰役千葉新左衛門は「御内用筋ニ付」出京を言い渡され、京都にて「御留守居之場相勤候様」命じられている[37]。千葉は、四月晦日、次祐筆の勢山増次郎とともに入京する[38]。史料上で千葉が活動を開始しているのを確認できるのは、五月七日からである。在京老中板倉勝静より留守居の呼び出しがあり、千葉が出頭している[39]。千葉は以後も在京老中からの出頭命令に応じていくのだが、延岡藩の京都留守居の実態について明らかにするため、その具体的な職務内容について検討していきたい。

「御留守居之場相勤候様」命じられた千葉であったが、書翰役のまま上京していたこともあり、職務内容の中心は延岡書翰役への御用状発給であった。次頁の【表】は、千葉新左衛門が着京して以降、千葉と延岡書翰役の間で交わされた御用状を抽出したものである。

例えば、五月二十八日、千葉は延岡書翰役の加藤蔵六・町原次七へ御用状を発している。その内容は、在京老中板

倉勝静よりの書付写の送付、京都所司代へ提出した書付写の送付、殿中御沙汰書の写の送付であった。このように千葉の発する御用状の主たる内容は、御用廻状の写の回送であった。すなわち千葉は、政治的判断を要するような御用状を発給してはいない。高度な政治的判断を要する場合は、御用人が発給する御用状に記されていた。次に掲げるのは、慶応三年十月十七日付で千葉新左衛門が加藤蔵六・八嶋藤七へ発した御用状[40]である。

（前略）明十七日昼九時二條　御城江重役人之者壱人可被罷出候、尤重役詰合無之向は各之内壱人可罷出旨大御目付戸川伊豆守様・御目付設楽岩次郎様ゟ昨十六日附之御廻状今未之刻相達候付、即刻罷出候処（中略）差繰早々上京可被有之候様　御沙汰之旨被　仰達候付、在所表備後守（内藤政挙）江可申達、右御請申上、御書付は拝見之上返上仕、御渡御座候、御封書并右御書付之写共大坂表長谷川許之進殿江今夜差出候間、同人ゟ其表御用部屋被相達、可被達　御聴候、此段御用部屋ゟ御承知可被成候（後略）

この御用状では、徳川慶喜による大政奉還に関して出頭命令があり、千葉新左衛門が出頭した際に、藩主内藤政挙の上京を命じられたが、それらの書付類の写は、大坂詰御用人長谷川許之進へ提出したため、同人から延岡の御用部屋へ送付すると報告されている。こうした、高度な政治的判断を要するような内容は、御用人発給の御用状に託されており、京都留守居は政治的意志決定には参画していなかったことを示している。

京都留守居は、政治的意思決定に参画していなかったため、御用人の指導下にあった。事実、京都留守居は大坂詰御用人から細かい内容まで指示を受けていた。例えば、十四代将軍家茂の服喪中のため、延期していた京都屋敷引っ越しの祝儀について、実施する運びとなった際には、中老原小太郎は大坂詰御用人長谷川許之進へ、「手軽ニ致取計

## 【表】慶応3年における千葉新左衛門⇔延岡書翰役の御用状一覧

| 月日 | 発給者 | 宛所 | 内容 | 延岡到着 | 備考 |
|---|---|---|---|---|---|
| 6月25日 | 町原次七・加藤蔵六 | 千葉新左衛門 | 堂上方への御書の写を送付 | 不明 | |
| 5月28日 | 千葉新左衛門 | 加藤蔵六・町原次七 | 老中板倉よりの書付の写を送付／京都所司代へ提出した書付の写を送付／殿中御沙汰書の写を送付 | 6月28日 | |
| 6月26日 | 千葉新左衛門 | 加藤蔵六・町原次七 | 5月7日に渡された書付の請書を滞りなく老中板倉へ提出した件／京都町奉行へ提出した届書の写を送付／西本願寺門主よりの書付の写を送付／三條・喜多院よりの別紙手札の写を送付／殿中御沙汰書の写を送付 | 7月12日 | |
| 5月8日 | 千葉新左衛門 | 加藤蔵六・町原次七 | 老中稲葉よりの書付の写を送付 | 6月28日 | |
| 7月1日 | 千葉新左衛門 | 加藤蔵六・町原次七 | 老中板倉よりの書付の写を送付 | 7月15日 | |
| 7月25日 | 加藤蔵六・町原次七 | 千葉新左衛門 | 御用状5通および付札を送付／原小太郎への書付を送付 | 不明 | |
| 7月6日 | 千葉新左衛門 | 加藤蔵六・町原次七 | 大御門からの文箱を送付 | 7月23日 | |
| 7月29日 | 加藤蔵六・町原次七 | 千葉新左衛門 | 殿中御沙汰書の写1巻を送付／6月25日付の御用状へ付札にて返答 | 8月7日 | |
| 7月7日 | 千葉新左衛門 | 加藤蔵六・町原次七 | 江戸よりの御用廻状の写9通・殿中御沙汰書の写1巻を送付 | 7月24日 | |
| 8月■（空白） | 加藤蔵六・町原次七 | 千葉新左衛門 | 堂上方への御書3通の写を送付／西本願寺門主よりの書付に対する口上書の写を送付／胤康病死の件について | 不明 | |
| 8月13日 | 千葉新左衛門 | 加藤蔵六・町原次七 | 老中稲葉より渡された書付の請書を滞りなく提出した件／光姫様病死の件／殿中御沙汰書の写1巻を送付 | 9月7日 | |
| 9月1日 | 千葉新左衛門 | 加藤蔵六・町原次七 | 原小太郎への書付を返却する件／殿中御沙汰書写の1巻を送付／7月25日付の御用状へ付札をし返答 | 9月16日 | |
| 9月25日 | 加藤蔵六・町原次七 | 千葉新左衛門 | 京都町奉行・幕府大目付・幕府目付の名前を知らせてほしい件／9月1日付の御用状に付札をし返答 | 不明 | |
| 10月26日 | 加藤蔵六・町原次七 | 千葉新左衛門 | 大御門の家司の名前、近衛の官位および家司の名前を知らせてほしい件／8月23日付の御用状に付札をし返答／9月28日付の御用状は、藩主一覧が済んでいないため、返答しない | 不明 | |
| 9月28日 | 千葉新左衛門 | 加藤蔵六・町原次七 | 九条よりの使者の口上書の写を送付／大御門よりの別紙奉札の写を送付／御用廻状の写1通を送付／殿中御沙汰書の写1通を送付／8月5日付の御用状へ付札をし返答 | 10月25日 | |

| | | | | | |
|---|---|---|---|---|---|
| 8月22日 | 千葉新左衛門 | 加藤蔵六・町原次七 | 江戸よりの御用廻状の写11通・殿中御沙汰書の写1巻を送付／老中板倉よりの書付に対する請書が江戸より届いたが、千葉が忌中であったため、井上貞太郎が板倉へ提出した件／京地殿中御沙汰書の写1巻を送付 | 不明 | |
| 9月13日 | 千葉新左衛門 | 加藤蔵六・町原次七 | 江戸よりの御用廻状の写7通・殿中御沙汰書の写1巻を送付／京地殿中御沙汰書の写1巻を送付 | 不明 | |
| 10月16日 | 千葉新左衛門 | 加藤蔵六・八嶋藤七 | 在京役人衆の名前書1冊を送付／大宮御所造立国役を仰せ付けられた件について／殿中御沙汰書の写1巻を送付／9月25日付の御用状に付札をし返答 | 不明 | |
| 11月22日 | 千葉新左衛門 | 加藤蔵六・八嶋藤七 | 御用状の写2通を送付／伝奏飛鳥井よりの書付の写3通を送付／殿中御沙汰書の写1巻を送付 | 不明 | |
| 10月17日 | 千葉新左衛門 | 加藤蔵六・八嶋藤七 | 大政奉還の件に関する封書および書付の写を長谷川許之進より延岡御用部屋へ送付するため、藩主の耳に入れてほしい | 不明 | |
| 9月28日 | 千葉新左衛門 | 加藤蔵六・町原次七 | 九条よりの使者の口上書の写を送付／大御門よりの別紙奉札の写を送付／御用廻状の写1通を送付／殿中御沙汰書の写1通を送付／8月5日付の御用状へ付札をし返答 | 不明 | 重複内容 |
| 11月20日 | 加藤蔵六・八嶋藤七 | 千葉新左衛門 | 大御門の内大臣就任祝の目録を御用部屋へ提出した件／九条への年始祝詞を使者にて申し入れる件／京都表動向の件について／8月22日、9月13・28日、10月16・23日付の御用状の藩主一覧が済んだため、付札をして返答 | 不明 | |
| 10月25日 | 千葉新左衛門 | 加藤蔵六・八嶋藤七 | 御用廻状の写7通を送付 | 不明 | |
| 10月26日 | 千葉新左衛門 | 加藤蔵六・八嶋藤七 | 飛鳥井よりの書付の写1通を送付 | 不明 | |
| 11月25日 | 加藤蔵六・八嶋藤七 | 千葉新左衛門 | 大御門の内大臣就任祝の目録および九条への年始祝詞の使者を派遣する件／10月17・25・26日付の御用状に付札を返答 | 不明 | |
| 10月28日 | 千葉新左衛門 | 加藤蔵六・八嶋藤七 | 書付の写2通を送付／御用廻状の写1巻を送付 | 11月16日 | |
| 11月2日 | 千葉新左衛門 | 加藤蔵六・八嶋藤七 | 10月22・23・26日付の飛鳥井よりの書付の写が到来／10月29日付で老中板倉へ提出した書付の写を送付／西本願寺への御請使者を勤めた件 | 11月19日 | |
| 11月7日 | 千葉新左衛門 | 加藤蔵六・八嶋藤七 | 殿中御沙汰書の写1巻を送付 | 11月19日 | |
| 11月8日 | 千葉新左衛門 | 加藤蔵六・八嶋藤七 | 大宮御所造立国役についての上納金の件についての書付が通達され、池内善蔵に問い合わせたので、池内より送付されること | 11月19日 | |
| 11月10日 | 千葉新左衛門 | 加藤蔵六・八嶋藤七 | 御所御用番所へ口上書を提出した件 | 11月19日 | |
| 12月25日 | 加藤蔵六・八嶋藤七 | 千葉新左衛門 | 大御門の内大臣就任祝の目録の先例の件 | 不明 | |

1-9-243-2「慶応年間御用部屋書類留」より抽出した。慶応4年以降は、本稿においては未掲載。

候様許之進（御用人・長谷川許之進）ゟ新左衛門（千葉新左衛門）江中遣可然と其段今日書状を以申遣」わしている。[41] 大坂詰御用人長谷川より京都留守居千葉新左衛門へ指示するようにと、中老原から言い渡されていたのである。実際に翌日、長谷川は千葉へ宛て、「当御砌柄、殊ニ未仮御住居之事ニ候間、手軽ニ致頂戴、日限手都合等杉山加兵衛被仰合、御取計可被成候」様にと書状を遣わして指示している。[42] このように、京都屋敷の指示系統は、中老原小太郎―大坂詰御用人御用人―京都留守居となっており、京都留守居は大坂詰御用人からの指示を受けて京都屋敷を統括していた。[43] 当該期における上方藩政機構は、原小太郎を核として機能していたのである。

　千葉新左衛門が担っていた京都留守居としての職務をまとめると、①延岡書翰役への御用状発給、ただし、中心は御用廻状等の写しの廻達であった。②御用人からの指示を受け、京都屋敷を統括すること。③在京老中からの出頭命令への応対。以上の三点が京都留守居の主要業務であった。

　京都留守居は、京都屋敷の統括を担ってはいたが、大坂詰御用人からの指示を受けてからであり、その大坂詰御用人へは、中老原小太郎が指示を下していた。京都留守居は政治意思決定にも参画しておらず、他藩の京都留守居が行っていたような周旋活動のような外交活動へ従事していた足跡も史料上からは確認できない。延岡藩の京都留守居は外交活動とは切り離された存在であり、文書処理が中心の職であった。だからこそ、原小太郎は、京都留守居としての条件に、品才があるよりは、篤実な人物を望んでいたのである。

　京都において、外交活動を担っていたのは、「事情問合御用」であったが、彼らは原小太郎の管轄下にあった。次に掲げる史料は、猪狩富三郎という者が「事情問合御用」を命じられた際のものである。

猪狩富三郎
其方儀諸藩之士ニ交当形勢事情問合御用被　仰付候、御用向之儀は原小太郎（中老）江可相伺候、尤井上貞太郎（「事情問合御用」）同様被　仰付置候間、申合、機密御用筋外交之儀別て入念可相勤候、依之滞京被　仰付候[44]

「事情問合御用」を命じられるにあたって、その職務内容については、原小太郎へ問い合わせるように、とのことである。「事情問合御用」は原小太郎の管轄下のもとで、外交活動を展開していったのである。つまり、京都における外交活動は、原小太郎を中心に、「事情問合御用」が担当しており、京都留守居は関与していなかった。このような実態であったから、原小太郎は、京都詰の人員が実態としての京都留守居の職務を担っていると認識していたのである。

京都における機構の整備する必要性から、京都留守居が設置されたが、必要とされたのは、文書行政処理を担う篤実な人物であった。

## おわりに

幕末期における延岡藩の京都留守居について、人選と職務内容に着目して検討を行った。本稿で明らかにしたことをまとめて、結びとしたい。

延岡藩は、幕末期まで京都に屋敷を有しておらず、本格的に京都屋敷購入に向けて動き出すのは、慶応三年（一八六七）初頭であった。京都屋敷購入の責任者は中老原小太郎であり、そのもとで大坂定詰（大坂留守居）が実務を担っ

ていた。

当初は、京都留守居の設置については想定されていなかったが、原小太郎と家老穂鷹内蔵進との対談の結果、京都留守居の必要性が議論されるようになった。

原小太郎は、京都詰の人員が実態として、京都留守居の職務を担っているとの認識があったため、京都留守居として上京してくる人物には、余計なことを口にしない、篤実な人物を望んでおり、その観点から書翰役の千葉新左衛門が選ばれた。

京都留守居として着京した書翰役千葉新左衛門の職務内容は、①在京老中の出頭命令への対応、②御用廻状等の写を中心とした延岡書翰役への御用状発給、③御用人からの指示を受けた京都屋敷の統括であった。なお、京都における外交活動は原小太郎が掌握しており、京都留守居が関与することはなかった。まとめると、京都における体制整備にともない設置された京都留守居は、大坂詰御用人の指示の下で京都屋敷を統括し、政治的意思決定には参画せず、外交活動も担わない、文書処理業務が中心の職務であった。京都屋敷を新たに購入し、形式的な体制整備の必要性から京都留守居を設置したが、京都留守居の職務内容がこうした実態であったため、京都屋敷は大坂蔵屋敷の出先機関と位置付けられていたと評価できる[45]。

幕末期の京都留守居研究は、国事周旋活動の分析を中心に論じられてきた[46]。しかし、延岡藩の京都留守居の職務内容は、文書処理が中心であり、外交活動には従事していなかった。藩によっては、国事周旋活動のみでは語れない京都留守居の一面が存在しているのである。

慶応三年八月二十五日、御用人池内善蔵が上京を命じられ[47]、池内が入京して[48]からは、京都留守居は京都詰御用人の

指導下に入る。京都屋敷に御用人が詰めて以降、京都屋敷からの御用状も発信されるようになり、翌慶応四年（一八六八）正月からは、京都屋敷での御用所記録[49]も作成されるようになる。御用人の入京をもって、京都屋敷にて御用人間における御用状の発信・受給を可能とする体制（記録を残す体制）が整備されていくのであるが、この具体的過程の実証、および京都留守居の位置づけについては、別稿に譲りたい。

**注**

（1）千葉拓真「一七世紀後半における飯田藩と京都―「飯田藩御用覚書」から―」（『飯田市歴史研究年報』一二、二〇一四年）。

（2）青山忠正・淺井良亮「新発田藩京都留守居寺田家と旧蔵文書」（佛教大学『歴史学部論集』四、二〇一四年）、浅井良亮「京都留守居研究覚書―藩邸・御用・縁家―」（『佛教大学大学院紀要　文学研究科篇』四四、二〇一六年）。

（3）難波信雄「維新変革と仙台藩の情報収集」（『市史せんだい』一六、二〇〇六年）、同「仙台藩の京都留守居と遊歴生―維新期の情報収集システムと関連して―」（『日本歴史』七二三、二〇〇八年）。

（4）鎌田道隆「幕末京都の政治都市化」（『近世京都の都市と民衆』思文閣出版、二〇〇〇年）。

（5）笹部昌利「京よりの政治情報と藩是決定―幕末期鳥取藩池田家の情報取集システム―」（家近良樹編『もうひとつの明治維新―幕末史の再検討―』（有志舎、二〇〇六年）。

（6）前掲難波信雄「維新変革と仙台藩の情報収集」、前掲同「仙台藩の京都留守居と遊歴生―維新期の情報収集システムと関連して―」。

（7）白石烈「肥後藩京都留守居の役割変遷―買物会所の業務から国事周旋活動へ―」（今村直樹・小関悠一郎編『熊本藩からみた日本近世―比較藩研究の提起―』（吉川弘文館、二〇二一年）、千葉拓真「近世中後期から幕末における藩と京都―京都詰藩士および天皇・朝廷との関係を事例に―」（『日本史研究』七一四、二〇二二年）。

（8）帝鑑間詰の譜代藩。内藤家は、三河以来の譜代として初期には重要視されていたものの、二代目藩主忠輿が大坂城代を重任（承応二年～明暦二年、万治元年～同三年）して以降、幕府要職者には一人も就任していなかった。

（9）大賀郁夫「幕末維新期における日向諸藩の「隣交」関係について―慶応三年の幕領預りをめぐって―」（『宮崎公立大学人文学部紀要』一四―一、二〇〇六年）、同「御用日記にみる幕末の宮崎―「湯地栄四郎日記」を読む―」（『宮崎公立大学人文学部紀要』二〇―一、二〇一二年）、同「隠居大名の幕末・維新―延岡藩内藤政義の『日記』から―」（『宮崎公立大学人文学部紀要』二五―一、二〇一七年）、同「鳥羽伏見戦争と譜代延岡藩―京師・大坂・延岡「御用状留」から―」（『宮崎公立大学人文学部紀要』二六―一、二〇一八年）、同「長州戦争と譜代延岡藩―「御用部屋日記」から―」（『宮崎公立大学人文学部紀要』二七―一、二〇一九年）、同「幕末期譜代延岡藩の風聞探索活動―文久二年「風聞書　乾坤」を中止に―」（『宮崎公立大学人文学部紀要』二八―一、二〇二〇年）、同「幕末期薩摩藩をめぐる諸藩の探索活動―文久二～三年、薩英戦争前後を中心に―」（『宮崎公立大学人文学部紀要』二九―一、二〇二一年）、同「新藩主「権威」の形成と地域社会―初入部・狩猟・領内巡見―」（『宮崎公立大学人文学部紀要』三一―一、二〇二四年）。

（10）前掲大賀郁夫「鳥羽伏見戦争と譜代延岡藩―京師・大坂・延岡「御用状留」から―」。

（11）拙稿「大政奉還後における延岡藩の政治行動―「公議」意識と「条理」の観点を中心に―」（『明治維新史研究』一九、二〇二一年）。

（12）内閣官報局『法令全書』（原書房、一九七四年）明治元年、第十五。

（13）久住真也『長州戦争と徳川将軍』（岩田書院、二〇〇五年）。

（14）渋沢栄一『徳川慶喜公伝』三（龍門社、一九八一年）四三四頁。なお、慶喜は、慶応三年九月二一日の内大臣就任と同時に二条城へと移っている（『続徳川実紀』五〈吉川弘文館、一九八二年〉二六八頁）。

（15）久住真也「徳川慶喜居所考―慶応三年の「将軍邸会議」―」（『大東文化大学紀要　人文科学』六〇、二〇二二年）。

(16) 一―九―二四「覚帳」慶応三年四月朔日条。

(17) 延岡藩の大坂蔵屋敷については、日比佳代子「内藤藩の大坂屋敷―延享四年の転封を基点に―」（『明治大学博物館研究報告』二二、二〇一七年）を参照。

(18) 一―二九―七九「芸州出陣日記其他合綴」慶応二年八月五日条。

(19) 一―二一―一三九「延岡藩諸達願届覚書」（『宮崎県史　資料編近世2』〈宮崎県、一九九二年〉九九一頁）。

(20) 一―六―一九三「慶応二年万覚書」十一月九日条。

(21) 慶応二年十二月二日付延岡御用人衆宛原小太郎御用状（一―一八―三一「慶応二年御用状案詞」）。

(22) 慶応三年正月二十四日付内藤治部左衛門・内藤玄美・穂鷹亭々宛原小太郎御用状（三―二〇―二五九「書状」）。

(23) 慶応三年二月八日付原小太郎宛山名十右衛門書状（三―二二―二一四「書状」）。

(24) 例えば、慶応三年正月二十八日、原小太郎は京都屋敷地購入の件について、大坂定役の内一人の上京を命じている（一―九―二四「覚帳」慶応三年正月二十八日条）。

(25) 三―二〇―三七八「書状」。

(26) 一―九―二四「覚帳」慶応三年二月九日条。

(27) 一―九―二四「覚帳」慶応三年二月十三日条。

(28) 慶応三年二月二十七日付内藤治部左衛門・内藤玄美・穂鷹亭々宛原小太郎御用状（三―二二―五一「書状」）。

(29) 右に同じ。

(30) 慶応三年二月二十七日付延岡御用人物連名宛長谷川許之進御用状（一―一八―三一「慶応二年御用状案詞」）。

(31) 熊本藩細川家の京都留守居上田久兵衛（宮地正人編著『幕末京都の政局と京都―肥後藩京都留守居上田久兵衛の書状・日記から見た―』〈名著刊行会、二〇〇二年〉）に代表されるような、朝廷・幕府・諸藩間において水面下での折衝を重ね、幕末

政治の深部に存在していた藩「外交官」としての側面は有名である。

(32) 慶応三年三月五日付穂鷹内蔵進宛原小太郎御用状（三―二二―一六〇「書状」）。

(33) 注25に同じ。

(34) 一―七―一五五「慶応三年万覚帳」六月九日条。京都所司代および京都町奉行へ対しては、慶応三年五月二十八日、千葉新左衛門の名前にて屋敷購入届を提出している。

(35) 一―九―二四「覚帳」慶応三年三月二十一日条。

(36) 一―九―二四「覚帳」慶応三年三月二十二日条。

(37) 一―六―一九四「慶応三年万覚書」三月二十五日条。

(38) 一―九―二四「覚帳」慶応三年四月晦日条。

(39) 一―九―二四「覚帳」慶応三年五月七日条。

(40) 慶応三年十月十七日付加藤蔵六・八嶋藤七宛千葉新左衛門御用状（一―九―二四三―二「慶応年間御用部屋書類留」）。

(41) 一―九―二四「覚帳」慶応三年七月十一日条。

(42) 慶応三年七月十二日付千葉新左衛門宛長谷川許之進御用状（一―十八―二二―「御用状返信留　長谷川許之進」）。

(43) この他には以下のような事例が確認できる。慶応三年五月二十七日、掛川藩前藩主太田道淳（藩主政挙実父）の死去にともなう服忌の件について、千葉新左衛門より京都屋敷の面々へ通達するよう、大坂詰御用人長谷川許之進が千葉へ命じる（一―九―二四「覚帳」慶応三年五月二十七日条）。同年七月一日、千葉新左衛門より老中達の内容を京都屋敷の面々へ通達するよう、長谷川が千葉へ命じる（一―九―二四「覚帳」慶応三年七月一日条）。いずれの事例においても、中老原小太郎が大坂詰御用人長谷川許之進へ指示を下している。

(44) 一―九―二四「覚帳」慶応三年二月十四日条。

（45）慶応三年十月十四日の徳川慶喜による大政奉還にともなう上京命令に対し、藩主名代として、原小太郎は再度の上京を命じられ、江戸から家老穂高内蔵進・御用人塚本傳右衛門も上京してくるが、いずれも京都屋敷に入らず、大坂蔵屋敷に詰めることになり、同地に「仮御用部屋」が設置された（前掲拙稿「大政奉還後における延岡藩の政治行動」）。

（46）白石烈「久留米藩周旋方久徳与十郎の活動―幕末留守居の諸前提―」（松尾正人編『近代日本成立期の研究　政治・外交編』〈岩田書院、二〇一八年〉）など。

（47）一―六―一九四「慶応三年万覚書」八月二十五日条。

（48）池内善蔵は慶応三年九月二十日に延岡を出立している（一―六―一九四「慶応三年万覚書」九月十九日条）。池内が入京した日時については判然としないが、十月二十四日付で、大坂詰御用人長谷川許之進との連名で延岡御用人宛の御用状を発信している（慶応三年十月二十四日付延岡御用人惣連名宛池内善蔵・長谷川許之進御用状〈一―九―二六「覚書　延岡御用部屋」〉）。

（49）一―九―二七「慶応四年万覚書　京都御用所」。

# 蜂須賀家旧蔵子ども用衣服と『御染物御注文』の比較検討

## ——一つ身、四つ身におけるデザインと家紋の使用について——

松島沙樹

## 序

徳島藩は阿波国・淡路国二か国の計二十五万七千石を領有し、藩主蜂須賀家は外様大名でありながら一家で幕末まで徳島藩を治め続けた。しかしその蜂須賀家も男児に恵まれず、何度か他家から養子を迎えている。まず八代藩主・宗鎮（一七二一～一七八〇）、九代藩主・至央（一七三六～一七五四）はともに高松藩主松平家からの養子である。至央は宗鎮の異母弟で、蜂須賀家の血筋を引く藩主候補が不在となったため迎えられたが、至央も襲封後六十数日で急逝した。至央の後継として養子入りしたのが、秋田新田藩主佐竹家から招かれた十代藩主・重喜（一七三八～一八〇一）であった。その後は重喜の子、孫が藩主を務めるが十二代藩主・斉昌（一七九五～一八五九）は子に恵まれず、一八二七年（文政十年）に十一代将軍・徳川家斉（一七七三～一八四一）の二十二男である松菊を養子として迎えた。松菊は一八四三年（天保十四年）、蜂須賀斉裕（一八二一～一八六八）として徳島藩十三代藩主となった。

斉裕の養子入り以降、蜂須賀家で製作、使用されたと考えられてきた染織資料が現在徳島市立徳島城博物館に所蔵

されている。多くは蜂須賀家の熱海別邸[1]に伝来したもので、中には約二十点の子ども用衣服が含まれる。年代は十九世紀前半から明治時代と幕末以降ではあるものの、大名家の子ども用服飾がまとまって伝来する貴重な例である。これらは他の蜂須賀家旧蔵染織品とともに、二〇〇三年（平成十五年）秋に同館で開催された特別展「華麗なる装い」[2]にて紹介された。しかし同資料群は所用者等の詳細が不明なものが多く、判断材料となるのは家紋や付属した紙片など一部の情報のみである。

一方、蜂須賀家の子ども用服飾の実態を伝える文字資料として、阿波国徳島蜂須賀家文書のうち『御染物御注文』（国文学研究資料館蔵[3]、二八G—一四三三）が挙げられる。同文書は徳島藩最後の藩主・蜂須賀茂韶（一八四六〜一九一八）幼少期服飾の注文書である。

本稿は現存資料と『御染物御注文』の内容を比較し、主に幕末期徳島藩の一つ身、四つ身における意匠や家紋の使用について考察することを目的とする。

なお執筆の契機は二〇二三年（令和五年）八月に行われた、共立女子大学家政学部被服学科染織文化研究室と徳島城博物館との共同調査である。同大学教授・大学博物館長であった長崎巌氏（二〇二四年三月ご退職、現在は同大学名誉教授、丸紅ギャラリー副館長）ほか七名の染織専門家が徳島城博物館へ来館され、蜂須賀家旧蔵染織資料の調査・撮影を行い、その結果を『二〇二三 共立女子大学博物館年報／紀要』第七号の中で報告されている[4]。本稿の内容はこの報告や調査時にご教示いただいた事項をもとに、子ども用服飾資料を中心とした再調査・再整理を行ったものである。

## 一、蜂須賀家旧蔵子ども用衣服の全貌

現在、徳島市立徳島城博物館が所蔵する蜂須賀家旧蔵子ども用衣服のうち、今回分析対象としたものの一覧を次に示す。

○一つ身

・宝尽模様葵松竹鶴亀紋付一つ身〈図1〉
・宝尽模様左卍松竹鶴亀紋付銀摺箔一つ身
・白綸子地七宝繋梅菊牡丹花束模様一つ身
・紅綸子地雲立涌桜葵花束模様一つ身
・薄紅縮緬地藤燕模様一つ身
・紅綸子地梅菊牡丹花束中啓模様一つ身
・黒麻地亀甲繋菊葵花束模様一つ身
・小紋染鶴亀松竹梅紋付一つ身
・小紋染左卍鶴亀松竹梅紋付一つ身（於鶴様提札付）
・浅葱絽地子犬笹模様一つ身〈図2〉
・浅葱麻地五三桐鶴亀松竹梅紋付一つ身

・浅葱麻地一つ身（二十四弁花紋付）
・蔓柏模様一つ身
・松鷹模様熨斗目一つ身

○四つ身
・白麻地牡丹花束二枚扇模様四つ身
・浅葱麻地春草鶏模様四つ身〈図3〉
・浅葱麻地流水亀模様四つ身〈図4〉
・浅葱麻地四つ身（菊花紋付）

○熨斗目
・左卍紋付熨斗目（少年用か）

○裃
・左卍松竹鶴亀紋付長裃〈肩衣図5〉

これらは他の成人用小袖や打掛、裃などの染織資料とともに蜂須賀家の熱海別邸で保管され、いずれも藩主家に伝

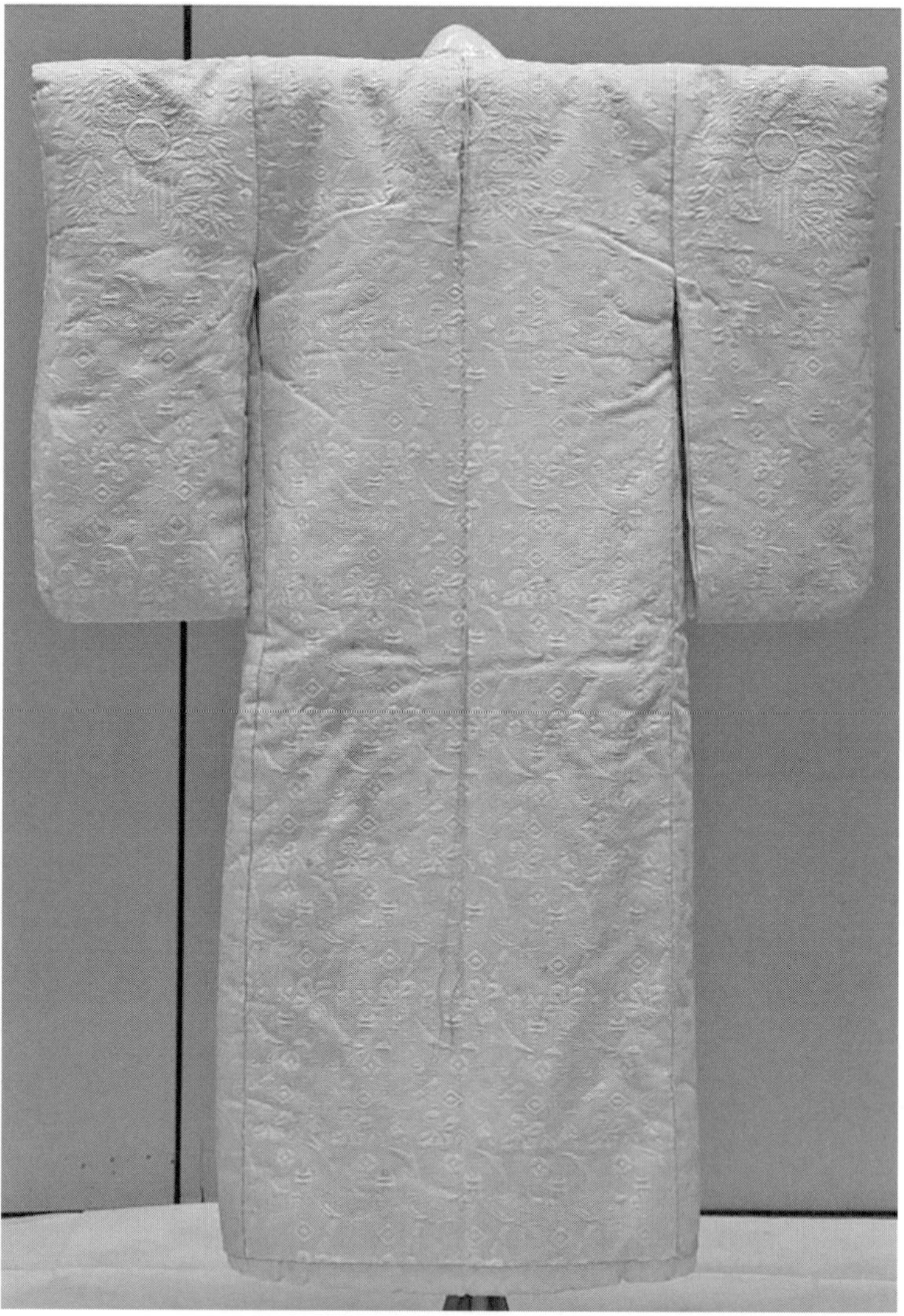

図１　宝尽模様葵松竹鶴亀紋付一つ身

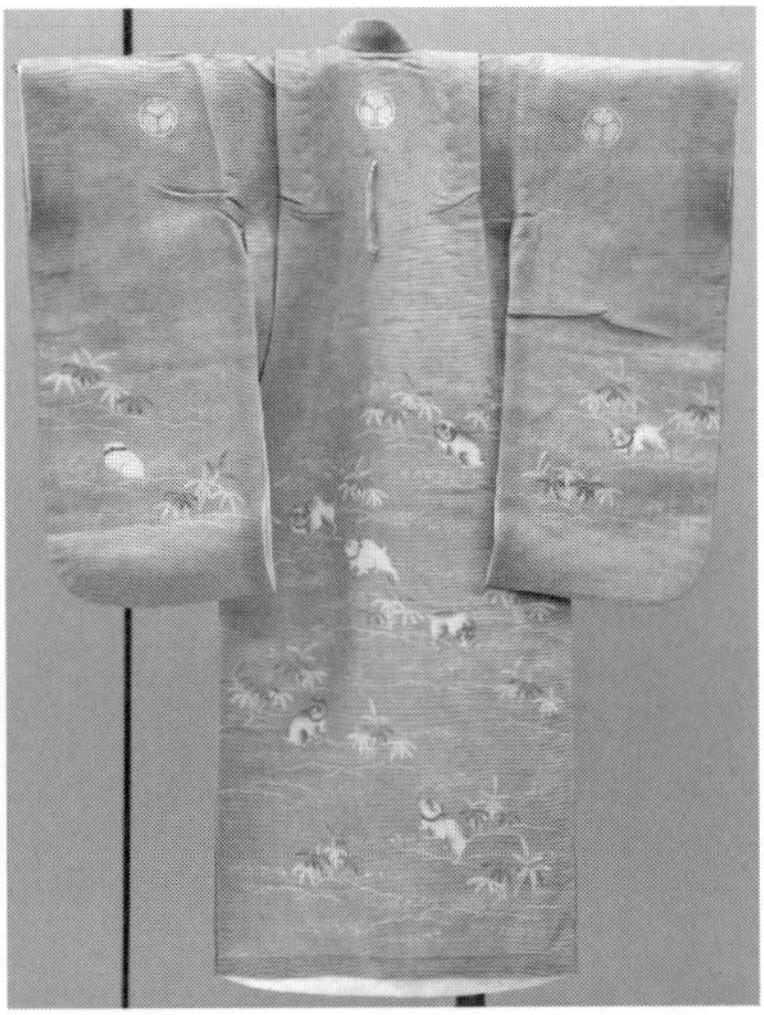

図２　浅葱絽地子犬笹模様一つ身

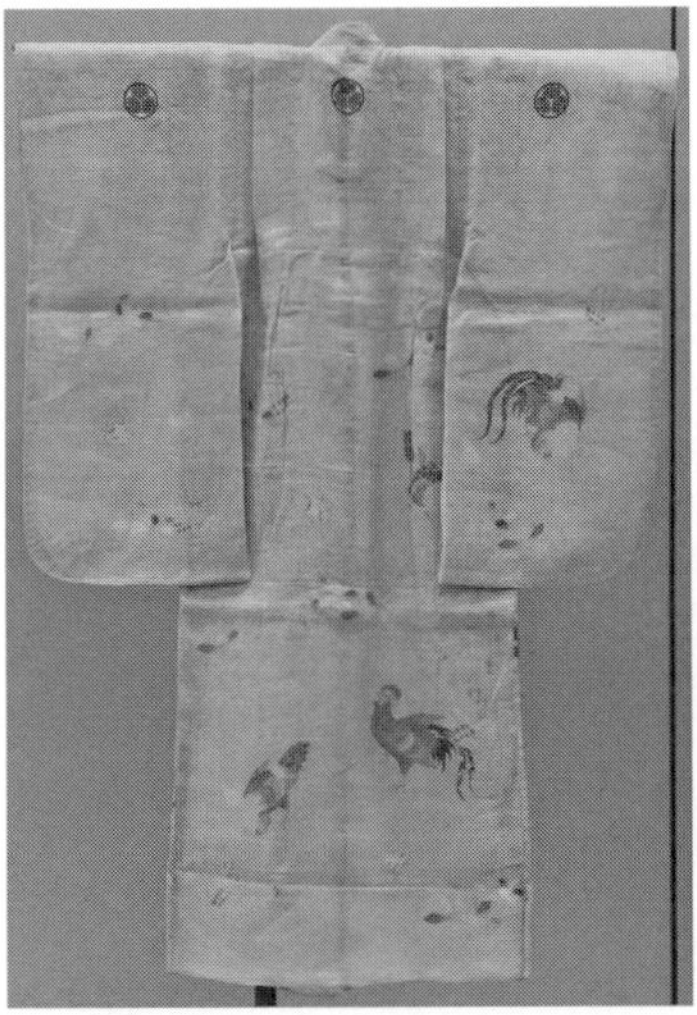

図３　浅葱麻地春草鶏模様四つ身

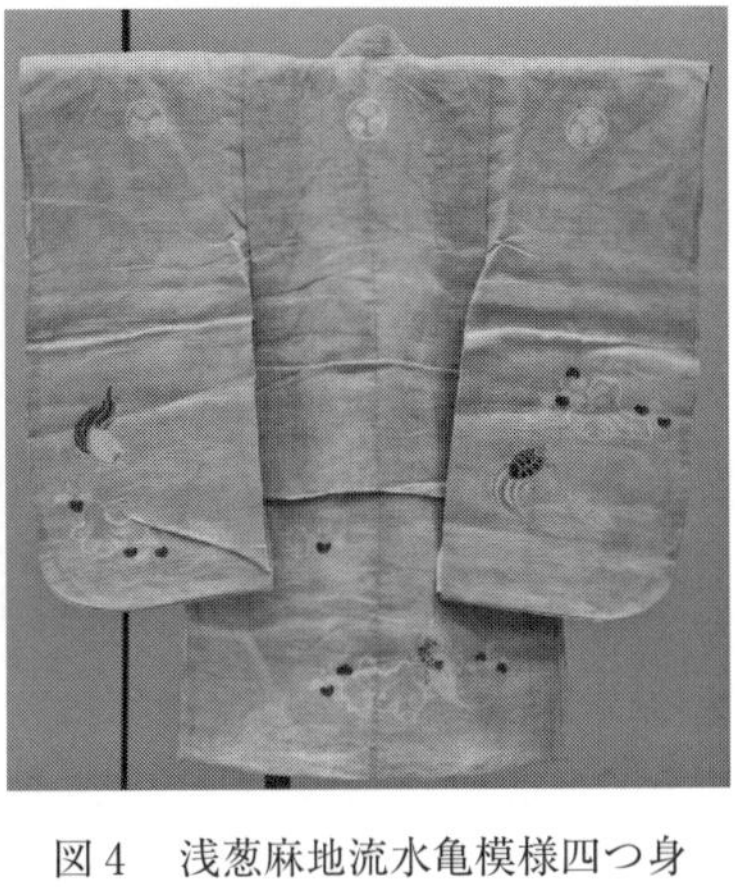

図４　浅葱麻地流水亀模様四つ身

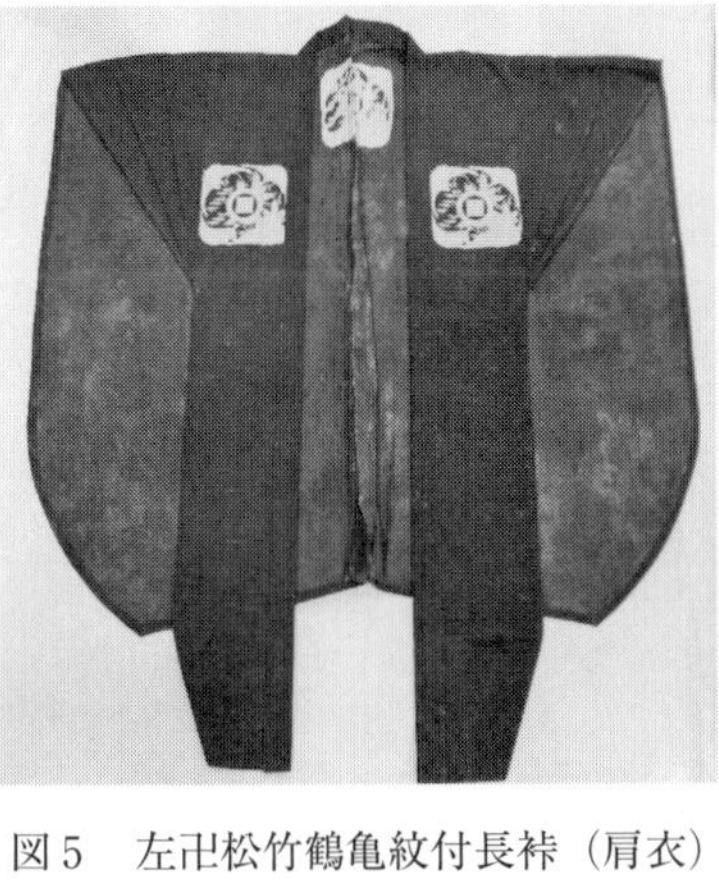

図５　左卍松竹鶴亀紋付長裃（肩衣）

来したことが明らかなものである。

蜂須賀家資料の分析に入る前に、産着をはじめとした子どもの衣服について簡単に触れておく。産着とは大まかにいうと子どもが生まれて間もなく袖を通す着物のことである。その定義は曖昧だが、大きく分けると①生後三日目や七日目に着る衣服、②初宮参りの際に着る衣服、いずれかを指す場合が多い。地域にもよるが、生まれたばかりの赤子はおくるみに包まれ、出生後数日（三日〜七日が多い）[5]して初めて袖のある着物に手を通す。その後行われる初宮参りは産の忌みが明けた証であり、産土神への挨拶参り、同時に赤子が共同体の一員となったことを示す挨拶回りの意味も含まれた行事である。[6]①②いずれの例にも共通しているのは、産着を着せることで子どもが胎児から人へと成長したことを象徴する道具として用いられる点である。蜂須賀家資料のうちでは、《宝尽模様葵松竹鶴亀紋付一つ身》〈図1〉などが初宮参り用の産着ではないかと思われる。その他、ほとんどの一つ身や四つ身は初宮参り以降の使用が想定される。

「七歳までは神の子」といわれるがこれは乳幼児の命や健康が極めて不安定であることを意味しており、子ども用の衣類は着用者の健康や成長を願って、神の領域から人の世界へやってきたことの証として袖を通す。産着を含む一つ身や四つ身に共通する特徴には、肩揚げ・腰揚げや付け紐を持つこと、振袖になっていることがある。肩揚げ・腰揚げは子どもの成長を見越して大き目に作った着物の裄丈を短く調節するために用いられた。衿につけられた付け紐は、動作が活発な子どもの着物が簡単に脱げないよう身体の前で結ぶことができる上、紐を結ぶことで子どもの魂を封印するという呪術的な信仰も込められており、紐付きの着物は子どもの象徴であった。加えて、振袖（両袖下を闕腋にする）になっているのは体温の高い子どもが効率的に熱を放出するためである。

一つ身は後ろ見頃が一幅の布で仕立てられているため背縫いがなく、代わりに背守りを付けた。背縫いのない着物を着ると背中から魔が差す、あるいは魂が抜けるという考え方があり、背守りを施すことによって不安定な状態にある子どもの魂を守ろうとしたのである。背守りは縫い残りの糸を長く垂らしておくことがあるが、これは子どもが水中で溺れる、火事に遭うなどの災難に巻き込まれたときに、荒神様や産神が引き上げて助けてくれるためだという。[7] また上部を鉤型に折り返して縫うものについては、男児用は左斜め下、女児は右斜め下に縫うという伝承もある。[8] おおむね誕生から三歳頃まで一つ身を着用し、[9] 前述した産着は一つ身の形式をとる。

身丈の四倍ほどの布で作る四つ身はその後、五～十二歳頃に着用する。[10] 四つ身には背縫いがあるため背守りは付けない。その他、身丈の三倍ほどの布で作る、三～四歳児の着用を想定した三つ身という形式も存在する。

以上、産着、一つ身、四つ身について確認したが、それぞれの定義や区別、着用する年齢は地域、時代によって様々である。また大名家所用の産着類と庶民が用いた産着類を一様に議論することが適切か、という問題もあり、現在のところ明治以降の民俗学的な視点からの研究が主である子ども用衣類の定義や特徴とは合致しない部分もあるかもしれない。

蜂須賀家旧蔵資料を概観すると一つ身が多く、一部は初宮参り用の産着と推定されるが、寸法や意匠からほとんどが初宮参り以降に着用したものである。年代は江戸時代後期、十九世紀前半の作が中心だが、《蔓柏模様一つ身》《松鷹模様熨斗目一つ身》は明治時代の作である。

注目すべきは紋付のものを多く含む点で、使用される紋は以下の五種類である。

・丸に左卍紋（宝尽模様左卍松竹鶴亀紋付銀摺箔一つ身など全三点）〈図6〉

図6　宝尽模様左卍松竹鶴亀紋付銀摺箔一つ身 部分

図7　宝尽模様葵松竹鶴亀紋付一つ身 部分

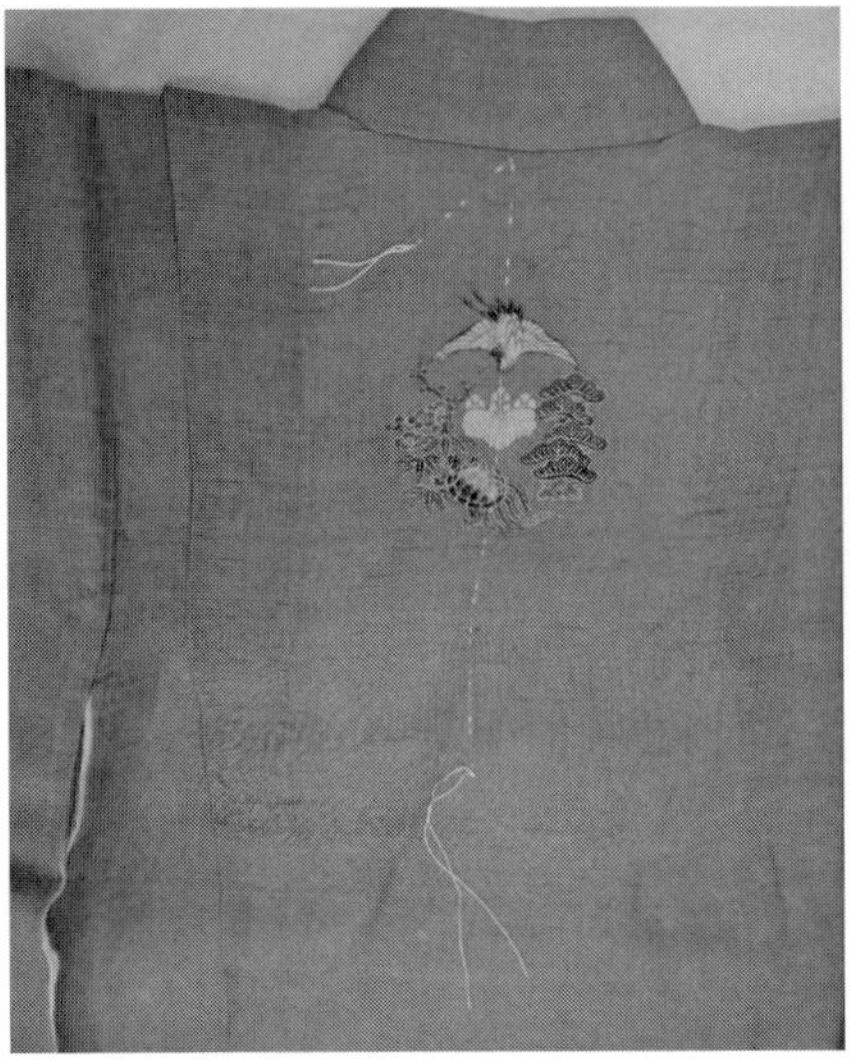

図8　浅葱麻地五三桐鶴亀松竹梅紋付一つ身 部分

・三つ葉葵紋（宝尽模様葵松竹鶴亀紋付一つ身など全七点）〈図7〉
・五三桐紋（浅葱麻地五三桐鶴亀松竹梅紋付一つ身）〈図8〉
・菊花紋（浅葱麻地四つ身（菊花紋付））
・二十四弁花紋（浅葱麻地一つ身（二十四花紋付））

丸に左卍紋は蜂須賀家の定紋、五三桐紋は替紋である。これらを抑えて最多であった三つ葉葵紋は、徳川家斉の息子である松菊（後の蜂須賀斉裕）が蜂須賀斉昌に養子入りした際、その同月である一八二七年（文政十年）閏六月十三日に、斉昌と松菊に対して葵紋の使用許可が下りたことから、蜂須賀家で使用されることとなった[11]。よって葵紋をあしらった衣装

は全てそれ以降の製作であり、斉裕やその周辺の限られた人物のみが身に着けたと考えられてきた。葵紋は熨斗目や女性用の振袖、小袖にも使用される他、打掛や夜着などに模様として葵がみられる。

一方で、蜂須賀家旧蔵染織類を再整理したところ「御かたあけある動物もやうの衣は順公様の御召を戴候ものと覚ゆ」と記された紙片の存在が明らかとなった。順公は水戸藩主・徳川慶篤（一八三二〜一八六八）の諡[12]で、十九世紀前半製作のものと考えれば年代も合致する。徳島藩最後の藩主となった蜂須賀茂韶は一八八一年（明治十四年）、慶篤の長女である随子（一八五四〜一九二三）を継妻として迎えた。この記述を信頼すると、随子の輿入れの際に、父である慶篤が幼少期に着用した衣類を持参したということになる。ちなみに現存する資料で「御かたあけある動物もやう」に該当するのは《浅葱絽地子犬笹模様一つ身》〈図2〉《浅葱麻地春草鶏模様四つ身》〈図3〉《浅葱麻地流水亀模様四つ身》〈図4〉あたりだろうか。これらについては従来考えられてきた斉裕養子入り以降の作とは別に、徳川慶篤所用品であった可能性を検討する必要がある。この紙片は現存資料の来歴に新たな視点を与えるとともに、蜂須賀家と水戸徳川家の交流を改めて考えさせる興味深い記述といえる。現状、この紙片のほかに慶篤の衣装を蜂須賀家へ持ち込んだという記録は発見できておらず、事実関係についてはさらなる調査が待たれるが、水戸徳川家との関連を示す資料は他にも存在する。熱海別邸伝来品ではないが、現在徳島城博物館では蜂須賀家十八代当主・正氏（一九〇三〜一九五三）夫人である蜂須賀智恵子氏（一九〇九〜一九九六）寄贈のお細工物[13]を計二十一点所蔵している。これらは蜂須賀家ゆかりの人々が作成し手元に置いてきたものだが、その包紙には墨書を伴うものがあり、作者などに言及した覚書が含まれる。特に水戸徳川家と繋がるのは「線姫君様御さいく」「峯寿院様御細工御小やうしさし三ッ」「巣鴨様御作」の三つである。「線姫君様」は蜂須賀随子の母にあたる徳川慶篤夫人・線宮幟子（一八三五〜一八五六）のこと

である。彼女は有栖川宮幟仁親王（一八一二～一八八六）の娘で線姫と呼ばれた[14]。また「峯寿院様」は徳川家斉の第八女で、水戸藩主徳川斉脩（一七九七～一八二九）と婚姻した峯姫（一八〇〇～一八五三）である[15]。徳川慶篤や徳川慶喜（一八三七～一九一三）にとっては伯母にあたる人物で、斉脩の没後、峯寿院美子と号した。最後に「巣鴨様」は、明治期に諸芸の才能を開花させ、刺繍細工にも秀でた徳川慶喜のことと考えられている[16]。慶喜は実母である登美宮吉子（一八〇四～一八九三）に紙入を自作して贈る（公益財団法人徳川ミュージアム蔵）など、お細工物の作例も遺っている。ここで取り上げた墨書入り包紙はそれぞれ《御簾葵冠檜扇模様紙入》《椿花形楊枝挿》《紗綾形模様袂落》に付属していたが、伝来の過程で資料と包紙との組み合わせに混乱が生じ、一部の資料は別の品の包紙があてがわれた可能性がある。

　これらの包紙は、水戸徳川家の人々が大切に製作したお細工物が随子の手によって蜂須賀家へ伝わったことを示唆する貴重な手がかりである。これを考えると、随子の輿入れとともに慶篤所用の一つ身や四つ身が蜂須賀家へやってくるのも不自然ではない。子ども用に限らず、葵紋を持つ衣服は徳川宗家と蜂須賀斉裕の血縁を示す他、婚姻によって結ばれた水戸徳川家と蜂須賀家との縁を示す資料だったのである。

　さらにこれまで、浅葱色に動物模様の一つ身、四つ身は所用者の性別が断定されずにいた。しかし紙片に動物模様の着物は「順公様の御召を戴候ものと覚ゆ」とあったことで、かわいらしい印象を与える動物模様も男児用の衣装に用いられていたことが判明する。

　家紋についての議論に戻ろう。《浅葱麻地一つ身》には二十四枚の花弁のついた花の紋が付いており菊のようにもみえるが、具体的な花の種類は不明だったため二十四弁花紋と仮称した。加えてこの一つ身とよく似た浅葱色の四つ身があり、こちらには菊花紋が付いている。二十四弁花紋、菊花紋については本稿で詳述せず、今後の課題としたい。

最後に子ども用衣服に限ってみられる紋の形式にも触れる。《宝尽模様葵松竹鶴亀紋付一つ身》《宝尽模様左卍松竹鶴亀紋付銀摺箔一つ身》《小紋染左卍鶴亀松竹梅紋付一つ身》《浅葱麻地五三桐鶴亀松竹梅紋付一つ身》《左卍松竹鶴亀紋付長裃》の家紋をみると、それぞれ葵紋や左卍紋、五三桐紋の周りを松竹梅や鶴亀のモチーフ（蓬莱模様）が囲んでいる〈図6、7、8〉。梅が含まれない、位置が異なるなどいくつかバリエーションがあるものの、家紋の上部に羽根を広げた鶴、下部に蓑亀がおり、左右の隙間を埋めるように松竹梅が配置される構図は概ね共通している。こうした例は蜂須賀家旧蔵品に限らず他の産着類にもみられ、子どもの健やかな成長を願って家紋の周囲に蓬莱模様を施したものであろう。

また《小紋染左卍鶴亀松竹梅紋付一つ身（於鶴様提札付）》と《小紋染鶴亀松竹梅紋付一つ身》は宝尽模様を小紋染し、蓬莱模様を配した紋と背守りを持っており、法量もよく似た一つ身であるが、宝尽模様の細部や背守りの色、縫われた方向など、幾つかの差異がみられる。紋において注目すべきは《小紋染鶴亀松竹梅紋付一つ身》の蓬莱模様の内部に左卍紋や三つ葉葵紋といった家紋が染められていないこと〈図9〉であり、この理由は不明である。加えて《小紋染左卍鶴亀松竹梅紋付一つ身（於鶴様提札付）》には「於鶴様」と書かれた提札が付いており、所用者を表すと思われるが、現時点で断定には至っていない。十七代当主・蜂須賀正韶（一八七一～一九三二）の幼名は「鶴松」であるが、正韶の所用を示すのだろうか。一方で背守りの糸目は右斜め下に運んでおり、女児の産着は背守りを右に刺しおろすという説もある。やはり所用者については不明点が多く、今後調査や他家の作例との比較を進めていく必要がある。

《左卍松竹鶴亀紋付長裃》〈図5〉については「袴着の儀」などと呼ばれる五歳の祝いに着用したものと推測されて

いる[17]。

以上言及したものは長峠を除き、いずれも五つ紋である。またこの資料群には蜂須賀家の替紋である抱柏紋、稲丸紋はみられなかった。

## 二、『御染物御注文』の概要

国文学研究資料館所蔵の阿波国徳島蜂須賀家文書は約七〇〇〇点及び未整理のものが一六〇点存在し、年代は一五八六年（天正十四年）から一九一八年（大正七年）までにあたるが、近世初期のものは写本が多く、また種別としては絵図関係が比較的多い[18]。『御染物御注文』の表紙には「嘉永二酉年」「正月廿五日」「若松印」とある。若松は蜂須賀茂韶のお印であり[19]、一八四九年（嘉永二年）は数えの四歳の年である。その後登場する日付は「酉ノ五月十三日」「戌ノ二月十日」「いノ六月二日」などがあり、最も新しい日付は一八五二年（嘉永五年）の「正月廿五日」である。いずれの時期においても生地の仕様、模様、家紋などが記載され、最後に丈、身幅などの仕立寸法が記される形式となっている。四つ身には「御付ひも布」の寸法まで指示されている[20]。また仕様に言及する際に「御ひなかたの通り」という文言が頻繁に使用されることから、注文書とは別に雛形本があり、模様の色や位置などの細かい意匠についてはそちらで図示されていると推測できる。

衣服の多くは四つ身だが、一八五〇年（嘉永三年）頃からは熨斗目や羽織、帷子、袴、裃が登場し始める。これは

図9　小紋染鶴亀松竹梅紋付一つ身 部分

茂留五歳の年で、同年には、現在の七五三に繋がったといわれる袴着の儀が行われた[21]。蜂須賀家旧蔵資料のうち、子ども用の熨斗目、羽織、帷子、裃は非常に少なく比較することが難しいため、本論では四つ身を中心に分析する。また点数が多く全衣服の体裁を詳述すると煩雑になるため、いくつかの要素を抜き出してその特徴を掴んでいきたい。

まず生地の指定があるものは縮緬、羽二重などが登場し、生地の色は白色、黒色、紫色、浅葱色、水浅葱色、納戸茶色、鼠色などがみられる。

また紋付の衣服において、家紋はほとんどが「桐」で全体の八十パーセント余りを占めた。次点で多かったのが「万字」である。また「かしわ」「一筆亀」「ふくらすずめ」が一件ずつみられた。「桐」「万字」「かしわ」はそれぞれ蜂須賀家の替紋である五三桐紋、定紋である左卍紋、これまた替紋である抱柏紋とみて問題ないだろう。「一筆亀」紋と「ふくらすずめ」紋は現在のところ蜂須賀家旧蔵品での使用例を確認していない。特に「一筆亀」なる家紋については、管見の限り該当しそうな家紋を発見することはできなかった。蜂須賀家旧蔵資料に登場する、松竹梅鶴亀を円状に配置した紋のような、吉祥文様の一種かもしれない。ふくらすずめと亀はいずれも縁起のよいモチーフであるため、幼児の生命を寿ぐ目的で特別に用いられた紋と考えることもできよう。また一筆梅紋という、その名の通り一筆で続けて書いたような梅の紋が存在するが、一筆亀もこのようなデザインなのであろうか。

以上の家紋は全て五つ紋で、仕様についても言及される場合がある。例えば一八五一年（嘉永四年）十月二十八日完成の四つ身では後ろ見頃、前見頃、袖の紋の位置と大きさが指定されている。

続いて模様であるが、四つ身には多彩な動物模様がみられることが大きな特徴で、具体的には竹に鶏、龍、熊、兎、笹に子犬などが挙げられる。文書には記されていないが、各模様の色や配置など詳細は雛形に指示されているのであ

ろう。これらはいずれも四つ身の模様だが、後半に登場する熨斗目、羽織、袢、帷子の仕様はほとんど色や生地の言及に留まっており、四つ身に比べると簡易的である。これは大人の男性が着用する衣服と同じく、雛形や文章で説明すべき複雑な模様を施す必要がなく、生地の仕立てに関わる最低限の情報と寸法の指定だけで構わないためであろう。それに対し四つ身はそれぞれ詳細に模様や色の注文がされている上、雛形で事前にデザインを提示していることから、男児の所用であっても子どもらしく自由な意匠のものを身に着けていたことが分かる。

また変わったものとして、葵と源氏車模様の四つ身がある。「さあや御地色黒」とあるため、生地は黒地に紗綾形の地文なのであろう。家紋は「万字」である。源氏車は平安貴族が乗った御所車の車輪のみを形式化した文様であり、葵とともに『源氏物語』、特に葵上を連想させる。源氏車と植物文の組み合わせは雅な平安王朝の世界を表現する女性の着物に典型的なモチーフであり、成人男性の衣装としては珍しいと思われる。蜂須賀家旧蔵資料群にも源氏車と植物文をあしらった打掛、帷子、袱紗があるが打掛、帷子はいずれも女性用であり、袱紗は女性が婚礼道具として用意するものである。

このように『御染物御注文』に書かれた四つ身には様々な特徴がある。次節ではこれらと現存資料を比較し、幕末の蜂須賀家子ども用衣服の性質を読み解いていきたい。

## 三、一つ身、四つ身の比較と蜂須賀家旧蔵資料の考察

一つ身、四つ身の比較分析を行う前に前提として、現存の子ども用衣装はほとんどが背守りのついた一つ身で[22]、四つ身の伝世品は少ないが、『御染物御注文』では四つ身が多いことを改めて指摘する。文書に一つ身が登場せず四つ

身ばかりであるのは当然茂韶の年齢による。現存資料だけを概観すると蜂須賀家では四つ身があまり使用されていなかったのかとも思われたが、注文書の内容から同家でも成長に応じて一つ身と四つ身を使い分け、いずれも相当数製作されていたことが分かり、それぞれの着用年齢も現在通説となっている年代と一致している可能性が高い。

以上の内容を踏まえ、現存資料と注文書の内容を比較するが、主に①デザイン②家紋の使用の二点に分けて論じていく。まず①デザインについて検討する。現存資料は女児用と思われるものも多く含まれる。桜や菊、藤、牡丹など、花をあしらったものは大人の武家女性が着用する小袖や打掛顔負けの豪華さで、大きさが異なる点を除けば見分けがつかないほどである。一方、浅葱色の生地に亀や鶏、子犬を友禅で表したものについては、これまでデザインだけで男児用か女児用かを判断することが難しかったが、「御かたあける動物もやうの衣は順公様の御召を戴候ものと覚ゆ」とある紙片によってこれに該当する一つ身、四つ身を男児用と仮定することができる。その上で注文書に登場する四つ身の模様を見ると、指摘したとおり様々な動物文様がみられ、この説を裏付けるようである。これらは大人の武家男性衣類にはみられないデザインであり、乳幼児期特有の、子どもに相応しいかわいらしさやそれぞれの動物が持つ吉祥的な意味を反映したものである。

続いて②家紋の使用についてである。現存資料の家紋は既に整理したが、やはり特徴は三つ葉葵紋が多いことである。葵紋の使用は前述のとおり蜂須賀斉裕の出自や水戸徳川家出身である随子の嫁入りに起因するものであることに加え、葵紋付の衣装が多く残存していることも非常に興味深い。徳川家との繋がりを示唆する葵紋付の服飾は他の染織資料と比べて特に大切に保管され、伝来したと考えるべきではないか。大人用の衣服でも、特に女性用の小袖などに葵紋付のものが複数伝来しており、これらの資料は幕末以降の蜂須賀家にとって特別な存在であったことが分かる。

一方、注文書に三つ葉葵紋はみられない。また蜂須賀家替紋である桐紋の使用数が殊の外多いことは特筆すべきであろう。現存資料のうち五三桐紋の使用例は一つ身一点のみである。

このことから『御染物御注文』の年代には、既に葵紋があまり使用されていなかった可能性が考えられる。茂韶は斉裕の第二子で徳川家斉の孫にあたり、特に徳川宗家との軋轢なども確認されず十四代将軍・家茂（一八四六〜一八六六）より偏諱を授かっているので、葵紋の使用を許可されなかったという事実は考えにくい。もちろんこの頃斉裕は存命中である。また断定はできないものの、現存資料のうち特に十九世紀前半の製作と考えられる《宝尽模様葵松竹鶴亀紋付一つ身》〈図1〉は、質の高さや入念な意匠から長子のために誂えたと判断するべきであろう。次期藩主となった茂韶は斉裕の第二子だが、茂韶と同年、一八四六年（弘化三年）二月に生まれた第一子にあたる男児は生後数日で没している。[23] 従ってこの産着は第一子が生まれてから亡くなるまでの間に仕立てられ、使用されなかったか、または茂韶のために仕立てられたもののいずれかと考えられよう。いずれにせよ、葵紋付の産着が仕立てられた一八四六年から数年経ち、『御染物御注文』が作成された一八四九年（嘉永二年）から一八五二年（嘉永五年）の蜂須賀家では、茂韶の衣装に葵紋ではなく桐紋や左卍紋を自ら選択していたのではないか。この時代は幕末と呼ぶにはやや早く、ペリーが浦賀へ来航するのは一八五三年（嘉永六年）である。藩内に広がる倒幕の気風を憚って葵紋の使用をやめた、という理由はこの時点では当てはまらないだろう。なぜこのような傾向がみられるのかは不明であるため、茂韶の他の所用品を調査するなどして引き続き検討していきたい。

また言及したとおり、現存資料の一部に家紋の周りを蓬莱文様で囲むものがみられた。これは同資料群において子ども用衣服、特に一つ身と袢のみにみられる紋であり、背守りと同じく子どもの生命を寿ぐため、吉祥文様をあしら

った独特の紋を使用していると考える。しかし、雛形の内容が不明ではあるものの『御染物御注文』内の四つ身にはこうした紋はみられないようである。現存資料においても四つ身には表れない。この理由は定かではないが、蓬莱文様に囲まれた家紋は特に幼い子どもの衣服や、めでたい場面での衣装に使用するのが一般的だったのではないかと考える。一つ身を着用する三歳頃までの子どもは四つ身を着用する年齢の子どもよりさらに脆弱であり、生命の保持には極めて気を配っていたはずである。蓬莱文様を施した五つ紋はこうした願いの現れではないだろうか。また、五歳の祝いの席での着用が推定される長袢については一つ身の着用年代より成長しているものの、五歳の祝いという特別な場での衣装であるため、豪華な紋が使用されたのではないだろうか。

このように比較すると、①デザインについては現存資料と注文書でおおむね同様の傾向がみられた。特に『御染物御注文』を解読することで現存資料に少なかった四つ身の作例に関する情報が補完され、男児用の一つ身、四つ身にも、女児用としても使えそうなかわいらしい模様が使用されていたことが分かった。対して②家紋の使用では異なる傾向がみられた。現存資料には三つ葉葵紋の衣服が目立つ一方『御染物御注文』には葵紋が一つもなく、左卍紋、五三桐紋がほとんどであったことは注目すべき差異であり、今後の調査が必要である。

## 結

徳島城博物館や東京国立博物館などに収蔵される蜂須賀家旧蔵染織資料のうちでも特徴的なコレクションである子ども用服飾はたびたび展覧会などで紹介されてきた。特に葵紋付衣服については斉裕の養子入りとともに考えられてきたが、今回慶篤所用品という新たな可能性を提示することができた。また男女の別が不明であった動物模様の一つ

身、四つ身については、紙片の内容や注文書との比較を通して男児用と考えられることを指摘した。

加えて興味深いのは使用する家紋の違いである。『御染物御注文』において葵紋が一切みられない理由は本稿で詳らかにできなかったが、当時の蜂須賀家の状況や幕政も含めて考察を加えていきたい。またこの比較を通して、現存資料に葵紋付のものが多いことがいかに特異かを再確認することができた。倒幕運動や大政奉還、明治新政府の成立を経験した激動の時代においても、葵紋付の衣装は蜂須賀家の人々にとって特別なものだったのではないだろうか。

今後の課題として、本稿では現存資料、『御染物御注文』の内容ともに全体的な傾向を比較したため、個々の資料には詳述していない点を挙げる。現存資料については先行研究へ委ね、注文書の内容はその他の文書史料とともにさらなる分析を行う必要がある。特に茂詔の袴着の儀に関する文書など、阿波国徳島蜂須賀家文書のうちには子ども用服飾の様相を知ることのできる史料が複数含まれている。これらを解読することで、現存資料への理解をさらに深めたい。

注

（1）熱海には江戸時代から蜂須賀家別邸があり、昭和期には、茂詔の孫で蜂須賀家十八代当主・正氏が居住した。

（2）徳島市立徳島城博物館編・発行『華麗なる装い』二〇〇三年

（3）阿波国徳島蜂須賀家文書一詳細表示（二〇二四年八月二四日最終閲覧）https://archives.nijl.ac.jp/G000000238700/data/00625

（4）長崎巌「徳島城博物館所蔵・蜂須賀家伝来染織品調査報告」、『二〇二三 共立女子大学博物館年報／紀要』第七号、共立女

子大学博物館、二〇二四年、二一～五〇頁

（5）筒江薫「『ヒトナリ』の衣―産着の民俗―」、『民俗文化』十六号、近畿大学民俗学研究所、二〇〇四年、二六五～二九四頁、二七〇～二七一頁

（6）筒江、前掲書註（5）、二七四～二七七頁

（7）鈴木英恵「産着再考―『日本産育習俗資料集成』の検討から―」、『群馬県立歴史博物館紀要』四三号、群馬県立歴史博物館、二〇二二年、五一～七二頁、五三頁

（8）森山和美「産着についての一考察」、『相愛女子短期大学研究論集』四一巻、相愛女子短期大学、一九九四年、五三～六四頁、五五頁

（9）長崎巌編『日本の婚礼衣裳 寿ぎのきもの』東京美術、二〇二一年、一七三頁

（10）長崎巌「近世・近代の子供用衣服（一つ身・四つ身）に関する染織文化史的研究」、『共立女子大学・共立女子短期大学総合文化研究所紀要』二八号、共立女子大学・共立女子短期大学総合文化研究所、二〇二二年、十七～三三頁、二七頁

（11）徳島県史編さん委員会編『徳島県史料 第一巻（阿淡年表秘録）』徳島県、一九六四年、六二四頁

（12）水戸市史編さん委員会編『水戸市史 中巻五』水戸市、一九九〇年、一〇〇〇頁

（13）主に江戸時代後半、身分の高い女性たちの手によって、着物の残り布などを縫い合わせて作られた袋物や懐中物（櫛入れや鏡入れ、懐紙入れなど）のこと（小苅米アキ子編『伝承の裁縫お細工物 江戸・明治のちりめん細工 日本玩具博物館所蔵』雄鶏社、二〇〇九年、一、十六頁）。

（14）水戸市史編さん委員会編『水戸市史 中巻四』水戸市、一九八二年、二〇五頁

（15）徳富猪一郎『近世日本国民史 第三〇巻』近世日本国民史刊行会、一九六四年、四〇五頁

（16）徳島城博物館編、前掲書註（2）、七一頁

（17）長崎、前掲書註（4）、二三三頁
（18）史料群概要（二〇二四年八月八日最終閲覧）https://archives.nijl.ac.jp/siryo/ac1952001.01.html
（19）お印とは皇族などが身の回りの品に用いる徽章のことで、その方自身を表す別名のようにも用いられた。茂韶の孫・蜂須賀年子（一八九六〜一九七〇）によると、年子のお印は小松、妹の笛子は鳩、小枝子は桃、弟の正氏は椿から兜へ変わったという。また年子の父で茂韶の息子にあたる蜂須賀家十七代当主・正韶は春駒、正韶の妻・筆子は折鶴、随子は宝であった（蜂須賀年子『大名華族』三笠書房、一九五七年、七九頁）。
（20）江戸時代には雛形本と呼ばれる小袖などのデザインを集めたカタログのような木版印刷本が多数刊行された。
（21）国文学研究資料館蔵、阿波国徳島蜂須賀家文書のうち『氏太郎様御袴着御祝次第書』（二八G—一四三六—四）を参照（阿波国徳島蜂須賀家文書｜詳細表示（二〇二四年八月二七日最終閲覧）https://archives.nijl.ac.jp/G000000238700/data/00446）。
（22）一つ身のうち、《宝尽模様左卍松竹鶴亀紋付銀摺箔一つ身》《浅葱麻地一つ身（二十四弁花紋付）》《松鷹模様熨斗目一つ身》には背守りが付いていない。
（23）岡田鴨里、山田貢村『和譯蜂須賀家記』阿波郷土研究会、一九四三年、二四二頁

**図版キャプション一覧（法量の単位はいずれもセンチメートル）**

・図1《宝尽模様葵松竹鶴亀紋付一つ身》：十九世紀前半、丈一〇五・〇、裄三八・五
・図2《浅葱絽地子犬笹模様一つ身》：十九世紀前半、丈七七・〇、裄三一・〇
・図3《浅葱麻地春草鶏模様四つ身》：十九世紀前半、丈一〇四・〇、裄三八・〇
・図4《浅葱麻地流水亀模様四つ身》：十九世紀前半、丈六七・〇、裄三八・五
・図5《左卍松竹鶴亀紋付長裃》：肩衣身丈三五・〇、裄二一・五、長袴紐下丈九一・〇、前幅二一・二

・図6《宝尽模様左卍松竹鶴亀紋付銀摺箔一つ身》：十九世紀前半、丈一一六・五、裄三八・〇
・図8《浅葱麻地五三桐鶴亀松竹梅紋付一つ身》：十九世紀前半、丈八〇・〇、裄三〇・〇
・図9《小紋染鶴亀松竹梅紋付一つ身》：十九世紀前半、丈六四・五、裄三二・五
法量は徳島市立徳島城博物館編・発行『華麗なる装い』二〇〇三年より引用した。

謝辞

徳島城博物館所蔵の蜂須賀家旧蔵染織品は、共立女子大学家政学部被服学科染織文化研究室との共同調査にて再整理され、本稿はそれを契機に執筆いたしました。調査にお越しいただいた同大学名誉教授、丸紅ギャラリー副館長・長崎巌氏、同大学染織文化研究室助手・関智子氏、共立女子大学博物館学芸員・石原ひなの氏、畑中和花氏、高知県立高知城歴史博物館資料学芸課学芸員・丸塚花奈子氏、堺市博物館学芸員・石畑いづみ氏、女子美術大学美術館学芸員・藤井裕子氏、大阪商業大学非常勤講師・高須奈都子氏には厚く御礼申し上げます。
また本稿に使用した画像は共立女子大学家政学部被服学科染織文化研究室にご提供いただきました。重ねて御礼を申し上げます。

**参考文献一覧**

・岡田鴨里、山田貢村『和譯蜂須賀家記』阿波郷土研究会、一九四三年
・小荊米アヰ子編『伝承の裁縫お細工物 江戸・明治のちりめん細工 日本玩具博物館所蔵』雄鶏社、二〇〇九年
・鈴木英恵「産着再考―『日本産育習俗資料集成』の検討から―」、『群馬県立歴史博物館紀要』四三号、群馬県立歴史博物館、二〇二二年、五一～七二頁
・筒江薫「『ヒトナリ』の衣―産着の民俗―」、『民俗文化』十六号、近畿大学民俗学研究所、二〇〇四年、二六五～二九四頁
・徳島県史編さん委員会編『徳島県史料 第一巻（阿淡年表秘録）』徳島県、一九六四年

・徳島市立徳島城博物館編・発行『華麗なる装い』二〇〇三年
・徳富猪一郎『近世日本国民史 第三〇巻』近世日本国民史刊行会、一九六四年
・長崎巌「近世・近代の子供用衣服（一つ身・四つ身）に関する染織文化史的研究」、『共立女子大学・共立女子短期大学総合文化研究所紀要』二八号、共立女子大学・共立女子短期大学総合文化研究所、二〇二二年、十七～三三頁
・長崎巌「徳島城博物館所蔵・蜂須賀家伝来染織品調査報告」、『二〇二三 共立女子大学博物館年報／紀要』第七号、共立女子大学博物館、二〇二四年、二一～五〇頁
・長崎巌編『日本の婚礼衣裳 寿ぎのきもの』東京美術、二〇二一年
・蜂須賀年子『大名華族』三笠書房、一九五七年
・水戸市史編さん委員会編『水戸市史 中巻四』水戸市、一九八二年
・水戸市史編さん委員会編『水戸市史 中巻五』水戸市、一九九〇年
・森山和美「産着についての一考察」、『相愛女子短期大学研究論集』四一巻、相愛女子短期大学、一九九四年、五三～六四頁

**参考Webサイト一覧**

・阿波国徳島蜂須賀家文書｜詳細表示（二〇二四年八月二四日最終閲覧）https://archives.nijl.ac.jp/G000000238700/data/00625
・史料群概要（二〇二四年八月二四日最終閲覧）
https://archives.nijl.ac.jp/siryo/ac1952001.01.html
・阿波国徳島蜂須賀家文書｜詳細表示（二〇二四年八月二七日最終閲覧）https://archives.nijl.ac.jp/G000000238700/data/00446

# 基金に提出された研究成果報告書

# 令和３年度の研究結果

吉田眞生子

## １．研究課題

大公国期における近代「フィンランド国民」形成

## ２．令和３年度の研究結果

今年度は，２度の口頭発表を行った。2021年７月の早稲田大学西洋史研究会第77回大会での報告と，９月の第１回 WINE（早稲田大学ナショナリズム・エスニシティ研究所）若手研究者発表会での報告である。

７月の報告では，修士論文の内容を土台とし，19世紀フィンランドを代表する知識人であるZ・トペーリウスの著作における「フィンランド国民」概念形成・再形成の過程を明らかにした。報告の準備過程や当日の質疑応答の中で，修士論文における３点の課題（①史料の年代的な偏り，②関連知識の不足，③先行研究の調査不足）が明らかになった。

９月の報告に向けて，②③の問題点を解決しトペーリウスの事例をより広い文脈に位置づけるべく，当時のフィンランドの政治状況や他の知識人の思想の把握に努め，フィンランドの国民形成やナショナリズムを主題とする研究文献の講読を行った。しかしながら，②③の問題点の解決には，依然として課題が残るものとなった。したがって，９月以降は，②③の課題に引き続き取り組みつつ，さらに①の問題点の解決も目指し，これまで扱ってこなかった史料（1840年代から90年代までの新聞記事）の分析を開始した。今年度中に論文にまとめて投稿することはできなかったが，次年度の成果公表に繋がる土台を作ることができた。

上述の通り，９月の報告は，課題の残るものになった。しかし，ロシア帝国の研究で国際的に活躍されている北海道大学の青島陽子氏がコメンテーターを担当して下さり，ロシア史の研究者とフィンランドの事例について議論ができた点では，意義深いものとなった。また，この報告が契機となり，2022年の夏にロシア史研究会の例会で報告を行うことが予定されている。ロシア史を専門とする研究者との議論によるさらなる研究の進展が期待できるため，このような貴重な機会の創出に繋がったという点でも意義のある報告であった。

## 3．今後の進路並びに抱負

今後の進路

2022年４月に，早稲田大学大学院文学研究科博士後期課程の２年生に進級する。同時期に，日本学術振興会特別研究員 DC2に採用される予定である。

今後の抱負

私は，①専門であるフィンランド史研究の国内外における発展に貢献できる研究者，②厳密な史料批判を特徴とする歴史学の立場からナショナリズム研究に新たな視座を提供できる研究者，③出版や教育を通じて社会全体の教養形成に貢献できる研究者を目指している。そのなかでも，フィンランド史の研究者として優れた研究成果を生み出すことを第一の目標としている。そのために，特別研究員の採用期間中あるいは採用終了直後よりフィンランドに長期留学し，現地で博士論文を執筆・提出することを考えている。

## 4．業績リストおよびその他

今年度の業績（口頭発表）

1. 吉田眞生子「1860-70年代のフィンランド大公国における「フォルク」「ナショーン」「カンサ」概念：サカリアス・トペーリウスの主張」
   早稲田大学西洋史研究会第77回大会，Zoom ミーティング，2021年７月
2. 吉田眞生子「19世紀における「フィンランド国民」概念形成」
   第１回 WINE（早稲田大学ナショナリズム・エスニシティ研究所）若手研究者発

表会，Zoom ミーティング，2021年９月

今年度の業績（その他）

1. 日本学生支援機構「特に優れた業績による返還免除」(大学院第一種奨学金，半額免除)（2021年６月）
2. 日本学術振興会特別研究員 DC2採用内定（2021年９月）

# 令和３年度の研究結果

藤 井 太 郎

## １．研究課題

ニューイングランド植民地のタラ漁業とアメリカ独立革命の関係性

## ２．令和３年度の研究結果

今年度前半では，18世紀のニューイングランドを代表する漁業都市マーブルヘッド（マサチューセッツ植民地）をケーススタディとして取り挙げ，植民地期ニューイングランドの漁業コミュニティがいかにして発展し，本国経済圏から自立化を果たしたのかを課題とした。その結果，以下の３つの方向性が導き出された。

まず第１に，マーブルヘッド漁業は，18世紀以降，大西洋世界との関係性を通じて発展した側面があると同時に，同世紀以降も，本国の経済圏からの自立化といった側面を伴っていたということが，商人の書簡などから具体的に明らかとなった。また，この環大西洋的な経済連環とは，ニューファンドランドの漁場とイベリア及びカリブ（特に仏領）の２大市場を指す。２点目は，マーブルヘッドの商業コミュニティが実際には一枚岩ではなく，新旧２つの商人グループに分類でき，18世紀におけるマーブルヘッド漁業発展の担い手は，新興商人たちであったことが分かった。旧世代の商人たちは，本国の海運や商業ネットワークに依存する形でビジネスを営んだのに対し，新興の商人らは自前の船舶による独自の海運システムや商業ネットワークを展開した。第３の論点は，そうした新興商人たちは，旧世代の商人と異なり，地域社会の経済発展のために富を還元したという点である。マーブルヘッドの場合，彼らはマーブルヘッド・ジェントリと呼ばれ，同地域社会内で政治的社会的リーダーとしての役割を担うと共に，地域社会の社会的インフラや教育などの文化資本を整備していった。以上が今年度前半における研究成果である。特に，最後の３点目の論点については，修士論文の議論でも言及していない新たな論点であり，今年度前半における最も大きな研究成果であると言える。

## ３．今後の進路並びに抱負

現在，上記の論点をさらに一層実証的に深めていくため，マサチューセッツ州に位置するピーボディー・エセックス博物館及びマーブルヘッド博物館とのメールのやり取りを通じて，マーブルヘッド・ジェントリたちの往復書簡のコピーをすでに入手した。今年度後半では，これらの一次史料分析による実証作業に取りかかりたいと考えている。そして，12月に予定されている九州史学会では，その成果をまとめて報告する予定である。さらに，この学会報告の後に，今年度の研究成果を，年度末までに論文にまとめ上げ，学術雑誌にエントリーしたいと考えている。加えて，私は引き続き，熊本大学院博士課程に在籍し，研究活動に専念したいと考えており，そして新型コロナの影響を考慮して，もし機会があるならば，来年春ごろに現地へ赴き，上記文書館で本格的な史資料調査も行いたいと考えている。

## ４．業績リストおよびその他

口頭発表

1. 藤井太郎「アメリカ独立革命の海事的側面―ニューイングランドのタラ漁を中心として―」，第18回九州西洋史学会若手部会，2020年11月29日（オンライン）。
2. 藤井太郎「アメリカ独立革命の海事的側面―ニューイングランドのタラ漁を中心として―」，アメリカ経済史学会，2021年５月８日（オンライン）。
3. 藤井太郎「植民地期ニューイングランド漁業の自立過程―マサチューセッツ植民地マーブルヘッドを事例として―」，九州史学会2021年度大会・西洋史部会，2021年12月12日開催予定（エントリー済み，オンライン）。

# 令和 4 年度の研究結果

宮 脇 雄 太

## 1．研究課題

1920年代の中華民国における行政権・治外法権回復への模索

## 2．令和 4 年度の研究結果

申請者は今年度，ワシントン会議（1921～1922年）の前後の時期における中華民国北京政府の鉄道差別運賃制度をめぐる対列強外交について，日本国内でも閲覧可能な北京政府外交部の未公刊外交文書（台北・中央研究院近代史研究所檔案館所蔵）や，日本の外交文書，英米の公刊史料集などを用いて分析し，その研究成果を東アジア近代史学会研究大会で報告した【業績リスト⑤】。その際の議論を踏まえて申請者は，中国の行政権回収政策と「門戸開放」原則をめぐる東アジア国際関係の連関という文脈に研究を位置付けつつ，東洋文庫所蔵の『政府公報』や東京大学総合図書館所蔵の『交通史路政編』などについて追加で史料調査を行った上で，11月末に同学会の機関誌『東アジア近代史』に投稿した【業績リスト①】。また今年度は，中国学のレファレンスに関する文献紹介も公刊した【業績リスト②】。

さらに申請者は，北京政府の行政権回復政策と「門戸開放」原則をめぐる東アジア国際関係との連関を分析するために，ワシントン会議において，北京政府が中国国内の「門戸開放」を自ら宣言・承認するに至った政策決定過程を分析した。その結果，清朝末期・20世紀初頭の光緒新政期に養成された農商部の経済官僚たちが，中国国内の「門戸開放」に消極的であった中で，北京政府の外交官が「門戸開放」承認へと向かったことを解明した。こうした成果は近く雑誌投稿を目指したい。

## ３．今後の進路並びに抱負

申請者は，来年度（令和５年度）８月より１年間，台湾の国立政治大学に留学する予定である。政治大学は中国政治外交史研究者を数多く輩出しているので，授業や学術講演・シンポジウムに積極的に参加して中国語圏における最新の研究状況を把握しつつ，中国語運用能力の向上にも努めたいと考えている。同時に，現地でしか閲覧できない外交・経済に関する政府や国民党内の檔案（公文書，中央研究院近代史研究所檔案館・国史館・政治大学で閲覧可）のほか，日本では調査困難な中国語文献・データベースについても調査したい。

さらに申請者は，留学後数年以内の博士課程在籍中に博士号を取得し，それ以後は研究職に就くことを目指している。博士論文では，受給期間中の研究結果を踏まえて，北京政府の行政権回復政策と「門戸開放」原則をめぐる東アジア国際関係との連関を解明するために，ワシントン会議前後における中国国内の経済面における北京政府―列強間の外交紛争を分析した上で，中国の近代国家建設や，イギリス帝国の退潮とアメリカの台頭という時代背景の中で，20世紀における自由通商体制と国家主権の角逐に事例として位置づけることを目下構想している。さらに大学などの研究機関で研究・教育に従事するとともに，その成果を公刊物・教育の場で発信して，日本・中国を含む東アジア諸国の国際相互理解に貢献したい。

## ４．業績リストおよびその他

【公刊論文】

①宮脇雄太「鉄道差別運賃政策をめぐる北京政府外交――九ヵ国条約との関連を中心に」（『東アジア近代史』27号，2023年６月発行）

【MISC】

②宮脇雄太「書籍紹介――漢字文献情報処理研究会・千田大介・小島浩之編『デジタル時代の中国学リファレンスマニュアル』」（『中国研究月報』889号，2022年４月）

【学会発表】

③宮脇雄太「中国国際共同管理論と北京政府の外交――臨城事件（1923年）への対応を中心に」（日本現代中国学会関東部会2020年度修士論文発表会，2020年８月１日，オンライン）

④宮脇雄太「1920年代前半，中華民国国内の鉄道問題をめぐる北京政府外交」（2021年度三田史学会大会，2021年６月26日，オンライン）

⑤宮脇雄太「北京政府の鉄道差別運賃をめぐる対列強外交――九ヵ国条約との関連を中心に」（東アジア近代史学会第27回研究大会自由論題報告，2022年７月２日，早稲田大学）〈事前審査あり〉

【その他】

⑥宮脇雄太「『東アジア近代史』24号（2020年６月）所収の独立論文に対する合評会・論文評」（東アジア近代史学会第209回例会，2020年９月26日，オンライン）

【研究助成】

⑦2020年度潮田記念基金による博士課程学生研究支援プログラム（研究課題名「1920年代，列強の治外法権をめぐる中国外交」，2020年４月１日～2021年３月31日）

# 令和４年度の研究結果

吉 澤 林 助

## １．研究課題

戦国期・豊臣期土佐国における長宗我部氏の産業・流通支配と権力―材木調達にみる―

## ２．令和４年度の研究結果

令和４年度前半は，令和３年度後半に引き続き，永禄10年（1567）～元亀２年（1571）に行われた土佐神社再興事業に注目し，そこにおける材木調達の実態を解明するとともに，修士論文としての論の構成に努めた。令和４年度後半は，戦国期に引き続く豊臣期の土佐国における材木調達の全容を解明し，修士論文を執筆した。その概要を示すと以下の通りとなる。

戦国期の土佐神社再興に際する材木調達の場合，材木調達体制については，ある程度体系的な部材調達・管理が行われていた。材木調達地域についてみると，植生等の条件が材木調達を強く規定したことがわかるが，長宗我部氏は土佐神社再興を遂行する中で領国内の植生・林産資源分布等の情報を把握した。その他にも林業支配の画期と見做せる諸事象が発生しており，土佐神社再興は長宗我部氏の材木調達上の一つの画期と捉えられる。一方で，材木調達体制にはまだ分権的状況が残っており，その点に材木調達の限界も存在した。

そうした限界が克服された過程が，豊臣期であった。豊臣政権に長宗我部氏が服属すると，政権からの要求，特に朝鮮出兵によって材木需要が増大し，土佐国全体にわたる非常に広い範囲で集散地を活用した地域的分業による体系的調達が行われるようになった。また，戦国期に存在した材木調達の限界は，文禄２年（1593）末～翌３年ごろから克服され，当主権力のもとでの一元的材木調達体制が取られるようになり，慶長期にかけて更に材木調達効率化が進められた。これにより，土佐における「政権主導型物流」（本多博之「中近世移行期西国の物流」（『日本史研究』585, 2011年））が完成したと捉えられる。

### ３．今後の進路ならびに抱負

2023年４月からは，東京都立大学大学院博士後期課程に進学いたします。博士前期課程での成果・反省を踏まえつつ，一人前の研究者となれるよう，より一層研究に励みたいと思います。

### ４．業績リストおよびその他

・吉澤林助「戦国期長宗我部氏の材木調達―永禄・元亀年間の土佐神社再興を事例として―」（高知海南史学会例会兼土佐地域史研究会例会，オンライン開催，2022年９月29日（査読なし））

・大和市文化スポーツ部文化振興課編『大和市の災害史』（大和市，2022年９月）※「大和市域の災害資料集」の史料翻刻（pp. 281～334）を担当

# 令和4年度の研究結果

大熊かのこ

## 1．研究課題

日本上代文学における女性像の分析

## 2．令和4年度の研究結果

前年度に引き続き『肥前国風土記』松浦郡褶振嶺・鏡渡を対象に研究を行った。当地の女性とされる弟日姫子は，蛇頭人身の神によって殺害される。弟日姫子の死の理由についての先行研究は，古代の権威ある女性＝巫女，蛇（蛇頭人身）＝怪異的なもの，とする後世の価値観を反映させた恣意的な前提に基づいていた。このような前提を排除して分析を進めた結果，蛇頭人身はキトラ古墳や那富山墓壁画に見えるような神聖性の高い十二支の獣頭壁画や中国神話の女禍・伏羲のような人頭蛇身の神の姿を踏まえた表現であると考えられ，むしろ神としての聖性を強調するものだとの結論に達した。同時に作中歌を再解釈することで，神による「一晩共寝すれば無事に家に帰してやろう」という一方的な契約と，その結末としての弟日姫子の死から，弟日姫子による共寝の拒否を読み取ることができると結論づけた。弟日姫子は中央からやってきた夫や妖怪的な神に一方的に振り回される無力な巫女ではなく，意志を持って神と対峙する存在として描かれているのである（『国文』第136号（22年7月））。

修士論文では『日本書紀』巻第十四に描かれる童女君を分析対象とした。童女君は，雄略天皇に望まれるも，一夜の契りで妊娠したことを不審に思われる女性である。童女君についてはこれまでまとまった研究がほとんど行われず，「采女」とされる童女君について，他の采女から受けるイメージを適用するだけの読みが多かった。しかし，分析の結果，『日本書紀』の記述からは，雄略天皇に応え，その子を産み育てたことを忠臣として褒め讃えていることがわかり，童女君の功績が男女関係ではなく君臣関係の文脈で評価されていることがわかった。また，同話において童女君の産んだ子の父親を言い当てる役割を物部目という人物が担っていることに注目した。本来呪的な手段によって行われるはずの一夜妊みの「父親明かし」を物部氏の人物に担わせる記述からは，物部氏の祭祀氏族としての側面を強調する意図が窺える。この記述の採録には，祭祀において天武・持統朝に貢献した石上（物部）麻呂の関与が窺えることも併せて指摘した（修士論文）。

### 3．今後の進路ならびに抱負

お茶の水女子大学の博士後期課程に進学します。日本上代文学分野，特に散文を扱う分野においては，史学や考古学の知見が取り入れられにくいという現状があり，また，女性研究者が少ないこともあってかジェンダー的な視点が取り入れられにくいきらいがあります。そのような中で，私は「近接領域の知見摂取・研究への反映」「ジェンダー的な視点を取り入れる」ことを目標に，引き続き「日本上代文学における女性像の分析」を行います。まだまだ未熟な身で従来的な手法から逸れるやり方を取ることには，多くのご批判やご叱正をいただくことになろうかと思いますが，日々研鑽を重ね，いつか一人前の研究者として胸を張れるようになりたいと思っています。その時には，貴財団の論文集の隅に，拙稿を載せていただくことを勝手ながら夢見ております。

### 4．業績リストおよびその他

論文

・「弟日姫子譚再考：主人公を女性首長と捉える視点から」『国文』第134号，pp. 1-13，2021年7月。

・「弟日姫子の死はなぜもたらされたか：『肥前国風土記』松浦郡鏡渡・褶振峰条を読む」『国文』第136号，pp. 1-11，2022年７月。

# 令和4年度の研究結果

夏目　岳

## 1．研究課題

ラフカディオ・ハーンの思想における仏教と近代科学

## 2．令和4年度の研究結果

令和3年度より，ラフカディオ・ハーンの思想におけるGhost論に着目し，ハーンの思想と仏教思想の類似点及び相違点に関しての研究を行ってきた。Ghost論とは，ghostなるものが「過去の情緒の総体，過去の記憶の総体が現在に表出したもの」というハーンの思想であるが，令和3年度では，仏教思想と西洋における「個人」の取り扱いに注目することで，ハーンの思想と仏教思想の類似点及び相違点を明らかにした。

令和4年度では，ハーンのGhost論に近代科学と仏教思想の統合を見出すことができるのではないかという論考に基づき，ハーンの著した仏教関連の文献を精査したが，とりわけ，ハーン代表作『心』（Kokoro, 1896）に収録され，ハーンの仏教思想が色濃く反映された随想作品「業の力」（By Force of Karma）に注目することとなった。というのも「業の力」では，令和3年度に研究対象として取り扱った作品「幽霊」（A Ghost）で展開されたハーンのGhost論なるもの以上に，ハーンの思想が近代科学から仏教思想へと接近しているからである。「業の力」における次の一文に注目する。「仏教とは違って近代科学は，われわれ人間がある特別の条件下では前世のことをおぼろげに思い出す，とは認めていない。（中略）しかし，それでいながら，記憶の遺伝よりもさらに強力でさらに不確定ななにかが遺伝するのは確かだとしている。」ここで，ハーンは個人を超越した偉大な力としての業の力の存在について示唆しており，近代科学ではなく，業という仏教思想の概念に依拠することで，自らの思想を展開しようと試みている。この点を踏まえると，ハーンのGhost論における思想展開は，近代科学が基盤ではあるものの，やはり仏教思想の影響は否定できないことが示唆された。

## ３．今後の進路ならびに抱負

今後の進路についてですが，私は今年度も同大学大学院に在籍することになりました。よって，今後とも引き続き修士論文の完成に向けて研究に専念する所存です。修士課程に在籍する期間が予定していたより延びてしまいましたが，その分，研究に割くことが出来る時間が増えるため，現段階で出来上がっている研究が抱えている課題に対して，一つ一つ地道に批判的な考察を重ねていくことで，修士論文での研究により一層磨きをかけていきたいと考えています。

私の専門である文学は，いわゆる人文系の学問の一つであり，研究の成果が数値的に分かりやすく示される理学系の学問とは異なって，今日の社会ではなかなか評価されにくい学問分野です。ただ，文学とはまさに人間の営みそのものであるため，文学が今日の社会が抱える問題解決の糸口になると常々考えております。そのため，人文系の学問は社会にとって大いに有用であるとの意識を持って今後とも研究に邁進して参りたいと思います。

## ４．業績リストおよびその他

・(単著)「「草雲雀」(“Kusa-Hibari”) を読む」『島根大学ラフカディオ・ハーン研究会ニューズレター』第15号，2021年11月，1-2頁（令和４年度）

# 令和4年度の研究結果

寺沢　恕

## 1．研究課題

アメリカ南部文学と障害

## 2．令和4年度の研究結果

令和4年度の主な成果は3つある。まず1つ目は，日本アメリカ文学会東京支部での口頭発表である。2022年9月に慶應義塾大学で行った発表において，修士論文で扱ったフラナリー・オコナーの短編小説についての論考を，より先鋭化させたかたちで議論した。学会自体が2年ぶりのオフラインでの開催となり，多くの研究者や学生が集まり，闊達な意見が交わされ，私自身の発表も実りのあるものとなった。

2つ目はACLA（アメリカ比較文学学会）での発表原稿が採択されたことである。2023年3月16日からシカゴで4日間に渡って行われる本大会において，「顔と世界文学」というパネルで発表した。内容は，アメリカ南部文学と障害の研究の一部である，Erskine Caldwellの *Tobacco Road* における優生学思想について発表である。

3つ目はフルブライト奨学金の獲得とアメリカの大学院の受け入れである。2023年秋の大学院留学プログラムの支援としてフルブライトを獲得できたのは，自分の今後の研究キャリアにとっても非常に重要な局面であると考える。また，アメリカの大学院は3月時点で3つの学校から，いずれも財政支援付きでの入学が許可された。

## 3．今後の進路ならびに抱負

令和５年度の壮大な研究計画の一つは研究の拠点を日本からアメリカに移すことである。一橋大学大学院言語社会研究科を春に休学し，秋にアメリカの大学院に入学するための諸準備を行っていく。それと並行し，自分が掲げるプロジェクトも進行させていく。具体的には，現在執筆中の博士論文の導入部と一章をある程度形を整え，完成させるのを目標とする。導入部についてはすでに数ページのものを書いているが，論やアイデアが未だにバラバラなので，きっちりと人に見せられるくらいにまで書き上げる。一章の一部は３月の ACLA の発表原稿でもあるので，多くのアメリカの研究者からフィードバックをもらった。それに基づいてアップデートしたものを一章として完成させる。

次に，二章で扱う予定の Zora Neal Hurston の *Seraph on the Swanee* 論を晩夏か早秋に書き始める。この論考は，アメリカの学会（SSSL［南部文学研究会］など）で発表するための原稿のもとになるだろう。アメリカの大学院のコースワークは非常に重く，時間にも余裕がないので，日本にいる間にできるだけ上記のことに専念していきたい。

## 4．業績リストおよびその他

・「見るから触るへ―“Good Country People” における義足」，日本アメリカ文学会東京支部例会，2022年９月17日。
・「20世紀アメリカ南部文学における障害のイメージ研究」，フルブライト奨学金大学院留学プログラム，2023年。
・“Have You Seen Their Faces?: The Force of Damaged Face in Erskine Caldwell's *Tobacco Road* (1932),” American Comparative Literature Association, Chicago, March 16-19, 2023.

# 令和５年度の研究結果

御器谷裕樹

## １．研究課題

中国における共産主義と「伝統」の共存―心理メカニズムの分析―

## ２．令和５年度の研究結果

まず計量的な分析については統計数理研究所の先生に，面談の機会をいただき，具体的かつ高度な統計分析に関する実装を行うことができた。その結果として，中国共産党による機関紙『人民日報』の記事に表出する公定イデオロギーの時系列的変遷を，再現可能な形で抽出する手法を発展させた。こうした分析手法は，これまで質的に研究者が読解を行ってきた分野において，方法論的な進化をもたらしたと考えられる。前年度までに行った分析では，少ない記事数を対象とした分析だったが，今年度は数万記事単位の分析が可能になった。こうした手法により，政治思想上の新たな争点（国家伝統とイデオロギーの対応関係）が描出された。

次に質的な分析については，論文の枠組みを再検討することができた。香港大学とハーバードエンチン研究所が共同開催した共同トレーニングプログラムに１週間参加し，中国政治史の研究者と連日集中的な議論を行った。これにより，イデオロギーを通じた制度化という新たなフレーミングが論文の主題として適切であることを確信した。

現在わかっている段階では，上述の伝統主義の中国における萌芽が1980年代前半には起きており，それが共産主義の再定義と同期していたことである。1970年代まで起こった文化大革命により自身のイデオロギーに葛藤と矛盾を抱えた共産党が如何にして自身のイデオロギーを再定義するかという苦悩を描くことができると考えている。

## 3．今後の進路ならびに抱負

新型コロナウイルスの影響が大きく，博士課程３年間で博士号を取得することはできなかった。今年度は論文を査読付き論文誌に２本投稿できるように研究に専念する予定である。今後は博士５年生で博論提出することを目標に研究に精進したい。将来的には研究職として歴史学・中国政治史の研究に従事したいと強く希望している。

現在ハーバードエンチン研究所が訪問研究員を募集している。2025年９月から１年間アメリカのハーバードエンチン研究所で自由にできるプログラムがあり，現在はそれに応募することを検討している。

新型コロナウイルス蔓延期に勉強・研究した統計学の知識を活かすために，より現代的なテーマも将来的には研究したいと考えている。

## 4．業績リストおよびその他

・Yuki Mikiya, Daichi Mochihashi, “A Statistical Exploratory Text Analysis of the Ideologies of the Chinese Communist Party”, Polmeth2023, San Francisco, 2023/07.

・Yuki Mikiya, Kentaro Nakamura, “International Credibility for Domestic Legitimacy? How China strategizes its Narratives under the Crisis”, American Political Science Association 2023, Los Angeles, 2023/09.

・伊藤亜聖，于海春，御器谷裕樹，林載桓，「量的テキスト分析による現代中国研究―源流，再興，課題―」，ワーキングペーパー，2024年３月５日。

# 令和５年度の研究結果

荒井欧太朗

## １．研究課題

17世紀の千家における茶道具の受容と伝承

## ２．令和５年度の研究結果

江戸時代初頭の茶人，元伯宗旦が，息子の宗受（後の江岑宗左）に宛てた寛永10年（1633）４月27日付の書状には，各地の名物とその伝来について記した箇所があります。そのうち織田有楽旧蔵の道具として唐物茶入５件が列挙されていますのが，「大なすび」については先行研究での言及が確認できません。

有楽旧蔵の道具には，室町時代の茶人，十四屋宗伍が所持していたとされる唐物茄子茶入　銘「宗伍茄子」が存在します。この個体は他の茄子茶入と比べて大形とされており，先行研究では異なる二つの来歴が提唱されています。私は「大なすび」がもう一つの宗伍茄子として伝来した可能性があると考えており，３月16日開催の茶の湯文化学会の東京例会で発表しました。

今後は室町時代から江戸時代にかけて生じた茄子茶入の評価基準の変遷と合わせて，宗伍茄子に対する評価の変遷と来歴についての考察を深めていく予定です。

## ３．今後の進路ならびに抱負

昨年度で大学院を単位取得退学（満期退学）しました。退学の動機は，できる限り社会に早く出て，これまで学んできたことを活かしたいと考えるようになったためです。昨年度には博士論文提出の見通しが立たず，このまま定職に就かず徒に学生として研究生活を続けていては，私が望む社会貢献もままならないのではないかと考えるようになりました。昨年11月頃から本格的な就職活動を続けており，現在は就職先として博物館・美術館を考えています。私自身は，学芸員資格を活かし，日本美術や伝統文化の素晴らしさや興味深さを入場者に伝えられるようなお仕事に就きたいと願っています。

今年度は就職活動を継続しつつ，新たな論文投稿の計画を立てる所存です。また今後も茶の湯文化学会に所属し，就職後も研究活動を続けるつもりです。同学会の矢野環会長や依田徹理事をはじめとする研究者の方々とは，メール等で遣り取りをさせて頂いており，研究上のアドバイスも容易に頂くことが可能です。この利点を活かし，ゆくゆくは博士号取得を目指したいと考えています。

## ４．業績リストおよびその他

口頭発表（茶の湯文化学会）

・東京例会（2023年５月27日開催・埼玉会館）
　発表題目「中近世の千家における珠光・武野紹鴎の伝承」
　16世紀後半から17世紀後半にかけての珠光・武野紹鴎に関する千家の認識と伝承について発表しました。

・令和５年度全国大会（2023年６月10日開催・学習院大学）
　発表題目「宗受宛宗旦書状にみる名物の認識」
　２点の宗旦書状における柳営御物ならびに天目・天目台に関わる記述に注目し，宗旦・宗左の名物に対する認識についての考察を述べました。

・東京大会（2024年３月16日開催・埼玉会館）
　発表題目「『元伯宗旦文書』記載の名物の検証」
　宗旦書状に登場する名物に注目し，先行研究を検証すると共に，書状中の織田有楽所蔵「大なすび」についての考察を述べました。

# 令和５年度の研究結果

高田菜々子

## １．研究課題

秦漢地方行政の変容と継承

## ２．令和５年度の研究結果

令和５年度は秦の地方統治に関わる課題の中でも，遷刑という刑罰の解明に取り組んだ。近年の出土史料の増加に伴ってその実態が明らかになる一方で，遷刑が国家にとっていかなる意義を有していたかについては従来不明瞭であった。この問題を検討した結果，遷刑は本来，かつて居住していた社会からの追放という懲罰的な意味を持つが，遷刑に処された罪人は従来の身分のままで当地での生活を送ることを許されており，新地開発のために人員を送り込む手段としても利用されていた可能性が高いことを，「秦の遷刑と地方統治政策」（2023年度（第35回）日本秦漢史学会大会，明治大学駿河台キャンパス，2023年11月18日）にて報告した。

また，漢律研究班に所属し，漢代の法制史料である胡家草場漢簡と，張家山三三六号漢墓「功令」に訳注を付した。その成果は，「『荊州胡家草場西漢簡牘選粋』訳注稿その（二）」，「張家山三三六号漢墓「功令」訳注稿その（一）」（『明大アジア史論集』第28号，2024年）として発表した。

## ３．令和６年度の研究計画

前年度の日本秦漢史学会大会での報告内容は，論稿として『日本秦漢史研究』に掲載予定であるため，まずこの執筆を最優先に進める。前年度に達成できなかった令和４年度の論稿の修正を迅速に行うとともに，新たな研究課題を立て，学術雑誌への掲載を目指す。また，卒論や修論の内容も加筆修正の上，博士論文の提出に向けて自身の研究内容をまとめていく必要がある。

前年度の成果から，秦の抱えていた地方統治の問題の一つとして，深刻な地方官吏不足が存在することが明らかになった。遷刑によって業務に過失があった官吏を地方に赴かせ，地方官吏不足を補う方法の他に，秦がどのようにこの問題を解決しようとしたか，現地での官吏養成制度はどのようなものであったか，令和6年度は，この課題に取り組む予定である。

さらに，令和4年度から続いている漢律の訳注稿については，令和6年度に「功令」の訳注稿のその（二）を発表予定である。「功令」は漢代のものではあるが，地方官吏不足や官吏育成の内容を含んでおり，自身の研究内容とも関わる重要な史料であるため，引き続き解読していきたい。

学外の活動としては，令和4年度から所属している，京都大学人文科学研究所の「秦代出土文字史料の研究」班にて引き続き「岳麓書院蔵秦簡」の講読に参加し，訳注稿の作成に携わる予定である。

## 4．業績リストおよびその他

論文

・卒業論文「戦国秦の封君」(2020年3月，提出大学：明治大学，指導教授：髙村武幸)

・修士論文「秦代地方行政と地域社会―郷官を中心に―」(2022年3月，提出大学：明治大学，指導教授：髙村武幸)

学術誌等掲載論文

・髙田菜々子「≪新刊紹介≫渡辺信一郎『中華の成立　唐代まで（シリーズ　中国の歴史①)』」(『明大アジア史論集』，明治大学東洋史談話会，25号，2021年3月，査読無し)

・胡家草場漢律研究班「『荊州胡家草場西漢簡牘選粹』訳注稿その（一)」(『明大アジア史論集』，明治大学東洋史談話会，27号，2023年3月，査読あり)

・漢律研究班「『荊州胡家草場西漢簡牘選粹』訳注稿その（二)」(『明大アジア史論

集』，明治大学東洋史談話会，28号，2024年３月，査読あり）
・漢律研究班「張家山三三六号漢墓「功令」訳注稿その（一）」（『明大アジア史論集』，明治大学東洋史談話会，28号，2024年３月，査読あり）

学会発表
・髙田菜々子「秦代地方行政と地域社会―郷官を中心に―」（明治大学東洋史談話会研究報告会，明治大学駿河台キャンパス，2022年３月20日）
・髙田菜々子「秦の遷刑と地方統治政策」（2023年度（第35回）日本秦漢史学会大会，明治大学駿河台キャンパス，2023年11月18日）

# 令和５年度の研究結果

宍戸遥弥

## １．研究課題

16世紀サファヴィー朝の支配体制における教団組織の影響の解明

## ２．令和５年度の研究結果

本研究では，サファヴィー朝の政治体制と，その前身たるサファヴィー教団の組織との連続性について解明するべく，同王朝の２代目君主シャー・タフマースプ１世（在位1524―76）の治世における，教団由来の役職・組織の動向を通時的に分析することを当初の目的としていた。今年度は当初の予定を変更し，３代目君主シャー・エスマーイール２世（在位1576―77）の治世全体における中央宮廷の政治情勢についての分析を行った。

研究は文献の読み取りと成果の取りまとめを軸として進めた。文献の読み取りは，令和４年度に扱ったエスマーイール２世の治世前半（ヒジュラ984年/西暦1576―77年）にかかわる史料の訳の再検討，エスマーイール２世の治世後半（ヒジュラ985年/西暦1577年）に関する同時代史料の訳読を行った。

研究成果の取りまとめと発表は①エスマーイール２世の即位前後の政局の展開，②エスマーイール２世の即位当初の政局の展開，③エスマーイール２世の治世全体の政局の展開，④エスマーイール２世が実施した政策，の４項目について実施した。実施した研究発表については業績リストを参照されたい。

本研究の最終的な成果は修士論文「サファヴィー帝国政治史におけるエスマーイール２世期（1576―７）の位置づけ―16世紀後半「第２次内乱期」の実態解明の一端として―」にまとめた。本研究を通じて，本論文を通じ，エスマーイール２世期を通じた変化が，君主の血統の神秘主義的な権威によって臣下が組織される体制から，種々の儀礼や制度によって側近の君主個人への忠誠が確立される体制へと転換してゆくという，サファヴィー帝国の王権の在り方における16世紀を通じた変化と重なることが確認できた。それゆえ「第２次内乱期」概念を用いるよりも，タフマースプ期後半からアッバース１世期初頭までの，ガズヴィーンに王都が置かれていた時代を連続的な変遷の過程として捉えるほうが望ましいとの結論が得られた。修士論文の梗概は『明大アジア史論集』第28号に掲載されている。

### ３．今後の進路ならびに抱負

来年度には明治大学文学研究科博士後期課程へ進学し研究を継続する予定であったが，都合により進学を１年延期し，来年度受験したうえで令和７年度より博士後期課程に在籍する予定である。ただし，研究活動は令和６年度も継続する予定である。修士課程で研究を行う中で，サファヴィー朝において活躍したトルコ系遊牧軍人が君主によって統制されていった過程について実証的に明らかにした研究がほとんどないことがわかった。今後はこの欠を補うために，引き続きペルシア語年代記を中心に研究を進める予定である。

### ４．業績リストおよびその他

研究発表

・「サファヴィー帝国３代目君主エスマーイール２世による大ハリーフェ処罰（1576.6-7）に関する考察―同君主の政策に対する再評価の一環として―」2023年度中東☆イスラーム教育セミナー（第19回）受講生発表12，2023年９月24日，東京外国語大学アジア・アフリカ言語文化研究所３階大会議室（303）。
・「サファヴィー帝国エスマーイール２世期の政治展開―16世紀後半「第二次内乱期」の実相解明の一端として―」オリエント学会第65回年次大会第４部会第２回報告，2023年10月29日，大阪大学箕面キャンパス外国学研究講義棟６階632教室。
・「16世紀サファヴィー帝国の「暴君」エスマーイール２世：その政策の実態はいか

なるものであったか」東京大学アジア・アフリカ言語文化研究所共同利用・共同研究課題「イスラーム聖者廟の財産管理に関する史料学的研究：イラン・サファヴィー朝祖廟を事例として(2)」（jrp000275）2023年度第２回研究会，2023年11月18日，東京外国語大学本郷サテライト３階セミナールーム。

・“The Succession of Shāh Ismāʿīl Ⅱ: How was the series of events?,”Islamic Trust Studies B01 workshop, “Roundtable: Studies on Iranian History in Japan,” March 5, 2024, Room 301, TUFS Hongo Satelite.

修論要旨

・「サファヴィー帝国政治史におけるエスマーイール２世期（1576-7）の位置づけ：16世紀後半「第２次内乱期」の実態解明の一端として」『明大アジア史論集』28号，明治大学東洋史談話会，2024年３月，pp. 121-122。

受賞

2023年度駿台史学会賞：修士論文「サファヴィー帝国政治史におけるエスマーイール２世期（1576-7）の位置づけ―16世紀後半「第２次内乱期」の実態解明の一端として―」による

研究助成

2023年度文学研究科歴史学教育研究振興資金助成金

# 令和５年度の研究結果

飯田　梓

## １．研究課題

同性に恋愛感情を抱く人々の居住地に対する意識

## ２．令和５年度の研究結果

主に修士論文の執筆に時間を費やした。題目は「同性に恋愛感情を抱く人々の居住地に対する意識」と設定し，同性愛者を含む同性に恋愛感情を抱く人々（両性に恋愛感情を抱く人や恋愛感情を抱く性別が流動的な人も包含する）が，自身の居住地に関してどのような価値づけや意味づけをするのかということを検討した。６名の同性に恋愛感情を抱く人々に対して，対面またはオンラインでインタビューを行い，その内容を分析し，先行研究との関連を論じた。結果として，同性に恋愛感情を抱く人々の居住地への意識に重要な影響を与える要素は，「家族との距離」「都市の利益」「日本という国との距離」であった。つまり，自身のアイデンティティを家族に理解してもらえないという経験から，家族と地理的に近い場所には住みたくないと考えたり，都市では人間関係が希薄なため自身の存在が目立たないために住みやすさを感じたり，外国での居住経験を通して日本の同性愛への不寛容さを認識し，日本より外国を住みやすいと感じたりするということである。これらのうち，特に「都市の利益」は，先行研究が「地方では周囲に知り合いが多いため性的マイノリティのイベントに参加しにくい」という語りを明らかにしていたことと関連すると考えられる。つまり，同性に恋愛感情を抱く人々にとって，周囲の人々に受け入れられていると感じるかどうかということが，各時点で自身の居住地を肯定的に捉えられるかということに影響を与えていると考えられる。

## 3．今後の進路ならびに抱負

2024年４月より教育系の企業に就職する。配属部署はまだ通知されていないが，会社の主な事業は，大学等高等教育機関の学生募集広報の支援であり，教育機関をクライアントとした広告代理店として機能している部分が大きい。同時に大学受験情報誌の発行も行っているため，広告関係の業務に就くか，編集関係の業務に就くかのどちらかであると予想している。いずれの業務からも，若者がより満足のいく進路を選択するための情報発信ができる点を魅力的に感じている。教育に関してはかねてから関心があったが，将来教育に関する職に就きたいと思うようになった重要な契機は，大学院修士課程の中で，専門外ではあるが高等教育に関する講義を受けたことである。私自身も，大学３年次編入を経験したことで，私立大学と国立大学，関西と関東で学生生活を送るというユニークな経験をしたと感じている。このような自身の経験を生かし，これから高等教育機関に進学する若者がより満足度の高い進路選択をし，より充実した学生生活を送ることができるよう民間企業側からサポートしたいと考えている。

## 4．業績リストおよびその他

・“Same-Sex Marriage in South-Africa—The Process of the Legalization and Current Situation—”
2022年にアジア経済研究所のIDEAS研修プログラム内で執筆した英語論文を修正したもの。2024年４月または５月に，千葉大学大学院人文公共学府のプロジェクト研究報告書に掲載される予定です。

# 令和５年度の研究結果

鬼 塚 勇 斗

## １．研究課題

中世須恵器の研究―樺番城窯・大日窯・亀山窯を中心に―

## ２．令和５年度の研究結果

九州の中世窯業における熊本県樺《かば》番《ばん》城《じょう》窯《かま》と福岡県大日窯の製品について，岡山県亀山窯の製品を含めた分析を通じて，３つの窯の特徴を明らかにし，主に九州における中世須恵器の実態をより詳細に理解することを目指した。これまでの研究において中国地方の亀山窯と九州地方の樺番城窯そして大日窯の製品は形態的特徴が類似していると指摘されてきた。しかし，樺番城窯については全ての資料の型式学的分析が示されておらず，亀山焼の分類案や編年案にも課題が残されている。そのため，未報告の樺番城窯製品，大日窯製品，亀山窯製品を実見し，それぞれの製品の特徴と相違点を明確にし，年代的な変化を検証する必要性がある。

研究の方法は，各製品を観察し，得られたデータに対して数値の傾向や属性分類を中心に分析する。最終的に，製品間の相違点を比較し，３つの生産地の間での判別可能な要素や技術交流の可能性に言及する。各調査では観察と計測，写真記録が中心である。その結果，対象となる資料は亀山焼586点，樺番城窯製品222点，大日焼166点であった。上記の調査を通じて獲得できた情報を分析して，それぞれについて製品ごとの特徴や傾向を明らかにした。

考察の部分では，器種構成や形態的特徴，調整痕において３つの生産地間での差異が見られ，年代比定が可能な資料については時期毎の変化や製作技術について検討した。

最後に３つの生産地間で製品の特徴や差異は示されたものの，これらの製品が消費地で出土した場合の判別は依然として難しく，生産地間の技術交流については無条件に賛同することはできず，本研究で明らかになった生産地間の差異も含めて亀山窯，樺番城窯，大日窯の技術交流について検証する必要性があると結論付けた。今後の課題としては，本研究で対象にできなかった資料や属性を含めての分析，消費地遺跡での出土資料との比較分析，そして各窯が立地する地域の古代須恵器窯との関係の解明を挙げた。

## ３．今後の進路ならびに抱負

今後は福井県庁に入庁し，一職員として他分野で県政に貢献することを目指していきます。具体的には，大学院で修得した歴史・文化に関する専門性とそれらの活用についての知見を基に，主に教育，観光，文化資本の保存活用の分野を発展させるために努めていきます。

福井県は世界の年代基準の一つである水月湖に付随する年稿博物館，曹洞宗の本山である永平寺，由緒ある守護大名である越前朝倉氏の城下町であった一乗谷朝倉遺跡をはじめ多くの歴史的・文化的魅力にあふれています。

加えて2024年には北陸新幹線が敦賀まで延線されるため多くの人々が福井にアクセスしやすくなると予想されます。こうした県の公共事業を契機として福井の魅力が県内外の皆様に対して一層伝わりますよう邁進してまいります。

## ４．業績リストおよびその他

1. 高田祐一ほか2023学生座談会「コロナ禍は学生の文献収集活動にどう影響を与えたか？次世代の調査研究環境のあり方を考える」奈良文化財研究所編『デジタル技術による文化財情報の記録と利活用５　—LiDAR・3Dデータ・デジタルアーカイブ・SNS・GIS・知的財産権—』奈良文化財研究所研究報告書第37冊，pp. 229-246
2. 下高大輔・鬼塚勇斗2023「《資料紹介》熊本博物館収蔵品　樺番城窯跡出土品につ

いて―資料の現状把握と今後の展望―」『熊本博物館館報』35，pp. 97-106

3. 柴田亮・鬼塚勇斗2023「山陽（亀山焼・勝間田焼）」日本中世土器研究会編『第41回中世時研究会　須恵器生産の中世　変容と展開』，pp. 31-46

その他，県内の発掘調査，離島でのインタビュー調査，高大連携事業，学会補助など直接的な業績ではありませんが，２年間で様々な活動に参画いたしました。

# 令和5年度の研究結果

中 村 昂 希

## 1．研究課題

戦国期島津氏権力の形成・展開過程と幕府・公家・寺社権門

## 2．令和5年度の研究結果

卒業論文以来取り組んできた研究テーマである戦国期島津氏と朝廷・幕府との政治的関係に加えて，今年度は文化史の視角も加えつつ，戦国期の南九州と京都との関係（都鄙関係）に関する学会報告や市民講座，修士論文の執筆をおこなった。

七隈史学会第25回大会での報告は，戦国期島津氏の一族および家臣である樺山玄佐（善久）の活動に注目して，京都との政治・文化的関係の実態について検討した。本報告では，これまで歴史学が看過してきた和歌・連歌史料といった文芸史料を歴史学の視点から活用することを試みた。本研究は，現在再構想中であり，令和6年度中の論文執筆・投稿を目標としている。

第5回「四州」中世史研究会での報告は，南九州の戦国期の始期とされる文明年間の政治情勢について検討し，当該期の当主島津忠昌と将軍足利義政や島津一族・家臣・国人領主との関係から，従来「象徴化」との低い評価をされてきた忠昌の政治的位置について再検討したものである。この成果は，現在論文執筆段階にあり，令和6年度内に査読付き雑誌への掲載を目指している。

市民講座では，「室町・戦国時代の公家・武家文化」，「室町・戦国時代の武家文化―地方武士と連歌―」と題し，文化史的視角から室町・戦国期の地域権力と連歌師との関係について講演した。これは研究者ではなく，一般の方を対象としたものであるが，貴奨学基金に採択された研究課題の一環として研究を進めた。この講座は，将来博物館施設の学芸員となり，日本史研究と地域における社会教育を担うことを目標に掲げる私にとって貴重な経験となったと思われる。

## 3．今後の進路ならびに抱負

来年度は，福岡大学大学院人文科学研究科史学専攻博士課程後期へ進学する。そこでは，卒業論文以来扱ってきた島津氏をテーマに，これまで以上に検討時期や対象を広げ，博士論文の執筆に取り組む。

具体的には，これまで歴史学が看過してきた武芸・文芸史料の原本調査や，古文書・古記録の網羅的収集・分析から，室町・戦国期島津氏が受容した武芸・文芸の実態について検討する。来年度4月より1年間，「公益財団法人　高梨学術奨励基金　令和6年度若手研究助成」に採択されたため，より一層かかるテーマについて，研究を深化させていきたい。

## 4．業績リストおよびその他

○学会報告

・島津「御一家」樺山玄佐の文芸活動と都鄙関係（七隈史学会第25回大会［福岡大学］，2023年9月23日）

・室町・戦国移行期における南九州の政治情勢と都鄙関係（第5回「四州」中世史研究会［鹿児島県歴史・美術センター黎明館］，2023年10月21日）

○市民講座

・室町・戦国時代の公家・武家文化（城南市民カレッジ歴史講座［城南公民館］，2023年7月8日）

・室町・戦国時代の公家・武家文化（城南市民カレッジ歴史講座［田島公民館］，2023年10月1日）

・室町・戦国時代の武家文化―「遠国」の武士と連歌―（福岡大学連携事業歴史講座［柏原公民館］，2024年1月20日）

○共同研究・競争的資金等の研究課題

・古記録・文芸・武芸史料を活用した室町・戦国期南九州の政治・文化史的都鄙関係論（公益財団法人　髙梨学術奨励基金　令和６年度若手研究助成，2024年４月～2025年３月）

# 令和４年度の研究結果および令和６年度の研究計画

丹 野 文 佳

## １．研究課題

20世紀ソ連における音楽と政治について―ドミトリー・ショスタコーヴィチを中心に―

## ２．令和４年度の研究結果

令和４年度は必修や選択必修の講義を通して研究リテラシー及び歴史学や文化史学に関する概説的な知識や思考方法を学びつつ，ショスタコーヴィチに関する一次史料を中心とした史料収集とショスタコーヴィチの音楽性とユダヤ音楽の関係性に関する英論文の読み込みを行った。

（令和５年度は休学）

## ３．研究課題

「ショスタコーヴィチ」再考―冷戦体制下の音楽と政治―（仮）

## ４．令和６年度の研究計画

３に記した研究課題にもあるように，修士論文では卒業論文に引き続き20世紀ソ連の音楽家ドミトリー・ショスタコーヴィチを対象とし，冷戦下の米ソ関係において，ショスタコーヴィチの音楽がどのように外交に利用されていたのか，冷戦文化史の視点から分析していく。

ショスタコーヴィチはスターリン体制下に翻弄されながら音楽活動を続けた人物である。ショスタコーヴィチ自身は政府に対して様々な思いを抱えていたものの，表向きは政府の意向に従うような作品を作っていたことが特徴的である。第二次世界大戦後はソ連を代表して世界平和文化科学会議に派遣されるなど，西側諸国との外交にも利用されてきた。

冷戦という文脈の中で西側諸国はショスタコーヴィチの音楽をどのように受け止めていたのか，また文化外交においてどのような役割を果たしていたのか，相手国であるアメリカからの視点を中心に分析し，ショスタコーヴィチの受容について文献調査を軸に考察していく。

残された在籍期間が１年余りとなるため，まず４月の復学までに学部時代に扱っていなかった冷戦文化史及び冷戦下のアメリカ史について概説的な知識を補完する。同時にショスタコーヴィチの海外活動に関する欧語論文を収集し，脚注なども参考にしながら本研究の核となる史資料を選定していく。

４月以降は前学期中に修士論文の第１章，第２章に該当し得る，冷戦下におけるソ連，アメリカ及び文化外交に関する概説的な背景とショスタコーヴィチの生い立ち，政治との関係性について執筆を進めていく。並行して選定した史資料の翻訳を行い，夏季休業期間中からは翻訳をもとに分析を進め，修士論文の執筆を進めていく予定である。

また例年通りであれば秋頃に九州西洋史学会若手部会が行われるため，若手部会への参加を通して大学外の研究コミュニティとの議論も行いたい。

# 基金の終了にあたって

公益信託 松尾金藏記念奨学基金委託者　松尾葦江《まつお　あしえ》

本基金は，故松尾金藏の遺志に沿って設けられた。若き日の彼は，郷里福岡の篤志家による奨学金を受けたことがあった。2001年秋，病床の金藏に「奨学金は返したか」と訊いたところ，返した，という返事と共に，もし遺産を寄付するなら，という話題に触れた。遺族代表である私は，彼の遺志を活かす方法を考え，公益信託の制度を利用して，人文系の大学院生を支援する奨学基金を設定することに決めた。金藏には次々世代を継ぐ者がいない。振り返ってみると，金藏とその妻静子から貰った最大の遺産は，リベラルアーツを重んじ，その滋味を満喫できる家風だったと思う。それゆえ文系の学問を学び，担うことのできる次世代を育てることが，両親への最大の恩返しになり，喜んでも貰えるはずだと考えたからである。

2002年３月19日に金藏が亡くなってすぐ，私は彼が遺産管理を契約していた三菱 UFJ 信託銀行に基金設定を依頼した。率直に言って銀行は女性客を甘くみる習慣がある。こちらの手続きは揃えたはずなのに話が進まず，問い合わせても埒が明かないので，金藏の同僚だった砂金俊夫さんに信託管理人をお願いしたところ，うって変わって話は進み，年末ぎりぎりに認可が下りた。審査・運営に当たって頂く委員には，私のこれまでの勤務先の同僚，研究仲間や先輩から５名の方をお願いしたが，忙しい方々であるにも拘わらず，快くお引き受け下さった。審査の公正さと先生方の御負担との兼ね合いを考えて，大学推薦制にした。その当時，文系の大学院生へのまとまった額の給付型奨学金は他に殆ど例がなく，第１回目の応募者は多様な分野から多数，しかもかなりの高水準だった。すでにプロだと思える人たちもいたし，共同研究の一員らしき応募者もいた。以降毎年，激戦が続いた。審査に当たっては，私は陪席で承ったが，広汎な分野に亘って諸先生方の見識は深く，議論を聴いているだけで勉強になり，楽しかった。いま思えば，私が教育学部に勤めた経歴が幸いしたと思う。多様な分野の同僚とのおつきあいがあったからである。公正さを確保するために，委員の氏名は基金終了まで非公表とし，委員本人の出身校と過去・現在の勤務校からの応募書類審査の採点では，当該委員を外すことにした。当初は毎年6名採択，関東・東海地区を募集対象とした。給付型にしたのは，返還業務に人手を取られたくなかったのと，金藏から，人に金銭を貸す時は差し上げたと思え，と言われていたからであるが，郷里福岡で母子家庭の世話をしていた金藏の妹からは，貸したお金は返して下さいと言っておく方が相手の為になる，と教えられてもいたので，寄付金控除の認可を貰って，奨学金支給終了の通知と共に，ゆくゆくは僅かでも寄付してくれるよう呼びかけた。結局，奨学生からではなく私の友人や，親族とその知人から，間欠的に寄付があった。

2007年5月，金藏の長男，私から言えば弟の啓三が58歳で亡くなった。彼は18歳で潰瘍性大腸炎を発症し（当時の日本では殆ど初出例だった），未だ治療法も確立しておらず，外科的治療を繰り返し，大学を中退，就職せずに療養生活を続けて生涯を終えたので，彼の相続分も基金に繰り入れ，募集地域を広げることにして金藏の郷里九州地区と，啓三と私が関心のあった中国四国地区を加え，募集人員を合計10～12名に増やし，委員は10名にした。関西地区を外したのは，大学数が多過ぎて審査が困難になることと，関西には関西の財界があると考えたからである。

ちょうどその頃，私は，事業報告書を兼ねて奨学生たちの論文集を出していこうと考えていた。金藏の友人知人の中には関与した奨学基金の報告書を送って下さる方があり，財界人は老後，育英事業に関わることが多く，また基金は事業報告書を出すものだと知ったのと，文系の院生は就職の機会を得ることが難しく，そのためには研究業績を公表する場を作っておくことが必要だと考えていたからである。2008年に論集『明日へ翔ぶ—人文社会学の新視点—　1』を風間書房から出版した。募集分野の研究領域で実績のある出版社といえば風間書房だと知っていたが，私はそれまでおつきあいがなかったので，先輩の人脈をたどって社長を紹介して頂き，ゆくゆくは新進気鋭の研究者の第１著作が貴社から出ることになるはずだから，と言ってお願いした。金額の上限を決めて出版費用の一部を基金から出すけれども，市場に全く出ない非売品では奨学生たちの成果が広まらないので，基金が配布した後の残部は販売してもいいという話にした（公告が出せないので実際は殆ど売れていない）。各冊に金藏の写真や経歴を載せない代わりに，彼の描いた絵を口絵に入れて貰った。親族たちは口絵を見て懐かしがり，基金設立を了解してくれ，この事業を喜んでくれた。

同時に私は，奨学生たちの同窓会を作りたいと考えた。郷里で金藏が受けた奨学基金には同窓会があって，ずっと絆を維持していたことが念頭にあったからであるが，学際性が声高に叫ばれるようになり，学閥を超える人脈の重要性を自分の体験として知ってもいたので，奨学生たちにとってこの人脈は，金銭とは別の資産になるはずだと考えたのである。基金としては出版記念会の名目で会合を開き，奨学生 OB に呼びかけて同窓会を作らないかと持ちかけた。OB の自発的な活動として研究報告会が企画され，明翔会という名の有志の集まりができた。その後も論集の発行ごとに研究報告会が行われており，風間書房も協力して下さっている。会の専用サイトも開設された。

例年，新学期の多忙な時期に審査委員には御無理をお願いしたが，先生方は寧ろ，若い人たちを応援できるのは楽しみだと言って下さった（当初，銀行は委員報酬を出そうとしたのだが，私が却って御迷惑になると言って，交通費だけでお願いしている）。応募の中には，私が今まで知らなかったような研究テーマもあったが，審査委員会では必ず，それについてご存じであるか，調べて下さった先生がおられて，陪席の私は蒙を啓かれた。書類に目を通し，審査過程を聞いていると，必ずしも世評とは関係なく，どの大学がいま大学院教育に真剣に取り組んでいるかが如実に分かって，私にはいい勉強になった。

応募書類にはそれぞれ，自分が選んだテーマの説明と，何を明らかにしたいのか，その結果何が実現できるのかが明晰に述べられていることが多く，私は国文学が落ち目なのは仕方がない，自分たちの研究をこれほど客観的に説明する習慣が育っていない，と痛感することも屡々だった。

その後，国の貸与型奨学金の問題点が指摘されるようになり，学術振興会特別研究員制度が始まり，大学ごとの支援制度も整えられてきた。20年の間にはいろいろなことがあった。銀行の事務処理に関して私が，部長を出せ，と言ったことも１度や２度ではない。大学推薦ゆえ，事務や教育指導の手落ちで大学の詫び状を貰ったり，私が電話で大学の奨学金担当者に抗議したこともあった。銀行の担当者に私が言い続けたのは，今は私たちが援助しているが，やがてあの人たちは日本を支える立場に立つ，その時，若い頃世話になった銀行の名前を覚えているはずだから，丁寧に対応するようにということだった。しかし社会全体の金銭感覚が変わってきたせいもあってか，ある時期には，毎年実績をみて継続審査が行われると応募要領に謳っているにも拘わらず，一度採択された以上は権利主張のような気分になる奨学生もあったし，銀行の担当者が独善的な判断をしようとした局面もあった。当初に銀行の作った継続申請書類には「松尾家への謝辞」という欄があって，私はいちいち御礼を言われなくてもいいよ，と言っていたのであるが，この時期，モラルハザードが起きる危険性を感じ，照れてなんかいる場合ではない，と背筋を伸ばして謝辞を受けることにした。原資は金藏１個人が，70年間骨身を削って働いてきた報酬である。預かった身としては１円たりとも疎かにはできない。

継続申請の書類を読むと，最近は経済的支援への感謝だけでなく，「このまま進んでいいのかという不安でいっぱいだったところへ採択通知を頂いて，それでいいんだよ，と言われたようで励まされました」という意味の謝辞が多くなった。私自身の大学院時代を振り返り，その気持ちはよく分かる。大学院在籍中はもとよりその後10年以上，自分はこのまま進んでいいのか，果たして何者かになれるのか，という真暗な隧道を歩かなければならない。ずっと後になって，文系の学問はそういう不安にくじけないことが必須の資質なのだと分かるのだが，20～30代に独りでこの重圧に耐え抜くのは容易ではないのだ。

そうして今では，初期のOBたちは社会の中堅となる年代にさしかかった。明翔会を通じて知り合った同士で共同の著作を企画したり，チームに招いてたすけ合ったり，同じ分野の後輩ができたりする関係も生まれ，研究職ばかりではなくそれぞれの分野で活躍している。思いがけない場面で奨学生同士が出会う例もあるらしい。支援した人数は196人，論集はすでに6冊が刊行され，基金を終えるに当たってOBの中の希望者が執筆した8冊目を，7冊目の本書と同時に出すことにした。

近年は，博士課程の2年目になると学術振興会特別研究員に選ばれて，本基金を辞退する人が増え，あるいは長期海外留学などのために辞退する人も出てきた。大学院制度も複雑になってきて，公益信託の枠内では対応が難しい場合もあるようになった。振り返れば足かけ23年，初代と2代目の信託管理人及び運営委員長はすでに鬼籍に入られた。高齢を理由に委員を退かれた方々もある。私も年をとって，瞬発的判断力が不足するようになった。第一，取り崩し続けてきた資金には限りがあって，終了時期が来たのである。思えばほんとうに多くの方々にお力添えを頂き，こうして大業を終えることができた。総体として見れば，銀行には財団法人並みの仕事量をこなして貰ったかも知れない。関係者の全てに，幾重にも御礼を申し上げる。

最後に，毎年給付を完了した奨学生に対して出してきた基金委託者からの書簡を掲げておく。196人の次世代に，いまも同じ気持ちでお送りしたい。

この度は予定された課程を修められ，おめでとうございます。基金としても無事に務めを果たすことができ，安心いたしました。

本基金は平成14年発足以来，多数の方々に御応募頂き，申請書類に述べられたそれぞれの志と研究内容も，採択された奨学生の研究実績も，ともに高水準を保ち，将来の日本のみならず世界を背負う人材が育ちつつあることを実感しています。初期の奨学生の中にはすでに各分野で最前線に立つ方々もおられます。

運営委員の先生方はじめ応援して下さる方々と御一緒にここまで来られたことを，感謝しております。しかし本基金の資金には限りがあり，また国や各大学の奨学制度も次第に整えられてきましたので，令和４年度の採択を以て募集を終え，令和６年度を以て事業を閉じることになりました。

皆様の研究成果を最も聞きたがったのは，故松尾金藏ではなかったでしょうか。彼は未だ知らない世界の話を聞くのが何より好きでした。膝を乗り出して新しい学問の話に聞き入る姿が，目に浮かぶような気がいたします。今後，異なる方面に進まれたとしても，若い日の志と学問的蓄積は，御自身の精神的生活を豊かにし，周囲や次世代の人たちに何がしかの作用を及ぼすに違いありません。OB 有志が作った同窓会（明翔会）も別途に活動を始めています。新しい人脈が新しい成果を生み，学際的交流がこれまでにないアイディアをもたらしてくれることが期待されます。さしつかえがなければ今後とも，明翔会を通じての交流に御参加下さい。

ときには，必ずしも研究や仕事の成果が順調ではない時期もあるかもしれませんが，その際は，天上では金藏が，地上では私や委員の先生方が，お話の続きを聞きたがっている，と思し召して下さい。

今後の御健康と御発展を祈ります。

令和７年（2025年）３月19日

# 執筆者一覧（50音順）

①所属（原則として2025年１月末現在）／②修了大学院又は奨学金給付終了時の在籍大学院／③学位／④専門分野

**荒井欧太朗**（あらい　おうたろう）

①所属なし／②学習院大学大学院人文科学研究科美術史学専攻博士後期課程単位取得満期退学／③修士（美術史学）／④茶の湯文化，日本東洋工芸史

**飯田　梓**（いいだ　あずさ）

①民間企業／②千葉大学大学院人文公共学府人文科学専攻博士前期課程修了／③修士（学術）／④社会学（セクシュアリティ）

**石谷佳穂**（いしたに　かほ）

①名古屋大学大学院人文学研究科博士研究員，名古屋市立大学非常勤講師／②名古屋大学大学院人文学研究科博士後期課程人文学専攻修了／③博士（文学）／④日本近世文学

**大熊かのこ**（おおくま　かのこ）

①お茶の水女子大学人間文化創成科学研究科比較社会文化学専攻国際日本学領域博士後期課程，日本学術振興会特別研究員（DC1）／②お茶の水女子大学大学院人間文化創成科学研究科比較社会文化学専攻日本語日本文学コース博士前期課程修了／③修士（文学）／④上代日本文学

**大里勇貴**（おおざと　ゆうき）

①沖縄県うるま市教育委員会文化財事務員／②沖縄国際大学大学院地域文化研究科南島文化専攻民俗文化領域修士課程修了／③修士（文学）／④民俗学・文化人類学（南島地域研究）

**岡部柊太**（おかべ　しゅうた）

①東京大学大学院総合文化研究科地域文化研究専攻博士後期課程／②東京大学大学院総合文化研究科地域文化研究専攻修士課程修了／③修士（学術）／④東アジア近代史，近代日朝関係史

**鬼塚勇斗**（おにつか　はやと）

①地方公務員／②鹿児島大学大学院人文社会科学研究科人間環境文化論専攻博士前期課程修了／③修士（文学）／④考古学

**川﨑　優**（かわさき　ゆう）

①愛知医科大学医学部講師／②九州大学大学院人文科学府人文基礎専攻哲学・倫理学分野倫理学専修博士後期課程単位取得退学／③修士（文学）／④生命倫理学

**木内　涼**（きうち　りょう）

①東京藝術大学大学院音楽研究科音楽専攻博士後期課程，リュミエール・リヨン第２大学大学院修士課程（Master 1）／②東京藝術大学大学院音楽研究科音楽文化学専攻修士課程修了／③修士（音楽）／④西洋音楽史（19世紀フランス・オペラ）

**古林直基**（こばやし　なおき）

①高鍋町教育委員会学芸員／②福岡大学大学院人文科学研究科史学専攻博士課程前期修了／③修士（文学）／④日本近世史

**小山多三代**（こやま　たみよ）

①立命館大学大学院人間科学研究科人間科学専攻博士課程後期課程／②東京外国語大学大学院総合国際学研究科国際日本専攻博士後期課程単位取得満期退学／③修士（学術）／④日本語教育，文化心理学

**重村つき**（しげむら　つき）

①東海大学大学院文学研究科史学専攻博士課程（後期）／②東海大学大学院文学研究科史学専攻博士課程（前期）修了／③修士（文学）／④日本古代・中世史

**宍戸遥弥**（ししど　はるや）

①家庭教師業（2025年度より明治大学大学院文学研究科史学専攻アジア史専修博士後期課程進学予定）／②明治大学大学院文学研究科史学専攻アジア史専修博士前期課程修了／③修士（文学）／④歴史学

**髙多伊吹**（たかた　いぶき）

①東京大学大学院総合文化研究科言語情報科学専攻博士後期課程／②東京大学大学院総合文化研究科言語情報科学専攻修士課程修了／③修士（学術）／④フランス現代思想

**髙田菜々子**（たかだ　ななこ）

①明治大学大学院文学研究科史学専攻アジア史専修博士後期課程／②明治大学大学院文学研究科史学専攻アジア史専修博士前期課程修了／③修士（史学）／④中国古代史

**瀧山　嵐**（たきやま　あらし）

①総合研究大学院大学文化科学研究科日本文学研究専攻（基盤機関：国文学研究資料館）博士後期課程，日本学術振興会特別研究員（DC2）／②早稲田大学大学院文学研究科日本語日本文学コース修士課程修了／③修士（文学）／④日本古典文学

**丹野文佳**（たんの　あやか）

①一般企業勤務／②琉球大学大学院地域共創研究科地域共創専攻修士課程修了／③修士（人文学）／④ロシア史

**寺沢　恕**（てらさわ　ひろ）

①エモリー大学大学院英文学研究科博士後期課程／②一橋大学大学院言語社会研究科博士前期課程修了／③修士（学術）／④アメリカ文学

**中村昂希**（なかむら　こうき）

①福岡大学大学院人文科学研究科史学専攻博士課程後期／②福岡大学大学院人文科学研究科史学専攻博士課程前期修了／③修士（文学）／④日本中世史

**夏目　岳**（なつめ　がく）

①島根大学大学院人間社会科学研究科社会創成専攻修士課程／③学士（文学）／④アメリカ文学

**藤井太郎**（ふじい　たろう）

①熊本学園大学非常勤講師／②熊本大学大学院社会文化科学教育部文化学専攻博士後期課程修了／③博士（文学）／④初期アメリカ史，経済史，（アトランティック・ヒストリー）

**藤立紘輝**（ふじたち　こうき）

①九州大学大学院人文科学府歴史空間論専攻日本史学専修博士後期課程／②福岡大学大学院人文科学研究科史学専攻博士課程前期修了／③修士（文学）／④日本中世史，神社史

**町野陽輝**（まちの　はるき）

①東京藝術大学大学院美術研究科美術専攻芸術学研究領域博士後期課程／②東京藝術大学大学院美術研究科芸術学専攻修士課程修了／③修士（美術）／④西洋美術史

**松島沙樹**（まつしま　さき）

①徳島市立徳島城博物館学芸員（2025年４月より岡山市教育委員会（学芸員））／②岡山大学大学院社会文化科学研究科博士前期課程人間社会文化専攻総合人文学学位プログラム美学・芸術学講座修了／③修士（文学）／④日本美術史

**御器谷裕樹**（みきや　ゆうき）

①慶應義塾大学大学院法学研究科政治学専攻博士課程／②慶應義塾大学大学院法学研究科政治学専攻修士課程修了／③修士（法学）／④中国政治史

**宮脇雄太**（みやわき　ゆうた）

①慶應義塾大学大学院文学研究科史学専攻東洋史学分野後期博士課程／②慶應義塾大学大学院文学研究科史学専攻東洋史学分野前期博士課程修了／③修士（史学）／④近現代中国政治外交史，東アジア国際関係史

**元山仁士郎**（もとやま　じんしろう）

①一橋大学大学院法学研究科博士後期課程／②一橋大学大学院社会学研究科修士課程修了／③修士（社会学）／④国際関係史，日米関係，沖縄現代史

**吉澤林助**（よしざわ　りんすけ）

①東京都立大学大学院人文科学研究科博士後期課程／②東京都立大学大学院人文科学研究科博士前期課程修了／③修士（史学）／④日本中世史

**吉田眞生子**（よしだ　まいこ）
①早稲田大学大学院文学研究科博士後期課程／②早稲田大学大学院文学研究科修士課程修了／③修士（文学）／④フィンランド近代史

# 公益信託　松尾金藏記念奨学基金の概要

# 公益信託 松尾金藏記念奨学基金について

1．名　　　称　公益信託 松尾金藏記念奨学基金

2．設定の趣旨　故松尾金藏の遺志を活かし，日本の将来を支える学生に対し奨学支援を行い，幅広い教養と倫理観をもった若者を育て，もって人間性豊かな，将来の日本に役立つ人材を育成することを念願して設定する。

3．信託設定日　平成14年12月26日

4．種　　　別　認定特定公益信託（広く一般からも本基金へ寄附することができ，寄附金については所得税における寄附金控除の適用が可能。但し，令和4年12月19日をもって適用終了）

5．主務官庁　文部科学省

6．信託目的　国内の大学院に在学する大学院生のなかで，品行方正・成績優秀かつ勉学の意欲に富んだ院生でありながら，経済的理由により修学困難な者に対して奨学援助を行い，もって人間性豊かな将来の日本に役立つ人材を育成することを目的とする。

7．事業内容
⑴　関東，東海，中国，四国，九州，沖縄地区の大学院で文学，哲学，教育学，心理学，社会学，史学を学ぶ学生に対する奨学金の給付
⑵　その他前条の目的を達成するために必要な事業

8．対象大学　関東，東海，中国，四国，九州，沖縄地区にある大学（令和4年度募集校193校）

9．採用人数　新規奨学生の募集は令和4年度をもって終了

10. その他　基金の厳格かつ適正な運営を行うため信託管理人１名と松尾金藏記念奨学基金運営委員会（委員６名）並びに選考委員会（委員４名）を設ける。

⑴　信託管理人の主な役割
事業報告及び収支決算報告の承認等

⑵　運営委員会並びに選考委員会の主な役割
奨学金給付対象者の選考と本基金円滑な運営のための助言・勧告等

# 公益信託 松尾金藏記念奨学基金設定趣意書

故松尾金藏は，明治45年，博多に生まれ，大工の棟梁の跡継ぎに望まれて松尾の家を継ぎました。しかし東京に遊学，兵役の後，経済人として日本の戦後の復興に尽し，平成14年３月に生涯を終えることとなりました。

生前，精神のこもった技術―わざというものを尊敬し，若い方々の活躍に期待を寄せてもいました。死の床にあっても，文学，歴史，宗教，美術などを楽しみながら学び，日本文化の将来を心にかけておりました。

いま日本は再び技術立国として自らの脚下を見直し，同時に技術を支える精神―すなわち幅広い教養と倫理観とを必要とする，新しい困難な時代にさしかかっています。

亡き父金藏は，日ごろ，これまで多くの方々のお世話になったことや，日本の将来を支える次の世代を応援したい旨を口にしておりましたので，その遺志を活かしつつ，私が過去及び現在勤務し，お世話になっている関東地区と東海地区にある大学院で，文学，哲学，教育学，心理学，社会学，史学等を学ぶ学生を支援する奨学金支給事業を行なうために，本公益信託を設定することにいたしました。

本公益信託が設定され，志ある次世代を支援し，幾分かの社会的貢献を果たすことが出来るならば，幸いこれに過ぐるものはございません。

平成14年12月26日

公益信託 松尾金藏記念奨学基金委託者

松　尾　葦　江

# 公益信託 松尾金藏記念奨学基金（募集地区拡大）趣意書

松尾金藏記念奨学基金は平成14年12月に設定され，関東・東海地区の人文系大学院に募集を開始して以来，毎年多くの応募者があり，すでに30名以上の奨学生を支援して参りました。

故松尾金藏は，自分自身郷土の奨学金のお世話になり，御恩返しのためにも，日本の将来を支える次の世代を応援したいことを日来口にしておりましたので，その遺志を活かして本公益信託を設定いたしましたが，当初は資金規模や準備の制約もあり，金藏の郷里である九州地区を募集範囲に加えることが出来ませんでした。

このたび，金藏の長男啓三が潰瘍性大腸炎のため早世し，生前，父の記念基金に自分の財産を寄付したいとの希望を述べておりましたので，募集人数を12名に増やし，募集地区に九州及び中国四国地方を加えるよう，条項変更を申請いたしました。金藏の出身地である九州のほかに中国四国地方を加えたのは，委託者である私のかつての勤務地でもあり，さらに若くして難病に倒れた啓三が旅をしてみたいと言いながら果たせなかった地でもあるからです。

いま日本は技術立国として経済的繁栄を追求するだけでなく，技術を支える精神――すなわち幅広い教養と倫理観とを備えた次世代を育成し，世界に向けて送り出して行く重要な時期に立っています。

本申請が許可され，志ある次世代を支援し，幾分かの社会的貢献を果たすことが出来るならば，幸いこれに過ぐるものはございません。

平成19年７月24日

公益信託 松尾金藏記念奨学基金委託者

松　尾　葦　江

## 公益信託 松尾金藏記念奨学基金　信託管理人，運営・選考委員一覧

### 信託管理人

| 名前 | 就任期間 | 就任時の肩書 |
|---|---|---|
| 砂金俊夫 | 平成14年12月～平成23年７月 | 元 日本鋼管株式会社副会長 |
| 高山英勝 | 平成23年７月～令和３年５月 | 明星工業株式会社顧問 |
| 下枝　堯 | 令和３年５月～ | 公益社団法人 日本航空機操縦士協会顧問 |

### 運営・選考委員

| 名前 | 就任期間 | 就任時の肩書 |
|---|---|---|
| 村上光徳 | 平成14年12月～平成23年７月 | 駒澤大学名誉教授 |
| 露木惠子 | 平成14年12月～平成27年３月 | 宇都宮大学教育学部教授 |
| 村上　學 | 平成14年12月～平成30年３月 | 大谷大学文学部教授 |
| 三角洋一 | 平成14年12月～平成28年５月 | 東京大学大学院総合文化研究科教授 |
| 佐藤恒雄 | 平成19年12月～平成31年３月 | 香川大学名誉教授 |
| 錦織　勤 | 平成14年12月～ | 鳥取大学教育地域科学部教授 |
| 今井正之助 | 平成19年12月～ | 愛知教育大学教育学部教授 |
| 平勢隆郎 | 平成19年12月～ | 東京大学東洋文化研究所教授 |
| 松薗　斉 | 平成19年12月～ | 愛知学院大学文学部教授 |
| 山本芳美 | 平成19年12月～ | 東京女学館大学副学長 |
| 井内太郎 | 平成23年１月～ | 広島大学大学院文学研究科教授 |
| 平井　覚 | 平成27年３月～ | 鳥取大学地域学部教授 |
| 多ヶ谷有子 | 平成28年６月～ | 関東学院大学文学部教授 |
| 小島孝之 | 平成29年７月～ | 東京大学名誉教授 |
| 堀川貴司 | 平成31年４月～ | 慶應義塾大学附属研究所 斯道文庫教授 |

## 公益信託 松尾金蔵記念奨学基金 募集大学一覧（関東・東海地区）

**東京都**

青山学院大学
桜美林大学
大妻女子大学
お茶の水女子大学
学習院大学
共立女子大学
杏林大学
国立音楽大学
慶應義塾大学
恵泉女学園大学
國學院大学
国際基督教大学
国際仏教学大学院大学
国士舘大学
駒澤大学
駒沢女子大学
実践女子大学
上智大学
昭和女子大学
白百合女子大学
成蹊大学
成城大学
聖心女子大学
清泉女子大学
創価大学
大正大学
大東文化大学
拓殖大学
玉川大学
多摩美術大学
中央大学
津田塾大学
帝京大学
東海大学
東京音楽大学
東京外国語大学
東京学芸大学
東京家政学院大学
東京家政大学
東京藝術大学
東京女子大学
東京神学大学
東京成徳大学
東京大学
東京都立大学
東洋英和女学院大学
東洋大学
日本女子大学
日本大学
一橋大学
法政大学
武蔵大学
武蔵野音楽大学
武蔵野大学
武蔵野美術大学
明治学院大学
明治大学
明星大学
目白大学
立教大学
立正大学
ルーテル学院大学
和光大学
早稲田大学

**神奈川県**

神奈川大学
関東学院大学
女子美術大学
専修大学
洗足学園音楽大学
総合研究大学院大学
鶴見大学
フェリス女学院大学
横浜国立大学
横浜市立大学

**千葉県**

川村学園女子大学
神田外語大学
秀明大学
淑徳大学
城西国際大学
聖徳大学
千葉大学
二松学舎大学
麗澤大学
和洋女子大学

**埼玉県**

跡見学園女子大学
埼玉大学
文教大学

**栃木県**

宇都宮大学
文星芸術大学

**群馬県**

群馬県立女子大学
群馬大学

**茨城県**

茨城キリスト教大学
茨城大学
筑波大学

**岐阜県**

岐阜女子大学
岐阜聖徳学園大学
岐阜大学
東海学院大学

**静岡県**

静岡県立大学
静岡大学
常葉学園大学

**愛知県**

愛知学院大学
愛知教育大学
愛知県立大学
愛知淑徳大学
愛知大学
愛知文教大学
愛知みずほ大学
桜花学園大学
金城学院大学
椙山女学園大学
中京大学
同朋大学
名古屋音楽大学
名古屋外国語大学
名古屋学院大学
名古屋芸術大学
名古屋女子大学
名古屋市立大学
名古屋造形大学
名古屋大学
南山大学

**三重県**

皇學館大學
鈴鹿国際大学
三重大学

※ 新規募集は令和４年度をもって終了

## 公益信託 松尾金藏記念奨学基金 募集大学一覧（九州・沖縄・中国・四国地区）

| | |
|---|---|
| 福岡県 | 北九州市立大学 |
| | 九州大学 |
| | 久留米大学 |
| | 西南学院大学 |
| | 筑紫女学園大学 |
| | 福岡教育大学 |
| | 福岡県立大学 |
| | 福岡女子大学 |
| | 福岡大学 |
| 佐賀県 | 佐賀大学 |
| 長崎県 | 活水女子大学 |
| | 長崎国際大学 |
| | 長崎純心大学 |
| | 長崎大学 |
| 大分県 | 大分大学 |
| | 別府大学 |
| 熊本県 | 九州ルーテル学院大学 |
| | 熊本学園大学 |
| | 熊本県立大学 |
| | 熊本大学 |
| | 崇城大学 |
| 宮崎県 | 宮崎公立大学 |
| | 宮崎大学 |
| 鹿児島県 | 鹿児島国際大学 |
| | 鹿児島純心女子大学 |
| | 鹿児島大学 |
| | 志學館大学 |
| 沖縄県 | 沖縄県立芸術大学 |
| | 沖縄国際大学 |
| | 沖縄大学 |
| | 名桜大学 |
| | 琉球大学 |
| 愛媛県 | 愛媛大学 |
| | 松山大学 |
| 高知県 | 高知女子大学 |
| | 高知大学 |
| 香川県 | 香川大学 |
| | 四国学院大学 |
| 徳島県 | 四国大学 |
| | 徳島大学 |
| | 徳島文理大学 |
| | 鳴門教育大学 |
| 山口県 | 宇部フロンティア大学 |
| | 東亜大学 |
| | 梅光学院大学 |
| | 山口県立大学 |
| | 山口大学 |
| 広島県 | エリザベト音楽大学 |
| | 尾道大学 |
| | 呉大学 |
| | 県立広島大学 |
| | 比治山大学 |
| | 広島国際学院大学 |
| | 広島修道大学 |
| | 広島女学院大学 |
| | 広島市立大学 |
| | 広島大学 |
| | 広島文教女子大学 |
| | 福山大学 |
| | 安田女子大学 |
| 島根県 | 島根大学 |
| 鳥取県 | 鳥取大学 |
| 岡山県 | 岡山大学 |
| | 岡山県立大学 |
| | 吉備国際大学 |
| | 倉敷芸術科学大学 |
| | 就実大学 |
| | ノートルダム清心女子大学 |

※ 九州・沖縄・中国・四国地区については，平成20年度より募集開始
新規募集は令和４年度をもって終了

# 公益信託 松尾金藏記念奨学基金奨学生一覧

※は休学のため終了年延期を示す。

令和７年以降で表示されている終了年は令和６年３月現在における見込みである。

| | 採用年度 | 終了年（３月） | 奨学生氏名 | 大学名（採用時） |
|---|---|---|---|---|
| 1 | 平成15年度 | 平成17年 | 櫻井聖子（旧姓柏木） | 東京藝術大学 |
| 2 | 同 | 同 | 高橋　朋絵 | 慶應義塾大学 |
| 3 | 同 | 同 | 宮村　りさ子 | 桜美林大学 |
| 4 | 同 | 同 | 菅原　優美子 | 日本女子大学 |
| 5 | 同 | 平成18年 | 福原　弘識 | 愛知県立大学 |
| 6 | 同 | 平成16年辞退 | 児玉　香菜子 | 名古屋大学 |
| 7 | 平成16年度 | 平成18年 | 泊　史 | 一橋大学 |
| 8 | 同 | 同 | 福嶋　典子 | 清泉女子大学 |
| 9 | 同 | 同 | 会田　大輔 | 明治大学 |
| 10 | 同 | 同 | 五味　知子 | 慶應義塾大学 |
| 11 | 同 | 平成19年 | 依田　徹 | 東京藝術大学 |
| 12 | 同 | 同 | 古賀　優子 | 愛知県立大学 |
| 13 | 同 | 同 | 杉谷陽子（旧姓須貝） | 一橋大学 |
| 14 | 平成17年度 | 同 | 簑田　知佐 | 早稲田大学 |
| 15 | 同 | 同 | 森山明日香（旧姓小山） | 東京大学 |
| 16 | 同 | 同 | 中尾　文香 | 日本女子大学 |
| 17 | 同 | 同 | 原田　麻紀子 | 学習院大学 |
| 18 | 同 | 平成20年 | 安藤　香織 | 中央大学 |
| 19 | 同 | 同 | 阿部　善彦 | 上智大学 |
| 20 | 平成18年度 | 同 | 中村　麻里子 | 東洋英和女学院大学 |
| 21 | 同 | 同 | 武内　博志 | 慶應義塾大学 |
| 22 | 同 | 同 | 中竹真依子（旧姓奥野） | 東京大学 |
| 23 | 同 | 平成21年 | 新谷　崇 | 東京外国語大学 |
| 24 | 同 | 同 | 山本　栄美子 | 東京大学 |
| 25 | 同 | 同 | 鈴木　崇夫 | 名古屋外国語大学 |
| 26 | 平成19年度 | 同 | 上田　平安 | 南山大学 |
| 27 | 同 | 同 | 柳村　裕 | 東京外国語大学 |
| 28 | 同 | 同 | 名取エリカ（旧姓佐藤） | 学習院大学 |
| 29 | 同 | 平成22年 | 根本　久美子 | 東京大学 |
| 30 | 同 | 平成21年辞退 | 石橋　悠人 | 一橋大学 |

| | 採用年度 | 終了年（３月） | 奨 学 生 氏 名 | 大学名（採用時） |
|---|---|---|---|---|
| 31 | 同 | 平成22年 | 鈴　木　伸　子 | 東京藝術大学 |
| 32 | 平成20年度 | 平成21年辞退 | 伊　藤　美　和 | 実践女子大学 |
| 33 | 同 | 平成22年 | 下　島　綾　美 | 慶應義塾大学 |
| 34 | 同 | 同 | 松　山　洋　平 | 東京外国語大学 |
| 35 | 同 | 平成21年辞退 | 長　野　雪　子 | 高知大学 |
| 36 | 同 | 平成22年 | 西　村　育　枝 | 九州大学 |
| 37 | 同 | 同 | 嶺　崎　由美子 | 岡山大学 |
| 38 | 同 | 同 | 實　盛　良　彦 | 広島大学 |
| 39 | 同 | 平成21年辞退 | 栗　田　優　子 | 横浜国立大学 |
| 40 | 同 | 平成23年 | 佐　藤　裕　亮 | 明治大学 |
| 41 | 同 | 同 | 清　水　雅　大 | 横浜市立大学 |
| 42 | 同 | 同 | 頼　尊　恒　信 | 熊本学園大学 |
| 43 | 平成21年度 | 同 | 松本美幸(旧姓村松) | 静岡大学 |
| 44 | 同 | 同 | 北　村　直　彰 | 慶應義塾大学 |
| 45 | 同 | 同 | 平　尾　麻由子 | 一橋大学 |
| 46 | 同 | 同 | 川崎　渚(旧姓堀口) | 跡見学園女子大学 |
| 47 | 同 | 同 | 江　川　敏　章 | 西南学院大学 |
| 48 | 同 | 同 | 高　口　恵　美 | 福岡県立大学 |
| 49 | 同 | 同 | 田　原　歩　美 | 福山大学 |
| 50 | 同 | 平成24年 | 鈴　木　慎　也 | 千葉大学 |
| 51 | 同 | 同 | 大須賀　元　彦 | 愛知学院大学 |
| 52 | 同 | 同 | 古　郡　紗弥香 | 国際基督教大学 |
| 53 | 同 | 平成22年辞退 | 太　田　智　己 | 東京藝術大学 |
| 54 | 同 | 平成24年 | 光　平　有　希 | エリザベト音楽大学 |
| 55 | 平成22年度 | 同 | 福　永　　愛 | 学習院大学 |
| 56 | 同 | 同 | 河　村　明　希 | 東京藝術大学 |
| 57 | 同 | 同 | 藤　本　拓　磨 | 横浜市立大学 |
| 58 | 同 | 同 | 相　田　雅　人 | 一橋大学 |
| 59 | 同 | 同 | 中林真美(旧姓長谷川) | 南山大学 |
| 60 | 同 | 同 | 小坂井　理　加 | 東京大学 |
| 61 | 同 | 同 | 秋　吉　和　紀 | 広島大学 |
| 62 | 同 | 平成25年 | 坪　内　綾　子 | 日本女子大学 |
| 63 | 同 | 同 | 河　野　明　佳 | 津田塾大学 |
| 64 | 同 | 同 | 小野寺悠子(旧姓土屋) | 中央大学 |

| | 採用年度 | 終了年（３月） | 奨学生氏名 | 大学名（採用時） |
|---|---|---|---|---|
| 65 | 同 | 平成23年辞退 | 永井優美(旧姓田中) | 東京学芸大学 |
| 66 | 同 | 平成26年(※) | 藤本 晃嗣 | 九州大学 |
| 67 | 同 | 平成24年辞退 | 冬野 美晴 | 西南学院大学 |
| 68 | 平成23年度 | 平成25年 | 松田 冬桜子 | 学習院大学 |
| 69 | 同 | 同 | 小山 英恵 | 一橋大学 |
| 70 | 同 | 同 | 篠原 衣美 | 国際基督教大学 |
| 71 | 同 | 同 | 小林 大介 | 東京大学 |
| 72 | 同 | 同 | 喜久里 瑛 | 沖縄国際大学 |
| 73 | 同 | 平成26年(※) | 大城 さゆり | 沖縄県立芸術大学 |
| 74 | 同 | 平成25年 | 大澤菜美子(旧姓藤本) | 岡山大学 |
| 75 | 同 | 平成25年辞退 | 小堀 洋平 | 早稲田大学 |
| 76 | 同 | 平成26年 | 寺本 めぐ美 | 津田塾大学 |
| 77 | 同 | 同 | 清田 尚行 | 東洋大学 |
| 78 | 同 | 平成27年(※) | 室越 龍之介 | 九州大学 |
| 79 | 平成24年度 | 平成26年 | 中村 雅未 | 愛知教育大学 |
| 80 | 同 | 同 | 佐藤 なぎさ | 学習院大学 |
| 81 | 同 | 同 | 高良 大輔 | 東京外国語大学 |
| 82 | 同 | 平成27年(※) | 島 知里(旧姓永谷) | 南山大学 |
| 83 | 同 | 平成26年 | 吉原 将大 | 早稲田大学 |
| 84 | 同 | 同 | 江本 紫織 | 九州大学 |
| 85 | 同 | 同 | 森 結 | 沖縄県立芸術大学 |
| 86 | 同 | 同 | 金子 萌 | 鳴門教育大学 |
| 87 | 同 | 平成27年 | 柳田 大造 | 東京大学 |
| 88 | 同 | 同 | 永山 由里絵 | 日本女子大学 |
| 89 | 同 | 同 | 仲村 慎太郎 | 福岡大学 |
| 90 | 平成25年度 | 同 | 太田 未紗 | 東京学芸大学 |
| 91 | 同 | 同 | 木許 裕介 | 東京大学 |
| 92 | 同 | 同 | 吉田 聖美 | 茨城大学 |
| 93 | 同 | 平成27年辞退 | 松本 知珠 | 立教大学 |
| 94 | 同 | 平成28年 | 小堀 槙子 | 東京外国語大学 |
| 95 | 同 | 平成27年辞退 | 佐藤沙織(旧姓高間) | 一橋大学 |
| 96 | 同 | 平成27年 | 森下 慶子 | 鳴門教育大学 |
| 97 | 同 | 同 | 能見 一修 | 広島大学 |
| 98 | 同 | 同 | 土井 康司 | 岡山大学 |

| | 採用年度 | 終了年（３月） | 奨学生氏名 | 大学名（採用時） |
|---|---|---|---|---|
| 99 | 平成26年度 | 平成29年 | 大　谷　理　奈 | 慶應義塾大学 |
| 100 | 同 | 平成27年辞退 | 髙　橋　　　翔 | 筑波大学 |
| 101 | 同 | 平成28年 | 手　嶋　大　侑 | 名古屋市立大学 |
| 102 | 同 | 同 | 羽　村　衆　一 | 横浜市立大学 |
| 103 | 同 | 同 | 森　貝　聡　恵 | 東京外国語大学 |
| 104 | 同 | 同 | 市　川　友佳子 | 東京藝術大学 |
| 105 | 同 | 同 | 尾　上　裟　智 | 茨城大学 |
| 106 | 同 | 同 | 吉田美香（旧姓小山） | 広島大学 |
| 107 | 同 | 同 | 青井絢美（旧姓荻野） | 岡山大学 |
| 108 | 同 | 同 | 仲　本　佳　乃 | 琉球大学 |
| 109 | 平成27年度 | 平成30年 | 藤　井　　　明 | 東洋大学 |
| 110 | 同 | 平成28年辞退 | 星　野　麗　子 | 総合研究大学院大学 |
| 111 | 同 | 平成30年 | 村　田　　　岳 | 早稲田大学 |
| 112 | 同 | 平成29年 | 清　松　　　大 | 慶應義塾大学 |
| 113 | 同 | 同 | 田　中　里　奈 | 明治大学 |
| 114 | 同 | 同 | 鈴　木　舞　子 | 日本女子大学 |
| 115 | 同 | 同 | 木　下　佳　奈 | 東京外国語大学 |
| 116 | 同 | 同 | 山田藍（旧姓小野寺） | 茨城大学 |
| 117 | 同 | 同 | 田　崎　優　里 | 広島大学 |
| 118 | 同 | 同 | 山　田　高　明 | 熊本大学 |
| 119 | 同 | 平成30年 | 中　尾　恵　梨 | 広島大学 |
| 120 | 平成28年度 | 平成29年辞退 | 宮　内　拓　也 | 東京外国語大学 |
| 121 | 同 | 平成30年辞退 | 龍　　　真　未 | 東京藝術大学 |
| 122 | 同 | 同 | 藤　田　　　周 | 東京大学 |
| 123 | 同 | 平成30年 | 毛　利　舞　香 | 静岡大学 |
| 124 | 同 | 同 | 藤　田　康　宏 | 青山学院大学 |
| 125 | 同 | 平成29年辞退 | 森　田　悠　暉 | 早稲田大学 |
| 126 | 同 | 平成30年 | 成　田　愛　恵 | 慶應義塾大学 |
| 127 | 同 | 令和元年 | 上西紗耶（旧姓都合） | 福岡大学 |
| 128 | 同 | 平成30年 | 柴　田　里　彩 | 九州大学 |
| 129 | 同 | 同 | 羽祢田　麻　佑 | 鹿児島大学 |
| 130 | 平成29年度 | 平成30年辞退 | 久保園　　　梓 | 筑波大学 |
| 131 | 同 | 令和元年辞退 | 松　井　健　人 | 東京大学 |
| 132 | 同 | 同 | 村　山　木乃実 | 東京外国語大学 |

| | 採用年度 | 終了年（３月） | 奨学生氏名 | 大学名（採用時） |
|---|---|---|---|---|
| 133 | 同 | 平成30年辞退 | 廣田 千恵子 | 千葉大学 |
| 134 | 同 | 同 | 佐野 有沙 | 慶應義塾大学 |
| 135 | 同 | 令和元年 | 笠見 智慧 | 東京大学 |
| 136 | 同 | 同 | 藤本 啓寛 | 早稲田大学 |
| 137 | 同 | 同 | 五藤 嵩也 | 名古屋大学 |
| 138 | 同 | 令和２年 | 谷 綺音 | 広島大学 |
| 139 | 同 | 令和元年 | 林 絵里奈 | ノートルダム清心女子大学 |
| 140 | 平成30年度 | 令和３年 | 早川 真桜子 | お茶の水女子大学 |
| 141 | 同 | 令和元年辞退 | 河野 碧 | 東京藝術大学 |
| 142 | 同 | 令和３年(10月)辞退（※） | 松永 千紗 | 総合研究大学院大学 |
| 143 | 同 | 令和２年 | 重松 美有紀 | 早稲田大学 |
| 144 | 同 | 同 | 木村 悠之介 | 東京大学 |
| 145 | 同 | 同 | 白鳥 翔子 | お茶の水女子大学 |
| 146 | 同 | 同 | 髙嶋 太郎 | 東京藝術大学 |
| 147 | 同 | 同 | 中村 日海里 | 三重大学 |
| 148 | 同 | 令和３年 | 中川 満帆 | 九州大学 |
| 149 | 同 | 令和２年 | 大城 直也 | 沖縄国際大学 |
| 150 | 同 | 同 | 吉光 李央 | 九州大学 |
| 151 | 同 | 同 | 長嶺 勝磨 | 沖縄県立芸術大学 |
| 152 | 令和元年度 | 令和２年辞退 | 阪口 諒 | 千葉大学 |
| 153 | 同 | 令和４年 | 大澤 由悠 | 中央大学 |
| 154 | 同 | 令和２年辞退 | 建部 良平 | 東京大学 |
| 155 | 同 | 令和４年 | 泉田 浩子 | 東京外国語大学 |
| 156 | 同 | 令和２年辞退 | 白川 太郎 | 早稲田大学 |
| 157 | 同 | 令和３年 | 冨塚 祐 | 埼玉大学 |
| 158 | 同 | 同 | 市川 周佑 | 青山学院大学 |
| 159 | 同 | 同 | 湯野 雅士 | 早稲田大学 |
| 160 | 同 | 令和４年 | 川村 真央 | 九州大学 |
| 161 | 同 | 令和３年 | 松岡 葵 | 九州大学 |
| 162 | 令和２年度 | 令和５年 | 元山 仁士郎 | 一橋大学 |
| 163 | 同 | 同 | 小山 多三代 | 東京外国語大学 |
| 164 | 同 | 令和４年(10月)辞退 | 宮脇 雄太 | 慶應義塾大学 |
| 165 | 同 | 令和４年辞退 | 木内 涼 | 東京藝術大学 |

| | 採用年度 | 終了年（3月） | 奨学生氏名 | 大学名（採用時） |
|---|---|---|---|---|
| 166 | 同 | 令和4年 | 大城 沙織 | 筑波大学 |
| 167 | 同 | 同 | 淺野 文香 | 名古屋大学 |
| 168 | 同 | 同 | 井口 美奈 | 静岡大学 |
| 169 | 同 | 同 | 青池 瞳 | 早稲田大学 |
| 170 | 同 | 同 | 吉野 真理子 | 東京大学 |
| 171 | 同 | 令和5年 | 古林 直基 | 福岡大学 |
| 172 | 同 | 令和3年(10月)辞退 | 川﨑 優 | 九州大学 |
| 173 | 同 | 令和4年 | 宮元 創 | 九州大学 |
| 174 | 令和3年度 | 令和6年 | 御器谷 裕樹 | 慶應義塾大学 |
| 175 | 同 | 同 | 石谷 佳穂 | 名古屋大学 |
| 176 | 同 | 同 | 荒井 欧太朗 | 学習院大学 |
| 177 | 同 | 令和4年辞退 | 吉田 眞生子 | 早稲田大学 |
| 178 | 同 | 令和6年 | 岡部 柊太 | 東京大学 |
| 179 | 同 | 令和5年 | 吉澤 林助 | 東京都立大学 |
| 180 | 同 | 同 | 大熊 かのこ | お茶の水女子大学 |
| 181 | 同 | 令和3年(10月)辞退 | 藤井 太郎 | 熊本大学 |
| 182 | 同 | 令和5年 | 夏目 岳 | 島根大学 |
| 183 | 同 | 同 | 藤立 紘輝 | 福岡大学 |
| 184 | 令和4年度 | 令和7年 | 髙田 菜々子 | 明治大学 |
| 185 | 同 | 令和5年辞退 | 寺沢 恕 | 一橋大学 |
| 186 | 同 | 同 | 瀧山 嵐 | 総合研究大学院大学 |
| 187 | 同 | 令和6年 | 宍戸 遥弥 | 明治大学 |
| 188 | 同 | 同 | 飯田 梓 | 千葉大学 |
| 189 | 同 | 同 | 重村 つき | 東海大学 |
| 190 | 同 | 同 | 髙多 伊吹 | 東京大学 |
| 191 | 同 | 同 | 町野 陽輝 | 東京藝術大学 |
| 192 | 同 | 令和5年辞退 | 松島 沙樹 | 岡山大学 |
| 193 | 同 | 令和6年 | 鬼塚 勇斗 | 鹿児島大学 |
| 194 | 同 | 同 | 大里 勇貴 | 沖縄国際大学 |
| 195 | 同 | 同 | 中村 昂希 | 福岡大学 |
| 196 | 同 | 令和7年(※) | 丹野 文佳 | 琉球大学 |

基金名：公益信託 松尾金蔵記念奨学基金

# 最終収支計算書

（自 平成14年12月26日　至 令和7年9月30日（予定））

## (1) 収入の部

（単位：円）

| 科目 | | | 金額 | 摘要 |
|---|---|---|---|---|
| 当初信託財産 | | | 145,000,000 | 平成14年12月26日 |
| 財産収入 | 信託財産収入 | 国債利息 | 1,994,521 | |
| | | 有価証券償還益 | 45,000 | |
| | | 金銭信託収益 | 909,584 | |
| その他 | 追加信託 | 同左 | 306,920,000 | |
| | 寄附金 | 同左 | 1,030,000 | |
| | 返還金 | 同左 | 3,500,000 | |
| 合計 | | | 459,399,105 | |

## (2) 支出の部

| | | | | |
|---|---|---|---|---|
| 管理費 | 会議費 | 運営委員会費 | 5,424,476 | |
| | 雑費 | 公告費 | 992,152 | 官報等掲載料 |
| | | 雑費 | 3,301,387 | 振込手数料等 |
| | 信託報酬等 | 信託報酬 | 6,964,076 | |
| | | 消費税 | 423,549 | |
| 事業費 | 奨学金 | 同左 | 420,500,000 | |
| | その他事業費 | 同左 | 20,689,780 | 論集発行費等 |
| 最終財産寄附 | | | 1,103,685 | 令和7年度に寄附予定 |
| 合計 | | | 459,399,105 | |

※令和６年度および令和７年度分は予想値となります。

明日へ翔ぶ —人文社会学の新視点— 7

2025年3月19日　初版第1刷発行

編者　公益信託 松尾金藏記念奨学基金

発行者　風 間 敬 子

発行所　株式会社 風 間 書 房

〒101-0051　東京都千代田区神田神保町1-34
電話 03(3291)5729　FAX 03(3291)5757
振替 00110-5-1853

印刷　藤原印刷　　製本　高地製本所



NDC分類：040

ISBN978-4-7599-2530-2　Printed in Japan